职业病防治法律法规文件汇编

中国劳动社会保障出版社

图书在版编目(CIP)数据

职业病防治法律法规文件汇编/中国劳动社会保障出版社编. -- 北京：中国劳动社会保障出版社，2018

ISBN 978-7-5167-2370-8

Ⅰ.①职… Ⅱ.①中… Ⅲ.①职业病防治法-汇编-中国 Ⅳ.①D922.549

中国版本图书馆 CIP 数据核字(2018)第 068993 号

中国劳动社会保障出版社出版发行

(北京市惠新东街 1 号 邮政编码：100029)

*

北京市艺辉印刷有限公司印刷装订 新华书店经销

787 毫米×1092 毫米 16 开本 37.5 印张 812 千字

2018 年 4 月第 1 版 2022 年 4 月第 3 次印刷

定价：138.00 元

读者服务部电话：(010) 64929211/84209101/64921644

营销中心电话：(010) 64962347

出版社网址：http://www.class.com.cn

内 容 简 介

《职业病防治法律法规文件汇编》内容包括四个部分：第一部分是全国人民代表大会及其常务委员会制定颁布的有关职业病防治的法律；第二部分是国务院制定颁布的有关职业病防治的行政法规；第三部分是原国家安全生产监督管理总局、原国家卫生和计划生育委员会、原卫生部制定发布的有关职业病防治的部门规章；第四部分是国务院和其他相关部门有关职业病防治的一些规范性文件。本书具有科学性、时效性、实用性的特点。

一、科学性。本书首先按照法律、行政法规、部门规章、国务院文件的顺序分为四个部分，每个部分的文件按照文号和发布时间排序，设置合理，便于查找，十分具有科学性。

二、时效性。根据国务院文件清理工作的统一部署，2016—2017 年国务院各组成部门都对各自颁布的文件进行了清理，宣布废止和失效了一批文件。本书第一时间对职业病防治相关文件进行了总结，删除废止和失效的文件，收录最新的文件，十分具有时效性。

三、实用性。在对收录文件进行梳理的过程中，我们根据文件内容，删除了情况通报、会议通知和时效性强的阶段性工作文件，保留了对实际工作有指导意义的文件，特别是保留了文件中附件的内容，这些文件及其附件对职业病防治具体工作的指导十分具有实用性。

目录

第一部分 法律

第二部分 行政法规

第三部分 部门规章

第四部分 规范性文件

第一部分 法 律

1　中华人民共和国职业病防治法

2001 年 10 月 27 日第九届全国人民代表大会常务委员会第二十四次会议通过，2001 年 10 月 27 日中华人民共和国主席令第六十号公布，自 2002 年 5 月 1 日起施行；根据 2011 年 12 月 31 日第十一届全国人民代表大会常务委员会第二十四次会议《关于修改〈中华人民共和国职业病防治法〉的决定》第一次修正，2011 年 12 月 31 日中华人民共和国主席令第五十二号公布，自公布之日起施行；根据 2016 年 7 月 2 日第十二届全国人民代表大会常务委员会第二十一次会议《关于修改〈中华人民共和国节约能源法〉等六部法律的决定》第二次修正，2016 年 7 月 2 日中华人民共和国主席令第四十八号公布，自公布之日起施行；根据 2017 年 11 月 4 日第十二届全国人民代表大会常务委员会第三十次会议《关于修改〈中华人民共和国会计法〉等十一部法律的决定》第三次修正，2017 年 11 月 4 日中华人民共和国主席令第八十一号公布，自 2017 年 11 月 5 日起施行。

第一章　总　　则

第一条　为了预防、控制和消除职业病危害，防治职业病，保护劳动者健康及其相关权益，促进经济社会发展，根据宪法，制定本法。

第二条　本法适用于中华人民共和国领域内的职业病防治活动。

本法所称职业病，是指企业、事业单位和个体经济组织等用人单位的劳动者在职业活动中，因接触粉尘、放射性物质和其他有毒、有害因素而引起的疾病。

职业病的分类和目录由国务院卫生行政部门会同国务院安全生产监督管理部门、劳动保障行政部门制定、调整并公布。

第三条　职业病防治工作坚持预防为主、防治结合的方针，建立用人单位负责、行政机关监管、行业自律、职工参与和社会监督的机制，实行分类管理、综合治理。

第四条　劳动者依法享有职业卫生保护的权利。

用人单位应当为劳动者创造符合国家职业卫生标准和卫生要求的工作环境和条件，并采取措施保障劳动者获得职业卫生保护。

工会组织依法对职业病防治工作进行监督，维护劳动者的合法权益。用人单位制定或者修改有关职业病防治的规章制度，应当听取工会组织的意见。

第五条　用人单位应当建立、健全职业病防治责任制，加强对职业病防治的管理，提高职业病防治水平，对本单位产生的职业病危害承担责任。

第六条　用人单位的主要负责人对本单位的职业病防治工作全面负责。

第七条　用人单位必须依法参加工伤保险。

国务院和县级以上地方人民政府劳动保障行政部门应当加强对工伤保险的监督管理，确保劳动者依法享受工伤保险待遇。

第八条 国家鼓励和支持研制、开发、推广、应用有利于职业病防治和保护劳动者健康的新技术、新工艺、新设备、新材料，加强对职业病的机理和发生规律的基础研究，提高职业病防治科学技术水平；积极采用有效的职业病防治技术、工艺、设备、材料；限制使用或者淘汰职业病危害严重的技术、工艺、设备、材料。

国家鼓励和支持职业病医疗康复机构的建设。

第九条 国家实行职业卫生监督制度。

国务院安全生产监督管理部门、卫生行政部门、劳动保障行政部门依照本法和国务院确定的职责，负责全国职业病防治的监督管理工作。国务院有关部门在各自的职责范围内负责职业病防治的有关监督管理工作。

县级以上地方人民政府安全生产监督管理部门、卫生行政部门、劳动保障行政部门依据各自职责，负责本行政区域内职业病防治的监督管理工作。县级以上地方人民政府有关部门在各自的职责范围内负责职业病防治的有关监督管理工作。

县级以上人民政府安全生产监督管理部门、卫生行政部门、劳动保障行政部门（以下统称职业卫生监督管理部门）应当加强沟通，密切配合，按照各自职责分工，依法行使职权，承担责任。

第十条 国务院和县级以上地方人民政府应当制定职业病防治规划，将其纳入国民经济和社会发展计划，并组织实施。

县级以上地方人民政府统一负责、领导、组织、协调本行政区域的职业病防治工作，建立健全职业病防治工作体制、机制，统一领导、指挥职业卫生突发事件应对工作；加强职业病防治能力建设和服务体系建设，完善、落实职业病防治工作责任制。

乡、民族乡、镇的人民政府应当认真执行本法，支持职业卫生监督管理部门依法履行职责。

第十一条 县级以上人民政府职业卫生监督管理部门应当加强对职业病防治的宣传教育，普及职业病防治的知识，增强用人单位的职业病防治观念，提高劳动者的职业健康意识、自我保护意识和行使职业卫生保护权利的能力。

第十二条 有关防治职业病的国家职业卫生标准，由国务院卫生行政部门组织制定并公布。

国务院卫生行政部门应当组织开展重点职业病监测和专项调查，对职业健康风险进行评估，为制定职业卫生标准和职业病防治政策提供科学依据。

县级以上地方人民政府卫生行政部门应当定期对本行政区域的职业病防治情况进行统计和调查分析。

第十三条 任何单位和个人有权对违反本法的行为进行检举和控告。有关部门收到相关的检举和控告后，应当及时处理。

对防治职业病成绩显著的单位和个人，给予奖励。

第二章 前期预防

第十四条 用人单位应当依照法律、法规要求，严格遵守国家职业卫生标准，落实职业病预防措施，从源头上控制和消除职业病危害。

第十五条 产生职业病危害的用人单位的设立除应当符合法律、行政法规规定的设立条件外，其工作场所还应当符合下列职业卫生要求：

（一）职业病危害因素的强度或者浓度符合国家职业卫生标准；

（二）有与职业病危害防护相适应的设施；

（三）生产布局合理，符合有害与无害作业分开的原则；

（四）有配套的更衣间、洗浴间、孕妇休息间等卫生设施；

（五）设备、工具、用具等设施符合保护劳动者生理、心理健康的要求；

（六）法律、行政法规和国务院卫生行政部门、安全生产监督管理部门关于保护劳动者健康的其他要求。

第十六条 国家建立职业病危害项目申报制度。

用人单位工作场所存在职业病目录所列职业病的危害因素的，应当及时、如实向所在地安全生产监督管理部门申报危害项目，接受监督。

职业病危害因素分类目录由国务院卫生行政部门会同国务院安全生产监督管理部门制定、调整并公布。职业病危害项目申报的具体办法由国务院安全生产监督管理部门制定。

第十七条 新建、扩建、改建建设项目和技术改造、技术引进项目（以下统称建设项目）可能产生职业病危害的，建设单位在可行性论证阶段应当进行职业病危害预评价。

医疗机构建设项目可能产生放射性职业病危害的，建设单位应当向卫生行政部门提交放射性职业病危害预评价报告。卫生行政部门应当自收到预评价报告之日起三十日内，作出审核决定并书面通知建设单位。未提交预评价报告或者预评价报告未经卫生行政部门审核同意的，不得开工建设。

职业病危害预评价报告应当对建设项目可能产生的职业病危害因素及其对工作场所和劳动者健康的影响作出评价，确定危害类别和职业病防护措施。

建设项目职业病危害分类管理办法由国务院安全生产监督管理部门制定。

第十八条 建设项目的职业病防护设施所需费用应当纳入建设项目工程预算，并与主体工程同时设计，同时施工，同时投入生产和使用。

建设项目的职业病防护设施设计应当符合国家职业卫生标准和卫生要求；其中，医疗机构放射性职业病危害严重的建设项目的防护设施设计，应当经卫生行政部门审查同意后，方可施工。

建设项目在竣工验收前，建设单位应当进行职业病危害控制效果评价。

医疗机构可能产生放射性职业病危害的建设项目竣工验收时，其放射性职业病防护设施经卫生行政部门验收合格后，方可投入使用；其他建设项目的职业病防护设施应当由建设单位负责依法组织验收，验收合格后，方可投入生产和使用。安全生产监督管理部门应当加强对建设单位组织的验收活动和验收结果的监督核查。

第十九条 国家对从事放射性、高毒、高危粉尘等作业实行特殊管理。具体管理办法由国务院制定。

第三章 劳动过程中的防护与管理

第二十条 用人单位应当采取下列职业病防治管理措施：

（一）设置或者指定职业卫生管理机构或者组织，配备专职或者兼职的职业卫生管理人员，负责本单位的职业病防治工作；

（二）制订职业病防治计划和实施方案；

（三）建立、健全职业卫生管理制度和操作规程；

（四）建立、健全职业卫生档案和劳动者健康监护档案；

（五）建立、健全工作场所职业病危害因素监测及评价制度；

（六）建立、健全职业病危害事故应急救援预案。

第二十一条 用人单位应当保障职业病防治所需的资金投入，不得挤占、挪用，并对因资金投入不足导致的后果承担责任。

第二十二条 用人单位必须采用有效的职业病防护设施，并为劳动者提供个人使用的职业病防护用品。

用人单位为劳动者个人提供的职业病防护用品必须符合防治职业病的要求；不符合要求的，不得使用。

第二十三条 用人单位应当优先采用有利于防治职业病和保护劳动者健康的新技术、新工艺、新设备、新材料，逐步替代职业病危害严重的技术、工艺、设备、材料。

第二十四条 产生职业病危害的用人单位，应当在醒目位置设置公告栏，公布有关职业病防治的规章制度、操作规程、职业病危害事故应急救援措施和工作场所职业病危害因素检测结果。

对产生严重职业病危害的作业岗位，应当在其醒目位置，设置警示标识和中文警示说明。警示说明应当载明产生职业病危害的种类、后果、预防以及应急救治措施等内容。

第二十五条 对可能发生急性职业损伤的有毒、有害工作场所，用人单位应当设置报警装置，配置现场急救用品、冲洗设备、应急撤离通道和必要的泄险区。

对放射工作场所和放射性同位素的运输、贮存，用人单位必须配置防护设备和报警装置，保证接触放射线的工作人员佩戴个人剂量计。

对职业病防护设备、应急救援设施和个人使用的职业病防护用品，用人单位应当进行经常性的维护、检修，定期检测其性能和效果，确保其处于正常状态，不得擅自拆除或者停止使用。

第二十六条 用人单位应当实施由专人负责的职业病危害因素日常监测，并确保监测系统处于正常运行状态。

用人单位应当按照国务院安全生产监督管理部门的规定，定期对工作场所进行职业病危害因素检测、评价。检测、评价结果存入用人单位职业卫生档案，定期向所在地安全生产监督管理部门报告并向劳动者公布。

职业病危害因素检测、评价由依法设立的取得国务院安全生产监督管理部门或者设区的市级以上地方人民政府安全生产监督管理部门按照职责分工给予资质认可的职业卫生技术服务机构进行。职业卫生技术服务机构所作检测、评价应当客观、真实。

发现工作场所职业病危害因素不符合国家职业卫生标准和卫生要求时，用人单位应当立即采取相应治理措施，仍然达不到国家职业卫生标准和卫生要求的，必须停止存在职业病危害因素的作业；职业病危害因素经治理后，符合国家职业卫生标准和卫生要求的，方可重新作业。

第二十七条 职业卫生技术服务机构依法从事职业病危害因素检测、评价工作，接受安全生产监督管理部门的监督检查。安全生产监督管理部门应当依法履行监督职责。

第二十八条 向用人单位提供可能产生职业病危害的设备的，应当提供中文说明书，并在设备的醒目位置设置警示标识和中文警示说明。警示说明应当载明设备性能、可能产生的职业病危害、安全操作和维护注意事项、职业病防护以及应急救治措施等内容。

第二十九条 向用人单位提供可能产生职业病危害的化学品、放射性同位素和含有放射性物质的材料的，应当提供中文说明书。说明书应当载明产品特性、主要成分、存在的有害因素、可能产生的危害后果、安全使用注意事项、职业病防护以及应急救治措施等内容。产品包装应当有醒目的警示标识和中文警示说明。贮存上述材料的场所应当在规定的部位设置危险物品标识或者放射性警示标识。

国内首次使用或者首次进口与职业病危害有关的化学材料，使用单位或者进口单位按照国家规定经国务院有关部门批准后，应当向国务院卫生行政部门、安全生产监督管理部门报送该化学材料的毒性鉴定以及经有关部门登记注册或者批准进口的文件等资料。

进口放射性同位素、射线装置和含有放射性物质的物品的，按照国家有关规定办理。

第三十条 任何单位和个人不得生产、经营、进口和使用国家明令禁止使用的可能产生职业病危害的设备或者材料。

第三十一条 任何单位和个人不得将产生职业病危害的作业转移给不具备职业病防护条件的单位和个人。不具备职业病防护条件的单位和个人不得接受产生职业病危害的作业。

第三十二条 用人单位对采用的技术、工艺、设备、材料，应当知悉其产生的职业病危害，对有职业病危害的技术、工艺、设备、材料隐瞒其危害而采用的，对所造成的职业病危害后果承担责任。

第三十三条 用人单位与劳动者订立劳动合同（含聘用合同，下同）时，应当将工作过程中可能产生的职业病危害及其后果、职业病防护措施和待遇等如实告知劳动者，并在劳动合同中写明，不得隐瞒或者欺骗。

劳动者在已订立劳动合同期间因工作岗位或者工作内容变更，从事与所订立劳动合同中未告知的存在职业病危害的作业时，用人单位应当依照前款规定，向劳动者履行如实告知的义务，并协商变更原劳动合同相关条款。

用人单位违反前两款规定的，劳动者有权拒绝从事存在职业病危害的作业，用人单位不得因此解除与劳动者所订立的劳动合同。

第三十四条 用人单位的主要负责人和职业卫生管理人员应当接受职业卫生培训，遵守职业病防治法律、法规，依法组织本单位的职业病防治工作。

用人单位应当对劳动者进行上岗前的职业卫生培训和在岗期间的定期职业卫生培训，普及职业卫生知识，督促劳动者遵守职业病防治法律、法规、规章和操作规程，指导劳动者正确使用职业病防护设备和个人使用的职业病防护用品。

劳动者应当学习和掌握相关的职业卫生知识，增强职业病防范意识，遵守职业病防治法律、法规、规章和操作规程，正确使用、维护职业病防护设备和个人使用的职业病防护用品，发现职业病危害事故隐患应当及时报告。

劳动者不履行前款规定义务的，用人单位应当对其进行教育。

第三十五条 对从事接触职业病危害的作业的劳动者，用人单位应当按照国务院安全生产监督管理部门、卫生行政部门的规定组织上岗前、在岗期间和离岗时的职业健康检查，并将检查结果书面告知劳动者。职业健康检查费用由用人单位承担。

用人单位不得安排未经上岗前职业健康检查的劳动者从事接触职业病危害的作业；不得安排有职业禁忌的劳动者从事其所禁忌的作业；对在职业健康检查中发现有与所从事的职业相关的健康损害的劳动者，应当调离原工作岗位，并妥善安置；对未进行离岗前职业健康检查的劳动者不得解除或者终止与其订立的劳动合同。

职业健康检查应当由取得《医疗机构执业许可证》的医疗卫生机构承担。卫生行政部门应当加强对职业健康检查工作的规范管理，具体管理办法由国务院卫生行政部门制定。

第三十六条 用人单位应当为劳动者建立职业健康监护档案，并按照规定的期限妥善保存。

职业健康监护档案应当包括劳动者的职业史、职业病危害接触史、职业健康检查结果和职业病诊疗等有关个人健康资料。

劳动者离开用人单位时，有权索取本人职业健康监护档案复印件，用人单位应当如实、无偿提供，并在所提供的复印件上签章。

第三十七条 发生或者可能发生急性职业病危害事故时，用人单位应当立即采取应急救援和控制措施，并及时报告所在地安全生产监督管理部门和有关部门。安全生产监督管理部门接到报告后，应当及时会同有关部门组织调查处理；必要时，可以采取临时控制措施。卫生行政部门应当组织做好医疗救治工作。

对遭受或者可能遭受急性职业病危害的劳动者，用人单位应当及时组织救治、进行健康检查和医学观察，所需费用由用人单位承担。

第三十八条 用人单位不得安排未成年工从事接触职业病危害的作业；不得安排孕期、哺乳期的女职工从事对本人和胎儿、婴儿有危害的作业。

第三十九条 劳动者享有下列职业卫生保护权利：

（一）获得职业卫生教育、培训；

（二）获得职业健康检查、职业病诊疗、康复等职业病防治服务；

（三）了解工作场所产生或者可能产生的职业病危害因素、危害后果和应当采取的职业病防护措施；

（四）要求用人单位提供符合防治职业病要求的职业病防护设施和个人使用的职业病防护用品，改善工作条件；

（五）对违反职业病防治法律、法规以及危及生命健康的行为提出批评、检举和控告；

（六）拒绝违章指挥和强令进行没有职业病防护措施的作业；

（七）参与用人单位职业卫生工作的民主管理，对职业病防治工作提出意见和建议。

用人单位应当保障劳动者行使前款所列权利。因劳动者依法行使正当权利而降低其工资、福利等待遇或者解除、终止与其订立的劳动合同的，其行为无效。

第四十条 工会组织应当督促并协助用人单位开展职业卫生宣传教育和培训，有权对用人单位的职业病防治工作提出意见和建议，依法代表劳动者与用人单位签订劳动安全卫生专项集体合同，与用人单位就劳动者反映的有关职业病防治的问题进行协调并督促解决。

工会组织对用人单位违反职业病防治法律、法规，侵犯劳动者合法权益的行为，有权要求纠正；产生严重职业病危害时，有权要求采取防护措施，或者向政府有关部门建议采取强制性措施；发生职业病危害事故时，有权参与事故调查处理；发现危及劳动者生命健康的情形时，有权向用人单位建议组织劳动者撤离危险现场，用人单位应当立即作出处理。

第四十一条 用人单位按照职业病防治要求，用于预防和治理职业病危害、工作场所卫生检测、健康监护和职业卫生培训等费用，按照国家有关规定，在生产成本中据实列支。

第四十二条 职业卫生监督管理部门应当按照职责分工，加强对用人单位落实职业病防护管理措施情况的监督检查，依法行使职权，承担责任。

第四章 职业病诊断与职业病病人保障

第四十三条 医疗卫生机构承担职业病诊断，应当经省、自治区、直辖市人民政府卫生行政部门批准。省、自治区、直辖市人民政府卫生行政部门应当向社会公布本行政区域内承担职业病诊断的医疗卫生机构的名单。

承担职业病诊断的医疗卫生机构应当具备下列条件：

（一）持有《医疗机构执业许可证》；

（二）具有与开展职业病诊断相适应的医疗卫生技术人员；

（三）具有与开展职业病诊断相适应的仪器、设备；

（四）具有健全的职业病诊断质量管理制度。

承担职业病诊断的医疗卫生机构不得拒绝劳动者进行职业病诊断的要求。

第四十四条 劳动者可以在用人单位所在地、本人户籍所在地或者经常居住地依法承担职业病诊断的医疗卫生机构进行职业病诊断。

第四十五条 职业病诊断标准和职业病诊断、鉴定办法由国务院卫生行政部门制定。职业病伤残等级的鉴定办法由国务院劳动保障行政部门会同国务院卫生行政部门制定。

第四十六条 职业病诊断，应当综合分析下列因素：

（一）病人的职业史；

（二）职业病危害接触史和工作场所职业病危害因素情况；

（三）临床表现以及辅助检查结果等。

没有证据否定职业病危害因素与病人临床表现之间的必然联系的，应当诊断为职业病。

职业病诊断证明书应当由参与诊断的取得职业病诊断资格的执业医师签署，并经承担职业病诊断的医疗卫生机构审核盖章。

第四十七条 用人单位应当如实提供职业病诊断、鉴定所需的劳动者职业史和职业病危害接触史、工作场所职业病危害因素检测结果等资料；安全生产监督管理部门应当监督检查和督促用人单位提供上述资料；劳动者和有关机构也应当提供与职业病诊断、鉴定有关的资料。

职业病诊断、鉴定机构需要了解工作场所职业病危害因素情况时，可以对工作场所进行现场调查，也可以向安全生产监督管理部门提出，安全生产监督管理部门应当在十日内组织现场调查。用人单位不得拒绝、阻挠。

第四十八条 职业病诊断、鉴定过程中，用人单位不提供工作场所职业病危害因素检测结果等资料的，诊断、鉴定机构应当结合劳动者的临床表现、辅助检查结果和劳动者的职业史、职业病危害接触史，并参考劳动者的自述、安全生产监督管理部门提供的日常监督检查信息等，作出职业病诊断、鉴定结论。

劳动者对用人单位提供的工作场所职业病危害因素检测结果等资料有异议，或者因劳动者的用人单位解散、破产，无用人单位提供上述资料的，诊断、鉴定机构应当提请安全生产监督管理部门进行调查，安全生产监督管理部门应当自接到申请之日起三十日内对存在异议的资料或者工作场所职业病危害因素情况作出判定；有关部门应当配合。

第四十九条 职业病诊断、鉴定过程中，在确认劳动者职业史、职业病危害接触史时，当事人对劳动关系、工种、工作岗位或者在岗时间有争议的，可以向当地的劳动人事争议仲裁委员会申请仲裁；接到申请的劳动人事争议仲裁委员会应当受理，并在三十日内作出裁决。

当事人在仲裁过程中对自己提出的主张，有责任提供证据。劳动者无法提供由用人单位掌握管理的与仲裁主张有关的证据的，仲裁庭应当要求用人单位在指定期限内提供；用人单位在指定期限内不提供的，应当承担不利后果。

劳动者对仲裁裁决不服的，可以依法向人民法院提起诉讼。

用人单位对仲裁裁决不服的，可以在职业病诊断、鉴定程序结束之日起十五日内依法向人民法院提起诉讼；诉讼期间，劳动者的治疗费用按照职业病待遇规定的途径支付。

第五十条 用人单位和医疗卫生机构发现职业病病人或者疑似职业病病人时，应当及时向所在地卫生行政部门和安全生产监督管理部门报告。确诊为职业病的，用人单位还应当向所在地劳动保障行政部门报告。接到报告的部门应当依法作出处理。

第五十一条 县级以上地方人民政府卫生行政部门负责本行政区域内的职业病统计报告的管理工作，并按照规定上报。

第五十二条 当事人对职业病诊断有异议的，可以向作出诊断的医疗卫生机构所在地地方人民政府卫生行政部门申请鉴定。

职业病诊断争议由设区的市级以上地方人民政府卫生行政部门根据当事人的申请，组织职业病诊断鉴定委员会进行鉴定。

当事人对设区的市级职业病诊断鉴定委员会的鉴定结论不服的，可以向省、自治区、直辖市人民政府卫生行政部门申请再鉴定。

第五十三条 职业病诊断鉴定委员会由相关专业的专家组成。

省、自治区、直辖市人民政府卫生行政部门应当设立相关的专家库，需要对职业病争议作出诊断鉴定时，由当事人或者当事人委托有关卫生行政部门从专家库中以随机抽取的方式确定参加诊断鉴定委员会的专家。

职业病诊断鉴定委员会应当按照国务院卫生行政部门颁布的职业病诊断标准和职业病诊断、鉴定办法进行职业病诊断鉴定，向当事人出具职业病诊断鉴定书。职业病诊断、鉴定费用由用人单位承担。

第五十四条 职业病诊断鉴定委员会组成人员应当遵守职业道德，客观、公正地进行诊断鉴定，并承担相应的责任。职业病诊断鉴定委员会组成人员不得私下接触当事人，不得收受当事人的财物或者其他好处，与当事人有利害关系的，应当回避。

人民法院受理有关案件需要进行职业病鉴定时，应当从省、自治区、直辖市人民政府卫生行政部门依法设立的相关的专家库中选取参加鉴定的专家。

第五十五条 医疗卫生机构发现疑似职业病病人时，应当告知劳动者本人并及时通知用人单位。

用人单位应当及时安排对疑似职业病病人进行诊断；在疑似职业病病人诊断或者医学观察期间，不得解除或者终止与其订立的劳动合同。

疑似职业病病人在诊断、医学观察期间的费用，由用人单位承担。

第五十六条 用人单位应当保障职业病病人依法享受国家规定的职业病待遇。

用人单位应当按照国家有关规定，安排职业病病人进行治疗、康复和定期检查。

用人单位对不适宜继续从事原工作的职业病病人，应当调离原岗位，并妥善安置。

用人单位对从事接触职业病危害的作业的劳动者，应当给予适当岗位津贴。

第五十七条 职业病病人的诊疗、康复费用，伤残以及丧失劳动能力的职业病病人的社会保障，按照国家有关工伤保险的规定执行。

第五十八条 职业病病人除依法享有工伤保险外，依照有关民事法律，尚有获得赔偿的权利的，有权向用人单位提出赔偿要求。

第五十九条 劳动者被诊断患有职业病，但用人单位没有依法参加工伤保险的，其医疗和生活保障由该用人单位承担。

第六十条 职业病病人变动工作单位，其依法享有的待遇不变。

用人单位在发生分立、合并、解散、破产等情形时，应当对从事接触职业病危害的作业的劳动者进行健康检查，并按照国家有关规定妥善安置职业病病人。

第六十一条 用人单位已经不存在或者无法确认劳动关系的职业病病人，可以向地方人民政府民政部门申请医疗救助和生活等方面的救助。

地方各级人民政府应当根据本地区的实际情况，采取其他措施，使前款规定的职业病病人获得医疗救治。

第五章 监督检查

第六十二条 县级以上人民政府职业卫生监督管理部门依照职业病防治法律、法规、国家职业卫生标准和卫生要求，依据职责划分，对职业病防治工作进行监督检查。

第六十三条 安全生产监督管理部门履行监督检查职责时，有权采取下列措施：

（一）进入被检查单位和职业病危害现场，了解情况，调查取证；

（二）查阅或者复制与违反职业病防治法律、法规的行为有关的资料和采集样品；

（三）责令违反职业病防治法律、法规的单位和个人停止违法行为。

第六十四条 发生职业病危害事故或者有证据证明危害状态可能导致职业病危害事故发生时，安全生产监督管理部门可以采取下列临时控制措施：

（一）责令暂停导致职业病危害事故的作业；

（二）封存造成职业病危害事故或者可能导致职业病危害事故发生的材料和设备；

（三）组织控制职业病危害事故现场。

在职业病危害事故或者危害状态得到有效控制后，安全生产监督管理部门应当及时解除控制措施。

第六十五条 职业卫生监督执法人员依法执行职务时，应当出示监督执法证件。

职业卫生监督执法人员应当忠于职守，秉公执法，严格遵守执法规范；涉及用人单位的秘密的，应当为其保密。

第六十六条 职业卫生监督执法人员依法执行职务时，被检查单位应当接受检查并予以支持配合，不得拒绝和阻碍。

第六十七条 卫生行政部门、安全生产监督管理部门及其职业卫生监督执法人员履行职责时，不得有下列行为：

（一）对不符合法定条件的，发给建设项目有关证明文件、资质证明文件或者予以批准；

（二）对已经取得有关证明文件的，不履行监督检查职责；

（三）发现用人单位存在职业病危害的，可能造成职业病危害事故，不及时依法采取控制措施；

（四）其他违反本法的行为。

第六十八条 职业卫生监督执法人员应当依法经过资格认定。

职业卫生监督管理部门应当加强队伍建设，提高职业卫生监督执法人员的政治、业务素质，依照本法和其他有关法律、法规的规定，建立、健全内部监督制度，对其工作人员执行法律、法规和遵守纪律的情况，进行监督检查。

第六章 法律责任

第六十九条 建设单位违反本法规定，有下列行为之一的，由安全生产监督管理部门和卫生行政部门依据职责分工给予警告，责令限期改正；逾期不改正的，处十万元以上五十万元以下的罚款；情节严重的，责令停止产生职业病危害的作业，或者提请有关人民政府按照国务院规定的权限责令停建、关闭：

（一）未按照规定进行职业病危害预评价的；

（二）医疗机构可能产生放射性职业病危害的建设项目未按照规定提交放射性职业病危害预评价报告，或者放射性职业病危害预评价报告未经卫生行政部门审核同意，开工建设的；

（三）建设项目的职业病防护设施未按照规定与主体工程同时设计、同时施工、同时投入生产和使用的；

（四）建设项目的职业病防护设施设计不符合国家职业卫生标准和卫生要求，或者医疗机构放射性职业病危害严重的建设项目的防护设施设计未经卫生行政部门审查同意擅自施工的；

（五）未按照规定对职业病防护设施进行职业病危害控制效果评价的；

（六）建设项目竣工投入生产和使用前，职业病防护设施未按照规定验收合格的。

第七十条 违反本法规定，有下列行为之一的，由安全生产监督管理部门给予警告，责令限期改正；逾期不改正的，处十万元以下的罚款：

（一）工作场所职业病危害因素检测、评价结果没有存档、上报、公布的；

（二）未采取本法第二十一条规定的职业病防治管理措施的；

（三）未按照规定公布有关职业病防治的规章制度、操作规程、职业病危害事故应急救援措施的；

（四）未按照规定组织劳动者进行职业卫生培训，或者未对劳动者个人职业病防护采取指导、督促措施的；

（五）国内首次使用或者首次进口与职业病危害有关的化学材料，未按照规定报送毒性鉴定资料以及经有关部门登记注册或者批准进口的文件的。

第七十一条 用人单位违反本法规定，有下列行为之一的，由安全生产监督管理部门责令限期改正，给予警告，可以并处五万元以上十万元以下的罚款：

（一）未按照规定及时、如实向安全生产监督管理部门申报产生职业病危害的项目的；

（二）未实施由专人负责的职业病危害因素日常监测，或者监测系统不能正常监测的；

（三）订立或者变更劳动合同时，未告知劳动者职业病危害真实情况的；

（四）未按照规定组织职业健康检查、建立职业健康监护档案或者未将检查结果书面告知劳动者的；

（五）未依照本法规定在劳动者离开用人单位时提供职业健康监护档案复印件的。

第七十二条 用人单位违反本法规定，有下列行为之一的，由安全生产监督管理部门给予警告，责令限期改正，逾期不改正的，处五万元以上二十万元以下的罚款；情节严重的，责令停止产生职业病危害的作业，或者提请有关人民政府按照国务院规定的权限责令关闭：

（一）工作场所职业病危害因素的强度或者浓度超过国家职业卫生标准的；

（二）未提供职业病防护设施和个人使用的职业病防护用品，或者提供的职业病防护设施和个人使用的职业病防护用品不符合国家职业卫生标准和卫生要求的；

（三）对职业病防护设备、应急救援设施和个人使用的职业病防护用品未按照规定进行维护、检修、检测，或者不能保持正常运行、使用状态的；

（四）未按照规定对工作场所职业病危害因素进行检测、评价的；

（五）工作场所职业病危害因素经治理仍然达不到国家职业卫生标准和卫生要求时，未停止存在职业病危害因素的作业的；

（六）未按照规定安排职业病病人、疑似职业病病人进行诊治的；

（七）发生或者可能发生急性职业病危害事故时，未立即采取应急救援和控制措施或者未按照规定及时报告的；

（八）未按照规定在产生严重职业病危害的作业岗位醒目位置设置警示标识和中文警示说明的；

（九）拒绝职业卫生监督管理部门监督检查的；

（十）隐瞒、伪造、篡改、毁损职业健康监护档案、工作场所职业病危害因素检测评价结果等相关资料，或者拒不提供职业病诊断、鉴定所需资料的；

（十一）未按照规定承担职业病诊断、鉴定费用和职业病病人的医疗、生活保障费用的。

第七十三条 向用人单位提供可能产生职业病危害的设备、材料，未按照规定提供中文说明书或者设置警示标识和中文警示说明的，由安全生产监督管理部门责令限期改正，给予警告，并处五万元以上二十万元以下的罚款。

第七十四条 用人单位和医疗卫生机构未按照规定报告职业病、疑似职业病的，由有关主管部门依据职责分工责令限期改正，给予警告，可以并处一万元以下的罚款；弄虚作假的，并处二万元以上五万元以下的罚款；对直接负责的主管人员和其他直接责任人员，可以依法给予降级或者撤职的处分。

第七十五条 违反本法规定，有下列情形之一的，由安全生产监督管理部门责令限期治理，并处五万元以上三十万元以下的罚款；情节严重的，责令停止产生职业病危害的作业，或者提请有关人民政府按照国务院规定的权限责令关闭：

（一）隐瞒技术、工艺、设备、材料所产生的职业病危害而采用的；

（二）隐瞒本单位职业卫生真实情况的；

（三）可能发生急性职业损伤的有毒、有害工作场所、放射工作场所或者放射性同位素的运输、贮存不符合本法第二十五条规定的；

（四）使用国家明令禁止使用的可能产生职业病危害的设备或者材料的；

（五）将产生职业病危害的作业转移给没有职业病防护条件的单位和个人，或者没有职业病防护条件的单位和个人接受产生职业病危害的作业的；

（六）擅自拆除、停止使用职业病防护设备或者应急救援设施的；

（七）安排未经职业健康检查的劳动者、有职业禁忌的劳动者、未成年工或者孕期、哺乳期女职工从事接触职业病危害的作业或者禁忌作业的；

（八）违章指挥和强令劳动者进行没有职业病防护措施的作业的。

第七十六条　生产、经营或者进口国家明令禁止使用的可能产生职业病危害的设备或者材料的，依照有关法律、行政法规的规定给予处罚。

第七十七条　用人单位违反本法规定，已经对劳动者生命健康造成严重损害的，由安全生产监督管理部门责令停止产生职业病危害的作业，或者提请有关人民政府按照国务院规定的权限责令关闭，并处十万元以上五十万元以下的罚款。

第七十八条　用人单位违反本法规定，造成重大职业病危害事故或者其他严重后果，构成犯罪的，对直接负责的主管人员和其他直接责任人员，依法追究刑事责任。

第七十九条　未取得职业卫生技术服务资质认可擅自从事职业卫生技术服务的，或者医疗卫生机构未经批准擅自从事职业病诊断的，由安全生产监督管理部门和卫生行政部门依据职责分工责令立即停止违法行为，没收违法所得；违法所得五千元以上的，并处违法所得二倍以上十倍以下的罚款；没有违法所得或者违法所得不足五千元的，并处五千元以上五万元以下的罚款；情节严重的，对直接负责的主管人员和其他直接责任人员，依法给予降级、撤职或者开除的处分。

第八十条　从事职业卫生技术服务的机构和承担职业病诊断的医疗卫生机构违反本法规定，有下列行为之一的，由安全生产监督管理部门和卫生行政部门依据职责分工责令立即停止违法行为，给予警告，没收违法所得；违法所得五千元以上的，并处违法所得二倍以上五倍以下的罚款；没有违法所得或者违法所得不足五千元的，并处五千元以上二万元以下的罚款；情节严重的，由原认可或者批准机关取消其相应的资格；对直接负责的主管人员和其他直接责任人员，依法给予降级、撤职或者开除的处分；构成犯罪的，依法追究刑事责任：

（一）超出资质认可或者批准范围从事职业卫生技术服务或者职业病诊断的；

（二）不按照本法规定履行法定职责的；

（三）出具虚假证明文件的。

第八十一条　职业病诊断鉴定委员会组成人员收受职业病诊断争议当事人的财物或者其他好处的，给予警告，没收收受的财物，可以并处三千元以上五万元以下的罚款，取消其担任职业病诊断鉴定委员会组成人员的资格，并从省、自治区、直辖市人民政府卫生行政部门设立的专家库中予以除名。

第八十二条　卫生行政部门、安全生产监督管理部门不按照规定报告职业病和职业病危害事故的，由上一级行政部门责令改正，通报批评，给予警告；虚报、瞒报的，对单位负责人、直接负责的主管人员和其他直接责任人员依法给予降级、撤职或者开除的处分。

第八十三条　县级以上地方人民政府在职业病防治工作中未依照本法履行职责，本行政区域出现重大职业病危害事故、造成严重社会影响的，依法对直接负责的主管人员和其他直接责任人员给予记大过直至开除的处分。

县级以上人民政府职业卫生监督管理部门不履行本法规定的职责，滥用职权、玩忽职守、徇私舞弊，依法对直接负责的主管人员和其他直接责任人员给予记大过或者降级的处分；造成职业病危害事故或者其他严重后果的，依法给予撤职或者开除的处分。

第八十四条 违反本法规定，构成犯罪的，依法追究刑事责任。

第七章 附 则

第八十五条 本法下列用语的含义：

职业病危害，是指对从事职业活动的劳动者可能导致职业病的各种危害。职业病危害因素包括：职业活动中存在的各种有害的化学、物理、生物因素以及在作业过程中产生的其他职业有害因素。

职业禁忌，是指劳动者从事特定职业或者接触特定职业病危害因素时，比一般职业人群更易于遭受职业病危害和罹患职业病或者可能导致原有自身疾病病情加重，或者在从事作业过程中诱发可能导致对他人生命健康构成危险的疾病的个人特殊生理或者病理状态。

第八十六条 本法第二条规定的用人单位以外的单位，产生职业病危害的，其职业病防治活动可以参照本法执行。

劳务派遣用工单位应当履行本法规定的用人单位的义务。

中国人民解放军参照执行本法的办法，由国务院、中央军事委员会制定。

第八十七条 对医疗机构放射性职业病危害控制的监督管理，由卫生行政部门依照本法的规定实施。

第八十八条 本法自 2002 年 5 月 1 日起施行。

第二部分　行 政 法 规

第二部分　行政法规

2 中华人民共和国尘肺病防治条例

国发〔1987〕105号

第一章 总 则

第一条 为保护职工健康，消除粉尘危害，防止发生尘肺病，促进生产发展，制定本条例。

第二条 本条例适用于所有有粉尘作业的企业、事业单位。

第三条 尘肺病系指在生产活动中吸入粉尘而发生的肺组织纤维化为主的疾病。

第四条 地方各级人民政府要加强对尘肺病防治工作的领导。在制订本地区国民经济和社会发展计划时，要统筹安排尘肺病防治工作。

第五条 企业、事业单位的主管部门应当根据国家卫生等有关标准，结合实际情况，制定所属企业的尘肺病防治规划，并督促其施行。

乡镇企业主管部门，必须指定专人负责乡镇企业尘肺病的防治工作，建立监督检查制度，并指导乡镇企业对尘肺病的防治工作。

第六条 企业、事业单位的负责人，对本单位的尘肺病防治工作负有直接责任，应采取有效措施使本单位的粉尘作业场所达到国家卫生标准。

第二章 防 尘

第七条 凡有粉尘作业的企业、事业单位应采取综合防尘措施和无尘或低尘的新技术、新工艺、新设备，使作业场所的粉尘浓度不超过国家卫生标准。

第八条 尘肺病诊断标准由卫生行政部门制定，粉尘浓度卫生标准由卫生行政部门会同劳动等有关部门联合制定。

第九条 防尘设施的鉴定和定型制度，由劳动部门会同卫生行政部门制定。任何企业、事业单位除特殊情况外，未经上级主管部门批准，不得停止运行或者拆除防尘设施。

第十条 防尘经费应当纳入基本建设和技术改造经费计划，专款专用，不得挪用。

第十一条 严禁任何企业、事业单位将粉尘作业转嫁、外包或以联营的形式给没有防尘设施的乡镇、街道企业或个体工商户。

中、小学校各类校办的实习工厂或车间，禁止从事有粉尘的作业。

第十二条 职工使用的防止粉尘危害的防护用品，必须符合国家的有关标准。企业、事业单位应当建立严格的管理制度，并教育职工按规定和要求使用。

对初次从事粉尘作业的职工，由其所在单位进行防尘知识教育和考核，考试合格后方可从事粉尘作业。

不满十八周岁的未成年人，禁止从事粉尘作业。

第十三条 新建、改建、扩建、续建有粉尘作业的工程项目，防尘设施必须与主体工程同时设计、同时施工、同时投产。设计任务书，必须经当地卫生行政部门、劳动部门和工会组织审查同意后，方可施工。竣工验收，应由当地卫生行政部门、劳动部门和工会组织参加，凡不符合要求的，不得投产。

第十四条 作业场所的粉尘浓度超过国家卫生标准，又未积极治理，严重影响职工安全健康时，职工有权拒绝操作。

第三章 监督和监测

第十五条 卫生行政部门、劳动部门和工会组织分工协作，互相配合，对企业、事业单位的尘肺病防治工作进行监督。

第十六条 卫生行政部门负责卫生标准的监测；劳动部门负责劳动卫生工程技术标准的监测。

工会组织负责组织职工群众对本单位的尘肺病防治工作进行监督，并教育职工遵守操作规程与防尘制度。

第十七条 凡有粉尘作业的企业、事业单位，必须定期测定作业场所的粉尘浓度。测尘结果必须向主管部门和当地卫生行政部门、劳动部门和工会组织报告，并定期向职工公布。

从事粉尘作业的单位必须建立测尘资料档案。

第十八条 卫生行政部门和劳动部门，要对从事粉尘作业的企业、事业单位的测尘机构加强业务指导，并对测尘人员加强业务指导和技术培训。

第四章 健 康 管 理

第十九条 各企业、事业单位对新从事粉尘作业的职工，必须进行健康检查。对在职和离职的从事粉尘作业的职工，必须定期进行健康检查。检查的内容、期限和尘肺病诊断标准，按卫生行政部门有关职业病管理的规定执行。

第二十条 各企业、事业单位必须贯彻执行职业病报告制度，按期向当地卫生行政部门、劳动部门、工会组织和本单位的主管部门报告职工尘肺病发生和死亡情况。

第二十一条 各企业、事业单位对已确诊为尘肺病的职工，必须调离粉尘作业岗位，并给予治疗或疗养。尘肺病患者的社会保险待遇，按国家有关规定办理。

第五章 奖励和处罚

第二十二条 对在尘肺病防治工作中做出显著成绩的单位和个人，由其上级主管部门给予奖励。

第二十三条 凡违反本条例规定，有下列行为之一的，卫生行政部门和劳动部门，可视其情节轻重，给予警告、限期治理、罚款和停业整顿的处罚。但停业整顿的处罚，需经当地人民政府同意。

（一）作业场所粉尘浓度超过国家卫生标准，逾期不采取措施的；

（二）任意拆除防尘设施，致使粉尘危害严重的；

（三）挪用防尘措施经费的；

（四）工程设计和竣工验收未经卫生行政部门、劳动部门和工会组织审查同意，擅自施工、投产的；

（五）将粉尘作业转嫁、外包或以联营的形式给没有防尘设施的乡镇、街道企业或个体工商户的；

（六）不执行健康检查制度和测尘制度的；

（七）强令尘肺病患者继续从事粉尘作业的；

（八）假报测尘结果或尘肺病诊断结果的；

（九）安排未成年人从事粉尘作业的。

第二十四条 当事人对处罚不服的，可在接到处罚通知之日起十五日内，向作出处理的部门的上级机关申请复议。但是，对停业整顿的决定应当立即执行。上级机关应当在接到申请之日起三十日内作出答复。对答复不服的，可以在接到答复之日起十五日内，向人民法院起诉。

第二十五条 企业、事业单位负责人和监督、监测人员玩忽职守，致使公共财产、国家和人民利益遭受损失，情节轻微的，由其主管部门给予行政处分；造成重大损失，构成犯罪的，由司法机关依法追究直接责任人员的刑事责任。

第六章　附　　则

第二十六条 本条例由国务院卫生行政部门和劳动部门联合进行解释。

第二十七条 各省、自治区、直辖市人民政府应当结合当地实际情况，制定本条例的实施办法。

第二十八条 本条例自发布之日起施行。

3 使用有毒物品作业场所劳动保护条例

2002 年 4 月 30 日国务院第 57 次常务会议通过，2002 年 5 月 12 日
中华人民共和国国务院令第 352 号公布，自公布日起施行。

第一章 总 则

第一条 为了保证作业场所安全使用有毒物品，预防、控制和消除职业中毒危害，保护劳动者的生命安全、身体健康及其相关权益，根据职业病防治法和其他有关法律、行政法规的规定，制定本条例。

第二条 作业场所使用有毒物品可能产生职业中毒危害的劳动保护，适用本条例。

第三条 按照有毒物品产生的职业中毒危害程度，有毒物品分为一般有毒物品和高毒物品。国家对作业场所使用高毒物品实行特殊管理。

一般有毒物品目录、高毒物品目录由国务院卫生行政部门会同有关部门依据国家标准制定、调整并公布。

第四条 从事使用有毒物品作业的用人单位（以下简称用人单位）应当使用符合国家标准的有毒物品，不得在作业场所使用国家明令禁止使用的有毒物品或者使用不符合国家标准的有毒物品。

用人单位应当尽可能使用无毒物品；需要使用有毒物品的，应当优先选择使用低毒物品。

第五条 用人单位应当依照本条例和其他有关法律、行政法规的规定，采取有效的防护措施，预防职业中毒事故的发生，依法参加工伤保险，保障劳动者的生命安全和身体健康。

第六条 国家鼓励研制、开发、推广、应用有利于预防、控制、消除职业中毒危害和保护劳动者健康的新技术、新工艺、新材料；限制使用或者淘汰有关职业中毒危害严重的技术、工艺、材料；加强对有关职业病的机理和发生规律的基础研究，提高有关职业病防治科学技术水平。

第七条 禁止使用童工。

用人单位不得安排未成年人和孕期、哺乳期的女职工从事使用有毒物品的作业。

第八条 工会组织应当督促并协助用人单位开展职业卫生宣传教育和培训，对用人单位的职业卫生工作提出意见和建议，与用人单位就劳动者反映的职业病防治问题进行协调并督促解决。

工会组织对用人单位违反法律、法规，侵犯劳动者合法权益的行为，有权要求纠正；产生严重职业中毒危害时，有权要求用人单位采取防护措施，或者向政府有关部门建议采取强制性措施；发生职业中毒事故时，有权参与事故调查处理；发现危及劳动者生命、健康的情形时，有权建议用人单位组织劳动者撤离危险现场，用人单位应当立即作出处理。

第九条 县级以上人民政府卫生行政部门及其他有关行政部门应当依据各自的职责，监督用人单位严格遵守本条例和其他有关法律、法规的规定，加强作业场所使用有毒物品的劳动保护，防止职业中毒事故发生，确保劳动者依法享有的权利。

第十条 各级人民政府应当加强对使用有毒物品作业场所职业卫生安全及相关劳动保护工作的领导，督促、支持卫生行政部门及其他有关行政部门依法履行监督检查职责，及时协调、解决有关重大问题；在发生职业中毒事故时，应当采取有效措施，控制事故危害的蔓延并消除事故危害，并妥善处理有关善后工作。

第二章 作业场所的预防措施

第十一条 用人单位的设立，应当符合有关法律、行政法规规定的设立条件，并依法办理有关手续，取得营业执照。

用人单位的使用有毒物品作业场所，除应当符合职业病防治法规定的职业卫生要求外，还必须符合下列要求：

（一）作业场所与生活场所分开，作业场所不得住人。

（二）有害作业与无害作业分开，高毒作业场所与其他作业场所隔离。

（三）设置有效的通风装置；可能突然泄漏大量有毒物品或者易造成急性中毒的作业场所，设置自动报警装置和事故通风设施。

（四）高毒作业场所设置应急撤离通道和必要的泄险区。

用人单位及其作业场所符合前两款规定的，由卫生行政部门发给职业卫生安全许可证，方可从事使用有毒物品的作业。

第十二条 使用有毒物品作业场所应当设置黄色区域警示线、警示标识和中文警示说明。警示说明应当载明产生职业中毒危害的种类、后果、预防以及应急救治措施等内容。

高毒作业场所应当设置红色区域警示线、警示标识和中文警示说明，并设置通信报警设备。

第十三条 新建、扩建、改建的建设项目和技术改造、技术引进项目（以下统称建设项目），可能产生职业中毒危害的，应当依照职业病防治法的规定进行职业中毒危害预评价，并经卫生行政部门审核同意；可能产生职业中毒危害的建设项目的职业中毒危害防护设施应当与主体工程同时设计，同时施工，同时投入生产和使用；建设项目竣工，应当进行职业中毒危害控制效果评价，并经卫生行政部门验收合格。

存在高毒作业的建设项目的职业中毒危害防护设施设计，应当经卫生行政部门进行卫生审查；经审查，符合国家职业卫生标准和卫生要求的，方可施工。

第十四条 用人单位应当按照国务院卫生行政部门的规定，向卫生行政部门及时、如实申报存在职业中毒危害项目。

从事使用高毒物品作业的用人单位，在申报使用高毒物品作业项目时，应当向卫生行政部门提交下列有关资料：

（一）职业中毒危害控制效果评价报告；

（二）职业卫生管理制度和操作规程等材料；

（三）职业中毒事故应急救援预案。

从事使用高毒物品作业的用人单位变更所使用的高毒物品品种的，应当依照前款规定向原受理申报的卫生行政部门重新申报。

第十五条 用人单位变更名称、法定代表人或者负责人的，应当向原受理申报的卫生行政部门备案。

第十六条 从事使用高毒物品作业的用人单位，应当配备应急救援人员和必要的应急救援器材、设备，制定事故应急救援预案，并根据实际情况变化对应急救援预案适时进行修订，定期组织演练。事故应急救援预案和演练记录应当报当地卫生行政部门、安全生产监督管理部门和公安部门备案。

第三章　劳动过程的防护

第十七条 用人单位应当依照职业病防治法的有关规定，采取有效的职业卫生防护管理措施，加强劳动过程中的防护与管理。

从事使用高毒物品作业的用人单位，应当配备专职的或者兼职的职业卫生医师和护士；不具备配备专职的或者兼职的职业卫生医师和护士条件的，应当与依法取得资质认证的职业卫生技术服务机构签订合同，由其提供职业卫生服务。

第十八条 用人单位应当与劳动者订立劳动合同，将工作过程中可能产生的职业中毒危害及其后果、职业中毒危害防护措施和待遇等如实告知劳动者，并在劳动合同中写明，不得隐瞒或者欺骗。

劳动者在已订立劳动合同期间因工作岗位或者工作内容变更，从事劳动合同中未告知的存在职业中毒危害的作业时，用人单位应当依照前款规定，如实告知劳动者，并协商变更原劳动合同有关条款。

用人单位违反前两款规定的，劳动者有权拒绝从事存在职业中毒危害的作业，用人单位不得因此单方面解除或者终止与劳动者所订立的劳动合同。

第十九条 用人单位有关管理人员应当熟悉有关职业病防治的法律、法规以及确保劳动者安全使用有毒物品作业的知识。

用人单位应当对劳动者进行上岗前的职业卫生培训和在岗期间的定期职业卫生培训，普及有关职业卫生知识，督促劳动者遵守有关法律、法规和操作规程，指导劳动者正确使用职业中毒危害防护设备和个人使用的职业中毒危害防护用品。

劳动者经培训考核合格，方可上岗作业。

第二十条 用人单位应当确保职业中毒危害防护设备、应急救援设施、通信报警装置处于正常适用状态，不得擅自拆除或者停止运行。

用人单位应当对前款所列设施进行经常性的维护、检修，定期检测其性能和效果，确保其处于良好运行状态。

职业中毒危害防护设备、应急救援设施和通信报警装置处于不正常状态时，用人单位应当立即停止使用有毒物品作业；恢复正常状态后，方可重新作业。

第二十一条 用人单位应当为从事使用有毒物品作业的劳动者提供符合国家职业卫生标准的防护用品，并确保劳动者正确使用。

第二十二条 有毒物品必须附具说明书，如实载明产品特性、主要成分、存在的职业中毒危害因素、可能产生的危害后果、安全使用注意事项、职业中毒危害防护以及应急救治措施等内容；没有说明书或者说明书不符合要求的，不得向用人单位销售。

用人单位有权向生产、经营有毒物品的单位索取说明书。

第二十三条 有毒物品的包装应当符合国家标准，并以易于劳动者理解的方式加贴或者拴挂有毒物品安全标签。有毒物品的包装必须有醒目的警示标识和中文警示说明。

经营、使用有毒物品的单位，不得经营、使用没有安全标签、警示标识和中文警示说明的有毒物品。

第二十四条 用人单位维护、检修存在高毒物品的生产装置，必须事先制定维护、检修方案，明确职业中毒危害防护措施，确保维护、检修人员的生命安全和身体健康。

维护、检修存在高毒物品的生产装置，必须严格按照维护、检修方案和操作规程进行。维护、检修现场应当有专人监护，并设置警示标志。

第二十五条 需要进入存在高毒物品的设备、容器或者狭窄封闭场所作业时，用人单位应当事先采取下列措施：

（一）保持作业场所良好的通风状态，确保作业场所职业中毒危害因素浓度符合国家职业卫生标准；

（二）为劳动者配备符合国家职业卫生标准的防护用品；

（三）设置现场监护人员和现场救援设备。

未采取前款规定措施或者采取的措施不符合要求的，用人单位不得安排劳动者进入存在高毒物品的设备、容器或者狭窄封闭场所作业。

第二十六条 用人单位应当按照国务院卫生行政部门的规定，定期对使用有毒物品作业场所职业中毒危害因素进行检测、评价。检测、评价结果存入用人单位职业卫生档案，定期向所在地卫生行政部门报告并向劳动者公布。

从事使用高毒物品作业的用人单位应当至少每一个月对高毒作业场所进行一次职业中毒危害因素检测；至少每半年进行一次职业中毒危害控制效果评价。

高毒作业场所职业中毒危害因素不符合国家职业卫生标准和卫生要求时，用人单位必须立即停止高毒作业，并采取相应的治理措施；经治理，职业中毒危害因素符合国家职业卫生标准和卫生要求的，方可重新作业。

第二十七条 从事使用高毒物品作业的用人单位应当设置淋浴间和更衣室，并设置清洗、存放或者处理从事使用高毒物品作业劳动者的工作服、工作鞋帽等物品的专用间。

劳动者结束作业时，其使用的工作服、工作鞋帽等物品必须存放在高毒作业区域内，不得穿戴到非高毒作业区域。

第二十八条 用人单位应当按照规定对从事使用高毒物品作业的劳动者进行岗位轮换。

用人单位应当为从事使用高毒物品作业的劳动者提供岗位津贴。

第二十九条 用人单位转产、停产、停业或者解散、破产的，应当采取有效措施，妥善处理留存或者残留有毒物品的设备、包装物和容器。

第三十条 用人单位应当对本单位执行本条例规定的情况进行经常性的监督检查；发现问题，应当及时依照本条例规定的要求进行处理。

第四章 职业健康监护

第三十一条 用人单位应当组织从事使用有毒物品作业的劳动者进行上岗前职业健康检查。

用人单位不得安排未经上岗前职业健康检查的劳动者从事使用有毒物品的作业，不得安排有职业禁忌的劳动者从事其所禁忌的作业。

第三十二条 用人单位应当对从事使用有毒物品作业的劳动者进行定期职业健康检查。

用人单位发现有职业禁忌或者有与所从事职业相关的健康损害的劳动者，应当将其及时调离原工作岗位，并妥善安置。

用人单位对需要复查和医学观察的劳动者，应当按照体检机构的要求安排其复查和医学观察。

第三十三条 用人单位应当对从事使用有毒物品作业的劳动者进行离岗时的职业健康检查；对离岗时未进行职业健康检查的劳动者，不得解除或者终止与其订立的劳动合同。

用人单位发生分立、合并、解散、破产等情形的，应当对从事使用有毒物品作业的劳动者进行健康检查，并按照国家有关规定妥善安置职业病病人。

第三十四条 用人单位对受到或者可能受到急性职业中毒危害的劳动者，应当及时组织进行健康检查和医学观察。

第三十五条 劳动者职业健康检查和医学观察的费用，由用人单位承担。

第三十六条 用人单位应当建立职业健康监护档案。

职业健康监护档案应当包括下列内容：

（一）劳动者的职业史和职业中毒危害接触史；

（二）相应作业场所职业中毒危害因素监测结果；

（三）职业健康检查结果及处理情况；

（四）职业病诊疗等劳动者健康资料。

第五章 劳动者的权利与义务

第三十七条 从事使用有毒物品作业的劳动者在存在威胁生命安全或者身体健康危险的情况下，有权通知用人单位并从使用有毒物品造成的危险现场撤离。

用人单位不得因劳动者依据前款规定行使权利，而取消或者减少劳动者在正常工作时享有的工资、福利待遇。

第三十八条 劳动者享有下列职业卫生保护权利：

（一）获得职业卫生教育、培训；

（二）获得职业健康检查、职业病诊疗、康复等职业病防治服务；

（三）了解工作场所产生或者可能产生的职业中毒危害因素、危害后果和应当采取的职业中毒危害防护措施；

（四）要求用人单位提供符合防治职业病要求的职业中毒危害防护设施和个人使用的职业中毒危害防护用品，改善工作条件；

（五）对违反职业病防治法律、法规，危及生命、健康的行为提出批评、检举和控告；

（六）拒绝违章指挥和强令进行没有职业中毒危害防护措施的作业；

（七）参与用人单位职业卫生工作的民主管理，对职业病防治工作提出意见和建议。

用人单位应当保障劳动者行使前款所列权利。禁止因劳动者依法行使正当权利而降低其工资、福利等待遇或者解除、终止与其订立的劳动合同。

第三十九条 劳动者有权在正式上岗前从用人单位获得下列资料：

（一）作业场所使用的有毒物品的特性、有害成分、预防措施、教育和培训资料；

（二）有毒物品的标签、标识及有关资料；

（三）有毒物品安全使用说明书；

（四）可能影响安全使用有毒物品的其他有关资料。

第四十条 劳动者有权查阅、复印其本人职业健康监护档案。

劳动者离开用人单位时，有权索取本人健康监护档案复印件；用人单位应当如实、无偿提供，并在所提供的复印件上签章。

第四十一条 用人单位按照国家规定参加工伤保险的，患职业病的劳动者有权按照国家有关工伤保险的规定，享受下列工伤保险待遇：

（一）医疗费：因患职业病进行诊疗所需费用，由工伤保险基金按照规定标准支付；

（二）住院伙食补助费：由用人单位按照当地因公出差伙食标准的一定比例支付；

（三）康复费：由工伤保险基金按照规定标准支付；

（四）残疾用具费：因残疾需要配置辅助器具的，所需费用由工伤保险基金按照普及型辅助器具标准支付；

（五）停工留薪期待遇：原工资、福利待遇不变，由用人单位支付；

（六）生活护理补助费：经评残并确认需要生活护理的，生活护理补助费由工伤保险基金按照规定标准支付；

（七）一次性伤残补助金：经鉴定为十级至一级伤残的，按照伤残等级享受相当于6个月至24个月的本人工资的一次性伤残补助金，由工伤保险基金支付；

（八）伤残津贴：经鉴定为四级至一级伤残的，按照规定享受相当于本人工资75%至90%的伤残津贴，由工伤保险基金支付；

（九）死亡补助金：因职业中毒死亡的，由工伤保险基金按照不低于48个月的统筹地区上年度职工月平均工资的标准一次支付；

（十）丧葬补助金：因职业中毒死亡的，由工伤保险基金按照6个月的统筹地区上年度职工月平均工资的标准一次支付；

（十一）供养亲属抚恤金：因职业中毒死亡的，对由死者生前提供主要生活来源的亲属由工伤保险基金支付抚恤金：对其配偶每月按照统筹地区上年度职工月平均工资的40%发给，对其生前供养的直系亲属每人每月按照统筹地区上年度职工月平均工资的30%发给；

（十二）国家规定的其他工伤保险待遇。

本条例施行后，国家对工伤保险待遇的项目和标准作出调整时，从其规定。

第四十二条 用人单位未参加工伤保险的，其劳动者从事有毒物品作业患职业病的，用人单位应当按照国家有关工伤保险规定的项目和标准，保证劳动者享受工伤待遇。

第四十三条 用人单位无营业执照以及被依法吊销营业执照，其劳动者从事使用有毒物品作业患职业病的，应当按照国家有关工伤保险规定的项目和标准，给予劳动者一次性赔偿。

第四十四条 用人单位分立、合并的，承继单位应当承担由原用人单位对患职业病的劳动者承担的补偿责任。

用人单位解散、破产的，应当依法从其清算财产中优先支付患职业病的劳动者的补偿费用。

第四十五条 劳动者除依法享有工伤保险外，依照有关民事法律的规定，尚有获得赔偿的权利的，有权向用人单位提出赔偿要求。

第四十六条 劳动者应当学习和掌握相关职业卫生知识，遵守有关劳动保护的法律、法规和操作规程，正确使用和维护职业中毒危害防护设施及其用品；发现职业中毒事故隐患时，应当及时报告。

作业场所出现使用有毒物品产生的危险时，劳动者应当采取必要措施，按照规定正确使用防护设施，将危险加以消除或者减少到最低限度。

第六章 监督管理

第四十七条 县级以上人民政府卫生行政部门应当依照本条例的规定和国家有关职业卫生要求，依据职责划分，对作业场所使用有毒物品作业及职业中毒危害检测、评价活动进行监督检查。

卫生行政部门实施监督检查，不得收取费用，不得接受用人单位的财物或者其他利益。

第四十八条 卫生行政部门应当建立、健全监督制度，核查反映用人单位有关劳动保护的材料，履行监督责任。

用人单位应当向卫生行政部门如实、具体提供反映有关劳动保护的材料；必要时，卫生行政部门可以查阅或者要求用人单位报送有关材料。

第四十九条 卫生行政部门应当监督用人单位严格执行有关职业卫生规范。

卫生行政部门应当依照本条例的规定对使用有毒物品作业场所的职业卫生防护设备、设施的防护性能进行定期检验和不定期的抽查；发现职业卫生防护设备、设施存在隐患时，应当责令用人单位立即消除隐患；消除隐患期间，应当责令其停止作业。

第五十条 卫生行政部门应当采取措施，鼓励对用人单位的违法行为进行举报、投诉、检举和控告。

卫生行政部门对举报、投诉、检举和控告应当及时核实，依法作出处理，并将处理结果予以公布。

卫生行政部门对举报人、投诉人、检举人和控告人负有保密的义务。

第五十一条 卫生行政部门执法人员依法执行职务时，应当出示执法证件。

卫生行政部门执法人员应当忠于职守，秉公执法；涉及用人单位秘密的，应当为其保密。

第五十二条 卫生行政部门依法实施罚款的行政处罚，应当依照有关法律、行政法规的规定，实施罚款决定与罚款收缴分离；收缴的罚款以及依法没收的经营所得，必须全部上缴国库。

第五十三条 卫生行政部门履行监督检查职责时，有权采取下列措施：

（一）进入用人单位和使用有毒物品作业场所现场，了解情况，调查取证，进行抽样检查、检测、检验，进行实地检查；

（二）查阅或者复制与违反本条例行为有关的资料，采集样品；

（三）责令违反本条例规定的单位和个人停止违法行为。

第五十四条 发生职业中毒事故或者有证据证明职业中毒危害状态可能导致事故发生时，卫生行政部门有权采取下列临时控制措施：

（一）责令暂停导致职业中毒事故的作业；

（二）封存造成职业中毒事故或者可能导致事故发生的物品；

（三）组织控制职业中毒事故现场。

在职业中毒事故或者危害状态得到有效控制后，卫生行政部门应当及时解除控制措施。

第五十五条 卫生行政部门执法人员依法执行职务时，被检查单位应当接受检查并予以支持、配合，不得拒绝和阻碍。

第五十六条 卫生行政部门应当加强队伍建设，提高执法人员的政治、业务素质，依照本条例的规定，建立、健全内部监督制度，对执法人员执行法律、法规和遵守纪律的情况进行监督检查。

第七章 罚 则

第五十七条 卫生行政部门的工作人员有下列行为之一，导致职业中毒事故发生的，依照刑法关于滥用职权罪、玩忽职守罪或者其他罪的规定，依法追究刑事责任；造成职业中毒危害但尚未导致职业中毒事故发生，不够刑事处罚的，根据不同情节，依法给予降级、撤职或者开除的行政处分：

（一）对不符合本条例规定条件的涉及使用有毒物品作业事项，予以批准的；

（二）发现用人单位擅自从事使用有毒物品作业，不予取缔的；

（三）对依法取得批准的用人单位不履行监督检查职责，发现其不再具备本条例规定的条件而不撤销原批准或者发现违反本条例的其他行为不予查处的；

（四）发现用人单位存在职业中毒危害，可能造成职业中毒事故，不及时依法采取控制措施的。

第五十八条 用人单位违反本条例的规定，有下列情形之一的，由卫生行政部门给予警告，责令限期改正，处10万元以上50万元以下的罚款；逾期不改正的，提请有关人民政府按照国务院规定的权限责令停建、予以关闭；造成严重职业中毒危害或者导致职业中毒事故发生的，对负有责任的主管人员和其他直接责任人员依照刑法关于重大劳动安全事故罪或者其他罪的规定，依法追究刑事责任：

（一）可能产生职业中毒危害的建设项目，未依照职业病防治法的规定进行职业中毒危害预评价，或者预评价未经卫生行政部门审核同意，擅自开工的；

（二）职业卫生防护设施未与主体工程同时设计，同时施工，同时投入生产和使用的；

（三）建设项目竣工，未进行职业中毒危害控制效果评价，或者未经卫生行政部门验收或者验收不合格，擅自投入使用的；

（四）存在高毒作业的建设项目的防护设施设计未经卫生行政部门审查同意，擅自施工的。

第五十九条 用人单位违反本条例的规定，有下列情形之一的，由卫生行政部门给予警告，责令限期改正，处5万元以上20万元以下的罚款；逾期不改正的，提请有关人民政府按照国务院规定的权限予以关闭；造成严重职业中毒危害或者导致职业中毒事故发生的，对负有责任的主管人员和其他直接责任人员依照刑法关于重大劳动安全事故罪或者其他罪的规定，依法追究刑事责任：

（一）使用有毒物品作业场所未按照规定设置警示标识和中文警示说明的；

（二）未对职业卫生防护设备、应急救援设施、通信报警装置进行维护、检修和定期检测，导致上述设施处于不正常状态的；

（三）未依照本条例的规定进行职业中毒危害因素检测和职业中毒危害控制效果评价的；

（四）高毒作业场所未按照规定设置撤离通道和泄险区的；

（五）高毒作业场所未按照规定设置警示线的；

（六）未向从事使用有毒物品作业的劳动者提供符合国家职业卫生标准的防护用品，或者未保证劳动者正确使用的。

第六十条 用人单位违反本条例的规定，有下列情形之一的，由卫生行政部门给予警告，责令限期改正，处5万元以上30万元以下的罚款；逾期不改正的，提请有关人民政府按照国务院规定的权限予以关闭；造成严重职业中毒危害或者导致职业中毒事故发生的，对负有责任的主管人员和其他直接责任人员依照刑法关于重大责任事故罪、重大劳动安全事故罪或者其他罪的规定，依法追究刑事责任：

（一）使用有毒物品作业场所未设置有效通风装置的，或者可能突然泄漏大量有毒物品或者易造成急性中毒的作业场所未设置自动报警装置或者事故通风设施的；

（二）职业卫生防护设备、应急救援设施、通信报警装置处于不正常状态而不停止作业，或者擅自拆除或者停止运行职业卫生防护设备、应急救援设施、通信报警装置的。

第六十一条 从事使用高毒物品作业的用人单位违反本条例的规定，有下列行为之一的，由卫生行政部门给予警告，责令限期改正，处5万元以上20万元以下的罚款；逾期不改正的，提请有关人民政府按照国务院规定的权限予以关闭；造成严重职业中毒危害或者导致职业中毒事故发生的，对负有责任的主管人员和其他直接责任人员依照刑法关于重大责任事故罪或者其他罪的规定，依法追究刑事责任：

（一）作业场所职业中毒危害因素不符合国家职业卫生标准和卫生要求而不立即停止高毒作业并采取相应的治理措施的，或者职业中毒危害因素治理不符合国家职业卫生标准和卫生要求重新作业的；

（二）未依照本条例的规定维护、检修存在高毒物品的生产装置的；

（三）未采取本条例规定的措施，安排劳动者进入存在高毒物品的设备、容器或者狭窄封闭场所作业的。

第六十二条 在作业场所使用国家明令禁止使用的有毒物品或者使用不符合国家标准的有毒物品的，由卫生行政部门责令立即停止使用，处5万元以上30万元以下的罚款；情节严重的，责令停止使用有毒物品作业，或者提请有关人民政府按照国务院规定的权限予以关闭；造成严重职业中毒危害或者导致职业中毒事故发生的，对负有责任的主管人员和其他直接责任人员依照刑法关于危险物品肇事罪、重大责任事故罪或者其他罪的规定，依法追究刑事责任。

第六十三条 用人单位违反本条例的规定，有下列行为之一的，由卫生行政部门给予警告，责令限期改正；逾期不改正的，处5万元以上30万元以下的罚款；造成严重职业中毒危害或者导致职业中毒事故发生的，对负有责任的主管人员和其他直接责任人员依照刑法关于重大责任事故罪或者其他罪的规定，依法追究刑事责任：

（一）使用未经培训考核合格的劳动者从事高毒作业的；

（二）安排有职业禁忌的劳动者从事所禁忌的作业的；

（三）发现有职业禁忌或者有与所从事职业相关的健康损害的劳动者，未及时调离原工作岗位，并妥善安置的；

（四）安排未成年人或者孕期、哺乳期的女职工从事使用有毒物品作业的；

（五）使用童工的。

第六十四条 违反本条例的规定，未经许可，擅自从事使用有毒物品作业的，由工商行政管理部门、卫生行政部门依据各自职权予以取缔；造成职业中毒事故的，依照刑法关于危险物品肇事罪或者其他罪的规定，依法追究刑事责任；尚不够刑事处罚的，由卫生行政部门没收经营所得，并处经营所得3倍以上5倍以下的罚款；对劳动者造成人身伤害的，依法承担赔偿责任。

第六十五条 从事使用有毒物品作业的用人单位违反本条例的规定，在转产、停产、停业或者解散、破产时未采取有效措施，妥善处理留存或者残留高毒物品的设备、包装物和容器的，由卫生行政部门责令改正，处2万元以上10万元以下的罚款；触犯刑律的，对负有责任的主管人员和其他直接责任人员依照刑法关于重大环境污染事故罪、危险物品肇事罪或者其他罪的规定，依法追究刑事责任。

第六十六条 用人单位违反本条例的规定，有下列情形之一的，由卫生行政部门给予警告，责令限期改正，处5000元以上2万元以下的罚款；逾期不改正的，责令停止使用有毒物品作业，或者提请有关人民政府按照国务院规定的权限予以关闭；造成严重职业中毒危害或者导致职业中毒事故发生的，对负有责任的主管人员和其他直接责任人员依照刑法关于重大劳动安全事故罪、危险物品肇事罪或者其他罪的规定，依法追究刑事责任：

（一）使用有毒物品作业场所未与生活场所分开或者在作业场所住人的；

（二）未将有害作业与无害作业分开的；

（三）高毒作业场所未与其他作业场所有效隔离的；

（四）从事高毒作业未按照规定配备应急救援设施或者制定事故应急救援预案的。

第六十七条 用人单位违反本条例的规定，有下列情形之一的，由卫生行政部门给予警告，责令限期改正，处2万元以上5万元以下的罚款；逾期不改正的，提请有关人民政府按照国务院规定的权限予以关闭：

（一）未按照规定向卫生行政部门申报高毒作业项目的；

（二）变更使用高毒物品品种，未按照规定向原受理申报的卫生行政部门重新申报，或者申报不及时、有虚假的。

第六十八条 用人单位违反本条例的规定，有下列行为之一的，由卫生行政部门给予警告，责令限期改正，处2万元以上5万元以下的罚款；逾期不改正的，责令停止使用有毒物品作业，或者提请有关人民政府按照国务院规定的权限予以关闭：

（一）未组织从事使用有毒物品作业的劳动者进行上岗前职业健康检查，安排未经上岗前职业健康检查的劳动者从事使用有毒物品作业的；

（二）未组织从事使用有毒物品作业的劳动者进行定期职业健康检查的；

（三）未组织从事使用有毒物品作业的劳动者进行离岗职业健康检查的；

（四）对未进行离岗职业健康检查的劳动者，解除或者终止与其订立的劳动合同的；

（五）发生分立、合并、解散、破产情形，未对从事使用有毒物品作业的劳动者进行健康检查，并按照国家有关规定妥善安置职业病病人的；

（六）对受到或者可能受到急性职业中毒危害的劳动者，未及时组织进行健康检查和医学观察的；

（七）未建立职业健康监护档案的；

（八）劳动者离开用人单位时，用人单位未如实、无偿提供职业健康监护档案的；

（九）未依照职业病防治法和本条例的规定将工作过程中可能产生的职业中毒危害及其后果、有关职业卫生防护措施和待遇等如实告知劳动者并在劳动合同中写明的；

（十）劳动者在存在威胁生命、健康危险的情况下，从危险现场中撤离，而被取消或者减少应当享有的待遇的。

第六十九条 用人单位违反本条例的规定，有下列行为之一的，由卫生行政部门给予警告，责令限期改正，处5000元以上2万元以下的罚款；逾期不改正的，责令停止使用有毒物品作业，或者提请有关人民政府按照国务院规定的权限予以关闭：

（一）未按照规定配备或者聘请职业卫生医师和护士的；

（二）未为从事使用高毒物品作业的劳动者设置淋浴间、更衣室或者未设置清洗、存放和处理工作服、工作鞋帽等物品的专用间，或者不能正常使用的；

（三）未安排从事使用高毒物品作业一定年限的劳动者进行岗位轮换的。

第八章 附 则

第七十条 涉及作业场所使用有毒物品可能产生职业中毒危害的劳动保护的有关事项，本条例未作规定的，依照职业病防治法和其他有关法律、行政法规的规定执行。

有毒物品的生产、经营、储存、运输、使用和废弃处置的安全管理，依照危险化学品安全管理条例执行。

第七十一条 本条例自公布之日起施行。

4 女职工劳动保护特别规定

2012 年 4 月 18 日国务院第 200 次常务会议通过，2012 年 4 月 28 日
中华人民共和国国务院令第 619 号公布，自公布之日起施行。

第一条 为了减少和解决女职工在劳动中因生理特点造成的特殊困难，保护女职工健康，制定本规定。

第二条 中华人民共和国境内的国家机关、企业、事业单位、社会团体、个体经济组织以及其他社会组织等用人单位及其女职工，适用本规定。

第三条 用人单位应当加强女职工劳动保护，采取措施改善女职工劳动安全卫生条件，对女职工进行劳动安全卫生知识培训。

第四条 用人单位应当遵守女职工禁忌从事的劳动范围的规定。用人单位应当将本单位属于女职工禁忌从事的劳动范围的岗位书面告知女职工。

女职工禁忌从事的劳动范围由本规定附录列示。国务院安全生产监督管理部门会同国务院人力资源社会保障行政部门、国务院卫生行政部门根据经济社会发展情况，对女职工禁忌从事的劳动范围进行调整。

第五条 用人单位不得因女职工怀孕、生育、哺乳降低其工资、予以辞退、与其解除劳动或者聘用合同。

第六条 女职工在孕期不能适应原劳动的，用人单位应当根据医疗机构的证明，予以减轻劳动量或者安排其他能够适应的劳动。

对怀孕 7 个月以上的女职工，用人单位不得延长劳动时间或者安排夜班劳动，并应当在劳动时间内安排一定的休息时间。

怀孕女职工在劳动时间内进行产前检查，所需时间计入劳动时间。

第七条 女职工生育享受98天产假，其中产前可以休假15天；难产的，增加产假15天；生育多胞胎的，每多生育1个婴儿，增加产假15天。

女职工怀孕未满4个月流产的，享受15天产假；怀孕满4个月流产的，享受42天产假。

第八条 女职工产假期间的生育津贴，对已经参加生育保险的，按照用人单位上年度职工月平均工资的标准由生育保险基金支付；对未参加生育保险的，按照女职工产假前工资的标准由用人单位支付。

女职工生育或者流产的医疗费用，按照生育保险规定的项目和标准，对已经参加生育保险的，由生育保险基金支付；对未参加生育保险的，由用人单位支付。

第九条 对哺乳未满1周岁婴儿的女职工，用人单位不得延长劳动时间或者安排夜班劳动。

用人单位应当在每天的劳动时间内为哺乳期女职工安排1小时哺乳时间；女职工生育多胞胎的，每多哺乳1个婴儿每天增加1小时哺乳时间。

第十条 女职工比较多的用人单位应当根据女职工的需要，建立女职工卫生室、孕妇休息室、哺乳室等设施，妥善解决女职工在生理卫生、哺乳方面的困难。

第十一条 在劳动场所，用人单位应当预防和制止对女职工的性骚扰。

第十二条 县级以上人民政府人力资源社会保障行政部门、安全生产监督管理部门按照各自职责负责对用人单位遵守本规定的情况进行监督检查。

工会、妇女组织依法对用人单位遵守本规定的情况进行监督。

第十三条 用人单位违反本规定第六条第二款、第七条、第九条第一款规定的，由县级以上人民政府人力资源社会保障行政部门责令限期改正，按照受侵害女职工每人1000元以上5000元以下的标准计算，处以罚款。

用人单位违反本规定附录第一条、第二条规定的，由县级以上人民政府安全生产监督管理部门责令限期改正，按照受侵害女职工每人1000元以上5000元以下的标准计算，处以罚款。用人单位违反本规定附录第三条、第四条规定的，由县级以上人民政府安全生产监督管理部门责令限期治理，处5万元以上30万元以下的罚款；情节严重的，责令停止有关作业，或者提请有关人民政府按照国务院规定的权限责令关闭。

第十四条 用人单位违反本规定，侵害女职工合法权益的，女职工可以依法投诉、举报、申诉，依法向劳动人事争议调解仲裁机构申请调解仲裁，对仲裁裁决不服的，依法向人民法院提起诉讼。

第十五条 用人单位违反本规定，侵害女职工合法权益，造成女职工损害的，依法给予赔偿；用人单位及其直接负责的主管人员和其他直接责任人员构成犯罪的，依法追究刑事责任。

第十六条 本规定自公布之日起施行。1988年7月21日国务院发布的《女职工劳动保护规定》同时废止。

附录

女职工禁忌从事的劳动范围

一、女职工禁忌从事的劳动范围：

（一）矿山井下作业；

（二）体力劳动强度分级标准中规定的第四级体力劳动强度的作业；

（三）每小时负重 6 次以上、每次负重超过 20 公斤的作业，或者间断负重、每次负重超过 25 公斤的作业。

二、女职工在经期禁忌从事的劳动范围：

（一）冷水作业分级标准中规定的第二级、第三级、第四级冷水作业；

（二）低温作业分级标准中规定的第二级、第三级、第四级低温作业；

（三）体力劳动强度分级标准中规定的第三级、第四级体力劳动强度的作业；

（四）高处作业分级标准中规定的第三级、第四级高处作业。

三、女职工在孕期禁忌从事的劳动范围：

（一）作业场所空气中铅及其化合物、汞及其化合物、苯、镉、铍、砷、氰化物、氮氧化物、一氧化碳、二硫化碳、氯、己内酰胺、氯丁二烯、氯乙烯、环氧乙烷、苯胺、甲醛等有毒物质浓度超过国家职业卫生标准的作业；

（二）从事抗癌药物、己烯雌酚生产，接触麻醉剂气体等的作业；

（三）非密封源放射性物质的操作，核事故与放射事故的应急处置；

（四）高处作业分级标准中规定的高处作业；

（五）冷水作业分级标准中规定的冷水作业；

（六）低温作业分级标准中规定的低温作业；

（七）高温作业分级标准中规定的第三级、第四级的作业；

（八）噪声作业分级标准中规定的第三级、第四级的作业；

（九）体力劳动强度分级标准中规定的第三级、第四级体力劳动强度的作业；

（十）在密闭空间、高压室作业或者潜水作业，伴有强烈振动的作业，或者需要频繁弯腰、攀高、下蹲的作业。

四、女职工在哺乳期禁忌从事的劳动范围：

（一）孕期禁忌从事的劳动范围的第一项、第三项、第九项；

（二）作业场所空气中锰、氟、溴、甲醇、有机磷化合物、有机氯化合物等有毒物质浓度超过国家职业卫生标准的作业。

第三部分 部门规章

5　工作场所职业卫生监督管理规定

2012年3月6日国家安全生产监督管理总局局长办公会议审议通过，2012年4月27日国家安全生产监督管理总局令第47号公布，自2012年6月1日起施行。

第一章　总　　则

第一条　为了加强职业卫生监督管理工作，强化用人单位职业病防治的主体责任，预防、控制职业病危害，保障劳动者健康和相关权益，根据《中华人民共和国职业病防治法》等法律、行政法规，制定本规定。

第二条　用人单位的职业病防治和安全生产监督管理部门对其实施监督管理，适用本规定。

第三条　用人单位应当加强职业病防治工作，为劳动者提供符合法律、法规、规章、国家职业卫生标准和卫生要求的工作环境和条件，并采取有效措施保障劳动者的职业健康。

第四条　用人单位是职业病防治的责任主体，并对本单位产生的职业病危害承担责任。

用人单位的主要负责人对本单位的职业病防治工作全面负责。

第五条　国家安全生产监督管理总局依照《中华人民共和国职业病防治法》和国务院规定的职责，负责全国用人单位职业卫生的监督管理工作。

县级以上地方人民政府安全生产监督管理部门依照《中华人民共和国职业病防治法》和本级人民政府规定的职责，负责本行政区域内用人单位职业卫生的监督管理工作。

第六条　为职业病防治提供技术服务的职业卫生技术服务机构，应当依照《职业卫生技术服务机构监督管理暂行办法》和有关标准、规范、执业准则的要求，为用人单位提供技术服务。

第七条　任何单位和个人均有权向安全生产监督管理部门举报用人单位违反本规定的行为和职业病危害事故。

第二章　用人单位的职责

第八条　职业病危害严重的用人单位，应当设置或者指定职业卫生管理机构或者组织，配备专职职业卫生管理人员。

其他存在职业病危害的用人单位，劳动者超过100人的，应当设置或者指定职业卫生管理机构或者组织，配备专职职业卫生管理人员；劳动者在100人以下的，应当配备专职或者兼职的职业卫生管理人员，负责本单位的职业病防治工作。

第九条　用人单位的主要负责人和职业卫生管理人员应当具备与本单位所从事的生产

经营活动相适应的职业卫生知识和管理能力，并接受职业卫生培训。

用人单位主要负责人、职业卫生管理人员的职业卫生培训，应当包括下列主要内容：

（一）职业卫生相关法律、法规、规章和国家职业卫生标准；

（二）职业病危害预防和控制的基本知识；

（三）职业卫生管理相关知识；

（四）国家安全生产监督管理总局规定的其他内容。

第十条　用人单位应当对劳动者进行上岗前的职业卫生培训和在岗期间的定期职业卫生培训，普及职业卫生知识，督促劳动者遵守职业病防治的法律、法规、规章、国家职业卫生标准和操作规程。

用人单位应当对职业病危害严重的岗位的劳动者，进行专门的职业卫生培训，经培训合格后方可上岗作业。

因变更工艺、技术、设备、材料，或者岗位调整导致劳动者接触的职业病危害因素发生变化的，用人单位应当重新对劳动者进行上岗前的职业卫生培训。

第十一条　存在职业病危害的用人单位应当制订职业病危害防治计划和实施方案，建立、健全下列职业卫生管理制度和操作规程：

（一）职业病危害防治责任制度；

（二）职业病危害警示与告知制度；

（三）职业病危害项目申报制度；

（四）职业病防治宣传教育培训制度；

（五）职业病防护设施维护检修制度；

（六）职业病防护用品管理制度；

（七）职业病危害监测及评价管理制度；

（八）建设项目职业卫生“三同时”管理制度；

（九）劳动者职业健康监护及其档案管理制度；

（十）职业病危害事故处置与报告制度；

（十一）职业病危害应急救援与管理制度；

（十二）岗位职业卫生操作规程；

（十三）法律、法规、规章规定的其他职业病防治制度。

第十二条　产生职业病危害的用人单位的工作场所应当符合下列基本要求：

（一）生产布局合理，有害作业与无害作业分开；

（二）工作场所与生活场所分开，工作场所不得住人；

（三）有与职业病防治工作相适应的有效防护设施；

（四）职业病危害因素的强度或者浓度符合国家职业卫生标准；

（五）有配套的更衣间、洗浴间、孕妇休息间等卫生设施；

（六）设备、工具、用具等设施符合保护劳动者生理、心理健康的要求；

（七）法律、法规、规章和国家职业卫生标准的其他规定。

第十三条　用人单位工作场所存在职业病目录所列职业病的危害因素的，应当按照

《职业病危害项目申报办法》的规定，及时、如实向所在地安全生产监督管理部门申报职业病危害项目，并接受安全生产监督管理部门的监督检查。

第十四条　新建、改建、扩建的工程建设项目和技术改造、技术引进项目（以下统称建设项目）可能产生职业病危害的，建设单位应当按照《建设项目职业卫生“三同时”监督管理暂行办法》的规定，向安全生产监督管理部门申请备案、审核、审查和竣工验收。

第十五条　产生职业病危害的用人单位，应当在醒目位置设置公告栏，公布有关职业病防治的规章制度、操作规程、职业病危害事故应急救援措施和工作场所职业病危害因素检测结果。

存在或者产生职业病危害的工作场所、作业岗位、设备、设施，应当按照《工作场所职业病危害警示标识》（GBZ 158）的规定，在醒目位置设置图形、警示线、警示语句等警示标识和中文警示说明。警示说明应当载明产生职业病危害的种类、后果、预防和应急处置措施等内容。

存在或产生高毒物品的作业岗位，应当按照《高毒物品作业岗位职业病危害告知规范》（GBZ/T 203）的规定，在醒目位置设置高毒物品告知卡，告知卡应当载明高毒物品的名称、理化特性、健康危害、防护措施及应急处理等告知内容与警示标识。

第十六条　用人单位应当为劳动者提供符合国家职业卫生标准的职业病防护用品，并督促、指导劳动者按照使用规则正确佩戴、使用，不得发放钱物替代发放职业病防护用品。

用人单位应当对职业病防护用品进行经常性的维护、保养，确保防护用品有效，不得使用不符合国家职业卫生标准或者已经失效的职业病防护用品。

第十七条　在可能发生急性职业损伤的有毒、有害工作场所，用人单位应当设置报警装置，配置现场急救用品、冲洗设备、应急撤离通道和必要的泄险区。

现场急救用品、冲洗设备等应当设在可能发生急性职业损伤的工作场所或者临近地点，并在醒目位置设置清晰的标识。

在可能突然泄漏或者逸出大量有害物质的密闭或者半密闭工作场所，除遵守本条第一款、第二款规定外，用人单位还应当安装事故通风装置以及与事故排风系统相连锁的泄漏报警装置。

生产、销售、使用、贮存放射性同位素和射线装置的场所，应当按照国家有关规定设置明显的放射性标志，其入口处应当按照国家有关安全和防护标准的要求，设置安全和防护设施以及必要的防护安全联锁、报警装置或者工作信号。放射性装置的生产调试和使用场所，应当具有防止误操作、防止工作人员受到意外照射的安全措施。用人单位必须配备与辐射类型和辐射水平相适应的防护用品和监测仪器，包括个人剂量测量报警、固定式和便携式辐射监测、表面污染监测、流出物监测等设备，并保证可能接触放射线的工作人员佩戴个人剂量计。

第十八条　用人单位应当对职业病防护设备、应急救援设施进行经常性的维护、检修和保养，定期检测其性能和效果，确保其处于正常状态，不得擅自拆除或者停止使用。

第十九条　存在职业病危害的用人单位，应当实施由专人负责的工作场所职业病危害因素日常监测，确保监测系统处于正常工作状态。

第二十条 存在职业病危害的用人单位，应当委托具有相应资质的职业卫生技术服务机构，每年至少进行一次职业病危害因素检测。

职业病危害严重的用人单位，除遵守前款规定外，应当委托具有相应资质的职业卫生技术服务机构，每三年至少进行一次职业病危害现状评价。

检测、评价结果应当存入本单位职业卫生档案，并向安全生产监督管理部门报告和劳动者公布。

第二十一条 存在职业病危害的用人单位，有下述情形之一的，应当及时委托具有相应资质的职业卫生技术服务机构进行职业病危害现状评价：

（一）初次申请职业卫生安全许可证，或者职业卫生安全许可证有效期届满申请换证的；

（二）发生职业病危害事故的；

（三）国家安全生产监督管理总局规定的其他情形。

用人单位应当落实职业病危害现状评价报告中提出的建议和措施，并将职业病危害现状评价结果及整改情况存入本单位职业卫生档案。

第二十二条 用人单位在日常的职业病危害监测或者定期检测、现状评价过程中，发现工作场所职业病危害因素不符合国家职业卫生标准和卫生要求时，应当立即采取相应治理措施，确保其符合职业卫生环境和条件的要求；仍然达不到国家职业卫生标准和卫生要求的，必须停止存在职业病危害因素的作业；职业病危害因素经治理后，符合国家职业卫生标准和卫生要求的，方可重新作业。

第二十三条 向用人单位提供可能产生职业病危害的设备的，应当提供中文说明书，并在设备的醒目位置设置警示标识和中文警示说明。警示说明应当载明设备性能、可能产生的职业病危害、安全操作和维护注意事项、职业病防护措施等内容。

用人单位应当检查前款规定的事项，不得使用不符合要求的设备。

第二十四条 向用人单位提供可能产生职业病危害的化学品、放射性同位素和含有放射性物质的材料的，应当提供中文说明书。说明书应当载明产品特性、主要成分、存在的有害因素、可能产生的危害后果、安全使用注意事项、职业病防护和应急救治措施等内容。产品包装应当有醒目的警示标识和中文警示说明。贮存上述材料的场所应当在规定的部位设置危险物品标识或者放射性警示标识。

用人单位应当检查前款规定的事项，不得使用不符合要求的材料。

第二十五条 任何用人单位不得使用国家明令禁止使用的可能产生职业病危害的设备或者材料。

第二十六条 任何单位和个人不得将产生职业病危害的作业转移给不具备职业病防护条件的单位和个人。不具备职业病防护条件的单位和个人不得接受产生职业病危害的作业。

第二十七条 用人单位应当优先采用有利于防治职业病危害和保护劳动者健康的新技术、新工艺、新材料、新设备，逐步替代产生职业病危害的技术、工艺、材料、设备。

第二十八条 用人单位对采用的技术、工艺、材料、设备，应当知悉其可能产生的职业病危害，并采取相应的防护措施。对有职业病危害的技术、工艺、设备、材料，故意隐瞒其危害而采用的，用人单位对其所造成的职业病危害后果承担责任。

第二十九条　用人单位与劳动者订立劳动合同（含聘用合同，下同）时，应当将工作过程中可能产生的职业病危害及其后果、职业病防护措施和待遇等如实告知劳动者，并在劳动合同中写明，不得隐瞒或者欺骗。

劳动者在履行劳动合同期间因工作岗位或者工作内容变更，从事与所订立劳动合同中未告知的存在职业病危害的作业时，用人单位应当依照前款规定，向劳动者履行如实告知的义务，并协商变更原劳动合同相关条款。

用人单位违反本条规定的，劳动者有权拒绝从事存在职业病危害的作业，用人单位不得因此解除与劳动者所订立的劳动合同。

第三十条　对从事接触职业病危害因素作业的劳动者，用人单位应当按照《用人单位职业健康监护监督管理办法》《放射工作人员职业健康管理办法》《职业健康监护技术规范》(GBZ 188)、《放射工作人员职业健康监护技术规范》(GBZ 235) 等有关规定组织上岗前、在岗期间、离岗时的职业健康检查，并将检查结果书面如实告知劳动者。

职业健康检查费用由用人单位承担。

第三十一条　用人单位应当按照《用人单位职业健康监护监督管理办法》的规定，为劳动者建立职业健康监护档案，并按照规定的期限妥善保存。

职业健康监护档案应当包括劳动者的职业史、职业病危害接触史、职业健康检查结果、处理结果和职业病诊疗等有关个人健康资料。

劳动者离开用人单位时，有权索取本人职业健康监护档案复印件，用人单位应当如实、无偿提供，并在所提供的复印件上签章。

第三十二条　劳动者健康出现损害需要进行职业病诊断、鉴定的，用人单位应当如实提供职业病诊断、鉴定所需的劳动者职业史和职业病危害接触史、工作场所职业病危害因素检测结果和放射工作人员个人剂量监测结果等资料。

第三十三条　用人单位不得安排未成年工从事接触职业病危害的作业，不得安排有职业禁忌的劳动者从事其所禁忌的作业，不得安排孕期、哺乳期女职工从事对本人和胎儿、婴儿有危害的作业。

第三十四条　用人单位应当建立健全下列职业卫生档案资料：

（一）职业病防治责任制文件；

（二）职业卫生管理规章制度、操作规程；

（三）工作场所职业病危害因素种类清单、岗位分布以及作业人员接触情况等资料；

（四）职业病防护设施、应急救援设施基本信息，以及其配置、使用、维护、检修与更换等记录；

（五）工作场所职业病危害因素检测、评价报告与记录；

（六）职业病防护用品配备、发放、维护与更换等记录；

（七）主要负责人、职业卫生管理人员和职业病危害严重工作岗位的劳动者等相关人员职业卫生培训资料；

（八）职业病危害事故报告与应急处置记录；

（九）劳动者职业健康检查结果汇总资料，存在职业禁忌证、职业健康损害或者职业病的劳动者处理和安置情况记录；

（十）建设项目职业卫生“三同时”有关技术资料，以及其备案、审核、审查或者验收等有关回执或者批复文件；

（十一）职业卫生安全许可证申领、职业病危害项目申报等有关回执或者批复文件；

（十二）其他有关职业卫生管理的资料或者文件。

第三十五条 用人单位发生职业病危害事故，应当及时向所在地安全生产监督管理部门和有关部门报告，并采取有效措施，减少或者消除职业病危害因素，防止事故扩大。对遭受或者可能遭受急性职业病危害的劳动者，用人单位应当及时组织救治、进行健康检查和医学观察，并承担所需费用。

用人单位不得故意破坏事故现场、毁灭有关证据，不得迟报、漏报、谎报或者瞒报职业病危害事故。

第三十六条 用人单位发现职业病病人或者疑似职业病病人时，应当按照国家规定及时向所在地安全生产监督管理部门和有关部门报告。

第三十七条 工作场所使用有毒物品的用人单位，应当按照有关规定向安全生产监督管理部门申请办理职业卫生安全许可证。

第三十八条 用人单位在安全生产监督管理部门行政执法人员依法履行监督检查职责时，应当予以配合，不得拒绝、阻挠。

第三章 监督管理

第三十九条 安全生产监督管理部门应当依法对用人单位执行有关职业病防治的法律、法规、规章和国家职业卫生标准的情况进行监督检查，重点监督检查下列内容：

（一）设置或者指定职业卫生管理机构或者组织，配备专职或者兼职的职业卫生管理人员情况；

（二）职业卫生管理制度和操作规程的建立、落实及公布情况；

（三）主要负责人、职业卫生管理人员和职业病危害严重的工作岗位的劳动者职业卫生培训情况；

（四）建设项目职业卫生“三同时”制度落实情况；

（五）工作场所职业病危害项目申报情况；

（六）工作场所职业病危害因素监测、检测、评价及结果报告和公布情况；

（七）职业病防护设施、应急救援设施的配置、维护、保养情况，以及职业病防护用品的发放、管理及劳动者佩戴使用情况；

（八）职业病危害因素及危害后果警示、告知情况；

（九）劳动者职业健康监护、放射工作人员个人剂量监测情况；

（十）职业病危害事故报告情况；

（十一）提供劳动者健康损害与职业史、职业病危害接触关系等相关资料的情况；

（十二）依法应当监督检查的其他情况。

第四十条 安全生产监督管理部门应当建立健全职业卫生监督检查制度，加强行政执法人员职业卫生知识的培训，提高行政执法人员的业务素质。

第四十一条 安全生产监督管理部门应当加强建设项目职业卫生“三同时”的监督管理，建立健全相关资料的档案管理制度。

第四十二条 安全生产监督管理部门应当加强职业卫生技术服务机构的资质认可管理和技术服务工作的监督检查，督促职业卫生技术服务机构公平、公正、客观、科学地开展职业卫生技术服务。

第四十三条 安全生产监督管理部门应当建立健全职业病危害防治信息统计分析制度，加强对用人单位职业病危害因素检测、评价结果、劳动者职业健康监护信息以及职业卫生监督检查信息等资料的统计、汇总和分析。

第四十四条 安全生产监督管理部门应当按照有关规定，支持、配合有关部门和机构开展职业病的诊断、鉴定工作。

第四十五条 安全生产监督管理部门行政执法人员依法履行监督检查职责时，应当出示有效的执法证件。

行政执法人员应当忠于职守，秉公执法，严格遵守执法规范；涉及被检查单位的技术秘密、业务秘密以及个人隐私的，应当为其保密。

第四十六条 安全生产监督管理部门履行监督检查职责时，有权采取下列措施：

（一）进入被检查单位及工作场所，进行职业病危害检测，了解情况，调查取证；

（二）查阅、复制被检查单位有关职业病危害防治的文件、资料，采集有关样品；

（三）责令违反职业病防治法律、法规的单位和个人停止违法行为；

（四）责令暂停导致职业病危害事故的作业，封存造成职业病危害事故或者可能导致职业病危害事故发生的材料和设备；

（五）组织控制职业病危害事故现场。

在职业病危害事故或者危害状态得到有效控制后，安全生产监督管理部门应当及时解除前款第四项、第五项规定的控制措施。

第四十七条 发生职业病危害事故，安全生产监督管理部门应当依照国家有关规定报告事故和组织事故的调查处理。

第四章 法律责任

第四十八条 用人单位有下列情形之一的，给予警告，责令限期改正，可以并处5千元以上2万元以下的罚款：

（一）未按照规定实行有害作业与无害作业分开、工作场所与生活场所分开的；

（二）用人单位的主要负责人、职业卫生管理人员未接受职业卫生培训的。

第四十九条 用人单位有下列情形之一的，给予警告，责令限期改正；逾期未改正的，处10万元以下的罚款：

（一）未按照规定制订职业病防治计划和实施方案的；

（二）未按照规定设置或者指定职业卫生管理机构或者组织，或者未配备专职或者兼职的职业卫生管理人员的；

（三）未按照规定建立、健全职业卫生管理制度和操作规程的；

（四）未按照规定建立、健全职业卫生档案和劳动者健康监护档案的；

（五）未建立、健全工作场所职业病危害因素监测及评价制度的；

（六）未按照规定公布有关职业病防治的规章制度、操作规程、职业病危害事故应急救援措施的；

（七）未按照规定组织劳动者进行职业卫生培训，或者未对劳动者个体防护采取有效的指导、督促措施的；

（八）工作场所职业病危害因素检测、评价结果未按照规定存档、上报和公布的。

第五十条 用人单位有下列情形之一的，责令限期改正，给予警告，可以并处 5 万元以上 10 万元以下的罚款：

（一）未按照规定及时、如实申报产生职业病危害的项目的；

（二）未实施由专人负责职业病危害因素日常监测，或者监测系统不能正常监测的；

（三）订立或者变更劳动合同时，未告知劳动者职业病危害真实情况的；

（四）未按照规定组织劳动者进行职业健康检查、建立职业健康监护档案或者未将检查结果书面告知劳动者的；

（五）未按照规定在劳动者离开用人单位时提供职业健康监护档案复印件的。

第五十一条 用人单位有下列情形之一的，给予警告，责令限期改正；逾期未改正的，处 5 万元以上 20 万元以下的罚款；情节严重的，责令停止产生职业病危害的作业，或者提请有关人民政府按照国务院规定的权限责令关闭：

（一）工作场所职业病危害因素的强度或者浓度超过国家职业卫生标准的；

（二）未提供职业病防护设施和劳动者使用的职业病防护用品，或者提供的职业病防护设施和劳动者使用的职业病防护用品不符合国家职业卫生标准和卫生要求的；

（三）未按照规定对职业病防护设备、应急救援设施和劳动者职业病防护用品进行维护、检修、检测，或者不能保持正常运行、使用状态的；

（四）未按照规定对工作场所职业病危害因素进行检测、现状评价的；

（五）工作场所职业病危害因素经治理仍然达不到国家职业卫生标准和卫生要求时，未停止存在职业病危害因素的作业的；

（六）发生或者可能发生急性职业病危害事故，未立即采取应急救援和控制措施或者未按照规定及时报告的；

（七）未按照规定在产生严重职业病危害的作业岗位醒目位置设置警示标识和中文警示说明的；

（八）拒绝安全生产监督管理部门监督检查的；

（九）隐瞒、伪造、篡改、毁损职业健康监护档案、工作场所职业病危害因素检测评价结果等相关资料，或者不提供职业病诊断、鉴定所需要资料的；

（十）未按照规定承担职业病诊断、鉴定费用和职业病病人的医疗、生活保障费用的。

第五十二条 用人单位有下列情形之一的，责令限期改正，并处5万元以上30万元以下的罚款；情节严重的，责令停止产生职业病危害的作业，或者提请有关人民政府按照国务院规定的权限责令关闭：

（一）隐瞒技术、工艺、设备、材料所产生的职业病危害而采用的；

（二）隐瞒本单位职业卫生真实情况的；

（三）可能发生急性职业损伤的有毒、有害工作场所或者放射工作场所不符合本规定第十七条规定的；

（四）使用国家明令禁止使用的可能产生职业病危害的设备或者材料的；

（五）将产生职业病危害的作业转移给没有职业病防护条件的单位和个人，或者没有职业病防护条件的单位和个人接受产生职业病危害的作业的；

（六）擅自拆除、停止使用职业病防护设备或者应急救援设施的；

（七）安排未经职业健康检查的劳动者、有职业禁忌的劳动者、未成年工或者孕期、哺乳期女职工从事接触产生职业病危害的作业或者禁忌作业的。

（八）违章指挥和强令劳动者进行没有职业病防护措施的作业的。

第五十三条 用人单位违反《中华人民共和国职业病防治法》的规定，已经对劳动者生命健康造成严重损害的，责令停止产生职业病危害的作业，或者提请有关人民政府按照国务院规定的权限责令关闭，并处10万元以上50万元以下的罚款。

造成重大职业病危害事故或者其他严重后果，构成犯罪的，对直接负责的主管人员和其他直接责任人员，依法追究刑事责任。

第五十四条 向用人单位提供可能产生职业病危害的设备或者材料，未按照规定提供中文说明书或者设置警示标识和中文警示说明的，责令限期改正，给予警告，并处5万元以上20万元以下的罚款。

第五十五条 用人单位未按照规定报告职业病、疑似职业病的，责令限期改正，给予警告，可以并处1万元以下的罚款；弄虚作假的，并处2万元以上5万元以下的罚款。

第五十六条 安全生产监督管理部门及其行政执法人员未按照规定报告职业病危害事故的，依照有关规定给予处理；构成犯罪的，依法追究刑事责任。

第五十七条 本规定所规定的行政处罚，由县级以上安全生产监督管理部门决定。法律、行政法规和国务院有关规定对行政处罚决定机关另有规定的，依照其规定。

第五章 附 则

第五十八条 本规定下列用语的含义：

（一）工作场所，是指劳动者进行职业活动的所有地点，包括建设单位施工场所；

（二）职业病危害严重的用人单位，是指建设项目职业病危害分类管理目录中所列职业病危害严重行业的用人单位。

建设项目职业病危害分类管理目录由国家安全生产监督管理总局公布。各省级安全生产监督管理部门可以根据本地区实际情况，对分类目录作出补充规定。

第五十九条　本规定未规定的其他有关职业病防治事项，依照《中华人民共和国职业病防治法》和其他有关法律、法规、规章的规定执行。

第六十条　煤矿的职业病防治和煤矿安全监察机构对其实施监察，依照本规定和国家安全生产监督管理总局的其他有关规定执行。

第六十一条　本规定自2012年6月1日起施行。2009年7月1日国家安全生产监督管理总局公布的《作业场所职业健康监督管理暂行规定》同时废止。

6　职业病危害项目申报办法

2012年3月6日国家安全生产监督管理总局局长办公会议审议通过，
2012年4月27日国家安全生产监督管理总局令第48号公布，
自2012年6月1日起施行。

第一条　为了规范职业病危害项目的申报工作，加强对用人单位职业卫生工作的监督管理，根据《中华人民共和国职业病防治法》，制定本办法。

第二条　用人单位（煤矿除外）工作场所存在职业病目录所列职业病的危害因素的，应当及时、如实向所在地安全生产监督管理部门申报危害项目，并接受安全生产监督管理部门的监督管理。

煤矿职业病危害项目申报办法另行规定。

第三条　本办法所称职业病危害项目，是指存在职业病危害因素的项目。

职业病危害因素按照《职业病危害因素分类目录》确定。

第四条　职业病危害项目申报工作实行属地分级管理的原则。

中央企业、省属企业及其所属用人单位的职业病危害项目，向其所在地设区的市级人民政府安全生产监督管理部门申报。

前款规定以外的其他用人单位的职业病危害项目，向其所在地县级人民政府安全生产监督管理部门申报。

第五条　用人单位申报职业病危害项目时，应当提交《职业病危害项目申报表》和下列文件、资料：

（一）用人单位的基本情况；

（二）工作场所职业病危害因素种类、分布情况以及接触人数；

（三）法律、法规和规章规定的其他文件、资料。

第六条　职业病危害项目申报同时采取电子数据和纸质文本两种方式。

用人单位应当首先通过“职业病危害项目申报系统”进行电子数据申报，同时将《职业病危害项目申报表》加盖公章并由本单位主要负责人签字后，按照本办法第四条和第五条的规定，连同有关文件、资料一并上报所在地设区的市级、县级安全生产监督管理部门。

受理申报的安全生产监督管理部门应当自收到申报文件、资料之日起5个工作日内，出具《职业病危害项目申报回执》。

第七条 职业病危害项目申报不得收取任何费用。

第八条 用人单位有下列情形之一的，应当按照本条规定向原申报机关申报变更职业病危害项目内容：

（一）进行新建、改建、扩建、技术改造或者技术引进建设项目的，自建设项目竣工验收之日起30日内进行申报；

（二）因技术、工艺、设备或者材料等发生变化导致原申报的职业病危害因素及其相关内容发生重大变化的，自发生变化之日起15日内进行申报；

（三）用人单位工作场所、名称、法定代表人或者主要负责人发生变化的，自发生变化之日起15日内进行申报；

（四）经过职业病危害因素检测、评价，发现原申报内容发生变化的，自收到有关检测、评价结果之日起15日内进行申报。

第九条 用人单位终止生产经营活动的，应当自生产经营活动终止之日起15日内向原申报机关报告并办理注销手续。

第十条 受理申报的安全生产监督管理部门应当建立职业病危害项目管理档案。职业病危害项目管理档案应当包括辖区内存在职业病危害因素的用人单位数量、职业病危害因素种类、行业及地区分布、接触人数等内容。

第十一条 安全生产监督管理部门应当依法对用人单位职业病危害项目申报情况进行抽查，并对职业病危害项目实施监督检查。

第十二条 安全生产监督管理部门及其工作人员应当保守用人单位商业秘密和技术秘密。违反有关保密义务的，应当承担相应的法律责任。

第十三条 安全生产监督管理部门应当建立健全举报制度，依法受理和查处有关用人单位违反本办法行为的举报。

任何单位和个人均有权向安全生产监督管理部门举报用人单位违反本办法的行为。

第十四条 用人单位未按照本办法规定及时、如实地申报职业病危害项目的，责令限期改正，给予警告，可以并处5万元以上10万元以下的罚款。

第十五条 用人单位有关事项发生重大变化，未按照本办法的规定申报变更职业病危害项目内容的，责令限期改正，可以并处5千元以上3万元以下的罚款。

第十六条 《职业病危害项目申报表》《职业病危害项目申报回执》的式样由国家安全生产监督管理总局规定。

第十七条 本办法自2012年6月1日起施行。国家安全生产监督管理总局2009年9月8日公布的《作业场所职业危害申报管理办法》同时废止。

7 用人单位职业健康监护监督管理办法

2012 年 3 月 6 日国家安全生产监督管理总局局长办公会议审议通过，2012 年 4 月 27 日国家安全生产监督管理总局令第 49 号公布，自 2012 年 6 月 1 日起施行。

第一章 总 则

第一条 为了规范用人单位职业健康监护工作，加强职业健康监护的监督管理，保护劳动者健康及其相关权益，根据《中华人民共和国职业病防治法》，制定本办法。

第二条 用人单位从事接触职业病危害作业的劳动者（以下简称劳动者）的职业健康监护和安全生产监督管理部门对其实施监督管理，适用本办法。

第三条 本办法所称职业健康监护，是指劳动者上岗前、在岗期间、离岗时、应急的职业健康检查和职业健康监护档案管理。

第四条 用人单位应当建立、健全劳动者职业健康监护制度，依法落实职业健康监护工作。

第五条 用人单位应当接受安全生产监督管理部门依法对其职业健康监护工作的监督检查，并提供有关文件和资料。

第六条 对用人单位违反本办法的行为，任何单位和个人均有权向安全生产监督管理部门举报或者报告。

第二章 用人单位的职责

第七条 用人单位是职业健康监护工作的责任主体，其主要负责人对本单位职业健康监护工作全面负责。

用人单位应当依照本办法以及《职业健康监护技术规范》（GBZ 188）、《放射工作人员职业健康监护技术规范》（GBZ 235）等国家职业卫生标准的要求，制订、落实本单位职业健康检查年度计划，并保证所需要的专项经费。

第八条 用人单位应当组织劳动者进行职业健康检查，并承担职业健康检查费用。

劳动者接受职业健康检查应当视同正常出勤。

第九条 用人单位应当选择由省级以上人民政府卫生行政部门批准的医疗卫生机构承担职业健康检查工作，并确保参加职业健康检查的劳动者身份的真实性。

第十条 用人单位在委托职业健康检查机构对从事接触职业病危害作业的劳动者进行职业健康检查时，应当如实提供下列文件、资料：

（一）用人单位的基本情况；

（二）工作场所职业病危害因素种类及其接触人员名册；

（三）职业病危害因素定期检测、评价结果。

第十一条　用人单位应当对下列劳动者进行上岗前的职业健康检查：

（一）拟从事接触职业病危害作业的新录用劳动者，包括转岗到该作业岗位的劳动者；

（二）拟从事有特殊健康要求作业的劳动者。

第十二条　用人单位不得安排未经上岗前职业健康检查的劳动者从事接触职业病危害的作业，不得安排有职业禁忌的劳动者从事其所禁忌的作业。

用人单位不得安排未成年工从事接触职业病危害的作业，不得安排孕期、哺乳期的女职工从事对本人和胎儿、婴儿有危害的作业。

第十三条　用人单位应当根据劳动者所接触的职业病危害因素，定期安排劳动者进行在岗期间的职业健康检查。

对在岗期间的职业健康检查，用人单位应当按照《职业健康监护技术规范》（GBZ 188）等国家职业卫生标准的规定和要求，确定接触职业病危害的劳动者的检查项目和检查周期。需要复查的，应当根据复查要求增加相应的检查项目。

第十四条　出现下列情况之一的，用人单位应当立即组织有关劳动者进行应急职业健康检查：

（一）接触职业病危害因素的劳动者在作业过程中出现与所接触职业病危害因素相关的不适症状的；

（二）劳动者受到急性职业中毒危害或者出现职业中毒症状的。

第十五条　对准备脱离所从事的职业病危害作业或者岗位的劳动者，用人单位应当在劳动者离岗前 30 日内组织劳动者进行离岗时的职业健康检查。劳动者离岗前 90 日内的在岗期间的职业健康检查可以视为离岗时的职业健康检查。

用人单位对未进行离岗时职业健康检查的劳动者，不得解除或者终止与其订立的劳动合同。

第十六条　用人单位应当及时将职业健康检查结果及职业健康检查机构的建议以书面形式如实告知劳动者。

第十七条　用人单位应当根据职业健康检查报告，采取下列措施：

（一）对有职业禁忌的劳动者，调离或者暂时脱离原工作岗位；

（二）对健康损害可能与所从事的职业相关的劳动者，进行妥善安置；

（三）对需要复查的劳动者，按照职业健康检查机构要求的时间安排复查和医学观察；

（四）对疑似职业病病人，按照职业健康检查机构的建议安排其进行医学观察或者职业病诊断；

（五）对存在职业病危害的岗位，立即改善劳动条件，完善职业病防护设施，为劳动者配备符合国家标准的职业病危害防护用品。

第十八条　职业健康监护中出现新发生职业病（职业中毒）或者两例以上疑似职业病（职业中毒）的，用人单位应当及时向所在地安全生产监督管理部门报告。

第十九条　用人单位应当为劳动者个人建立职业健康监护档案，并按照有关规定妥善保存。职业健康监护档案包括下列内容：

（一）劳动者姓名、性别、年龄、籍贯、婚姻、文化程度、嗜好等情况；

（二）劳动者职业史、既往病史和职业病危害接触史；

（三）历次职业健康检查结果及处理情况；

（四）职业病诊疗资料；

（五）需要存入职业健康监护档案的其他有关资料。

第二十条 安全生产行政执法人员、劳动者或者其近亲属、劳动者委托的代理人有权查阅、复印劳动者的职业健康监护档案。

劳动者离开用人单位时，有权索取本人职业健康监护档案复印件，用人单位应当如实、无偿提供，并在所提供的复印件上签章。

第二十一条 用人单位发生分立、合并、解散、破产等情形时，应当对劳动者进行职业健康检查，并依照国家有关规定妥善安置职业病病人；其职业健康监护档案应当依照国家有关规定实施移交保管。

第三章 监督管理

第二十二条 安全生产监督管理部门应当依法对用人单位落实有关职业健康监护的法律、法规、规章和标准的情况进行监督检查，重点监督检查下列内容：

（一）职业健康监护制度建立情况；

（二）职业健康监护计划制订和专项经费落实情况；

（三）如实提供职业健康检查所需资料情况；

（四）劳动者上岗前、在岗期间、离岗时、应急职业健康检查情况；

（五）对职业健康检查结果及建议，向劳动者履行告知义务情况；

（六）针对职业健康检查报告采取措施情况；

（七）报告职业病、疑似职业病情况；

（八）劳动者职业健康监护档案建立及管理情况；

（九）为离开用人单位的劳动者如实、无偿提供本人职业健康监护档案复印件情况；

（十）依法应当监督检查的其他情况。

第二十三条 安全生产监督管理部门应当加强行政执法人员职业健康知识培训，提高行政执法人员的业务素质。

第二十四条 安全生产行政执法人员依法履行监督检查职责时，应当出示有效的执法证件。

安全生产行政执法人员应当忠于职守，秉公执法，严格遵守执法规范；涉及被检查单位技术秘密、业务秘密以及个人隐私的，应当为其保密。

第二十五条 安全生产监督管理部门履行监督检查职责时，有权进入被检查单位，查阅、复制被检查单位有关职业健康监护的文件、资料。

第四章　法律责任

第二十六条　用人单位有下列行为之一的，给予警告，责令限期改正，可以并处 3 万元以下的罚款：

（一）未建立或者落实职业健康监护制度的；

（二）未按照规定制订职业健康监护计划和落实专项经费的；

（三）弄虚作假，指使他人冒名顶替参加职业健康检查的；

（四）未如实提供职业健康检查所需要的文件、资料的；

（五）未根据职业健康检查情况采取相应措施的；

（六）不承担职业健康检查费用的。

第二十七条　用人单位有下列行为之一的，责令限期改正，给予警告，可以并处 5 万元以上 10 万元以下的罚款：

（一）未按照规定组织职业健康检查、建立职业健康监护档案或者未将检查结果如实告知劳动者的；

（二）未按照规定在劳动者离开用人单位时提供职业健康监护档案复印件的。

第二十八条　用人单位有下列情形之一的，给予警告，责令限期改正，逾期不改正的，处 5 万元以上 20 万元以下的罚款；情节严重的，责令停止产生职业病危害的作业，或者提请有关人民政府按照国务院规定的权限责令关闭：

（一）未按照规定安排职业病病人、疑似职业病病人进行诊治的；

（二）隐瞒、伪造、篡改、损毁职业健康监护档案等相关资料，或者拒不提供职业病诊断、鉴定所需资料的。

第二十九条　用人单位有下列情形之一的，责令限期治理，并处 5 万元以上 30 万元以下的罚款；情节严重的，责令停止产生职业病危害的作业，或者提请有关人民政府按照国务院规定的权限责令关闭：

（一）安排未经职业健康检查的劳动者从事接触职业病危害的作业的；

（二）安排未成年工从事接触职业病危害的作业的；

（三）安排孕期、哺乳期女职工从事对本人和胎儿、婴儿有危害的作业的；

（四）安排有职业禁忌的劳动者从事所禁忌的作业的。

第三十条　用人单位违反本办法规定，未报告职业病、疑似职业病的，由安全生产监督管理部门责令限期改正，给予警告，可以并处 1 万元以下的罚款；弄虚作假的，并处 2 万元以上 5 万元以下的罚款。

第五章　附　则

第三十一条　煤矿安全监察机构依照本办法负责煤矿劳动者职业健康监护的监察工作。

第三十二条　本办法自 2012 年 6 月 1 日起施行。

8 职业卫生技术服务机构监督管理暂行办法

2012年3月6日国家安全生产监督管理总局局长办公会议审议通过，2012年4月27日国家安全生产监督管理总局令第50号公布，自2012年7月1日起施行；根据2015年2月26日国家安全生产监督管理总局局长办公会议审议通过、2015年5月29日国家安全生产监督管理总局令第80号公布、自2015年7月1日起施行的《国家安全监管总局关于废止和修改劳动防护用品和安全培训等领域十部规章的决定》修正。

第一章 总 则

第一条 为了加强对职业卫生技术服务机构的监督管理，规范职业卫生技术服务行为，根据《中华人民共和国职业病防治法》，制定本办法。

第二条 在中华人民共和国境内申请职业卫生技术服务机构资质，从事职业卫生检测、评价等技术服务以及安全生产监督管理部门实施职业卫生技术服务机构资质认可与监督管理，适用本办法。

第三条 本办法所称职业卫生技术服务机构，是指为建设项目提供职业病危害预评价、职业病危害控制效果评价，为用人单位提供职业病危害因素检测、职业病危害现状评价、职业病防护设备设施与防护用品的效果评价等技术服务的机构。

第四条 国家对职业卫生技术服务机构实行资质认可制度。职业卫生技术服务机构应当依照本办法取得职业卫生技术服务机构资质；未取得职业卫生技术服务机构资质的，不得从事职业卫生检测、评价等技术服务。

第五条 职业卫生技术服务机构的资质从高到低分为甲级、乙级、丙级三个等级。

甲级资质由国家安全生产监督管理总局认可及颁发证书。

乙级资质由省、自治区、直辖市人民政府安全生产监督管理部门（以下简称省级安全生产监督管理部门）认可及颁发证书，并报国家安全生产监督管理总局备案。

丙级资质由设区的市级人民政府安全生产监督管理部门（以下简称市级安全生产监督管理部门）认可及颁发证书，并报省级安全生产监督管理部门备案，由省级安全生产监督管理部门报国家安全生产监督管理总局进行登记。

第六条 国家安全生产监督管理总局根据社会经济发展水平、区域经济结构和职业卫生技术服务工作的需要，对职业卫生技术服务机构的设置实行统筹规划、合理布局和总量控制。

第七条 取得甲级资质的职业卫生技术服务机构，可以根据认可的业务范围在全国从事职业卫生技术服务活动。

下列建设项目的职业卫生技术服务，必须由取得甲级资质的职业卫生技术服务机构承担：

（一）国务院及其投资主管部门审批（核准、备案）的建设项目；

（二）核设施、绝密工程等特殊性质的建设项目；

（三）跨省、自治区、直辖市的建设项目；

（四）国家安全生产监督管理总局规定的其他项目。

第八条 取得乙级资质的职业卫生技术服务机构，可以根据认可的业务范围在其所在的省、自治区、直辖市从事职业卫生技术服务活动。

下列建设项目的职业卫生技术服务，必须由取得乙级以上资质的职业卫生技术服务机构承担：

（一）省级人民政府及其投资主管部门审批（核准、备案）的建设项目；

（二）跨设区的市的建设项目；

（三）省级安全生产监督管理部门规定的其他项目。

第九条 取得丙级资质的职业卫生技术服务机构，可以根据认可的业务范围在其所在的设区的市或者省级安全生产监督管理部门指定的范围从事除本办法第七条、第八条规定的建设项目以外的职业卫生技术服务活动。

第二章 资质认可

第十条 国家安全生产监督管理总局、省级安全生产监督管理部门和市级安全生产监督管理部门应当分别设立国家级、省级和市级职业卫生专家库（以下简称专家库），由专家库专家承担相应的职业卫生技术服务机构资质认可的技术评审工作。

第十一条 从事技术评审的专家应当具备下列条件：

（一）具有相关专业的高级专业技术职称任职资格；

（二）具有连续5年以上相关工作经验；

（三）熟悉相关法律、法规、标准和规范；

（四）具有良好的职业道德和专业素质；

（五）身体健康，能够胜任技术评审工作。

专家库专家任期5年，可连聘连任。

第十二条 专家库专家不得参加与本人有利害关系的职业卫生技术服务机构资质认可的技术评审工作。

被评审的职业卫生技术服务机构不得聘请专家库专家为顾问。

专家库专家不得参加被评审职业卫生技术服务机构的可能有碍技术评审公正的活动。

第十三条 国家安全生产监督管理总局、省级安全生产监督管理部门和市级安全生产监督管理部门应当对专家库专家进行定期复审，并根据资质认可工作的需要，及时进行调整。

第十四条 职业卫生技术服务机构申请甲级资质，应当具备下列条件：

（一）具有法人资格；

（二）固定资产700万元以上；

（三）工作场所面积不少于700平方米；

（四）有健全的内部管理制度和质量保证体系；

（五）有不少于25名经培训合格的专职技术人员；

（六）有专职技术负责人和质量控制负责人，专职技术负责人具有与所申报业务相适应的高级专业技术职称和5年以上工作经验；

（七）具有与所申请资质、业务范围相适应的检测、评价能力；

（八）法律、行政法规、规章规定的其他条件。

第十五条 职业卫生技术服务机构申请乙级资质，应当具备下列条件：

（一）具有法人资格；

（二）固定资产400万元以上；

（三）工作场所面积不少于400平方米；

（四）有健全的内部管理制度和质量保证体系；

（五）有不少于20名经培训合格的专职技术人员；

（六）有专职技术负责人和质量控制负责人，专职技术负责人具有与所申报业务相适应的高级专业技术职称和3年以上工作经验；

（七）具有与所申请资质、业务范围相适应的检测、评价能力；

（八）法律、行政法规、规章规定的其他条件。

第十六条 申请职业卫生技术服务机构丙级资质，应当具备下列条件：

（一）具有法人资格；

（二）固定资产200万元以上；

（三）工作场所面积不少于200平方米；

（四）有健全的内部管理制度和质量保证体系；

（五）有不少于10名经培训合格的专职技术人员；

（六）有专职技术负责人和质量控制负责人，专职技术负责人具有与所申报业务相适应的中级以上专业技术职称和1年以上工作经验；

（七）具有与所申请资质、业务范围相适应的检测、评价能力；

（八）法律、行政法规、规章规定的其他条件。

第十七条 申请职业卫生技术服务机构资质认可，应当提交下列文件、资料：

（一）法定代表人签署的申请表；

（二）法人资格证明或者名称预先核准通知书；

（三）固定资产的证明；

（四）工作场所产权证明或者租赁合同；

（五）专职技术人员、专职技术负责人、质量控制负责人的名单及其培训合格证书、技术职称证书、工作经历证明；

（六）职业卫生技术服务质量管理文件；

（七）拟开展的职业卫生技术服务项目及资质等级；

（八）在申请职业卫生技术服务业务范围内，能够证明具有相应业务能力的文件、资料；

（九）法律、法规规定的其他文件、资料。

第十八条　申请甲级资质，按照下列程序办理：

（一）申请人将职业卫生技术服务机构资质申请表和本办法第十七条规定的文件、资料，报所在地省级安全生产监督管理部门审核。

（二）省级安全生产监督管理部门应当自收到申请文件、资料之日起5个工作日对其进行初审并决定是否受理。决定受理的，应当自受理之日起20个工作日内完成审核工作，并将审核意见和全部申请文件、资料报国家安全生产监督管理总局；决定不予受理的，应当向申请人书面说明理由。

（三）国家安全生产监督管理总局应当自收到审核意见和申请文件、资料之日起20个工作日内，组织专家组对申请人进行技术评审，并根据专家组提交的技术评审报告和社会经济发展水平、区域经济结构、统筹规划、总量控制等要求作出资质认可决定。决定认可的，应当自作出决定之日起10个工作日内向申请人颁发资质证书；决定不予认可的，应当向申请人书面说明理由。

第十九条　申请乙级资质，按照下列程序办理：

（一）申请人将职业卫生技术服务机构资质申请表和本办法第十七条规定的文件、资料，报所在地的市级安全生产监督管理部门审核。

（二）市级安全生产监督管理部门应当自收到申请文件、资料之日起5个工作日内对其进行初审并决定是否受理。决定受理的，应当自受理之日起20个工作日内完成审核，并将审核意见和全部申请文件、资料报省级安全生产监督管理部门；决定不予受理的，应当向申请人书面说明理由。

（三）省级安全生产监督管理部门应当自收到审核意见和申请文件、资料之日起20个工作日内，组织专家组对申请人进行技术评审，并根据专家组提交的技术评审报告和区域经济结构、统筹规划、总量控制等要求作出资质认可决定。决定认可的，应当自作出决定之日起10个工作日内向申请人颁发资质证书；决定不予认可的，应当向申请人书面说明理由。

第二十条　申请丙级资质，按照下列程序办理：

（一）申请人将职业卫生技术服务机构资质申请表和本办法第十七条规定的文件、资料，报所在地的县级安全生产监督管理部门审核。

（二）县级安全生产监督管理部门应当自收到申请文件、资料之日起5个工作日内对其进行初审并决定是否受理。决定受理的，应当自受理之日起20个工作日内完成审核，并将审核意见和全部申请文件、资料报市级安全生产监督管理部门；决定不予受理的，应当向申请人书面说明理由。

（三）市级安全生产监督管理部门应当自受理之日起20个工作日内，组织专家组对申请人进行技术评审，并根据专家组提交的技术评审报告和统筹规划、总量控制等要求作出资质认可决定。决定认可的，应当自作出决定之日起 10 个工作日内向申请人颁发资质证书；决定不予认可的，应当向申请人书面说明理由。

第二十一条 国家安全生产监督管理总局、省级安全生产监督管理部门、市级安全生产监督管理部门（以下统称发证机关）应当从专家库中随机抽取相关专业的 3 至 7 名专家组成专家组，对申请人提供的文件、资料进行技术评审。

技术评审包括申请文件、资料的技术审查和现场技术考核。现场技术考核应当包括下列内容：

（一）核查现场有关设备、设施、仪器、仪表等；

（二）考核技术负责人、质量控制负责人及有关专职技术人员的专业知识和操作能力；

（三）抽查原始工作记录、影像资料、报告、总结、档案等资料；

（四）进行必要的盲样检测。

第二十二条 技术评审工作应当自受理资质申请之日起 60 日内完成，并提交技术评审报告。技术评审报告是发证机关作出职业卫生技术服务机构资质认可决定的重要依据。

专家组技术评审和申请人整改问题所需的时间，不计算在本办法第十八条、第十九条、第二十条规定的期限内。

第二十三条 职业卫生技术服务机构取得资质 1 年以上，需要增加业务范围的，应当向发证机关提出申请。发证机关应当按照本办法的规定进行认可。

第二十四条 职业卫生技术服务机构的资质证书遗失的，应当及时在有关电视、报刊等媒体上予以声明，并向原发证机关申请补发。

第二十五条 职业卫生技术服务机构甲级、乙级、丙级资质证书有效期均为 3 年。资质证书有效期满需要延续的，职业卫生技术服务机构应当于期满前 3 个月向原发证机关提出申请，经复审合格后予以办理延续手续；不合格的，不予办理延续手续，并向申请人书面说明理由。

第二十六条 职业卫生技术服务机构变更名称、法定代表人、注册地址的，应当自变更之日起 30 日内向原发证机关申请办理资质证书变更手续。

职业卫生技术服务机构分立、合并的，应当申请办理资质证书变更手续或者重新申请职业卫生技术服务机构资质认可。

第二十七条 职业卫生技术服务机构有下列情形之一的，发证机关应当注销其资质：

（一）资质证书有效期届满未申请延续或者不予批准延续的；

（二）被依法终止的；

（三）自行申请注销的。

第二十八条 职业卫生技术服务机构不得转让或者租借其取得的资质证书。

任何单位和个人不得伪造、变造、买卖职业卫生技术服务机构资质证书。

第二十九条 发证机关对取得资质的职业卫生技术服务机构应当及时公告，接受社会监督。

职业卫生技术服务机构资质证书由国家安全生产监督管理总局统一印制。

第三章　技术服务

第三十条　职业卫生技术服务机构应当依法独立开展职业卫生技术服务活动，科学、客观、真实地反映技术服务事项，并对出具的职业卫生技术报告承担法律责任。

第三十一条　职业卫生技术服务机构应当公开办事制度和程序，简化手续，方便服务对象，并采取措施保证服务质量。

第三十二条　取得资质的职业卫生技术服务机构，应当在批准的业务范围和规定的区域范围内开展技术服务工作，并接受技术服务所在地安全生产监督管理部门的监督管理。

取得甲级资质的职业卫生技术服务机构跨省、自治区、直辖市开展职业卫生技术服务，应当填写职业卫生技术服务机构跨省、自治区、直辖市服务工作报告表，报送服务所在地省级安全生产监督管理部门备案，并接受其监督检查。

职业卫生技术服务机构跨省、自治区、直辖市服务工作报告表式样由国家安全生产监督管理总局规定。

第三十三条　职业卫生技术服务机构开展技术服务时，应当依法与建设单位、用人单位签订职业卫生技术服务合同，明确技术服务内容、范围以及双方的权利、义务和责任。

第三十四条　职业卫生技术服务机构从事职业卫生检测、评价技术服务的收费，应当符合法律、法规的规定。法律、法规没有规定的，应当按照行业自律标准或者指导性标准收费；没有行业自律标准和指导性收费标准的，双方可以通过合同协商确定。

第三十五条　职业卫生技术服务机构及其专职技术人员在从事职业卫生技术服务活动中，不得有下列行为：

（一）泄露服务对象的技术秘密和商业秘密；

（二）伪造、变造、转让或者租借资质证书；

（三）超出资质证书业务范围从事技术服务活动；

（四）出具虚假或者失实的职业卫生技术报告；

（五）转包职业卫生技术服务项目；

（六）擅自更改、简化职业卫生技术服务程序和相关内容；

（七）采取不正当竞争手段，故意贬低、诋毁其他职业卫生技术服务机构；

（八）法律、法规规定的其他违法行为。

专职技术人员不得同时在两个以上职业卫生技术机构从业。

第三十六条　职业卫生技术服务机构的职业卫生技术服务过程控制记录、现场勘查记录、影像资料及相关证明材料，应当及时归档，妥善保管。专职技术负责人和质量控制负责人应当按照法律、法规和标准的规定，加强职业卫生技术服务的全过程管理。

职业卫生技术服务机构应当为专职技术人员提供必要的个体防护用品。

第四章 监督管理

第三十七条 发证机关应当加强对职业卫生技术服务机构及专职技术人员的监督检查，重点监督检查下列内容：

（一）职业卫生专职技术人员是否具备从业能力；

（二）是否按照职业卫生技术服务工作规范开展工作；

（三）出具的报告是否符合规范标准；

（四）职业卫生技术服务档案是否完整；

（五）内部质量保证体系文件是否健全；

（六）实际操作中是否存在违规现象；

（七）依法应当监督检查的其他内容。

第三十八条 发证机关应当对取得资质的职业卫生技术服务机构每年进行评估检查。进行年度评估检查时，应当征求服务对象的意见。

第三十九条 安全生产监督管理部门及其工作人员不得有下列行为：

（一）要求用人单位接受指定的职业卫生技术服务机构进行职业卫生技术服务；

（二）以备案为由，变相设立法律、法规规定以外的行政许可；

（三）采取任何形式的地方保护，限制外地职业卫生技术服务机构到本地区开展职业卫生技术服务；

（四）干预职业卫生技术服务机构开展正常活动；

（五）以任何理由或者方式向职业卫生技术服务机构收取或者变相收取费用；

（六）向职业卫生技术服务机构摊派财物、推销产品；

（七）在职业卫生技术服务机构报销任何费用。

第四十条 任何单位或者个人发现职业卫生技术服务机构及其从业人员、安全生产监督管理部门及其工作人员、专家库专家违反有关职业病防治的法律、法规和本办法规定的行为，均有权向安全生产监督管理部门或者有关部门举报。

安全生产监督管理部门应当为举报人保密，并依法对举报进行核查和处理。

第五章 法律责任

第四十一条 安全生产监督管理部门的工作人员徇私舞弊、滥用职权、弄虚作假、玩忽职守，未依法履行职业卫生技术服务机构资质认可和监督管理职责的，依法给予处分。

专家库专家在职业卫生技术服务机构技术评审工作中徇私舞弊、弄虚作假的，撤销其专家库专家资格，终身不得再担任专家库专家。

第四十二条 申请人隐瞒有关情况或者提供虚假材料申请职业卫生技术服务机构资质认可的，不予受理或者不予颁发证书，并自发证机关发现之日起 1 年内不得再次申请职业卫生技术服务机构资质。

职业卫生技术服务机构在申请资质、资质延续、接受监督检查时，采取弄虚作假等不正当手段的，给予警告，不予颁发证书或者不予延续。

职业卫生技术服务机构以欺骗等不正当手段取得职业卫生技术服务机构资质证书的，撤销其资质证书，并自发证机关撤销其资质证书之日起3年内不得再次申请职业卫生技术服务机构资质。

第四十三条　未取得职业卫生技术服务资质认可，擅自从事职业卫生检测、评价技术服务的，责令立即停止违法行为，没收违法所得；违法所得5千元以上的，并处违法所得2倍以上10倍以下的罚款；没有违法所得或者违法所得不足5千元的，并处5千元以上5万元以下的罚款；情节严重的，对直接负责的主管人员和其他直接责任人员，依法给予降级、撤职或者开除的处分。

第四十四条　从事职业卫生技术服务的机构违反《中华人民共和国职业病防治法》及本办法规定，有下列行为之一的，责令立即停止违法行为，给予警告，没收违法所得；违法所得5千元以上的，并处违法所得2倍以上5倍以下的罚款；没有违法所得或者违法所得不足5千元的，并处5千元以上2万元以下的罚款；情节严重的，由原发证机关取消其相应的资格；对直接负责的主管人员和其他责任人员，依法给予降级、撤职或者开除的处分；构成犯罪的，依法追究刑事责任：

（一）超出规定的业务范围和区域从事职业卫生检测、评价技术服务的；

（二）未按照《中华人民共和国职业病防治法》及本办法履行法定职责的；

（三）出具虚假证明文件的。

第四十五条　职业卫生技术服务机构有下列情形之一的，给予警告，并处1万元以下的罚款；情节严重的，处1万元以上3万元以下的罚款，依照法律、行政法规的规定撤销其相应资质；对相关责任人依法给予处理：

（一）泄露服务对象的技术秘密和商业秘密的；

（二）转让或者租借资质证书的；

（三）转包职业卫生技术服务项目的；

（四）采取不正当竞争手段，故意贬低、诋毁其他职业卫生技术服务机构的；

（五）未按照规定办理资质证书变更手续的；

（六）未依法与建设单位、用人单位签订职业卫生技术服务合同的；

（七）擅自更改、简化职业卫生技术服务程序和相关内容的；

（八）在申请资质、资质延续、接受监督检查时，隐瞒有关情况或者提供虚假文件、资料的。

第四十六条　职业卫生专职技术人员同时在两个以上职业卫生技术服务机构从业的，责令改正，对职业卫生技术服务机构处3万元以下的罚款，对职业卫生专职技术人员处1万元以下的罚款。

第四十七条　已经取得资质认可的职业卫生技术服务机构，不再符合本办法规定的资质条件的，应当依法撤销其资质。

第四十八条　本办法所规定的行政处罚，由市级以上安全生产监督管理部门决定。对甲级职业卫生技术服务机构的行政处罚，国家安全生产监督管理总局可以委托省级安全生产监督管理部门实施。

撤销资质证书由原发证机关决定。

第六章 附 则

第四十九条 2011年12月31日前，已经依照国务院卫生行政部门有关规定取得职业卫生技术服务机构资质证书的职业卫生技术服务机构，应当依照本办法的规定向安全生产监督管理部门申请换发国家安全生产监督管理总局统一印制的资质证书，有效期不变；有效期满后，需要继续从事职业卫生技术服务的，依照本办法的规定申请资质延续。

第五十条 为煤矿服务的职业卫生技术服务机构资质认可及管理另行规定。

第五十一条 职业卫生技术服务机构资质认可有关文书的样式和内容，由国家安全生产监督管理总局统一规定。

第五十二条 本办法所称职业病危害不包括医疗机构的放射性危害。

第五十三条 本办法自2012年7月1日起施行。

9 煤矿作业场所职业病危害防治规定

2015年1月16日国家安全生产监督管理总局局长办公会议审议通过，2015年2月28日国家安全生产监督管理总局令第73号公布，自2015年4月1日起施行。

第一章 总 则

第一条 为加强煤矿作业场所职业病危害的防治工作，强化煤矿企业职业病危害防治主体责任，预防、控制职业病危害，保护煤矿劳动者健康，依据《中华人民共和国职业病防治法》《中华人民共和国安全生产法》《煤矿安全监察条例》等法律、行政法规，制定本规定。

第二条 本规定适用于中华人民共和国领域内各类煤矿及其所属为煤矿服务的矿井建设施工、洗煤厂、选煤厂等存在职业病危害的作业场所职业病危害预防和治理活动。

第三条 本规定所称煤矿作业场所职业病危害（以下简称职业病危害），是指由粉尘、噪声、热害、有毒有害物质等因素导致煤矿劳动者职业病的危害。

第四条 煤矿是本企业职业病危害防治的责任主体。

职业病危害防治坚持以人为本、预防为主、综合治理的方针，按照源头治理、科学防治、严格管理、依法监督的要求开展工作。

第二章　职业病危害防治管理

第五条　煤矿主要负责人（法定代表人、实际控制人，下同）是本单位职业病危害防治工作的第一责任人，对本单位职业病危害防治工作全面负责。

第六条　煤矿应当建立健全职业病危害防治领导机构，制定职业病危害防治规划，明确职责分工和落实工作经费，加强职业病危害防治工作。

第七条　煤矿应当设置或者指定职业病危害防治的管理机构，配备专职职业卫生管理人员，负责职业病危害防治日常管理工作。

第八条　煤矿应当制订职业病危害防治年度计划和实施方案，并建立健全下列制度：

（一）职业病危害防治责任制度；

（二）职业病危害警示与告知制度；

（三）职业病危害项目申报制度；

（四）职业病防治宣传、教育和培训制度；

（五）职业病防护设施管理制度；

（六）职业病个体防护用品管理制度；

（七）职业病危害日常监测及检测、评价管理制度；

（八）建设项目职业病防护设施与主体工程同时设计、同时施工、同时投入生产和使用（以下简称建设项目职业卫生“三同时”）的制度；

（九）劳动者职业健康监护及其档案管理制度；

（十）职业病诊断、鉴定及报告制度；

（十一）职业病危害防治经费保障及使用管理制度；

（十二）职业卫生档案管理制度；

（十三）职业病危害事故应急管理制度；

（十四）法律、法规、规章规定的其他职业病危害防治制度。

第九条　煤矿应当配备专职或者兼职的职业病危害因素监测人员，装备相应的监测仪器设备。监测人员应当经培训合格；未经培训合格的，不得上岗作业。

第十条　煤矿应当以矿井为单位开展职业病危害因素日常监测，并委托具有资质的职业卫生技术服务机构，每年进行一次作业场所职业病危害因素检测，每三年进行一次职业病危害现状评价。根据监测、检测、评价结果，落实整改措施，同时将日常监测、检测、评价、落实整改情况存入本单位职业卫生档案。检测、评价结果向所在地安全生产监督管理部门和驻地煤矿安全监察机构报告，并向劳动者公布。

第十一条　煤矿不得使用国家明令禁止使用的可能产生职业病危害的技术、工艺、设备和材料，限制使用或者淘汰职业病危害严重的技术、工艺、设备和材料。

第十二条　煤矿应当优化生产布局和工艺流程，使有害作业和无害作业分开，减少接触职业病危害的人数和接触时间。

第十三条 煤矿应当按照《煤矿职业安全卫生个体防护用品配备标准》（AQ 1051）规定，为接触职业病危害的劳动者提供符合标准的个体防护用品，并指导和督促其正确使用。

第十四条 煤矿应当履行职业病危害告知义务，与劳动者订立或者变更劳动合同时，应当将作业过程中可能产生的职业病危害及其后果、防护措施和相关待遇等如实告知劳动者，并在劳动合同中载明，不得隐瞒或者欺骗。

第十五条 煤矿应当在醒目位置设置公告栏，公布有关职业病危害防治的规章制度、操作规程和作业场所职业病危害因素检测结果；对产生严重职业病危害的作业岗位，应当在醒目位置设置警示标识和中文警示说明。

第十六条 煤矿主要负责人、职业卫生管理人员应当具备煤矿职业卫生知识和管理能力，接受职业病危害防治培训。培训内容应当包括职业卫生相关法律、法规、规章和标准，职业病危害预防和控制的基本知识，职业卫生管理相关知识等内容。

煤矿应当对劳动者进行上岗前、在岗期间的定期职业病危害防治知识培训，督促劳动者遵守职业病防治法律、法规、规章、标准和操作规程，指导劳动者正确使用职业病防护设备和个体防护用品。上岗前培训时间不少于 4 学时，在岗期间的定期培训时间每年不少于 2 学时。

第十七条 煤矿应当建立健全企业职业卫生档案。企业职业卫生档案应当包括下列内容：

（一）职业病防治责任制文件；

（二）职业卫生管理规章制度；

（三）作业场所职业病危害因素种类清单、岗位分布以及作业人员接触情况等资料；

（四）职业病防护设施、应急救援设施基本信息及其配置、使用、维护、检修与更换等记录；

（五）作业场所职业病危害因素检测、评价报告与记录；

（六）职业病个体防护用品配备、发放、维护与更换等记录；

（七）煤矿企业主要负责人、职业卫生管理人员和劳动者的职业卫生培训资料；

（八）职业病危害事故报告与应急处置记录；

（九）劳动者职业健康检查结果汇总资料，存在职业禁忌证、职业健康损害或者职业病的劳动者处理和安置情况记录；

（十）建设项目职业卫生“三同时”有关技术资料；

（十一）职业病危害项目申报情况记录；

（十二）其他有关职业卫生管理的资料或者文件。

第十八条 煤矿应当保障职业病危害防治专项经费，经费在财政部、国家安全监管总局《关于印发〈企业安全生产费用提取和使用管理办法〉的通知》（财企〔2012〕16 号）第十七条“（十）其他与安全生产直接相关的支出”中列支。

第十九条 煤矿发生职业病危害事故，应当及时向所在地安全生产监督管理部门和驻地煤矿安全监察机构报告，同时积极采取有效措施，减少或者消除职业病危害因素，防止事故扩大。对遭受或者可能遭受急性职业病危害的劳动者，应当及时组织救治，并承担所需费用。

煤矿不得迟报、漏报、谎报或者瞒报煤矿职业病危害事故。

第三章　建设项目职业病防护设施“三同时”管理

第二十条　煤矿建设项目职业病防护设施必须与主体工程同时设计、同时施工、同时投入生产和使用。职业病防护设施所需费用应当纳入建设项目工程预算。

第二十一条　煤矿建设项目在可行性论证阶段，建设单位应当委托具有资质的职业卫生技术服务机构进行职业病危害预评价，编制预评价报告。

第二十二条　煤矿建设项目在初步设计阶段，应当委托具有资质的设计单位编制职业病防护设施设计专篇。

第二十三条　煤矿建设项目完工后，在试运行期内，应当委托具有资质的职业卫生技术服务机构进行职业病危害控制效果评价，编制控制效果评价报告。

第四章　职业病危害项目申报

第二十四条　煤矿在申领、换发煤矿安全生产许可证时，应当如实向驻地煤矿安全监察机构申报职业病危害项目，同时抄报所在地安全生产监督管理部门。

第二十五条　煤矿申报职业病危害项目时，应当提交下列文件、资料：

（一）煤矿的基本情况；

（二）煤矿职业病危害防治领导机构、管理机构情况；

（三）煤矿建立职业病危害防治制度情况；

（四）职业病危害因素名称、监测人员及仪器设备配备情况；

（五）职业病防护设施及个体防护用品配备情况；

（六）煤矿主要负责人、职业卫生管理人员及劳动者职业卫生培训情况证明材料；

（七）劳动者职业健康检查结果汇总资料，存在职业禁忌证、职业健康损害或者职业病的劳动者处理和安置情况记录；

（八）职业病危害警示标识设置与告知情况；

（九）煤矿职业卫生档案管理情况；

（十）法律、法规和规章规定的其他资料。

第二十六条　安全生产监督管理部门和煤矿安全监察机构及其工作人员应当对煤矿企业职业病危害项目申报材料中涉及的商业和技术等秘密保密。违反有关保密义务的，应当承担相应的法律责任。

第五章　职业健康监护

第二十七条　对接触职业病危害的劳动者，煤矿应当按照国家有关规定组织上岗前、在岗期间和离岗时的职业健康检查，并将检查结果书面告知劳动者。职业健康检查费用由煤矿承担。职业健康检查由省级以上人民政府卫生行政部门批准的医疗卫生机构承担。

第二十八条 煤矿不得安排未经上岗前职业健康检查的人员从事接触职业病危害的作业；不得安排有职业禁忌的人员从事其所禁忌的作业；不得安排未成年工从事接触职业病危害的作业；不得安排孕期、哺乳期的女职工从事对本人和胎儿、婴儿有危害的作业。

第二十九条 劳动者接受职业健康检查应当视同正常出勤，煤矿企业不得以常规健康检查代替职业健康检查。接触职业病危害作业的劳动者的职业健康检查周期按照表1执行。

表1 接触职业病危害作业的劳动者的职业健康检查周期

<table>
<tr><th>接触有害物质</th><th>体检对象</th><th>检查周期</th></tr>
<tr><td rowspan="2">煤尘（以煤尘为主）</td><td>在岗人员</td><td>2年1次</td></tr>
<tr><td>观察对象、Ⅰ期煤工尘肺患者</td><td rowspan="4">每年1次</td></tr>
<tr><td>岩尘（以岩尘为主）</td><td>在岗人员、观察对象、Ⅰ期矽肺患者</td></tr>
<tr><td>噪声</td><td>在岗人员</td></tr>
<tr><td>高温</td><td>在岗人员</td></tr>
<tr><td>化学毒物</td><td>在岗人员</td><td>根据所接触的化学毒物确定检查周期</td></tr>
<tr><td colspan="3">接触粉尘危害作业退休人员的职业健康检查周期按照有关规定执行</td></tr>
</table>

第三十条 煤矿不得以劳动者上岗前职业健康检查代替在岗期间定期的职业健康检查，也不得以劳动者在岗期间职业健康检查代替离岗时职业健康检查，但最后一次在岗期间的职业健康检查在离岗前的90日内的，可以视为离岗时检查。对未进行离岗前职业健康检查的劳动者，煤矿不得解除或者终止与其订立的劳动合同。

第三十一条 煤矿应当根据职业健康检查报告，采取下列措施：

（一）对有职业禁忌的劳动者，调离或者暂时脱离原工作岗位；

（二）对健康损害可能与所从事的职业相关的劳动者，进行妥善安置；

（三）对需要复查的劳动者，按照职业健康检查机构要求的时间安排复查和医学观察；

（四）对疑似职业病病人，按照职业健康检查机构的建议安排其进行医学观察或者职业病诊断；

（五）对存在职业病危害的岗位，改善劳动条件，完善职业病防护设施。

第三十二条 煤矿应当为劳动者个人建立职业健康监护档案，并按照有关规定的期限妥善保存。

职业健康监护档案应当包括劳动者个人基本情况、劳动者职业史和职业病危害接触史，历次职业健康检查结果及处理情况，职业病诊疗等资料。

劳动者离开煤矿时，有权索取本人职业健康监护档案复印件，煤矿必须如实、无偿提供，并在所提供的复印件上签章。

第三十三条 劳动者健康出现损害需要进行职业病诊断、鉴定的，煤矿企业应当如实提供职业病诊断、鉴定所需的劳动者职业史和职业病危害接触史、作业场所职业病危害因素检测结果等资料。

第六章 粉尘危害防治

第三十四条 煤矿应当在正常生产情况下对作业场所的粉尘浓度进行监测。粉尘浓度应当符合表 2 的要求；不符合要求的，应当采取有效措施。

表 2 煤矿作业场所粉尘浓度要求

粉尘种类	游离 SiO_2 含量（%）	时间加权平均容许浓度（mg/m^3）	
		总粉尘	呼吸性粉尘
煤尘	<10	4	2.5
矽尘	10≤～≤50	1	0.7
	50<～≤80	0.7	0.3
	>80	0.5	0.2
水泥尘	<10	4	1.5

第三十五条 煤矿进行粉尘监测时，其监测点的选择和布置应当符合表 3 的要求。

表 3 煤矿作业场所测尘点的选择和布置要求

类别	生产工艺	测尘点布置
采煤工作面	司机操作采煤机、打眼、人工落煤及攉煤	工人作业地点
	多工序同时作业	回风巷距工作面 10～15m 处
掘进工作面	司机操作掘进机、打眼、装岩（煤）、锚喷支护	工人作业地点
	多工序同时作业（爆破作业除外）	距掘进头 10～15m 回风侧
其他场所	翻罐笼作业、巷道维修、转载点	工人作业地点

续表

类别	生产工艺	测尘点布置
露天煤矿	穿孔机作业、挖掘机作业	下风侧 3~5m 处
	司机操作穿孔机、司机操作挖掘机、汽车运输	操作室内
地面作业场所	地面煤仓、储煤场、输送机运输等处生产作业	作业人员活动范围内

第三十六条 粉尘监测采用定点或者个体方法进行，推广实时在线监测系统。粉尘监测应当符合下列要求：

（一）总粉尘浓度，煤矿井下每月测定 2 次或者采用实时在线监测，地面及露天煤矿每月测定 1 次或者采用实时在线监测；

（二）呼吸性粉尘浓度每月测定 1 次；

（三）粉尘分散度每 6 个月监测 1 次；

（四）粉尘中游离 SiO_2 含量，每 6 个月测定 1 次，在变更工作面时也应当测定 1 次。

第三十七条 煤矿应当使用粉尘采样器、直读式粉尘浓度测定仪等仪器设备进行粉尘浓度的测定。井工煤矿的采煤工作面回风巷、掘进工作面回风侧应当设置粉尘浓度传感器，并接入安全监测监控系统。

第三十八条 井工煤矿必须建立防尘洒水系统。永久性防尘水池容量不得小于 $200m^3$，且贮水量不得小于井下连续 2h 的用水量，备用水池贮水量不得小于永久性防尘水池的 50%。

防尘管路应当敷设到所有能产生粉尘和沉积粉尘的地点，没有防尘供水管路的采掘工作面不得生产。静压供水管路管径应当满足矿井防尘用水量的要求，强度应当满足静压水压力的要求。

防尘用水水质悬浮物的含量不得超过 30mg/L，粒径不大于 0.3mm，水的 pH 值应当在 6~9 范围内，水的碳酸盐硬度不超过 3mmol/L。使用降尘剂时，降尘剂应当无毒、无腐蚀、不污染环境。

第三十九条 井工煤矿掘进井巷和硐室时，必须采用湿式钻眼，使用水炮泥，爆破前后冲洗井壁巷帮，爆破过程中采用高压喷雾（喷雾压力不低于 8MPa）或者压气喷雾降尘、装岩（煤）洒水和净化风流等综合防尘措施。

第四十条 井工煤矿在煤、岩层中钻孔，应当采取湿式作业。煤（岩）与瓦斯突出煤层或者软煤层中难以采取湿式钻孔时，可以采取干式钻孔，但必须采取除尘器捕尘、除尘，除尘器的呼吸性粉尘除尘效率不得低于 90%。

第四十一条 井工煤矿炮采工作面应当采取湿式钻眼，使用水炮泥，爆破前后应当冲洗煤壁，爆破时应当采用高压喷雾（喷雾压力不低于 8MPa）或者压气喷雾降尘，出煤时应当洒水降尘。

第四十二条 井工煤矿采煤机作业时，必须使用内、外喷雾装置。内喷雾压力不得低于2MPa，外喷雾压力不得低于4MPa。内喷雾装置不能正常使用时，外喷雾压力不得低于8MPa，否则采煤机必须停机。液压支架必须安装自动喷雾降尘装置，实现降柱、移架同步喷雾。破碎机必须安装防尘罩，并加装喷雾装置或者除尘器。放顶煤采煤工作面的放煤口，必须安装高压喷雾装置（喷雾压力不低于8MPa）或者采取压气喷雾降尘。

第四十三条 井工煤矿掘进机作业时，应当使用内、外喷雾装置和控尘装置、除尘器等构成的综合防尘系统。掘进机内喷雾压力不得低于2MPa，外喷雾压力不得低于4MPa。内喷雾装置不能正常使用时，外喷雾压力不得低于8MPa；除尘器的呼吸性粉尘除尘效率不得低于90%。

第四十四条 井工煤矿的采煤工作面回风巷、掘进工作面回风侧应当分别安设至少2道自动控制风流净化水幕。

第四十五条 煤矿井下煤仓放煤口、溜煤眼放煤口以及地面带式输送机走廊必须安设喷雾装置或者除尘器，作业时进行喷雾降尘或者用除尘器除尘。煤仓放煤口、溜煤眼放煤口采用喷雾降尘时，喷雾压力不得低于8MPa。

第四十六条 井工煤矿的所有煤层必须进行煤层注水可注性测试。对于可注水煤层必须进行煤层注水。煤层注水过程中应当对注水流量、注水量及压力等参数进行监测和控制，单孔注水总量应当使该钻孔预湿煤体的平均水分含量增量不得低于1.5%，封孔深度应当保证注水过程中煤壁及钻孔不漏水、不跑水。在厚煤层分层开采时，在确保安全前提下，应当采取在上一分层的采空区内灌水，对下一分层的煤体进行湿润。

第四十七条 井工煤矿打锚杆眼应当实施湿式钻孔，喷射混凝土时应当采用潮喷或者湿喷工艺，喷射机、喷浆点应当配备捕尘、除尘装置，距离锚喷作业点下风向100m内，应当设置2道以上自动控制风流净化水幕。

第四十八条 井工煤矿转载点应当采用自动喷雾降尘（喷雾压力应当大于0.7MPa）或者密闭尘源除尘器抽尘净化等措施。转载点落差超过0.5m，必须安装溜槽或者导向板。装煤点下风侧20m内，必须设置一道自动控制风流净化水幕。运输巷道内应当设置自动控制风流净化水幕。

第四十九条 露天煤矿粉尘防治应当符合下列要求：

（一）设置有专门稳定可靠供水水源的加水站（池），加水能力满足洒水降尘所需的最大供给量；

（二）采取湿式钻孔，不能实现湿式钻孔时，设置有效的孔口捕尘装置；

（三）破碎作业时，密闭作业区域并采用喷雾降尘或者除尘器除尘；

（四）加强对穿孔机、挖掘机、汽车等司机操作室的防护；

（五）挖掘机装车前，对煤（岩）洒水，卸煤（岩）时喷雾降尘；

（六）对运输路面经常清理浮尘、洒水，加强维护，保持路面平整。

第五十条 洗选煤厂原煤准备（给煤、破碎、筛分、转载）过程中宜密闭尘源，并采取喷雾降尘或者除尘器除尘。

第五十一条 储煤场厂区应当定期洒水抑尘，储煤场四周应当设抑尘网，装卸煤炭应当喷雾降尘或者洒水车降尘，煤炭外运时应当采取密闭措施。

第七章 噪声危害防治

第五十二条 煤矿作业场所噪声危害依照下列标准判定：

（一）劳动者每天连续接触噪声时间达到或者超过8h的，噪声声级限值为85dB（A）；

（二）劳动者每天接触噪声时间不足8h的，可以根据实际接触噪声的时间，按照接触噪声时间减半、噪声声级限值增加3dB（A）的原则确定其声级限值。

第五十三条 煤矿应当配备2台以上噪声测定仪器，并对作业场所噪声每6个月监测1次。

第五十四条 煤矿作业场所噪声的监测地点主要包括：

（一）井工煤矿的主要通风机、提升机、空气压缩机、局部通风机、采煤机、掘进机、风动凿岩机、风钻、乳化液泵、水泵等地点；

（二）露天煤矿的挖掘机、穿孔机、矿用汽车、输送机、排土机和爆破作业等地点；

（三）选煤厂破碎机、筛分机、空压机等地点。

煤矿进行监测时，应当在每个监测地点选择3个测点，监测结果以3个监测点的平均值为准。

第五十五条 煤矿应当优先选用低噪声设备，通过隔声、消声、吸声、减振、减少接触时间、佩戴防护耳塞（罩）等措施降低噪声危害。

第八章 热害防治

第五十六条 井工煤矿采掘工作面的空气温度不得超过26℃，机电设备硐室的空气温度不得超过30℃。当空气温度超过上述要求时，煤矿必须缩短超温地点工作人员的工作时间，并给予劳动者高温保健待遇。采掘工作面的空气温度超过30℃、机电设备硐室的空气温度超过34℃时，必须停止作业。

第五十七条 井工煤矿采掘工作面和机电设备硐室应当设置温度传感器。

第五十八条 井工煤矿应当采取通风降温、采用分区式开拓方式缩短入风线路长度等措施，降低工作面的温度；当采用上述措施仍然无法达到作业环境标准温度的，应当采用制冷等降温措施。

第五十九条 井工煤矿地面辅助生产系统和露天煤矿应当合理安排劳动者工作时间，减少高温时段室外作业。

第九章 职业中毒防治

第六十条 煤矿作业场所主要化学毒物浓度不得超过表4的要求。

表 4　煤矿主要化学毒物最高允许浓度

化学毒物名称	最高允许浓度（%）
CO	0.0024
H_2S	0.00066
NO（换算成 NO_2）	0.00025
SO_2	0.0005

第六十一条　煤矿进行化学毒物监测时，应当选择有代表性的作业地点，其中包括空气中有害物质浓度最高、作业人员接触时间最长的作业地点。采样应当在正常生产状态下进行。

第六十二条　煤矿应当对 NO（换算成 NO_2）、CO、SO_2 每 3 个月至少监测 1 次，对 H_2S 每月至少监测 1 次。煤层有自燃倾向的，应当根据需要随时监测。

第六十三条　煤矿作业场所应当加强通风降低有害气体的浓度，在采用通风措施无法达到表 4 的规定时，应当采用净化、化学吸收等措施降低有害气体的浓度。

第十章　法 律 责 任

第六十四条　煤矿违反本规定，有下列行为之一的，给予警告，责令限期改正；逾期不改正的，处十万元以下的罚款：

（一）作业场所职业病危害因素检测、评价结果没有存档、上报、公布的；

（二）未设置职业病防治管理机构或者配备专职职业卫生管理人员的；

（三）未制订职业病防治计划或者实施方案的；

（四）未建立健全职业病危害防治制度的；

（五）未建立健全企业职业卫生档案或者劳动者职业健康监护档案的；

（六）未公布有关职业病防治的规章制度、操作规程、职业病危害事故应急救援措施的；

（七）未组织劳动者进行职业卫生培训，或者未对劳动者个人职业病防护采取指导、督促措施的。

第六十五条　煤矿违反本规定，有下列行为之一的，给予警告，可以并处五万元以上十万元以下的罚款：

（一）未如实申报产生职业病危害的项目的；

（二）未实施由专人负责的职业病危害因素日常监测，或者监测系统不能正常监测的；

（三）订立或者变更劳动合同时，未告知劳动者职业病危害真实情况的；

（四）未组织职业健康检查、建立职业健康监护档案，或者未将检查结果书面告知劳动者的；

（五）未在劳动者离开煤矿企业时提供职业健康监护档案复印件的。

第六十六条 煤矿违反本规定，有下列行为之一的，责令限期改正，逾期不改正的，处五万元以上二十万元以下的罚款；情节严重的，责令停止产生职业病危害的作业，或者提请有关人民政府按照国务院规定的权限责令关闭：

（一）作业场所职业病危害因素的强度或者浓度超过本规定要求的；

（二）未提供职业病防护设施和个人使用的职业病防护用品，或者提供的职业病防护设施和个人使用的职业病防护用品不符合本规定要求的；

（三）未对作业场所职业病危害因素进行检测、评价的；

（四）作业场所职业病危害因素经治理仍然达不到本规定要求时，未停止存在职业病危害因素的作业的；

（五）发生或者可能发生急性职业病危害事故时，未立即采取应急救援和控制措施，或者未按照规定及时报告的；

（六）未按照规定在产生严重职业病危害的作业岗位醒目位置设置警示标识和中文警示说明的。

第六十七条 煤矿违反本规定，有下列情形之一的，责令限期治理，并处五万元以上三十万元以下的罚款；情节严重的，责令停止产生职业病危害的作业，或者暂扣、吊销煤矿安全生产许可证：

（一）隐瞒本单位职业卫生真实情况的；

（二）使用国家明令禁止使用的可能产生职业病危害的设备或者材料的；

（三）安排未经职业健康检查的劳动者、有职业禁忌的劳动者、未成年工或者孕期、哺乳期女职工从事接触职业病危害的作业或者禁忌作业的。

第六十八条 煤矿违反本规定，有下列行为之一的，给予警告，责令限期改正，逾期不改正的，处三万元以下的罚款：

（一）未投入职业病防治经费的；

（二）未建立职业病防治领导机构的；

（三）煤矿企业主要负责人、职业卫生管理人员和职业病危害因素监测人员未接受职业卫生培训的。

第六十九条 煤矿违反本规定，造成重大职业病危害事故或者其他严重后果，构成犯罪的，对直接负责的主管人员和其他直接责任人员，依法追究刑事责任。

第七十条 煤矿违反本规定的其他违法行为，依照《中华人民共和国职业病防治法》和其他行政法规、规章的规定给予行政处罚。

第七十一条 本规定设定的行政处罚，由煤矿安全监察机构实施。

第十一章 附 则

第七十二条 本规定中未涉及的其他职业病危害因素，按照国家有关规定执行。

第七十三条 本规定自 2015 年 4 月 1 日起施行。

10 建设项目职业病防护设施“三同时”监督管理办法

2017年1月10日国家安全生产监督管理总局第1次局长办公会议审议通过，2017年3月9日国家安全生产监督管理总局令第90号公布，自2017年5月1日起施行。

第一章 总 则

第一条 为了预防、控制和消除建设项目可能产生的职业病危害，加强和规范建设项目职业病防护设施建设的监督管理，根据《中华人民共和国职业病防治法》，制定本办法。

第二条 安全生产监督管理部门职责范围内、可能产生职业病危害的新建、改建、扩建和技术改造、技术引进建设项目（以下统称建设项目）职业病防护设施建设及其监督管理，适用本办法。

本办法所称的可能产生职业病危害的建设项目，是指存在或者产生职业病危害因素分类目录所列职业病危害因素的建设项目。

本办法所称的职业病防护设施，是指消除或者降低工作场所的职业病危害因素的浓度或者强度，预防和减少职业病危害因素对劳动者健康的损害或者影响，保护劳动者健康的设备、设施、装置、构（建）筑物等的总称。

第三条 负责本办法第二条规定建设项目投资、管理的单位（以下简称建设单位）是建设项目职业病防护设施建设的责任主体。

建设项目职业病防护设施必须与主体工程同时设计、同时施工、同时投入生产和使用（以下统称建设项目职业病防护设施“三同时”）。建设单位应当优先采用有利于保护劳动者健康的新技术、新工艺、新设备和新材料，职业病防护设施所需费用应当纳入建设项目工程预算。

第四条 建设单位对可能产生职业病危害的建设项目，应当依照本办法进行职业病危害预评价、职业病防护设施设计、职业病危害控制效果评价及相应的评审，组织职业病防护设施验收，建立健全建设项目职业卫生管理制度与档案。

建设项目职业病防护设施“三同时”工作可以与安全设施“三同时”工作一并进行。建设单位可以将建设项目职业病危害预评价和安全预评价、职业病防护设施设计和安全设施设计、职业病危害控制效果评价和安全验收评价合并出具报告或者设计，并对职业病防护设施与安全设施一并组织验收。

第五条 国家安全生产监督管理总局在国务院规定的职责范围内对全国建设项目职业病防护设施“三同时”实施监督管理。

县级以上地方各级人民政府安全生产监督管理部门依法在本级人民政府规定的职责范围内对本行政区域内的建设项目职业病防护设施“三同时”实施分类分级监督管理，具体办法由省级安全生产监督管理部门制定，并报国家安全生产监督管理总局备案。

跨两个及两个以上行政区域的建设项目职业病防护设施“三同时”由其共同的上一级人民政府安全生产监督管理部门实施监督管理。

上一级人民政府安全生产监督管理部门根据工作需要，可以将其负责的建设项目职业病防护设施“三同时”监督管理工作委托下一级人民政府安全生产监督管理部门实施；接受委托的安全生产监督管理部门不得再委托。

第六条 国家根据建设项目可能产生职业病危害的风险程度，将建设项目分为职业病危害一般、较重和严重3个类别，并对职业病危害严重建设项目实施重点监督检查。

建设项目职业病危害分类管理目录由国家安全生产监督管理总局制定并公布。省级安全生产监督管理部门可以根据本地区实际情况，对建设项目职业病危害分类管理目录作出补充规定，但不得低于国家安全生产监督管理总局规定的管理层级。

第七条 安全生产监督管理部门应当建立职业卫生专家库（以下简称专家库），并根据需要聘请专家库专家参与建设项目职业病防护设施“三同时”的监督检查工作。

专家库专家应当熟悉职业病危害防治有关法律、法规、规章、标准，具有较高的专业技术水平、实践经验和有关业务背景及良好的职业道德，按照客观、公正的原则，对所参与的工作提出技术意见，并对该意见负责。

专家库专家实行回避制度，参加监督检查的专家库专家不得参与该建设项目职业病防护设施“三同时”的评审及验收等相应工作，不得与该建设项目建设单位、评价单位、设计单位、施工单位或者监理单位等相关单位存在直接利害关系。

第八条 除国家保密的建设项目外，产生职业病危害的建设单位应当通过公告栏、网站等方式及时公布建设项目职业病危害预评价、职业病防护设施设计、职业病危害控制效果评价的承担单位、评价结论、评审时间及评审意见，以及职业病防护设施验收时间、验收方案和验收意见等信息，供本单位劳动者和安全生产监督管理部门查询。

第二章 职业病危害预评价

第九条 对可能产生职业病危害的建设项目，建设单位应当在建设项目可行性论证阶段进行职业病危害预评价，编制预评价报告。

第十条 建设项目职业病危害预评价报告应当符合职业病防治有关法律、法规、规章和标准的要求，并包括下列主要内容：

（一）建设项目概况，主要包括项目名称、建设地点、建设内容、工作制度、岗位设置及人员数量等；

（二）建设项目可能产生的职业病危害因素及其对工作场所、劳动者健康影响与危害程度的分析与评价；

（三）对建设项目拟采取的职业病防护设施和防护措施进行分析、评价，并提出对策与建议；

（四）评价结论，明确建设项目的职业病危害风险类别及拟采取的职业病防护设施和防护措施是否符合职业病防治有关法律、法规、规章和标准的要求。

第十一条　建设单位进行职业病危害预评价时，对建设项目可能产生的职业病危害因素及其对工作场所、劳动者健康影响与危害程度的分析与评价，可以运用工程分析、类比调查等方法。其中，类比调查数据应当采用获得资质认可的职业卫生技术服务机构出具的、与建设项目规模和工艺类似的用人单位职业病危害因素检测结果。

第十二条　职业病危害预评价报告编制完成后，属于职业病危害一般或者较重的建设项目，其建设单位主要负责人或其指定的负责人应当组织具有职业卫生相关专业背景的中级及中级以上专业技术职称人员或者具有职业卫生相关专业背景的注册安全工程师（以下统称职业卫生专业技术人员）对职业病危害预评价报告进行评审，并形成是否符合职业病防治有关法律、法规、规章和标准要求的评审意见；属于职业病危害严重的建设项目，其建设单位主要负责人或其指定的负责人应当组织外单位职业卫生专业技术人员参加评审工作，并形成评审意见。

建设单位应当按照评审意见对职业病危害预评价报告进行修改完善，并对最终的职业病危害预评价报告的真实性、客观性和合规性负责。职业病危害预评价工作过程应当形成书面报告备查。书面报告的具体格式由国家安全生产监督管理总局另行制定。

第十三条　建设项目职业病危害预评价报告有下列情形之一的，建设单位不得通过评审：

（一）对建设项目可能产生的职业病危害因素识别不全，未对工作场所职业病危害对劳动者健康影响与危害程度进行分析与评价的，或者评价不符合要求的；

（二）未对建设项目拟采取的职业病防护设施和防护措施进行分析、评价，对存在的问题未提出对策措施的；

（三）建设项目职业病危害风险分析与评价不正确的；

（四）评价结论和对策措施不正确的；

（五）不符合职业病防治有关法律、法规、规章和标准规定的其他情形的。

第十四条　建设项目职业病危害预评价报告通过评审后，建设项目的生产规模、工艺等发生变更导致职业病危害风险发生重大变化的，建设单位应当对变更内容重新进行职业病危害预评价和评审。

第三章　职业病防护设施设计

第十五条　存在职业病危害的建设项目，建设单位应当在施工前按照职业病防治有关法律、法规、规章和标准的要求，进行职业病防护设施设计。

第十六条　建设项目职业病防护设施设计应当包括下列内容：

（一）设计依据；

（二）建设项目概况及工程分析；

（三）职业病危害因素分析及危害程度预测；

（四）拟采取的职业病防护设施和应急救援设施的名称、规格、型号、数量、分布，并对防控性能进行分析；

（五）辅助用室及卫生设施的设置情况；

（六）对预评价报告中拟采取的职业病防护设施、防护措施及对策措施采纳情况的说明；

（七）职业病防护设施和应急救援设施投资预算明细表；

（八）职业病防护设施和应急救援设施可以达到的预期效果及评价。

第十七条 职业病防护设施设计完成后，属于职业病危害一般或者较重的建设项目，其建设单位主要负责人或其指定的负责人应当组织职业卫生专业技术人员对职业病防护设施设计进行评审，并形成是否符合职业病防治有关法律、法规、规章和标准要求的评审意见；属于职业病危害严重的建设项目，其建设单位主要负责人或其指定的负责人应当组织外单位职业卫生专业技术人员参加评审工作，并形成评审意见。

建设单位应当按照评审意见对职业病防护设施设计进行修改完善，并对最终的职业病防护设施设计的真实性、客观性和合规性负责。职业病防护设施设计工作过程应当形成书面报告备查。书面报告的具体格式由国家安全生产监督管理总局另行制定。

第十八条 建设项目职业病防护设施设计有下列情形之一的，建设单位不得通过评审和开工建设：

（一）未对建设项目主要职业病危害进行防护设施设计或者设计内容不全的；

（二）职业病防护设施设计未按照评审意见进行修改完善的；

（三）未采纳职业病危害预评价报告中的对策措施，且未作充分论证说明的；

（四）未对职业病防护设施和应急救援设施的预期效果进行评价的；

（五）不符合职业病防治有关法律、法规、规章和标准规定的其他情形的。

第十九条 建设单位应当按照评审通过的设计和有关规定组织职业病防护设施的采购和施工。

第二十条 建设项目职业病防护设施设计在完成评审后，建设项目的生产规模、工艺等发生变更导致职业病危害风险发生重大变化的，建设单位应当对变更的内容重新进行职业病防护设施设计和评审。

第四章　职业病危害控制效果评价与防护设施验收

第二十一条 建设项目职业病防护设施建设期间，建设单位应当对其进行经常性的检查，对发现的问题及时进行整改。

第二十二条 建设项目投入生产或者使用前，建设单位应当依照职业病防治有关法律、法规、规章和标准要求，采取下列职业病危害防治管理措施：

（一）设置或者指定职业卫生管理机构，配备专职或者兼职的职业卫生管理人员；

（二）制订职业病防治计划和实施方案；

（三）建立、健全职业卫生管理制度和操作规程；

（四）建立、健全职业卫生档案和劳动者健康监护档案；

（五）实施由专人负责的职业病危害因素日常监测，并确保监测系统处于正常运行状态；

（六）对工作场所进行职业病危害因素检测、评价；

（七）建设单位的主要负责人和职业卫生管理人员应当接受职业卫生培训，并组织劳动者进行上岗前的职业卫生培训；

（八）按照规定组织从事接触职业病危害作业的劳动者进行上岗前职业健康检查，并将检查结果书面告知劳动者；

（九）在醒目位置设置公告栏，公布有关职业病危害防治的规章制度、操作规程、职业病危害事故应急救援措施和工作场所职业病危害因素检测结果，对产生严重职业病危害的作业岗位，应当在其醒目位置，设置警示标识和中文警示说明；

（十）为劳动者个人提供符合要求的职业病防护用品；

（十一）建立、健全职业病危害事故应急救援预案；

（十二）职业病防治有关法律、法规、规章和标准要求的其他管理措施。

第二十三条 建设项目完工后，需要进行试运行的，其配套建设的职业病防护设施必须与主体工程同时投入试运行。

试运行时间应当不少于30日，最长不得超过180日，国家有关部门另有规定或者特殊要求的行业除外。

第二十四条 建设项目在竣工验收前或者试运行期间，建设单位应当进行职业病危害控制效果评价，编制评价报告。建设项目职业病危害控制效果评价报告应当符合职业病防治有关法律、法规、规章和标准的要求，包括下列主要内容：

（一）建设项目概况；

（二）职业病防护设施设计执行情况分析、评价；

（三）职业病防护设施检测和运行情况分析、评价；

（四）工作场所职业病危害因素检测分析、评价；

（五）工作场所职业病危害因素日常监测情况分析、评价；

（六）职业病危害因素对劳动者健康危害程度分析、评价；

（七）职业病危害防治管理措施分析、评价；

（八）职业健康监护状况分析、评价；

（九）职业病危害事故应急救援和控制措施分析、评价；

（十）正常生产后建设项目职业病防治效果预期分析、评价；

（十一）职业病危害防护补充措施及建议；

（十二）评价结论，明确建设项目的职业病危害风险类别，以及采取控制效果评价报告所提对策建议后，职业病防护设施和防护措施是否符合职业病防治有关法律、法规、规章和标准的要求。

第二十五条 建设单位在职业病防护设施验收前，应当编制验收方案。验收方案应当包括下列内容：

（一）建设项目概况和风险类别，以及职业病危害预评价、职业病防护设施设计执行情况；

（二）参与验收的人员及其工作内容、责任；

（三）验收工作时间安排、程序等。

建设单位应当在职业病防护设施验收前20日将验收方案向管辖该建设项目的安全生产监督管理部门进行书面报告。

第二十六条 属于职业病危害一般或者较重的建设项目，其建设单位主要负责人或其指定的负责人应当组织职业卫生专业技术人员对职业病危害控制效果评价报告进行评审以及对职业病防护设施进行验收，并形成是否符合职业病防治有关法律、法规、规章和标准要求的评审意见和验收意见。属于职业病危害严重的建设项目，其建设单位主要负责人或其指定的负责人应当组织外单位职业卫生专业技术人员参加评审和验收工作，并形成评审和验收意见。

建设单位应当按照评审与验收意见对职业病危害控制效果评价报告和职业病防护设施进行整改完善，并对最终的职业病危害控制效果评价报告和职业病防护设施验收结果的真实性、合规性和有效性负责。

建设单位应当将职业病危害控制效果评价和职业病防护设施验收工作过程形成书面报告备查，其中职业病危害严重的建设项目应当在验收完成之日起20日内向管辖该建设项目的安全生产监督管理部门提交书面报告。书面报告的具体格式由国家安全生产监督管理总局另行制定。

第二十七条 有下列情形之一的，建设项目职业病危害控制效果评价报告不得通过评审、职业病防护设施不得通过验收：

（一）评价报告内容不符合本办法第二十四条要求的；

（二）评价报告未按照评审意见整改的；

（三）未按照建设项目职业病防护设施设计组织施工，且未充分论证说明的；

（四）职业病危害防治管理措施不符合本办法第二十二条要求的；

（五）职业病防护设施未按照验收意见整改的；

（六）不符合职业病防治有关法律、法规、规章和标准规定的其他情形的。

第二十八条 分期建设、分期投入生产或者使用的建设项目，其配套的职业病防护设施应当分期与建设项目同步进行验收。

第二十九条 建设项目职业病防护设施未按照规定验收合格的，不得投入生产或者使用。

第五章 监督检查

第三十条 安全生产监督管理部门应当在职责范围内按照分类分级监管的原则，将建设单位开展建设项目职业病防护设施“三同时”情况的监督检查纳入安全生产年度监督检查计划，并按照监督检查计划与安全设施“三同时”实施一体化监督检查，对发现的违法行为应当依法予以处理；对违法行为情节严重的，应当按照规定纳入安全生产不良记录

“黑名单”管理。

第三十一条　安全生产监督管理部门应当依法对建设单位开展建设项目职业病危害预评价情况进行监督检查，重点监督检查下列事项：

（一）是否进行建设项目职业病危害预评价；

（二）是否对建设项目可能产生的职业病危害因素及其对工作场所、劳动者健康影响与危害程度进行分析、评价；

（三）是否对建设项目拟采取的职业病防护设施和防护措施进行评价，是否提出对策与建议；

（四）是否明确建设项目职业病危害风险类别；

（五）主要负责人或其指定的负责人是否组织职业卫生专业技术人员对职业病危害预评价报告进行评审，职业病危害预评价报告是否按照评审意见进行修改完善；

（六）职业病危害预评价工作过程是否形成书面报告备查；

（七）是否按照本办法规定公布建设项目职业病危害预评价情况；

（八）依法应当监督检查的其他事项。

第三十二条　安全生产监督管理部门应当依法对建设单位开展建设项目职业病防护设施设计情况进行监督检查，重点监督检查下列事项：

（一）是否进行职业病防护设施设计；

（二）是否采纳职业病危害预评价报告中的对策与建议，如未采纳是否进行充分论证说明；

（三）是否明确职业病防护设施和应急救援设施的名称、规格、型号、数量、分布，并对防控性能进行分析；

（四）是否明确辅助用室及卫生设施的设置情况；

（五）是否明确职业病防护设施和应急救援设施投资预算；

（六）主要负责人或其指定的负责人是否组织职业卫生专业技术人员对职业病防护设施设计进行评审，职业病防护设施设计是否按照评审意见进行修改完善；

（七）职业病防护设施设计工作过程是否形成书面报告备查；

（八）是否按照本办法规定公布建设项目职业病防护设施设计情况；

（九）依法应当监督检查的其他事项。

第三十三条　安全生产监督管理部门应当依法对建设单位开展建设项目职业病危害控制效果评价及职业病防护设施验收情况进行监督检查，重点监督检查下列事项：

（一）是否进行职业病危害控制效果评价及职业病防护设施验收；

（二）职业病危害防治管理措施是否齐全；

（三）主要负责人或其指定的负责人是否组织职业卫生专业技术人员对建设项目职业病危害控制效果评价报告进行评审和对职业病防护设施进行验收，是否按照评审意见和验收意见对职业病危害控制效果评价报告和职业病防护设施进行整改完善；

（四）建设项目职业病危害控制效果评价及职业病防护设施验收工作过程是否形成书面报告备查；

（五）建设项目职业病防护设施验收方案、职业病危害严重建设项目职业病危害控制效果评价与职业病防护设施验收工作报告是否按照规定向安全生产监督管理部门进行报告；

（六）是否按照本办法规定公布建设项目职业病危害控制效果评价和职业病防护设施验收情况；

（七）依法应当监督检查的其他事项。

第三十四条 安全生产监督管理部门应当按照下列规定对建设单位组织的验收活动和验收结果进行监督核查，并纳入安全生产年度监督检查计划：

（一）对职业病危害严重建设项目的职业病防护设施的验收方案和验收工作报告，全部进行监督核查；

（二）对职业病危害较重和一般的建设项目职业病防护设施的验收方案和验收工作报告，按照国家安全生产监督管理总局规定的“双随机”方式实施抽查。

第三十五条 安全生产监督管理部门应当加强监督检查人员建设项目职业病防护设施“三同时”知识的培训，提高业务素质。

第三十六条 安全生产监督管理部门及其工作人员不得有下列行为：

（一）强制要求建设单位接受指定的机构、职业卫生专业技术人员开展建设项目职业病防护设施“三同时”有关工作；

（二）以任何理由或者方式向建设单位和有关机构收取或者变相收取费用；

（三）向建设单位摊派财物、推销产品；

（四）在建设单位和有关机构报销任何费用。

第三十七条 任何单位或者个人发现建设单位、安全生产监督管理部门及其工作人员、有关机构和人员违反职业病防治有关法律、法规、标准和本办法规定的行为，均有权向安全生产监督管理部门或者有关部门举报。

受理举报的安全生产监督管理部门应当为举报人保密，并依法对举报内容进行核查和处理。

第三十八条 上级安全生产监督管理部门应当加强对下级安全生产监督管理部门建设项目职业病防护设施“三同时”监督执法工作的检查、指导。

地方各级安全生产监督管理部门应当定期汇总分析有关监督执法情况，并按照要求逐级上报。

第六章 法律责任

第三十九条 建设单位有下列行为之一的，由安全生产监督管理部门给予警告，责令限期改正；逾期不改正的，处10万元以上50万元以下的罚款；情节严重的，责令停止产生职业病危害的作业，或者提请有关人民政府按照国务院规定的权限责令停建、关闭：

（一）未按照本办法规定进行职业病危害预评价的；

（二）建设项目的职业病防护设施未按照规定与主体工程同时设计、同时施工、同时投入生产和使用的；

（三）建设项目的职业病防护设施设计不符合国家职业卫生标准和卫生要求的；

（四）未按照本办法规定对职业病防护设施进行职业病危害控制效果评价的；

（五）建设项目竣工投入生产和使用前，职业病防护设施未按照本办法规定验收合格的。

第四十条　建设单位有下列行为之一的，由安全生产监督管理部门给予警告，责令限期改正；逾期不改正的，处 5000 元以上 3 万元以下的罚款：

（一）未按照本办法规定，对职业病危害预评价报告、职业病防护设施设计、职业病危害控制效果评价报告进行评审或者组织职业病防护设施验收的；

（二）职业病危害预评价、职业病防护设施设计、职业病危害控制效果评价或者职业病防护设施验收工作过程未形成书面报告备查的；

（三）建设项目的生产规模、工艺等发生变更导致职业病危害风险发生重大变化的，建设单位对变更内容未重新进行职业病危害预评价和评审，或者未重新进行职业病防护设施设计和评审的；

（四）需要试运行的职业病防护设施未与主体工程同时试运行的；

（五）建设单位未按照本办法第八条规定公布有关信息的。

第四十一条　建设单位在职业病危害预评价报告、职业病防护设施设计、职业病危害控制效果评价报告编制、评审以及职业病防护设施验收等过程中弄虚作假的，由安全生产监督管理部门责令限期改正，给予警告，可以并处 5000 元以上 3 万元以下的罚款。

第四十二条　建设单位未按照规定及时、如实报告建设项目职业病防护设施验收方案，或者职业病危害严重建设项目未提交职业病危害控制效果评价与职业病防护设施验收的书面报告的，由安全生产监督管理部门责令限期改正，给予警告，可以并处 5000 元以上 3 万元以下的罚款。

第四十三条　参与建设项目职业病防护设施“三同时”监督检查工作的专家库专家违反职业道德或者行为规范，降低标准、弄虚作假、牟取私利，作出显失公正或者虚假意见的，由安全生产监督管理部门将其从专家库除名，终身不得再担任专家库专家。职业卫生专业技术人员在建设项目职业病防护设施“三同时”评审、验收等活动中涉嫌犯罪的，移送司法机关依法追究刑事责任。

第四十四条　违反本办法规定的其他行为，依照《中华人民共和国职业病防治法》有关规定给予处理。

第七章　附　　则

第四十五条　煤矿建设项目职业病防护设施“三同时”的监督检查工作按照新修订发布的《煤矿和煤层气地面开采建设项目安全设施监察规定》执行，煤矿安全监察机构按照规定履行国家监察职责。

第四十六条　本办法自 2017 年 5 月 1 日起施行。国家安全安全生产监督管理总局 2012 年 4 月 27 日公布的《建设项目职业卫生“三同时”监督管理暂行办法》同时废止。

11 放射工作卫生防护管理办法

2001 年 8 月 11 日经第 6 次部务会讨论通过，2001 年 10 月 23 日
中华人民共和国卫生部令第 17 号发布，自 2002 年 7 月 1 日起施行。

第一章 总 则

第一条 为了实施《放射性同位素与射线装置放射防护条例》（以下简称《条例》），制定本办法。

第二条 本办法适用于中华人民共和国境内从事生产、使用、销售放射性同位素与射线装置的单位和个人（以下简称放射工作单位）。

第三条 卫生部主管全国放射卫生监督管理工作。县级以上地方人民政府卫生行政部门负责管辖范围内的放射卫生监督管理工作。

第四条 国家对放射工作实行卫生许可制度。

第二章 卫生许可

第五条 省级人民政府卫生行政部门负责放射工作的卫生许可，并根据本办法制定卫生许可证的发放管理办法。省级人民政府卫生行政部门应当严格执行许可程序和要求，建立并完善许可档案。卫生许可证由卫生部统一规定。

第六条 新建、改建、扩建放射工作场所（以下简称建设项目）的放射防护设施必须与主体工程同时设计审批，同时施工，同时验收投产。

第七条 建设单位在进行建设项目放射防护设施设计，应当向所在地省级人民政府卫生行政部门申请卫生审查，提交下列资料；经审查同意，符合国家卫生标准和卫生要求的，方可施工：

（一）建设项目放射防护设施卫生审查申请；

（二）建设项目的放射防护评价报告书；

（三）省级人民政府卫生行政部门认为有必要提供的其他有关资料。

中（高）能加速器、进口放射治疗装置、γ辐照加工装置等大型辐射装置的建设项目，应当提交由国家级检测机构出具的放射防护评价报告书审查意见。

第八条 建设单位在进行建设项目竣工验收前，应当进行放射防护设施防护效果评价，并向所在地省级人民政府卫生行政部门申请验收，提交下列资料；经验收合格后，方可投入运行或者使用：

（一）建设项目竣工卫生验收申请；

（二）建设项目放射防护设施设计的卫生审查资料；

（三）建设项目放射防护设施防护效果评价；

（四）省级人民政府卫生行政部门认为有必要提供的其他有关资料。

中（高）能加速器、进口放射治疗装置、γ辐照加工装置等大型辐射装置的建设项目，应当提交由国家级检测机构出具的放射防护效果评价审查意见。

第九条　从事生产、使用、销售放射性同位素与射线装置工作必须取得卫生许可；未经卫生许可、登记的，不得从事放射工作。

第十条　申办卫生许可证，应当具备下列相应条件：

（一）建设项目的放射防护设施，经省级人民政府卫生行政部门设计审查与竣工验收认可；

（二）有放射性同位素准购批件；

（三）涉及放射性废水、废气、固体废物排放的，还应当有经环境保护行政部门批准的环境影响评价文件；

（四）放射工作场所及设施、设备符合国家有关标准和放射防护要求；

（五）有必要的放射防护措施和防护检测仪器设备；

（六）从事放射工作的人员经健康检查、放射防护专业知识和相关法规知识培训合格，持有《放射工作人员证》；

（七）设置放射防护管理机构或者组织，配备专职或兼职放射防护管理人员；

（八）建立健全放射防护责任制和放射防护规章制度；

（九）符合放射卫生法规、规章规定的其他要求。

第十一条　省级人民政府卫生行政部门应当自收到卫生许可申请之日起七日内，书面做出受理、不受理或者限期补充有关资料的决定。卫生行政部门应当自受理之日起三十日内完成审查，对合格的予以批准，并发放卫生许可证；对不合格的，出具卫生审查意见书。

第十二条　放射性同位素工作单位取得卫生许可证后，应当于三十日内到当地公安机关申请办理放射工作登记，逾期不办理放射工作登记的，卫生许可证自动失效。

第十三条　卫生许可证每两年复验一次。放射工作单位应当在规定复验期限前三十日，向原发证部门提出申请，并提交经资质认证的检测机构出具的放射防护检测评价资料，原发证部门自接到申请之日起三十日内完成复验，符合要求的，予以验证；不符合要求的，出具复验意见书。

第十四条　放射工作单位变更法定代表人或者负责人、地址、场所、生产工艺流程、原材料或者卫生许可证规定的项目的，应当在变更事项发生之日起三十日内向原发证部门提出变更申请，并提交有关资料。原发证部门应当自收到变更申请之日起三十日内做出审查决定。

第十五条　放射工作单位有下列情况之一的，原发证部门应当注销其卫生许可证：

（一）逾期不申请办理复验或者擅自变更的；

（二）经复验或者变更审查不符合卫生要求，逾期不改进或改进后仍不符合卫生要求的；

（三）自行歇业或者停止生产、销售、使用连续一年以上的；

（四）被工商行政管理部门注销或者吊销营业执照的。原发证部门应当及时收缴被注销的卫生许可证，并登记存档，予以公告。

第十六条 遗失卫生许可证的，应当及时在所在地省级报刊上刊登遗失公告，持遗失公告到原发证机关报失，并申请补发。

第十七条 放射工作单位取得卫生许可证后，应当严格在卫生许可范围内从事放射工作，不得擅自扩大范围、变更项目或者场所。禁止伪造、涂改、转让、出租卫生许可证。

第三章 卫生防护

第十八条 放射工作单位应当建立放射防护责任制，并采取下列管理措施：

（一）设置放射防护管理机构或者组织，配备专（兼）职放射防护管理人员，建立放射工作管理档案；

（二）制定并实施放射防护管理规章制度；

（三）定期对放射工作场所及其周围环境进行放射防护检测和检查；

（四）组织本单位放射工作人员接受放射防护法规、专业技术的知识培训；

（五）制定并落实放射事故预防措施与应急预案，发生放射事故，应当按有关规定报告。

第十九条 放射工作单位应当对下列设备和场所设置规定的警示标志：

（一）放射性同位素和装有放射性同位素的仪表、容器，应当贴有电离辐射标志。

（二）放射性同位素的储存场所醒目处，应当设置电离辐射警示标志。

（三）放射工作场所出入口，应当设置电离辐射警示标志；含密封型放射性同位素装置和仪表以及射线装置使用和调试维修场所，应当设置必要的警示装置。

（四）在室外、野外从事放射工作及其野外作业放射性同位素临时储存场所应当划出安全防护区域，设置电离辐射警示标志，必要时，设专人警戒。

（五）开放型放射工作场所按有关标准分为控制区、监督区时，可采用国际通用颜色（红、黄）作为工作区域标志；在控制区进出口及其他适当位置，应设置电离辐射警示标志。

第二十条 在地面或地下水中进行放射性同位素示踪试验时，应当经环境保护行政部门批准后，向所在地省级人民政府卫生行政部门提交放射防护评价报告书备案后，方可进行。

第二十一条 放射性同位素的储存场所应当符合下列要求：

（一）储存放射性同位素必须符合放射防护要求，并不得超过该储存场所防护设计的最大储量；

（二）放射性同位素不得与易燃、易爆、腐蚀性物品同库储存，储存场所应当采取有效的防护措施，并安装相应的报警装置；

（三）放射性同位素储存场所应当有专人负责，有完善的存入、领取、归还登记和检查的制度，做到交接严格，检查及时，账目清楚，账物相符，记录资料完整。

铁路、民航、交通等运输部门的货运仓库、危险物品储存场所或者可能储存放射性同位素的场所，应当符合上述要求。

第二十二条 放射性同位素和射线装置的使用场所应当符合国家放射卫生标准和下列卫生要求：

（一）配备与使用场所相适应的防护设施、设备及个人防护用品；

（二）定期进行辐射水平检测；

（三）开放型放射性同位素工作场所工作人员应当做好个人防护，每次操作离开时，应当进行个人体表及防护用品的污染检测，发现污染要立即处理，并做好记录存档；

（四）辐照加工装置、加速器、工业探伤及钴-60治疗装置等辐射源工作场所，应当设有多种联锁装置和应急装置，并做到单一联锁装置发生故障时，其余联锁装置仍能正常工作；

（五）放射工作场所的剂量监测仪表、个人防护用品应当经常检修，保证正常使用。

第二十三条 生产放射性同位素及其制品的生产场所，射线装置启动与调试的作业场所，应当设置相应防护设施，并符合国家有关放射卫生标准和本办法第二十二条的规定及其他卫生要求。

生产的放射性同位素及其制品、产品与射线装置应当符合放射防护要求，不合格的不得出厂。

第二十四条 使用含放射性同位素设备或射线装置，应当符合下列要求：

（一）安装、维修或者更换与辐射源有关部件后的设备，应当经检测机构对其进行检测验收，确认合格后方可启用；

（二）使用单位应当配备必要的质量控制检测仪器，并按规定进行质量保证管理；

（三）制定并严格遵守操作规程，定期进行稳定性检测和校正，每年应当进行一次全面的维护保养，并接受检测机构按照有关规定进行状态检测；

（四）禁止购置、转让、出租或者使用不合格的产品和国家有关部门规定淘汰的产品、制品及设备。

第二十五条 从事放射诊断、治疗的单位，应当制定与本单位从事的诊断、治疗项目相适应的质量控制实施方案，遵守质量控制监测规范。放射诊断、治疗装置的防护性能和与照射质量有关的技术指标，应当符合有关标准要求。对患者和受检者进行诊断、治疗时，应当按照操作规程，严格控制受照剂量，对邻近照射野的敏感器官和组织应当进行屏蔽防护；对孕妇和幼儿进行医疗照射时，应当事先告知对健康的影响。

第二十六条 单位和个人购置放射性同位素、含放射性同位素设备时，应当事先在当地省级人民政府卫生行政部门办理准购批件，经批准后，凭准购批件办理放射性同位素的订货、购货及运输手续。禁止将放射性同位素、含放射性同位素设备或者射线装置转让、调拨、出租给无卫生许可证的单位和个人。

第二十七条 销售放射性同位素、含放射性同位素设备和射线装置的单位，应当详细记录销售去向，做好登记，并报省级人民政府卫生行政部门备案。

禁止向无准购批件的单位和个人出售放射性同位素及其制品或者含放射性同位素设备。

第二十八条 托运、承运和自行运输放射性同位素者应当遵守下列要求：

（一）按有关运输规定对所运物品进行包装，并在外包装上加贴放射性货包等级标志，其内容有：电离辐射标志、货包等级、核素名称、活度、运输指数；

（二）对货包进行剂量检测，由检测机构出具《放射性物质剂量检查证明书》，经县级以上地方人民政府卫生行政部门核查后，方可运输；

（三）承运单位应当查验《放射性物质剂量检查证明书》无误后，方可办理运输手续，并保证货包在装卸、储存、转运等运输过程中的放射防护安全。

装过放射性同位素的空容器应当按规定进行包装和剂量检测，被放射性同位素污染的空容器的运输，也应当遵守上述要求。

第二十九条 放射工作单位应当将废弃的放射性同位素送交放射性废物管理机构处置或者交由原供货单位回收。在处置或回收后，应当到原发证的卫生行政部门办理注销手续；省级人民政府卫生行政部门办理其注销手续后，应当及时通报公安机关和环境保护行政部门。

第三十条 放射工作单位被卫生行政部门注销、撤销或者吊销卫生许可证后，应当及时将放射性同位素送交放射性废物管理机构处置或者送交原供货单位回收。

第三十一条 放射工作单位应当委托经资质认证的检测机构，对含放射性同位素设备及射线装置、放射工作场所及其周围环境、放射防护设施性能等进行经常性检测，对放射工作人员进行个人剂量监测、评价，并应当建立档案，妥善保存。

第三十二条 对放射工作人员的健康管理应当按《放射工作人员健康管理规定》执行。

第四章 检测机构

第三十三条 从事放射防护评价、检测和个人剂量监测等工作的检测机构，应当具备相应条件并取得省级以上卫生行政部门的资质认证。

取得资质认证的检测机构应当在认证的范围内开展工作。

第三十四条 从事放射工作人员健康检查的医疗卫生机构应当取得医疗机构执业资格，方可开展健康检查工作。

第三十五条 从事放射防护评价、检测和个人剂量监测工作的检测机构和放射工作人员健康检查的医疗卫生机构应当按照国家有关标准、规范开展工作，其出具的检测、检查和评价报告应当客观、真实。

第三十六条 检测机构应当建立管理规章制度，并设专人、专门科室负责检测工作及质量控制。

第五章 监督

第三十七条 县级以上人民政府卫生行政部门对放射工作单位应当建立档案，进行监督检查每年不少于一次，对 γ 辐照装置、放射治疗装置和 γ 探伤检查，每年不少于二次，并详细记录监督检查结果，发现其不具备放射防护条件的，由原发证机关撤销其卫生许可证，并按本办法规定给予行政处罚。

省级人民政府卫生行政部门应当组织经常性的放射卫生监督检查和技术指导。

第三十八条　县级以上人民政府卫生行政部门履行监督检查职责时，有权采取下列措施：

（一）进入放射工作单位、检测机构和医疗卫生机构，了解情况，调查取证；

（二）查阅有关资料，必要时可以复制相关资料；

（三）责令放射工作单位、检测机构、医疗卫生机构立即停止违法活动。

第三十九条　发生放射事故或者有证据证明危害状态可能导致放射事故发生时，卫生行政部门可以采取下列临时控制措施，并在事故或者危害状态得到有效控制后，及时解除控制措施：

（一）责令暂停产生放射危害的从业活动；

（二）封存造成放射事故或者可能导致放射事故发生的放射性同位素与射线装置；

（三）会同有关部门控制危害现场。

第四十条　卫生监督执法人员对涉及放射工作单位的技术的秘密，负有保密的义务。

第六章　罚　　则

第四十一条　违反《条例》及本办法规定，建设单位有下列情况之一的，由县级以上人民政府卫生行政部门责令限期改正，给予警告，或处五千元以上三万元以下罚款；情节严重的，责令停产停业：

（一）未进行放射防护设施设计审查或者审查不合格，擅自施工的；

（二）未进行放射防护设施竣工验收或者验收不合格，擅自投入运行或者使用的；

（三）放射防护设施未与主体工程同时运行或者使用的。

第四十二条　违反《条例》及本办法规定，未取得卫生许可证或者卫生许可证失效仍从事放射工作的，由县级以上人民政府卫生行政部门予以取缔，没收违法所得，并处五千元以上三万元以下罚款。

伪造、涂改、转让、出租卫生许可证的，除按前款规定没收违法所得并罚款外，收缴卫生许可证。

第四十三条　违反《条例》及本办法规定，放射工作单位有下列行为之一的，由县级以上人民政府卫生行政部门给予警告，责令停止产生放射危害的从业活动，或处一千元以上二万元以下的罚款：

（一）未建立放射防护责任制或者未按规定落实管理措施的；

（二）放射工作场所不符合国家放射卫生标准或者卫生要求的；

（三）未按规定设置电离辐射标志或者电离辐射警示标志的；

（四）未经备案，进行放射性同位素示踪试验的；

（五）储存场所未按规定贮存放射性同位素的；

（六）使用含放射性同位素设备或者射线装置，不符合卫生防护要求的；

（七）未按规定制定放射诊断、治疗的质量控制方案，或者未按放射防护规范、技术标准及卫生要求，进行诊断、治疗的；

（八）未按规定对含放射性同位素设备及射线装置、放射工作场所及其周围环境、放射防护设施性能等进行检测的；

（九）销售的放射性同位素、含放射性同位素设备或者射线装置未按规定登记或者未报省级卫生行政部门备案的；

（十）托运、承运和自行运输放射性同位素，未经剂量核查或者经核查不符合卫生防护要求的；

（十一）对废弃放射性同位素，未按规定处置或者办理注销手续的；

（十二）未按规定对放射工作人员进行个人剂量监测、健康体检或者未建立健康档案的；

（十三）超出卫生许可范围或者变更项目未按规定经审查同意的。

第四十四条 违反《条例》及本办法规定，放射工作单位有下列行为之一的，由县级以上人民政府卫生行政部门给予警告，责令停止产生放射危害的从业活动，或处五千元以上三万元以下的罚款和没收违法所得；情节严重的，责令停产停业：

（一）生产、销售不合格放射性同位素及其制品、产品或者射线装置的；

（二）购置、转让、出租不符合防护要求的放射性同位素及制品和国家规定淘汰的产品的；

（三）向无准购批件的单位和个人出售放射性同位素及其制品或者含放射性同位素设备的；

（四）将放射性同位素、含放射性同位素设备或者射线装置转让、租借给无卫生许可证单位的。

第四十五条 违反《条例》及本办法规定，发生放射事故，造成人体健康损害的，由卫生行政部门责令停产停业，根据事故级别处以一千元以上三万元以下的罚款；情节严重的，吊销卫生许可证；构成犯罪的，依法追究刑事责任。给他人造成损害的，应当依法承担民事责任。

放射工作单位被卫生行政部门注销、撤消或者吊销卫生许可证后，未按规定将放射性同位素送交放射性废物管理机构处置或者送交原供货单位回收，造成放射事故，由卫生行政部门处以一万元以上三万元以下的罚款；构成犯罪的，依法追究刑事责任。给他人造成损害的，应当依法承担民事责任。

第四十六条 未按规定取得资质认证，擅自从事放射卫生评价或者检测的，由县级以上人民政府卫生行政部门责令立即停止违法行为，或处三千元以上三万元以下罚款和没收违法所得。

第四十七条 从事放射卫生检测评价的检测机构违反《条例》及本办法规定，有下列行为之一的，由县级以上人民政府卫生行政部门责令立即停止违法行为，给予警告，或处以一千元以上一万元以下的罚款；情节严重的，由原认证机关取消资格：

（一）超出资质认证范围从事评价或者检测工作的；

（二）出具虚假证明文件的。

第四十八条　违反《条例》及本办法规定，卫生行政部门及其卫生监督执法人员有下列行为之一，导致放射事故发生，构成犯罪的，依法追究刑事责任；尚不构成犯罪的，对直接负责的主管人员和其他直接责任人员依法给予降级或者撤职的行政处分：

（一）对不符合法定条件的放射工作单位发放卫生许可证或者其他卫生许可批件的；

（二）对已经取得卫生许可的单位不履行监督检查职责的；

（三）发现事故隐患，未及时依法采取措施造成放射事故的；

（四）有其他违反本办法行为的。

第七章　附　　则

第四十九条　本办法中所称放射工作，是指从事生产、使用、销售放射性同位素与射线装置的工作，不包括从事放射性同位素的活度在豁免水平以下的工作。

中、高能加速器，是指粒子能量高于100MeV的加速器。

γ辐照加工装置，是指用于医疗用品辐射消毒、农业育种、工业产品加工、食品保鲜，以及辐射研究用的γ放射源装置。

第五十条　本办法由卫生部负责解释。

第五十一条　本办法自2002年7月1日起施行。1981年5月29日由卫生部发布《医用高能X线和电子束卫生防护规定》、1986年11月26日由卫生部和石油工业部联合发布的《油（气）田测井用封闭型放射源使用管理办法》、1991年1月10日由卫生部发布的《非医用加速器放射卫生管理办法》、1991年4月26日由卫生部发布的《γ辐照加工装置放射卫生防护管理规定》、1991年9月14日由卫生部和中国石油天然气总公司联合发布的《油（气）田非密封型放射源测井放射卫生管理办法》、1993年10月13日卫生部发布的《医用X射线诊断放射卫生防护及影像质量保证管理规定》和1995年5月15日卫生部发布的《放射治疗卫生防护与质量保证管理规定》同时废止。

12　国家职业卫生标准管理办法

2002年3月15日经卫生部部务会讨论通过，中华人民共和国卫生部令第20号发布，自2002年5月1日起施行。

第一条　为加强国家职业卫生标准的管理，根据《中华人民共和国职业病防治法》（以下简称《职业病防治法》），制定本办法。

第二条　对下列需要在全国范围内统一的技术要求，须制定国家职业卫生标准：

（一）职业卫生专业基础标准；

（二）工作场所作业条件卫生标准；

（三）工业毒物、生产性粉尘、物理因素职业接触限值；

（四）职业病诊断标准；

（五）职业照射放射防护标准；

（六）职业防护用品卫生标准；

（七）职业危害防护导则；

（八）劳动生理卫生、工效学标准；

（九）职业性危害因素检测、检验方法。

第三条 本办法适用于国家职业卫生标准的立项、起草、审查、公布、复审和解释。

第四条 卫生部主管国家职业卫生标准工作；卫生部委托办事机构，承担国家职业卫生标准的日常管理工作；由卫生部聘请有关技术专家组成全国卫生标准技术委员会，负责国家职业卫生标准的技术审查工作。

第五条 国家职业卫生标准制定的原则：

（一）符合国家有关法律、法规和方针、政策，满足职业卫生管理工作的需要；

（二）体现科学性和先进性，注重可操作性；

（三）在充分考虑我国国情的基础上，积极采用国际通用标准；

（四）逐步实现体系化，保持标准的完整性和有机联系。

第六条 国家职业卫生标准分为强制性标准和推荐性标准。强制性标准分为全文强制和条文强制两种形式。强制性标准包括：

（一）工作场所作业条件的卫生标准；

（二）工业毒物、生产性粉尘、物理因素职业接触限值；

（三）职业病诊断标准；

（四）职业照射放射防护标准；

（五）职业防护用品卫生标准；其他标准为推荐性标准。

第七条 任何单位和个人可向卫生部标准办事机构提出制定国家职业卫生标准立项的建议。建议内容包括：标准名称、制定标准的目的、主要技术内容和国内外主要情况说明等。

第八条 制定标准的立项建议经过卫生部标准办事机构审核，并拟定年度计划草案上报卫生部，由卫生部批准后下达执行。年度标准计划包括标准的名称、研制单位、完成时间等。

第九条 卫生部委托卫生部标准办事机构对年度标准制订计划的执行情况进行监督检查。承担年度标准制订计划项目的研制单位应按计划组织实施，并按时完成标准编制工作。

第十条 年度标准计划在执行过程中有下列情况之一的，可以进行调整：

（一）职业卫生管理工作急需的项目可以增补；对拟增加的标准项目应当进行补充论证。

（二）特殊情况下，可以对项目的内容进行调整。

（三）不宜制定标准的项目，可以撤销；计划的调整应经卫生部批准。

第十一条　确定标准的研制单位，应坚持公开、公正、择优原则，鼓励用人单位、行业协会或社会团体参与标准的研制工作。承担研制标准的单位应当熟悉国内外有关标准现状并有较强的技术水平、条件。

第十二条　研制国家职业卫生标准，应当深入调查研究，总结实践经验，广泛听取有关部门、组织和用人单位的意见。涉及国务院其他部门的职责或与国务院其他部门关系紧密的，研制单位应当充分听取国务院其他部门的意见。研制单位与其他部门有不同意见时，应当充分协商；经过充分协商不能取得一致意见的，研制单位应当在上报标准送审稿时说明情况和理由。

第十三条　研制单位应当将标准送审稿及其说明、对标准送审稿主要问题的不同意见和其他有关材料按规定报送审查。

第十四条　全国卫生标准技术委员会按照《全国卫生标准技术委员会章程》及有关规定，对国家职业卫生标准进行技术审查。

第十五条　对全国卫生标准技术委员会审查通过的标准，由卫生部批准，并以卫生部通告的形式公布。在批准前，根据需要，卫生部可征求有关部门和单位的意见。国家职业卫生标准的代号由大写汉语拼音字母构成。强制性标准的代号为“GBZ”，推荐性标准的代号为“GBZ/T”。国家职业卫生标准的编号由国家职业卫生标准的代号、发布的顺序号和发布的年号构成。示例：GBZ××××—××××、GBZ/T××××—××××。

第十六条　国家职业卫生标准实施后，卫生部应根据情况的变化对标准适时进行复审。复审的结论分为确认、修订、废止。复审的周期一般不超过五年。

第十七条　国家职业卫生标准由卫生部负责解释。国家职业卫生标准的解释同标准具有同等效力。

第十八条　卫生部标准办事机构应调查了解国家职业卫生标准的实施情况，收集和研究国内外有关标准、技术信息资料和实践经验，对标准的实施情况进行评估和分析，开展国家职业卫生标准的交流、宣传、培训、技术指导和技术咨询活动。

第十九条　国家鼓励任何单位和个人参与国家职业卫生标准研制。对水平高、效果好的标准进行奖励。

第二十条　国家职业卫生标准的出版、印刷由卫生部委托指定出版机构负责。

第二十一条　本办法自 2002 年 5 月 1 日起施行。

13 放射工作人员职业健康管理办法

2007年3月23日经卫生部部务会议讨论通过，2007年6月3日中华人民共和国卫生部令第55号发布，自2007年11月1日起施行。

第一章 总 则

第一条 为了保障放射工作人员的职业健康与安全，根据《中华人民共和国职业病防治法》（以下简称《职业病防治法》）和《放射性同位素与射线装置安全和防护条例》，制定本办法。

第二条 中华人民共和国境内的放射工作单位及其放射工作人员，应当遵守本办法。

本办法所称放射工作单位，是指开展下列活动的企业、事业单位和个体经济组织：

（一）放射性同位素（非密封放射性物质和放射源）的生产、使用、运输、贮存和废弃处理；

（二）射线装置的生产、使用和维修；

（三）核燃料循环中的铀矿开采、铀矿水冶、铀的浓缩和转化、燃料制造、反应堆运行、燃料后处理和核燃料循环中的研究活动；

（四）放射性同位素、射线装置和放射工作场所的辐射监测；

（五）卫生部规定的与电离辐射有关的其他活动。

本办法所称放射工作人员，是指在放射工作单位从事放射职业活动中受到电离辐射照射的人员。

第三条 卫生部主管全国放射工作人员职业健康的监督管理工作。

县级以上地方人民政府卫生行政部门负责本行政区域内放射工作人员职业健康的监督管理。

第四条 放射工作单位应当采取有效措施，使本单位放射工作人员职业健康的管理符合本办法和有关标准及规范的要求。

第二章 从业条件与培训

第五条 放射工作人员应当具备下列基本条件：

（一）年满18周岁；

（二）经职业健康检查，符合放射工作人员的职业健康要求；

（三）放射防护和有关法律知识培训考核合格；

（四）遵守放射防护法规和规章制度，接受职业健康监护和个人剂量监测管理；

（五）持有《放射工作人员证》。

第六条 放射工作人员上岗前，放射工作单位负责向所在地县级以上地方人民政府卫生行政部门为其申请办理《放射工作人员证》。

开展放射诊疗工作的医疗机构，向为其发放《放射诊疗许可证》的卫生行政部门申请办理《放射工作人员证》。

开展本办法第二条第二款第（三）项所列活动以及非医用加速器运行、辐照加工、射线探伤和油田测井等活动的放射工作单位，向所在地省级卫生行政部门申请办理《放射工作人员证》。

其他放射工作单位办理《放射工作人员证》的规定，由所在地省级卫生行政部门结合本地区实际情况确定。

《放射工作人员证》的格式由卫生部统一制定。

第七条 放射工作人员上岗前应当接受放射防护和有关法律知识培训，考核合格方可参加相应的工作。培训时间不少于 4 天。

第八条 放射工作单位应当定期组织本单位的放射工作人员接受放射防护和有关法律知识培训。放射工作人员两次培训的时间间隔不超过 2 年，每次培训时间不少于 2 天。

第九条 放射工作单位应当建立并按照规定的期限妥善保存培训档案。培训档案应当包括每次培训的课程名称、培训时间、考试或考核成绩等资料。

第十条 放射防护及有关法律知识培训应当由符合省级卫生行政部门规定条件的单位承担，培训单位可会同放射工作单位共同制订培训计划，并按照培训计划和有关规范、标准实施和考核。

放射工作单位应当将每次培训的情况及时记录在《放射工作人员证》中。

第三章 个人剂量监测管理

第十一条 放射工作单位应当按照本办法和国家有关标准、规范的要求，安排本单位的放射工作人员接受个人剂量监测，并遵守下列规定：

（一）外照射个人剂量监测周期一般为 30 天，最长不应超过 90 天；内照射个人剂量监测周期按照有关标准执行；

（二）建立并终生保存个人剂量监测档案；

（三）允许放射工作人员查阅、复印本人的个人剂量监测档案。

第十二条 个人剂量监测档案应当包括：

（一）常规监测的方法和结果等相关资料；

（二）应急或者事故中受到照射的剂量和调查报告等相关资料。

放射工作单位应当将个人剂量监测结果及时记录在《放射工作人员证》中。

第十三条 放射工作人员进入放射工作场所，应当遵守下列规定：

（一）正确佩戴个人剂量计；

（二）操作结束离开非密封放射性物质工作场所时，按要求进行个人体表、衣物及防护用品的放射性表面污染监测，发现污染要及时处理，做好记录并存档；

（三）进入辐照装置、工业探伤、放射治疗等强辐射工作场所时，除佩戴常规个人剂量计外，还应当携带报警式剂量计。

第十四条 个人剂量监测工作应当由具备资质的个人剂量监测技术服务机构承担。个人剂量监测技术服务机构的资质审定由中国疾病预防控制中心协助卫生部组织实施。

个人剂量监测技术服务机构的资质审定按照《职业病防治法》《职业卫生技术服务机构管理办法》和卫生部有关规定执行。

第十五条 个人剂量监测技术服务机构应当严格按照国家职业卫生标准、技术规范开展监测工作，参加质量控制和技术培训。

个人剂量监测报告应当在每个监测周期结束后1个月内送达放射工作单位，同时报告当地卫生行政部门。

第十六条 县级以上地方卫生行政部门按规定时间和格式，将本行政区域内的放射工作人员个人剂量监测数据逐级上报到卫生部。

第十七条 中国疾病预防控制中心协助卫生部拟定个人剂量监测技术服务机构的资质审定程序和标准，组织实施全国个人剂量监测的质量控制和技术培训，汇总分析全国个人剂量监测数据。

第四章 职业健康管理

第十八条 放射工作人员上岗前，应当进行上岗前的职业健康检查，符合放射工作人员健康标准的，方可参加相应的放射工作。

放射工作单位不得安排未经职业健康检查或者不符合放射工作人员职业健康标准的人员从事放射工作。

第十九条 放射工作单位应当组织上岗后的放射工作人员定期进行职业健康检查，两次检查的时间间隔不应超过2年，必要时可增加临时性检查。

第二十条 放射工作人员脱离放射工作岗位时，放射工作单位应当对其进行离岗前的职业健康检查。

第二十一条 对参加应急处理或者受到事故照射的放射工作人员，放射工作单位应当及时组织健康检查或者医疗救治，按照国家有关标准进行医学随访观察。

第二十二条 从事放射工作人员职业健康检查的医疗机构（以下简称职业健康检查机构）应当经省级卫生行政部门批准。

第二十三条 职业健康检查机构应当自体检工作结束之日起1个月内，将职业健康检查报告送达放射工作单位。

职业健康检查机构出具的职业健康检查报告应当客观、真实，并对职业健康检查报告负责。

第二十四条 职业健康检查机构发现有可能因放射性因素导致健康损害的，应当通知放射工作单位，并及时告知放射工作人员本人。

职业健康检查机构发现疑似职业性放射性疾病病人应当通知放射工作人员及其所在放射工作单位，并按规定向放射工作单位所在地卫生行政部门报告。

第二十五条 放射工作单位应当在收到职业健康检查报告的7日内，如实告知放射工作人员，并将检查结论记录在《放射工作人员证》中。

放射工作单位对职业健康检查中发现不宜继续从事放射工作的人员，应当及时调离放射工作岗位，并妥善安置；对需要复查和医学随访观察的放射工作人员，应当及时予以安排。

第二十六条 放射工作单位不得安排怀孕的妇女参与应急处理和有可能造成职业性内照射的工作。哺乳期妇女在其哺乳期间应当避免接受职业性内照射。

第二十七条 放射工作单位应当为放射工作人员建立并终生保存职业健康监护档案。职业健康监护档案应包括以下内容：

（一）职业史、既往病史和职业照射接触史；

（二）历次职业健康检查结果及评价处理意见；

（三）职业性放射性疾病诊疗、医学随访观察等健康资料。

第二十八条 放射工作人员有权查阅、复印本人的职业健康监护档案。放射工作单位应当如实、无偿提供。

第二十九条 放射工作人员职业健康检查、职业性放射性疾病的诊断、鉴定、医疗救治和医学随访观察的费用，由其所在单位承担。

第三十条 职业性放射性疾病的诊断鉴定工作按照《职业病诊断与鉴定管理办法》和国家有关标准执行。

第三十一条 放射工作人员的保健津贴按照国家有关规定执行。

第三十二条 在国家统一规定的休假外，放射工作人员每年可以享受保健休假2~4周。享受寒、暑假的放射工作人员不再享受保健休假。从事放射工作满20年的在岗放射工作人员，可以由所在单位利用休假时间安排健康疗养。

第五章 监督检查

第三十三条 县级以上地方人民政府卫生行政部门应当定期对本行政区域内放射工作单位的放射工作人员职业健康管理进行监督检查。检查内容包括：

（一）有关法规和标准执行情况；

（二）放射防护措施落实情况；

（三）人员培训、职业健康检查、个人剂量监测及其档案管理情况；

（四）《放射工作人员证》持证及相关信息记录情况；

（五）放射工作人员其他职业健康权益保障情况。

第三十四条 卫生行政执法人员依法进行监督检查时，应当出示证件。被检查的单位应当予以配合，如实反映情况，提供必要的资料，不得拒绝、阻碍、隐瞒。

第三十五条 卫生行政执法人员依法检查时，应当保守被检查单位的技术秘密和业务秘密。

第三十六条 卫生行政部门接到对违反本办法行为的举报后应当及时核实、处理。

第六章　法律责任

第三十七条　放射工作单位违反本办法，有下列行为之一的，按照《职业病防治法》第六十三条处罚：

（一）未按照规定组织放射工作人员培训的；

（二）未建立个人剂量监测档案的；

（三）拒绝放射工作人员查阅、复印其个人剂量监测档案和职业健康监护档案的。

第三十八条　放射工作单位违反本办法，未按照规定组织职业健康检查、未建立职业健康监护档案或者未将检查结果如实告知劳动者的，按照《职业病防治法》第六十四条处罚。

第三十九条　放射工作单位违反本办法，未给从事放射工作的人员办理《放射工作人员证》的，由卫生行政部门责令限期改正，给予警告，并可处3万元以下的罚款。

第四十条　放射工作单位违反本办法，有下列行为之一的，按照《职业病防治法》第六十五条处罚：

（一）未按照规定进行个人剂量监测的；

（二）个人剂量监测或者职业健康检查发现异常，未采取相应措施的。

第四十一条　放射工作单位违反本办法，有下列行为之一的，按照《职业病防治法》第六十八条处罚：

（一）安排未经职业健康检查的劳动者从事放射工作的；

（二）安排未满18周岁的人员从事放射工作的；

（三）安排怀孕的妇女参加应急处理或者有可能造成内照射工作的，或者安排哺乳期的妇女接受职业性内照射的；

（四）安排不符合职业健康标准要求的人员从事放射工作的。

第四十二条　技术服务机构未取得资质擅自从事个人剂量监测技术服务的，或者医疗机构未经批准擅自从事放射工作人员职业健康检查的，按照《职业病防治法》第七十二条处罚。

第四十三条　开展个人剂量监测的职业卫生技术服务机构和承担放射工作人员职业健康检查的医疗机构违反本办法，有下列行为之一的，按照《职业病防治法》第七十三条处罚：

（一）超出资质范围从事个人剂量监测技术服务的，或者超出批准范围从事放射工作人员职业健康检查的；

（二）未按《职业病防治法》和本办法规定履行法定职责的；

（三）出具虚假证明文件的。

第四十四条　卫生行政部门及其工作人员违反本办法，不履行法定职责，造成严重后果的，对直接负责的主管人员和其他直接责任人员，依法给予行政处分；情节严重，构成犯罪的，依法追究刑事责任。

第七章　附　　则

第四十五条　放射工作人员职业健康检查项目及职业健康检查表由卫生部制定。

第四十六条　本办法自 2007 年 11 月 1 日起施行。1997 年 6 月 5 日卫生部发布的《放射工作人员健康管理规定》同时废止。

14　职业病诊断与鉴定管理办法

2013 年 1 月 9 日经卫生部部务会审议通过，
2013 年 2 月 19 日中华人民共和国卫生部令第 91 号公布，
自 2013 年 4 月 10 日起施行。

第一章　总　　则

第一条　为了规范职业病诊断与鉴定工作，加强职业病诊断与鉴定管理，根据《中华人民共和国职业病防治法》（以下简称《职业病防治法》），制定本办法。

第二条　职业病诊断与鉴定工作应当按照《职业病防治法》、本办法的有关规定及国家职业病诊断标准进行，遵循科学、公正、及时、便民的原则。

第三条　职业病诊断机构的设置必须适应职业病防治工作实际需要，充分利用现有医疗卫生资源，实现区域覆盖。

第四条　各地要加强职业病诊断机构能力建设，提供必要的保障条件，配备相关的人员、设备和工作经费，以满足职业病诊断工作的需要。

第二章　诊 断 机 构

第五条　省、自治区、直辖市人民政府卫生行政部门（以下简称省级卫生行政部门）应当结合本行政区域职业病防治工作制定职业病诊断机构设置规划，报省级人民政府批准后实施。

第六条　职业病诊断机构应当具备下列条件：

（一）持有《医疗机构执业许可证》；

（二）具有相应的诊疗科目及与开展职业病诊断相适应的职业病诊断医师等相关医疗卫生技术人员；

（三）具有与开展职业病诊断相适应的场所和仪器、设备；

（四）具有健全的职业病诊断质量管理制度。

第七条 医疗卫生机构申请开展职业病诊断，应当向省级卫生行政部门提交以下资料：

（一）职业病诊断机构申请表；

（二）《医疗机构执业许可证》及副本的复印件；

（三）与申请开展的职业病诊断项目相关的诊疗科目及相关资料；

（四）与申请项目相适应的职业病诊断医师等相关医疗卫生技术人员情况；

（五）与申请项目相适应的场所和仪器、设备清单；

（六）职业病诊断质量管理制度有关资料；

（七）省级卫生行政部门规定提交的其他资料。

第八条 省级卫生行政部门收到申请材料后，应当在五个工作日内作出是否受理的决定，不受理的应当说明理由并书面通知申请单位。

决定受理的，省级卫生行政部门应当及时组织专家组进行技术评审。专家组应当自卫生行政部门受理申请之日起六十日内完成和提交技术评审报告，并对提交的技术评审报告负责。

第九条 省级卫生行政部门应当自收到技术评审报告之日起二十个工作日内，作出是否批准的决定。

对批准的申请单位颁发职业病诊断机构批准证书；不批准的应当说明理由并书面通知申请单位。

职业病诊断机构批准证书有效期为五年。

第十条 职业病诊断机构需要延续依法取得的职业病诊断机构批准证书有效期的，应当在批准证书有效期届满三十日前，向原批准机关申请延续。经原批准机关审核合格的，延续批准证书。

第十一条 符合本办法第六条规定的公立医疗卫生机构可以申请开展职业病诊断工作。

设区的市没有医疗卫生机构申请开展职业病诊断的，省级卫生行政部门应当根据职业病诊断工作的需要，指定公立医疗卫生机构承担职业病诊断工作，并使其在规定时间内达到本办法第六条规定的条件。

第十二条 职业病诊断机构的职责是：

（一）在批准的职业病诊断项目范围内开展职业病诊断；

（二）报告职业病；

（三）报告职业病诊断工作情况；

（四）承担《职业病防治法》中规定的其他职责。

第十三条 职业病诊断机构依法独立行使诊断权，并对其作出的职业病诊断结论负责。

第十四条 职业病诊断机构应当建立和健全职业病诊断管理制度，加强职业病诊断医师等有关医疗卫生人员技术培训和政策、法律培训，并采取措施改善职业病诊断工作条件，提高职业病诊断服务质量和水平。

第十五条 职业病诊断机构应当公开职业病诊断程序，方便劳动者进行职业病诊断。

职业病诊断机构及其相关工作人员应当尊重、关心、爱护劳动者，保护劳动者的隐私。

第十六条　从事职业病诊断的医师应当具备下列条件，并取得省级卫生行政部门颁发的职业病诊断资格证书：

（一）具有医师执业证书；

（二）具有中级以上卫生专业技术职务任职资格；

（三）熟悉职业病防治法律法规和职业病诊断标准；

（四）从事职业病诊断、鉴定相关工作三年以上；

（五）按规定参加职业病诊断医师相应专业的培训，并考核合格。

第十七条　职业病诊断医师应当依法在其资质范围内从事职业病诊断工作，不得从事超出其资质范围的职业病诊断工作。

第十八条　省级卫生行政部门应当向社会公布本行政区域内职业病诊断机构名单、地址、诊断项目等相关信息。

第三章　诊　　断

第十九条　劳动者可以选择用人单位所在地、本人户籍所在地或者经常居住地的职业病诊断机构进行职业病诊断。

第二十条　职业病诊断机构应当按照《职业病防治法》、本办法的有关规定和国家职业病诊断标准，依据劳动者的职业史、职业病危害接触史和工作场所职业病危害因素情况、临床表现以及辅助检查结果等，进行综合分析，作出诊断结论。

第二十一条　职业病诊断需要以下资料：

（一）劳动者职业史和职业病危害接触史（包括在岗时间、工种、岗位、接触的职业病危害因素名称等）；

（二）劳动者职业健康检查结果；

（三）工作场所职业病危害因素检测结果；

（四）职业性放射性疾病诊断还需要个人剂量监测档案等资料；

（五）与诊断有关的其他资料。

第二十二条　劳动者依法要求进行职业病诊断的，职业病诊断机构应当接诊，并告知劳动者职业病诊断的程序和所需材料。劳动者应当填写《职业病诊断就诊登记表》，并提交其掌握的本办法第二十一条规定的职业病诊断资料。

第二十三条　在确认劳动者职业史、职业病危害接触史时，当事人对劳动关系、工种、工作岗位或者在岗时间有争议的，职业病诊断机构应当告知当事人依法向用人单位所在地的劳动人事争议仲裁委员会申请仲裁。

第二十四条　职业病诊断机构进行职业病诊断时，应当书面通知劳动者所在的用人单位提供其掌握的本办法第二十一条规定的职业病诊断资料，用人单位应当在接到通知后的十日内如实提供。

第二十五条　用人单位未在规定时间内提供职业病诊断所需要资料的，职业病诊断机构可以依法提请安全生产监督管理部门督促用人单位提供。

第二十六条 劳动者对用人单位提供的工作场所职业病危害因素检测结果等资料有异议，或者因劳动者的用人单位解散、破产，无用人单位提供上述资料的，职业病诊断机构应当依法提请用人单位所在地安全生产监督管理部门进行调查。

职业病诊断机构在安全生产监督管理部门作出调查结论或者判定前应当中止职业病诊断。

第二十七条 职业病诊断机构需要了解工作场所职业病危害因素情况时，可以对工作场所进行现场调查，也可以依法提请安全生产监督管理部门组织现场调查。

第二十八条 经安全生产监督管理部门督促，用人单位仍不提供工作场所职业病危害因素检测结果、职业健康监护档案等资料或者提供资料不全的，职业病诊断机构应当结合劳动者的临床表现、辅助检查结果和劳动者的职业史、职业病危害接触史，并参考劳动者自述、安全生产监督管理部门提供的日常监督检查信息等，作出职业病诊断结论。仍不能作出职业病诊断的，应当提出相关医学意见或者建议。

第二十九条 职业病诊断机构在进行职业病诊断时，应当组织三名以上单数职业病诊断医师进行集体诊断。

职业病诊断医师应当独立分析、判断、提出诊断意见，任何单位和个人无权干预。

第三十条 职业病诊断机构在进行职业病诊断时，诊断医师对诊断结论有意见分歧的，应当根据半数以上诊断医师的一致意见形成诊断结论，对不同意见应当如实记录。参加诊断的职业病诊断医师不得弃权。

第三十一条 职业病诊断机构可以根据诊断需要，聘请其他单位职业病诊断医师参加诊断。必要时，可以邀请相关专业专家提供咨询意见。

第三十二条 职业病诊断机构作出职业病诊断结论后，应当出具职业病诊断证明书。

职业病诊断证明书应当包括以下内容：

（一）劳动者、用人单位基本信息；

（二）诊断结论。确诊为职业病的，应当载明职业病的名称、程度（期别）、处理意见；

（三）诊断时间。

职业病诊断证明书应当由参加诊断的医师共同签署，并经职业病诊断机构审核盖章。

职业病诊断证明书一式三份，劳动者、用人单位各一份，诊断机构存档一份。

职业病诊断证明书的格式由卫生部统一规定。

第三十三条 职业病诊断机构应当建立职业病诊断档案并永久保存，档案应当包括：

（一）职业病诊断证明书；

（二）职业病诊断过程记录，包括参加诊断的人员、时间、地点、讨论内容及诊断结论；

（三）用人单位、劳动者和相关部门、机构提交的有关资料；

（四）临床检查与实验室检验等资料；

（五）与诊断有关的其他资料。

第三十四条 职业病诊断机构发现职业病病人或者疑似职业病病人时，应当及时向所在地卫生行政部门和安全生产监督管理部门报告。

确诊为职业病的，职业病诊断机构可以根据需要，向相关监管部门、用人单位提出专业建议。

第三十五条　未取得职业病诊断资质的医疗卫生机构，在诊疗活动中怀疑劳动者健康损害可能与其所从事的职业有关时，应当及时告知劳动者到职业病诊断机构进行职业病诊断。

第四章　鉴　　定

第三十六条　当事人对职业病诊断机构作出的职业病诊断结论有异议的，可以在接到职业病诊断证明书之日起三十日内，向职业病诊断机构所在地设区的市级卫生行政部门申请鉴定。

设区的市级职业病诊断鉴定委员会负责职业病诊断争议的首次鉴定。

当事人对设区的市级职业病鉴定结论不服的，可以在接到鉴定书之日起十五日内，向原鉴定组织所在地省级卫生行政部门申请再鉴定。

职业病鉴定实行两级鉴定制，省级职业病鉴定结论为最终鉴定。

第三十七条　卫生行政部门可以指定办事机构，具体承担职业病鉴定的组织和日常性工作。职业病鉴定办事机构的职责是：

（一）接受当事人申请；

（二）组织当事人或者接受当事人委托抽取职业病鉴定专家；

（三）组织职业病鉴定会议，负责会议记录、职业病鉴定相关文书的收发及其他事务性工作；

（四）建立并管理职业病鉴定档案；

（五）承担卫生行政部门委托的有关职业病鉴定的其他工作。

职业病诊断机构不能作为职业病鉴定办事机构。

第三十八条　设区的市级以上地方卫生行政部门应当向社会公布本行政区域内依法承担职业病鉴定工作的办事机构的名称、工作时间、地点和鉴定工作程序。

第三十九条　省级卫生行政部门应当设立职业病鉴定专家库（以下简称专家库），并根据实际工作需要及时调整其成员。专家库可以按照专业类别进行分组。

第四十条　专家库应当以取得各类职业病诊断资格的医师为主要成员，吸收临床相关学科、职业卫生、放射卫生等相关专业的专家组成。专家应当具备下列条件：

（一）具有良好的业务素质和职业道德；

（二）具有相关专业的高级专业技术职务任职资格；

（三）熟悉职业病防治法律法规和职业病诊断标准；

（四）身体健康，能够胜任职业病鉴定工作。

第四十一条　参加职业病鉴定的专家，应当由申请鉴定的当事人或者当事人委托的职业病鉴定办事机构从专家库中按照专业类别以随机抽取的方式确定。抽取的专家组成职业病鉴定专家组（以下简称专家组）。

经当事人同意，职业病鉴定办事机构可以根据鉴定需要聘请本省、自治区、直辖市以外的相关专业专家作为专家组成员，并有表决权。

第四十二条 专家组人数为五人以上单数，其中相关专业职业病诊断医师应当为本次专家人数的半数以上。疑难病例应当增加专家组人数，充分听取意见。专家组设组长一名，由专家组成员推举产生。

职业病鉴定会议由专家组组长主持。

第四十三条 参与职业病鉴定的专家有下列情形之一的，应当回避：

（一）是职业病鉴定当事人或者当事人近亲属的；

（二）已参加当事人职业病诊断或者首次鉴定的；

（三）与职业病鉴定当事人有利害关系的；

（四）与职业病鉴定当事人有其他关系，可能影响鉴定公正的。

第四十四条 当事人申请职业病鉴定时，应当提供以下资料：

（一）职业病鉴定申请书；

（二）职业病诊断证明书，申请省级鉴定的还应当提交市级职业病鉴定书；

（三）卫生行政部门要求提供的其他有关资料。

第四十五条 职业病鉴定办事机构应当自收到申请资料之日起五个工作日内完成资料审核，对资料齐全的发给受理通知书；资料不全的，应当书面通知当事人补充。资料补充齐全的，应当受理申请并组织鉴定。

职业病鉴定办事机构收到当事人鉴定申请之后，根据需要可以向原职业病诊断机构或者首次职业病鉴定的办事机构调阅有关的诊断、鉴定资料。原职业病诊断机构或者首次职业病鉴定办事机构应当在接到通知之日起十五日内提交。

职业病鉴定办事机构应当在受理鉴定申请之日起六十日内组织鉴定、形成鉴定结论，并在鉴定结论形成后十五日内出具职业病鉴定书。

第四十六条 根据职业病鉴定工作需要，职业病鉴定办事机构可以向有关单位调取与职业病诊断、鉴定有关的资料，有关单位应当如实、及时提供。

专家组应当听取当事人的陈述和申辩，必要时可以组织进行医学检查。

需要了解被鉴定人的工作场所职业病危害因素情况时，职业病鉴定办事机构根据专家组的意见可以对工作场所进行现场调查，或者依法提请安全生产监督管理部门组织现场调查。依法提请安全生产监督管理部门组织现场调查的，在现场调查结论或者判定作出前，职业病鉴定应当中止。

职业病鉴定应当遵循客观、公正的原则，专家组进行职业病鉴定时，可以邀请有关单位人员旁听职业病鉴定会。所有参与职业病鉴定的人员应当依法保护被鉴定人的个人隐私。

第四十七条 专家组应当认真审阅鉴定资料，依照有关规定和职业病诊断标准，经充分合议后，根据专业知识独立进行鉴定。在事实清楚的基础上，进行综合分析，作出鉴定结论，并制作鉴定书。

鉴定结论应当经专家组三分之二以上成员通过。

第四十八条　职业病鉴定书应当包括以下内容：

（一）劳动者、用人单位的基本信息及鉴定事由；

（二）鉴定结论及其依据，如果为职业病，应当注明职业病名称、程度（期别）；

（三）鉴定时间。

鉴定书加盖职业病诊断鉴定委员会印章。

首次鉴定的职业病鉴定书一式四份，劳动者、用人单位、原诊断机构各一份，职业病鉴定办事机构存档一份；再次鉴定的职业病鉴定书一式五份，劳动者、用人单位、原诊断机构、首次职业病鉴定办事机构各一份，再次职业病鉴定办事机构存档一份。

职业病鉴定书的格式由卫生部统一规定。

第四十九条　职业病鉴定书应当于鉴定结论作出之日起二十日内由职业病鉴定办事机构送达当事人。

第五十条　鉴定结论与诊断结论或者首次鉴定结论不一致的，职业病鉴定办事机构应当及时向相关卫生行政部门和安全生产监督管理部门报告。

第五十一条　职业病鉴定办事机构应当如实记录职业病鉴定过程，内容应当包括：

（一）专家组的组成；

（二）鉴定时间；

（三）鉴定所用资料；

（四）鉴定专家的发言及其鉴定意见；

（五）表决情况；

（六）经鉴定专家签字的鉴定结论；

（七）与鉴定有关的其他资料。

有当事人陈述和申辩的，应当如实记录。

鉴定结束后，鉴定记录应当随同职业病鉴定书一并由职业病鉴定办事机构存档，永久保存。

第五章　监督管理

第五十二条　县级以上地方卫生行政部门应当制订职业病诊断机构年度监督检查计划，定期对职业病诊断机构进行监督检查，检查内容包括：

（一）法律法规、标准的执行情况；

（二）规章制度建立情况；

（三）人员、岗位职责落实和培训等情况；

（四）职业病报告情况等。

省级卫生行政部门每年应当至少组织一次监督检查；设区的市级卫生行政部门每年应当至少组织一次监督检查并不定期抽查；县级卫生行政部门负责日常监督检查。

第五十三条　设区的市级以上地方卫生行政部门应当加强对职业病鉴定办事机构的监督管理，对职业病鉴定工作程序、制度落实情况及职业病报告等相关工作情况进行监督检查。

第五十四条 省级卫生行政部门负责对职业病诊断机构进行定期考核。

第六章 法 律 责 任

第五十五条 医疗卫生机构未经批准擅自从事职业病诊断的，由县级以上地方卫生行政部门按照《职业病防治法》第八十条的规定进行处罚。

第五十六条 职业病诊断机构有下列行为之一的，由县级以上地方卫生行政部门按照《职业病防治法》第八十一条的规定进行处罚：

（一）超出批准范围从事职业病诊断的；

（二）不按照《职业病防治法》规定履行法定职责的；

（三）出具虚假证明文件的。

第五十七条 职业病诊断机构未按照规定报告职业病、疑似职业病的，由县级以上地方卫生行政部门按照《职业病防治法》第七十五条的规定进行处罚。

第五十八条 职业病诊断机构违反本办法规定，有下列情形之一的，由县级以上地方卫生行政部门责令限期改正；逾期不改正的，给予警告，并可以根据情节轻重处以二万元以下的罚款：

（一）未建立职业病诊断管理制度；

（二）不按照规定向劳动者公开职业病诊断程序；

（三）泄露劳动者涉及个人隐私的有关信息、资料；

（四）其他违反本办法的行为。

第五十九条 职业病诊断鉴定委员会组成人员收受职业病诊断争议当事人的财物或者其他好处的，由省级卫生行政部门按照《职业病防治法》第八十二条的规定进行处罚。

第六十条 县级以上地方卫生行政部门及其工作人员未依法履行职责，按照《职业病防治法》第八十五条第二款的规定进行处理。

第七章 附　　则

第六十一条 职业病诊断、鉴定的费用由用人单位承担。

第六十二条 本办法由卫生部解释。

第六十三条 本办法自 2013 年 4 月 10 日起施行。2002 年 3 月 28 日卫生部公布的《职业病诊断与鉴定管理办法》同时废止。

15　职业健康检查管理办法

2015年1月23日经国家卫生计生委委主任会议讨论通过，
2015年3月26日国家卫生和计划生育委员会令第5号公布，
自2015年5月1日起施行。

第一章　总　　则

第一条　为加强职业健康检查工作，规范职业健康检查机构管理，保护劳动者健康权益，根据《中华人民共和国职业病防治法》（以下简称《职业病防治法》），制定本办法。

第二条　本办法所称职业健康检查是指医疗卫生机构按照国家有关规定，对从事接触职业病危害作业的劳动者进行的上岗前、在岗期间、离岗时的健康检查。

第三条　国家卫生计生委负责全国范围内职业健康检查工作的监督管理。

县级以上地方卫生计生行政部门负责本辖区职业健康检查工作的监督管理；结合职业病防治工作实际需要，充分利用现有资源，统一规划、合理布局；加强职业健康检查机构能力建设，并提供必要的保障条件。

第二章　职业健康检查机构

第四条　医疗卫生机构开展职业健康检查，应当经省级卫生计生行政部门批准。

省级卫生计生行政部门应当及时向社会公布批准的职业健康检查机构名单、地址、检查类别和项目等相关信息。

第五条　承担职业健康检查的医疗卫生机构（以下简称职业健康检查机构）应当具备以下条件：

（一）持有《医疗机构执业许可证》，涉及放射检查项目的还应当持有《放射诊疗许可证》。

（二）具有相应的职业健康检查场所、候检场所和检验室，建筑总面积不少于400平方米，每个独立的检查室使用面积不少于6平方米。

（三）具有与批准开展的职业健康检查类别和项目相适应的执业医师、护士等医疗卫生技术人员。

（四）至少具有1名取得职业病诊断资格的执业医师。

（五）具有与批准开展的职业健康检查类别和项目相适应的仪器、设备；开展外出职业健康检查，应当具有相应的职业健康检查仪器、设备、专用车辆等条件。

（六）建立职业健康检查质量管理制度。

符合以上条件的医疗卫生机构，由省级卫生计生行政部门颁发《职业健康检查机构资质批准证书》，并注明相应的职业健康检查类别和项目。

第六条 职业健康检查机构具有以下职责：

（一）在批准的职业健康检查类别和项目范围内，依法开展职业健康检查工作，并出具职业健康检查报告；

（二）履行疑似职业病和职业禁忌的告知和报告义务；

（三）定期向卫生计生行政部门报告职业健康检查工作情况，包括外出职业健康检查工作情况；

（四）开展职业病防治知识宣传教育；

（五）承担卫生计生行政部门交办的其他工作。

第七条 职业健康检查机构应当指定主检医师。主检医师应当具备以下条件：

（一）具有执业医师证书；

（二）具有中级以上专业技术职务任职资格；

（三）具有职业病诊断资格；

（四）从事职业健康检查相关工作三年以上，熟悉职业卫生和职业病诊断相关标准。

主检医师负责确定职业健康检查项目和周期，对职业健康检查过程进行质量控制，审核职业健康检查报告。

第八条 职业健康检查机构及其工作人员应当关心、爱护劳动者，尊重和保护劳动者的知情权及个人隐私。

第三章 职业健康检查规范

第九条 按照劳动者接触的职业病危害因素，职业健康检查分为以下六类：

（一）接触粉尘类；

（二）接触化学因素类；

（三）接触物理因素类；

（四）接触生物因素类；

（五）接触放射因素类；

（六）其他类（特殊作业等）。

以上每类中包含不同检查项目。职业健康检查机构应当根据批准的检查类别和项目，开展相应的职业健康检查。

第十条 职业健康检查机构开展职业健康检查应当与用人单位签订委托协议书，由用人单位统一组织劳动者进行职业健康检查；也可以由劳动者持单位介绍信进行职业健康检查。

第十一条 职业健康检查机构应当依据相关技术规范，结合用人单位提交的资料，明确用人单位应当检查的项目和周期。

第十二条 在职业健康检查中，用人单位应当如实提供以下职业健康检查所需的相关资料，并承担检查费用：

（一）用人单位的基本情况；

（二）工作场所职业病危害因素种类及其接触人员名册、岗位（或工种）、接触时间；

（三）工作场所职业病危害因素定期检测等相关资料。

第十三条 职业健康检查的项目、周期按照《职业健康监护技术规范》（GBZ 188）执行，放射工作人员职业健康检查按照《放射工作人员职业健康监护技术规范》（GBZ 235）等规定执行。

第十四条 职业健康检查机构可以在执业登记机关管辖区域内开展外出职业健康检查。外出职业健康检查进行医学影像学检查和实验室检测，必须保证检查质量并满足放射防护和生物安全的管理要求。

第十五条 职业健康检查机构应当在职业健康检查结束之日起 30 个工作日内将职业健康检查结果，包括劳动者个人职业健康检查报告和用人单位职业健康检查总结报告，书面告知用人单位，用人单位应当将劳动者个人职业健康检查结果及职业健康检查机构的建议等情况书面告知劳动者。

第十六条 职业健康检查机构发现疑似职业病病人时，应当告知劳动者本人并及时通知用人单位，同时向所在地卫生计生行政部门和安全生产监督管理部门报告。发现职业禁忌的，应当及时告知用人单位和劳动者。

第十七条 职业健康检查机构要依托现有的信息平台，加强职业健康检查的统计报告工作，逐步实现信息的互联互通和共享。

第十八条 职业健康检查机构应当建立职业健康检查档案。职业健康检查档案保存时间应当自劳动者最后一次职业健康检查结束之日起不少于 15 年。

职业健康检查档案应当包括下列材料：

（一）职业健康检查委托协议书；

（二）用人单位提供的相关资料；

（三）出具的职业健康检查结果总结报告和告知材料；

（四）其他有关材料。

第四章 监督管理

第十九条 县级以上地方卫生计生行政部门应当加强对本辖区职业健康检查机构的监督管理。按照属地化管理原则，制订年度监督检查计划，做好职业健康检查机构的监督检查工作。监督检查主要内容包括：

（一）相关法律法规、标准的执行情况；

（二）按照批准的类别和项目开展职业健康检查工作的情况；

（三）外出职业健康检查工作情况；

（四）职业健康检查质量控制情况；

（五）职业健康检查结果、疑似职业病的报告与告知情况；

（六）职业健康检查档案管理情况等。

第二十条 省级卫生计生行政部门应当对本辖区内的职业健康检查机构进行定期或者不定期抽查；设区的市级卫生计生行政部门每年应当至少组织一次对本辖区内职业健康检查机构的监督检查；县级卫生计生行政部门负责日常监督检查。

第二十一条 县级以上地方卫生计生行政部门监督检查时，有权查阅或者复制有关资料，职业健康检查机构应当予以配合。

第五章 法律责任

第二十二条 无《医疗机构执业许可证》擅自开展职业健康检查的，由县级以上地方卫生计生行政部门依据《医疗机构管理条例》第四十四条的规定进行处理。

第二十三条 对未经批准擅自从事职业健康检查的医疗卫生机构，由县级以上地方卫生计生行政部门依据《职业病防治法》第八十条的规定进行处理。

第二十四条 职业健康检查机构有下列行为之一的，由县级以上地方卫生计生行政部门依据《职业病防治法》第八十一条的规定进行处理：

（一）超出批准范围从事职业健康检查的；

（二）不按照《职业病防治法》规定履行法定职责的；

（三）出具虚假证明文件的。

第二十五条 职业健康检查机构未按照规定报告疑似职业病的，由县级以上地方卫生计生行政部门依据《职业病防治法》第七十五条的规定进行处理。

第二十六条 职业健康检查机构有下列行为之一的，由县级以上地方卫生计生行政部门责令限期改正，并给予警告；逾期不改的，处五千元以上三万元以下罚款：

（一）未指定主检医师或者指定的主检医师未取得职业病诊断资格的；

（二）未建立职业健康检查档案的；

（三）违反本办法其他有关规定的。

第二十七条 职业健康检查机构出租、出借《职业健康检查机构资质批准证书》的，由县级以上地方卫生计生行政部门予以警告，并处三万元以下罚款；伪造、变造或者买卖《职业健康检查机构资质批准证书》的，按照《中华人民共和国治安管理处罚法》的有关规定进行处理；情节严重的，依法对直接负责的主管人员和其他直接责任人员，给予降级、撤职或者开除的处分；构成犯罪的，依法追究刑事责任。

第六章 附 则

第二十八条 本办法自 2015 年 5 月 1 日起施行。2002 年 3 月 28 日原卫生部公布的《职业健康监护管理办法》同时废止。

第四部分　规范性文件

16　国务院办公厅关于印发《国家职业病防治规划（2016—2020年）》的通知

国办发〔2016〕100号

各省、自治区、直辖市人民政府，国务院各部委、各直属机构：

《国家职业病防治规划（2016—2020年）》已经国务院同意，现印发给你们，请认真贯彻执行。

国务院办公厅

2016年12月26日

国家职业病防治规划（2016—2020年）

为加强职业病防治工作，切实保障劳动者职业健康权益，依据《中华人民共和国职业病防治法》，制定本规划。

一、职业病防治现状和问题

职业病防治事关劳动者身体健康和生命安全，事关经济发展和社会稳定大局。党中央、国务院高度重视职业病防治工作。《“健康中国2030”规划纲要》明确提出，要强化行业自律和监督管理职责，推动企业落实主体责任，推进职业病危害源头治理，预防和控制职业病发生。

《中华人民共和国职业病防治法》实施以来特别是《国家职业病防治规划（2009—2015年）》（国办发〔2009〕43号）印发以来，各地区、各有关部门依法履行职业病防治职责，强化行政监管，防治体系逐步健全，监督执法不断加强，源头治理和专项整治力度持续加大，用人单位危害劳动者健康的违法行为有所减少，工作场所职业卫生条件得到改善。职业病危害检测、评价与控制，职业健康检查以及职业病诊断、鉴定、救治水平不断提升，职业病防治机构、化学中毒和核辐射医疗救治基地建设得到加强，重大急性职业病危害事故明显减少。职业病防治宣传更加普及，全社会防治意识不断提高。

但是，当前我国职业病防治还面临着诸多问题和挑战。一是职业病危害依然严重。全国每年新报告职业病病例近3万例，分布在煤炭、化工、有色金属、轻工等不同行业，涉及企业数量多。二是用人单位主体责任落实不到位。部分用人单位主要负责人法治意识不强，对改善作业环境、提供防护用品、组织职业健康检查投入不足，农民工、劳务派遣人员等的职业病防护得不到有效保障。三是职业卫生监管和职业病防治服务能力不足。部分地区基层监管力量和防治工作基础薄弱，对危害信息掌握不全，对重点职业病及职业相关危害因素监测能力不足。四是新的职业病危害问题不容忽视。随着新技术、新工艺、新设备和新材料的广泛应用，新的职业病危害因素不断出现，对职业病防治工作提出新挑战。

二、总体要求

（一）指导思想。全面贯彻党的十八大和十八届三中、四中、五中、六中全会精神，深入学习贯彻习近平总书记系列重要讲话精神，认真落实党中央、国务院决策部署，紧紧围绕统筹推进“五位一体”总体布局和协调推进“四个全面”战略布局，牢固树立和贯彻落实创新、协调、绿色、开放、共享的发展理念，坚持正确的卫生与健康工作方针，强化政府监管职责，督促用人单位落实主体责任，提升职业病防治工作水平，鼓励全社会广泛参与，有效预防和控制职业病危害，切实保障劳动者职业健康权益，促进经济社会持续健康发展，为推进健康中国建设奠定重要基础。

（二）基本原则。

坚持依法防治。推进职业病防治工作法治化建设，建立健全配套法律、法规和标准，依法依规开展工作。落实法定防治职责，坚持管行业、管业务、管生产经营的同时必须管好职业病防治工作，建立用人单位诚信体系。

坚持源头治理。把握职业卫生发展规律，坚持预防为主、防治结合，以重点行业、重点职业病危害和重点人群为切入点，引导用人单位开展技术改造和转型升级，改善工作场所条件，从源头预防控制职业病危害。

坚持综合施策。统筹协调职业病防治工作涉及的方方面面，更加注重部门协调和资源共享，切实落实用人单位主体责任，提升劳动者个体防护意识，推动政府、用人单位、劳动者各负其责、协同联动，形成防治工作合力。

（三）规划目标。到2020年，建立健全用人单位负责、行政机关监管、行业自律、职工参与和社会监督的职业病防治工作格局。职业病防治法律、法规和标准体系基本完善，职业卫生监管水平明显提升，职业病防治服务能力显著增强，救治救助和工伤保险保障水平不断提高；职业病源头治理力度进一步加大，用人单位主体责任不断落实，工作场所作业环境有效改善，职业健康监护工作有序开展，劳动者的职业健康权益得到切实保障；接尘工龄不足5年的劳动者新发尘肺病报告例数占年度报告总例数的比例得到下降，重大急性职业病危害事故、慢性职业性化学中毒、急性职业性放射性疾病得到有效控制。

——用人单位主体责任不断落实。重点行业的用人单位职业病危害项目申报率达到85%以上，工作场所职业病危害因素定期检测率达到80%以上，接触职业病危害的劳动者在岗期间职业健康检查率达到90%以上，主要负责人、职业卫生管理人员职业卫生培训率均达到95%以上，医疗卫生机构放射工作人员个人剂量监测率达到90%以上。

——职业病防治体系基本健全。建立健全省、市、县三级职业病防治工作联席会议制度。设区的市至少应确定1家医疗卫生机构承担本辖区内职业病诊断工作，县级行政区域原则上至少确定1家医疗卫生机构承担本辖区职业健康检查工作。职业病防治服务网络和监管网络不断健全，职业卫生监管人员培训实现全覆盖。

——职业病监测能力不断提高。健全监测网络，开展重点职业病监测工作的县（区）

覆盖率达到90%。提升职业病报告质量，职业病诊断机构报告率达到90%。初步建立职业病防治信息系统，实现部门间信息共享。

——劳动者健康权益得到保障。劳动者依法应参加工伤保险覆盖率达到80%以上，逐步实现工伤保险与基本医疗保险、大病保险、医疗救助、社会慈善、商业保险等有效衔接，切实减轻职业病病人负担。

三、主要任务

（一）强化源头治理。开展全国职业病危害调查，掌握产生职业病危害的用人单位基本情况，以及危害地区、行业、岗位、人群分布等基本信息。建立职业病危害严重的落后工艺、材料和设备淘汰、限制名录管理制度，推广有利于保护劳动者健康的新技术、新工艺、新设备和新材料。以职业性尘肺病、化学中毒为重点，在矿山、有色金属、冶金、建材等行业领域开展专项治理。严格源头控制，引导职业病危害严重的用人单位进行技术改造和转型升级。开展职业病危害治理帮扶行动，探索设立中小微型用人单位职业病防治公益性指导援助平台。加强对新发职业病危害的研究识别、评价与控制。

（二）落实用人单位主体责任。督促职业病危害严重的用人单位建立防治管理责任制，健全岗位责任体系，做到责任到位、投入到位、监管到位、防护到位、应急救援到位。推动企业依法设立职业卫生管理机构，配备专（兼）职管理人员和技术人员。通过经验推广、示范创建等方式，引导用人单位发挥主体作用，自主履行法定义务。帮助用人单位有针对性地开展职业卫生培训，提高主要负责人、管理人员和劳动者的职业病危害防护意识。督促用人单位落实建设项目职业病防护设施“三同时”（同时设计、同时施工、同时投入生产和使用）制度，加强对危害预评价、防护设施控制效果评价和竣工验收等环节的管理。改善作业环境，做好工作场所危害因素申报、日常监测、定期检测和个体防护用品管理等工作，严格执行工作场所职业病危害因素检测结果和防护措施公告制度，在产生严重危害的作业岗位设置警示标志和说明。指导用人单位建立完善职业健康监护制度，组织劳动者开展职业健康检查，配合开展职业病诊断与鉴定等工作。

（三）加大职业卫生监管执法力度。加强职业卫生监管网络建设，逐步健全监管执法队伍。大力提升基层监管水平，重点加强县、乡级职业卫生监管执法能力和装备建设。依法履行监管职责，督促用人单位加强对农民工、劳务派遣人员等职业病危害高风险人群的职业健康管理。扩大监督检查覆盖范围，加大对重点行业、重点企业、存在职业病危害的建设项目以及职业卫生技术服务机构、职业病诊断机构和职业健康检查机构的监督检查力度，开展职业卫生服务监督检查行动，严肃查处违法违规行为。对职业病危害严重、改造后仍无法达标的用人单位，严格依法责令停止产生职业病危害的作业，或者依照法定程序责令停建、关闭。建立用人单位和职业卫生技术服务机构“黑名单”制度，定期向社会公布并通报有关部门。注重发挥行业组织在职业卫生监管中的作用。

（四）提升防治服务水平。完善职业病防治服务网络，按照区域覆盖、合理配置的原则，加强基础设施建设，明确职业病防治机构的布局、规模、功能和数量。根据职责定位，充分发挥好各类疾病预防控制机构、职业病防治院所、综合性医院和专科医院职业病科在职业健康检查及职业病诊断、监测、评价、风险评估等方面的作用，健全分工协作、上下联动的工作机制。推动职业卫生工作重心下沉，逐步引导基层医疗卫生机构参与职业健康管理和健康促进工作。以农民工尘肺病为切入点，简化职业病诊断程序，优化服务流程，提高服务质量。加大投入力度，提升职业中毒和核辐射应急救治水平。充分调动社会力量的积极性，增加职业健康检查等服务供给，创新服务模式，满足劳动者和用人单位多层次、多样化的职业卫生服务需求。

（五）落实救助保障措施。规范用人单位劳动用工管理，依法签订劳动合同，督促用人单位在合同中明确劳动保护、劳动条件和职业病危害防护等内容。在重点行业中推行平等协商和签订劳动安全卫生专项集体合同制度，以非公有制企业为重点，督促劳动关系双方认真履行防治责任。督促用人单位按时足额缴纳工伤保险费，推行工伤保险费率与职业病危害程度挂钩浮动制度。做好工伤保险与基本医疗保险、大病保险、医疗救助、社会慈善、商业保险等有效衔接，及时让符合条件的职业病病人按规定享受大病保险待遇和纳入医疗救助范围，减轻病人医疗费用负担。将符合条件的尘肺病等职业病病人家庭及时纳入最低生活保障范围；对遭遇突发性、紧迫性、临时性基本生活困难的，按规定及时给予救助。

（六）推进防治信息化建设。改进职业病危害项目申报工作，建立统一、高效的职业卫生监督执法信息管理机制，推动执法工作公开透明。建立完善重点职业病与职业病危害因素监测、报告和管理网络。开展重点职业病监测和专项调查，持续、系统收集相关信息。规范职业病报告信息管理工作，提高上报信息的及时性、完整性和准确性。开展职业健康风险评估，掌握重点人群和重点行业发病特点、危害程度和发病趋势。加强部门间信息共享利用，及时交流用人单位职业病危害、劳动者职业健康和工伤保障等信息数据。将职业病防治纳入全民健康保障信息化工程，充分利用互联网、大数据、云计算等技术做好防治工作。

（七）开展宣传教育和健康促进。动员全社会参与，充分发挥主流媒体的权威性和新媒体的便捷性，广泛宣传职业病防治法律法规和相关标准，普及职业病危害防治知识。积极利用“职业病防治法宣传周”开展各种形式的宣传活动，提高宣传教育的针对性和实效性。督促用人单位重视工作场所的职业健康宣传教育工作。创新方式方法，开展健康促进试点，推动“健康企业”建设，营造有益于职业健康的环境。巩固健康教育成果，更新健康促进手段，及时应对产业转型、技术进步可能产生的职业健康新问题。

（八）加强科研及成果转化应用。鼓励和支持职业病防治基础性科研工作，推进发病机理研究，在重点人群和重点行业开展流行病学调查，开展早期职业健康损害、新发职业病危害因素和疾病负担等研究，为制定防治政策提供依据。重点攻关职业性尘肺病、化学中毒、噪声聋、放射性疾病等防治技术，以及粉尘、化学因素等快速检测技术。加快科技成果转化应用工作，推广以无毒代替有毒、低毒代替高毒等新技术、新工艺、新设备和新材料。加强国际合作，吸收、借鉴和推广国际先进科学技术和成功经验。

四、保障措施

（一）加强组织领导。各地区要高度重视职业病防治工作，将其纳入本地区国民经济和社会发展总体规划，健全职业病防治工作联席会议制度，加强统筹协调，多措并举，进一步提升职业病防治合力。完善职业病防治工作责任制，建立防治目标和责任考核制度，制订年度工作计划和实施方案，定期研究解决职业病防治中的重大问题。建立健全政府部门、用人单位和劳动者三方代表参与的职业病防治工作长效机制。

（二）落实部门责任。各有关部门要严格贯彻《中华人民共和国职业病防治法》，履行法定职责，加强协同配合，切实做好职业病防治工作。国家卫生计生委负责对职业病报告、职业健康检查、职业病诊断与鉴定、化学品毒性鉴定等工作进行监督管理，组织开展重点职业病监测、职业健康风险评估和专项调查，开展医疗卫生机构放射性职业病危害控制的监督管理。安全监管总局负责用人单位职业卫生监督检查工作，加强源头治理，负责建设项目职业病危害评价和职业卫生技术服务机构监管，调查处置职业卫生事件和事故，拟订高危粉尘作业、高毒和放射性作业等方面的行政法规，组织指导并监督检查用人单位职业卫生培训工作。中央宣传部负责组织新闻媒体做好职业病防治宣传、舆论引导和监督工作。国家发展改革委负责会同有关行业管理部门积极调整产业政策，限制和减少职业病危害严重的落后技术、工艺、设备和材料的使用，支持职业病防治机构的基础设施建设。科技部负责将职业病防治关键技术等研究纳入国家重点研究计划。工业和信息化部发挥行业管理职能作用，在行业规划、标准规范、技术改造、推动过剩产能退出、产业转型升级等方面统筹考虑职业病防治工作，促进企业提高职业病防治水平。民政部负责将用人单位不存在或无法确定劳动关系，且符合条件的职业病病人纳入医疗救助范围，将符合条件的职业病病人及其家庭纳入最低生活保障范围。财政部负责落实职业病防治的财政补助政策，保障职业病防治工作所需经费。人力资源社会保障部负责职业病病人的工伤保险待遇有关工作。国务院国资委配合有关部门督促指导中央企业依法开展职业病防治工作。全国总工会依法对职业病防治工作进行监督，参与职业病危害事故调查处理，反映劳动者职业健康方面的诉求，提出意见和建议，维护劳动者合法权益。

（三）加大经费投入。各地区要根据职业病防治形势，加大财政投入力度，合理安排防治工作所需经费，加强对任务完成情况和财政资金使用考核，提高资金使用效率。用人单位要根据实际情况，保障生产工艺技术改造、职业病危害预防和控制、工作场所检测评价、职业健康监护和职业卫生培训等费用。各地区要探索工伤保险基金在职业病预防、诊疗和康复中的作用，建立多元化的防治资金筹措机制，鼓励和引导社会资本投入职业病防治领域。

（四）健全法律法规和标准。进一步完善职业病防治法律法规。健全高危粉尘、高毒和医用辐射防护等特殊作业管理，以及职业病危害评价、职业健康检查、职业病诊断与鉴定等法律制度。制定职业病报告、职业健康管理等工作规范。完善重点职业病、职业性放射性疾病等监测和职业健康风险评估技术方案。健全用人单位职业病危害因素工程控制、个体职业防护、职业健康监护、职业病诊断等国家职业卫生标准和指南。

（五）加强人才队伍建设。各地区要强化职业病防治和技术服务专业队伍建设，重点加强疾病预防控制机构、职业病防治院所、综合性医院和专科医院职业病科等梯队建设，提高县、乡级职业卫生服务能力。探索建立注册职业卫生工程师制度。接触职业病危害因素劳动者多、危害程度严重的用人单位，要强化专（兼）职职业卫生技术人员储备。加大培训力度，重点加强对临床和公共卫生复合型人才的培养。

五、督导与评估

安全监管总局、国家卫生计生委要适时组织开展规划实施的督查和评价工作，2020 年组织规划实施的终期评估，结果报国务院。各地区要结合工作实际研究制定本地区职业病防治规划，明确阶段性目标和工作分工，加大督导检查力度，确保目标任务圆满完成。

17 国家安全监管总局办公厅关于印发《作业场所职业健康监督检查装备配备指导目录》的通知

安监总厅安健〔2009〕273 号

各省、自治区、直辖市及新疆生产建设兵团安全生产监督管理局：

为加强作业场所职业健康执法装备建设，提高各级安全监管部门职业健康监管执法能力和水平，推动作业场所职业健康监管执法工作有效开展，国家安全监管总局研究制定了《作业场所职业健康监督检查装备配备指导目录》。现印发给你们，供在配备职业健康监督检查装备时参考执行。

国家安全生产监督管理总局办公厅

2009 年 9 月 21 日

作业场所职业健康监督检查装备配备指导目录

装备类别	装备名称		性能要求/技术参数	配备数量	备注
职业健康防护用品	安全帽		Y 类，T1、T2、T3、T4 类	1 顶/人	如破损等失去防护性能及时更换
	防尘口罩		阻尘率 N95 以上	1 个/人	一次性用品，失效丢弃
	过滤式防毒面具		配备多个常见毒物滤毒盒	1 套/人	及时更换滤毒盒
	空气呼吸器		正压式	2 套	按规定维护
	防冲击眼护具		聚碳酸酯材料	1 付/人	
	便携式多气体复合式检测报警仪		能检测常见有毒气体，如氧气（O_2）、可燃气（LEL）、一氧化碳（CO）、一氧化氮（NO）、二氧化氮（NO_2）、氰化物（按 CN 计）、氯气（Cl_2）、硫化氢（H_2S）、磷化氢（pH）、氨（NH_3）、二氧化硫（SO_2）等	1 台/人	传感器使用寿命为 1~2 年
	工作服			2 套/人	
快速检测检验装备	粉尘	防爆型数字式测尘仪	0.001~400mg/m^3 TWA/STEL/MAX 值；响应粒径 0.1~10μm	2 台	
		粉尘采样器	2~30L/min，背压 7psi 仍可保持流量精度在±5%之内	2 台	

续表

装备类别	装备名称		性能要求/技术参数	配备数量	备注
快速检测检验装备	有毒气体	气体检测管	一氧化碳 10~200mg/m³，硫化氢 5~100mg/m³ 氨 5~100mg/m³，甲苯 50~1000mg/m³，二甲苯 50~1000mg/m³，二氧化硫 5~150mg/m³，氮氧化物 5~100mg/m³，汽油 50~1000mg/m³，液化气 0.01%~0.2%，氯气 1~30mg/m³，氯化氢 1~30mg/m³，二氧化碳 300~500ppm，臭氧 0.3~10mg/m³，磷化氢 10~200mg/m³，二硫化碳 105~400mg/m³，氟化氢 1~30mg/m³，甲醇 200~6000mg/m³，甲醛 1~35ppm，丙酮 400~10000mg/m³ 等	各 50 支	根据用量添补
		气体检测仪（电化学传感器）	氧气 0~30%，氢气 0~900ppm，一氧化碳 0~900ppm，硫化氢 0~500ppm，一氧化氮 0~200ppm，二氧化氮 0~90ppm，二氧化硫 0~90ppm，氯气 0~90ppm，氨气 0~200ppm，氰化氢 0~90ppm	各 1 台	传感器使用寿命为 1~2 年
		便携式气相色谱仪		1 台	
		便携红外光谱气体分析仪	快速定性定量分析，20s 内产生结果，防爆，150 种以上气体谱图	1 台	
		广用型气体采样器	定点/个体皆可，0~5L/min，防爆	5 台	
		皂膜流量校准器	1~250mL/min，20mL/min~6L/min，2~30L/min	2 套	
	噪声	声级计	符合 IEC61672 标准，35~135db（A）	1 台	
		个体噪声暴露仪	本质安全认证 ATEX/UL 等	2 台	
	微波	微波漏能检测仪	0~3mR/h，10mR/h，30mR/h，100mR/h，300mR/h，1000mR/h	1 台	
	低频场强	工频场强仪	30~2000Hz	1 台	
	高频场强	高频场强仪	20~30MHz	1 台	

续表

装备类别	装备名称		性能要求/技术参数	配备数量	备注
快速检测检验装备	超高频场强	超高频场强仪	1~2060MHz	1台	
	激光	激光测定仪		1台	
	照度	照度计	0~100lx，000lx	2台	
	黑球温度	WBGT 热指数仪	干球/湿球/黑球温度值，室内/室外 WBGT 值，符合 IEC61672 标准	1台	可扩展至三组传感器同时测量
	温湿度				
	辐射热				
	风速	风速仪	0~10m/s	2台	
	大气压	空盒气压表	800~1064hPa	1台	
	距离	激光测距仪	1~60m	2台	
调查取证数据处理设备	笔记本电脑			2台	
	摄像机		具备防爆性能	1台	
	照相机		具备防爆性能	2台	
	强光照明手电		具备防爆性能	1只/人	
	录音笔			2只	

18　国家安全监管总局　国家煤矿安监局
关于印发煤矿作业场所职业危害防治规定（试行）的通知

安监总煤调〔2010〕121号

各产煤省、自治区、直辖市及新疆生产建设兵团煤矿安全监管部门和煤炭行业管理部门，各省级煤矿安全监察机构，司法部直属煤矿管理局，有关中央企业：

为认真贯彻落实《国务院办公厅关于继续深入开展“安全生产年”活动的通知》（国办发〔2010〕15号）精神，进一步做好煤矿作业场所职业危害监管监察工作，落实煤矿企业职业危害防治主体责任，稳步推进煤矿职业健康工作，现将《煤矿作业场所职业危害防治规定（试行）》印发给你们，自2010年9月1日起施行。

国家安全生产监督管理总局
国家煤矿安全监察局
2010年7月22日

煤矿作业场所职业危害防治规定（试行）

一、总则

（一）为加强煤矿作业场所职业危害防治工作，保护煤矿从业人员的健康，依据《中华人民共和国安全生产法》《中华人民共和国煤炭法》《中华人民共和国矿山安全法》《中华人民共和国职业病防治法》《煤矿安全监察条例》等有关法律、行政法规，制定本规定。

（二）本规定适用于中华人民共和国领域内各类煤矿及其所属地面存在职业危害的作业场所。

（三）本规定煤矿职业危害（以下简称煤矿职业危害）主要指以下职业危害因素：

粉尘：煤尘、岩尘、水泥尘等；

化学物质：氮氧化物、碳氧化物、硫化氢等；

物理因素：噪声、高温等。

（四）煤矿作业场所职业危害防治坚持以人为本、预防为主、综合治理的方针。

（五）煤矿职业危害防治实行国家监察、地方监管、企业负责的制度，按照源头治理、科学防治、严格管理、依法监督的要求开展工作。煤矿安全监察机构依法负责煤矿职业危害防治的监察工作，地方各级人民政府煤矿安全生产监督管理部门（以下简称煤矿安全监管部门）负责煤矿职业危害防治的日常监督管理工作，煤矿企业是煤矿职业危害防治的责任主体。

二、煤矿职业危害防治管理

（六）煤矿企业法定代表人是本单位职业危害防治工作的第一责任人。

（七）煤矿企业应建立健全职业危害防治领导机构，负责制订职业危害防治规划、年度计划和机构设置、职责分工、经费落实等工作，加强对职业危害防治工作的领导。

（八）煤矿企业应建立健全职业危害防治管理机构，配备专职管理人员，负责职业危害防治日常管理工作。

（九）煤矿企业应建立职业危害防治院所，负责企业职业危害因素监（检）测与评价、职业健康监护、职业病诊断治疗康复等工作；不具备建立条件的，必须委托职业卫生技术服务机构为其提供职业危害防治技术服务。

（十）煤矿企业应建立健全下列职业危害防治制度：

1. 职业危害防治责任制度；

2. 职业危害防治计划和实施方案；

3. 职业危害告知制度；

4. 职业危害防治宣传教育培训制度；

5. 职业危害防护设施管理制度；

6. 从业人员防护用品配备发放和使用管理制度；

7. 职业危害日常监测管理制度；

8. 职业健康监护管理制度；

9. 职业危害申报制度；

10. 职业病诊断鉴定及治疗康复制度；

11. 职业危害防治经费保障及使用管理制度；

12. 职业卫生档案与职业健康监护档案管理制度；

13. 职业危害事故应急救援预案；

14. 法律、法规、规章规定的其他职业危害防治制度。

（十一）煤矿企业应将煤矿建设项目职业危害防治专篇、职业危害预评价报告、职业危害控制效果评价报告、职业危害防护设施验收批复文件及时报送建设项目所在地煤矿安全监管部门和驻地煤矿安全监察机构。

（十二）煤矿企业应指定专职或兼职职业危害因素监测人员，配备足够的监测仪器设备，按照有关规定对作业场所职业危害因素进行日常监测。监测人员按特种作业人员管理，持特种作业操作资格证上岗。

（十三）煤矿企业应委托具有资质的职业卫生技术服务机构，每年对作业场所职业危害因素进行一次检测评价，并将其结果报告所在地煤矿安全监管部门和驻地煤矿安全监察机构，同时向从业人员公布。

（十四）煤矿企业要积极依靠科技进步，应用有利于职业危害防治和保护从业人员健康的新技术、新工艺、新材料、新产品，坚决限制、逐步淘汰职业危害严重的技术、工艺、材料和产品。

（十五）煤矿企业要通过优化生产布局和工艺流程，使有害作业和无害作业分开，尽可能减少接触职业危害的人数和接触时间。

（十六）煤矿企业应按照《煤矿职业安全卫生个体防护用品配备标准》（AQ 1501）规

定，为接触职业危害的从业人员提供符合要求的个体防护用品，并指导和督促其正确使用。

（十七）煤矿企业应强化劳动用工管理，切实履行告知义务，与从业人员订立劳动合同时，应将作业过程中可能产生的职业危害及其后果、防护措施和相关待遇等如实告知从业人员，并在劳动合同中载明。

（十八）煤矿企业应在醒目位置设置公告栏，公布职业危害防治的规章制度、操作规程和作业场所职业危害因素检测结果；对产生严重职业危害的作业岗位，应在醒目位置设置警示标识和说明。

（十九）煤矿企业主要负责人、管理人员应接受职业危害防治知识培训。

煤矿企业应对从业人员进行上岗前、在岗期间的职业危害防治知识培训，上岗前培训时间不少于4学时，在岗期间培训时间每年不少于2学时。

（二十）对接触职业危害的从业人员，煤矿企业应按照国家有关规定组织上岗前、在岗期间和离岗时的职业健康检查和医学随访，并将检查结果如实告知从业人员。职业健康检查费用由煤矿企业承担。

（二十一）接触职业危害作业人员的职业健康检查周期应当按照下表执行：

<table>
<tr><th>接触有害物质</th><th>体检对象</th><th>检查周期</th></tr>
<tr><td rowspan="2">煤尘（以煤尘为主）</td><td>在岗人员</td><td>2年1次</td></tr>
<tr><td>观察对象、Ⅰ期煤工尘肺患者</td><td rowspan="4">每年1次</td></tr>
<tr><td>岩尘（以岩尘为主）</td><td>在岗人员、观察对象、Ⅰ期矽肺患者</td></tr>
<tr><td>噪声</td><td>在岗人员</td></tr>
<tr><td>高温</td><td>在岗人员</td></tr>
<tr><td>化学毒物</td><td>在岗人员</td><td>根据所接触的化学毒物确定检查周期</td></tr>
<tr><td colspan="3">接触职业危害作业退休人员的职业健康检查周期按照有关规定执行</td></tr>
</table>

（二十二）煤矿企业应为从业人员建立职业健康监护档案，并按照规定的期限妥善保存。从业人员离开煤矿企业时，有权索取本人职业健康监护档案复印件，煤矿企业应如实、无偿提供，并在所提供的复印件上签章。

（二十三）职业健康检查和职业病诊断工作应由具有资质的职业卫生技术服务机构承担。对已确诊的职业病人，应及时进行伤残度等级鉴定，并按照有关规定进行工伤赔偿。

（二十四）煤矿企业应提供足够的职业危害防治专项经费，确保专款专用。该项费用在财政部、国家发展改革委、国家煤矿安监局联合印发的《煤炭生产安全费用提取和使用管理办法》（财建〔2004〕119号）第六条第十项“其他与安全生产直接相关的费用”中列支。

（二十五）煤矿企业发生职业危害事故后，应及时向所在地煤矿安全监管部门和驻地煤矿安全监察机构报告，并采取有效措施，控制或者消除职业危害因素，防止事故扩大。对遭受职业危害损害的从业人员，要及时组织救治，并承担所需费用。

煤矿企业不得迟报、漏报、谎报或者瞒报煤矿职业危害事故。

三、煤矿职业危害申报

（二十六）煤矿企业应及时、如实向驻地煤矿安全监察机构申报职业危害，同时抄报所在地煤矿安全监管部门，并接受煤矿安全监察机构和煤矿安全监管部门的监督管理。

（二十七）煤矿安全监察分局应每年将煤矿企业职业危害申报结果进行汇总并上报省级煤矿安全监察机构。省级煤矿安全监察机构将年度职业危害申报结果汇总后，及时上报国家煤矿安全监察局。

（二十八）煤矿职业危害因素种类按照卫生部印发的《职业病危害因素分类目录》确定。

（二十九）煤矿企业申报职业危害时应提交《煤矿作业场所职业危害申报表》及下列有关材料：

1. 煤矿企业的基本情况；

2. 煤矿职业危害因素的种类、浓度或强度情况；

3. 煤矿作业场所接触职业危害因素的人数及分布情况；

4. 职业危害防护设施及个体防护用品的配备情况；

5. 法律、法规和规章规定的其他资料。

（三十）煤矿职业危害申报采取电子报表和纸质文本两种方式。纸制《煤矿作业场所职业危害申报表》（详见附表）应加盖公章并由煤矿企业主要负责人签字后，连同有关资料一并上报。

（三十一）职业危害申报以煤矿为单位，每年申报一次，煤矿企业应于每年3月31日前完成上一年度申报工作。

（三十二）煤矿企业发生以下重大变化的，应按照下述规定向原申报机关申报变更：

1. 进行新建、改建、扩建、技术改造或者技术引进的，在建设项目竣工验收之日起30日内进行申报；

2. 因技术、工艺或者材料发生变化导致原申报的职业危害因素及其相关内容发生重大变化的，在技术、工艺或者材料变化之日起15日内进行申报；

3. 煤矿企业名称、法定代表人或者主要负责人发生变化的，在发生变化之日起15日内进行申报。

（三十三）煤矿职业危害申报不得收取任何费用。

（三十四）煤矿安全监察机构和煤矿安全监管部门及其工作人员应当对煤矿企业职业危害申报材料中涉及的商业和技术等秘密保密。违反有关保密义务的，应当承担相应的法律责任。

四、煤矿粉尘危害防治

（三十五）煤矿作业场所粉尘接触浓度管理限值判定标准如下：

粉尘种类	游离 SiO_2 含量（%）	呼吸性粉尘浓度（mg/m^3）
煤尘	≤5	5.0
岩尘	5~10	2.5
	10~30	1.0
	30~50	0.5
	≥50	0.2
水泥尘	<10	1.5

（三十六）粉尘监测采样点的选择和布置要求如下：

类别	生产工艺	测尘点布置
回采工作面	采煤机落煤、工作面多工序同时作业	回风侧 10~15m 处
	司机操作采煤机、液压支架工移架、回柱放顶移刮板输送机、司机操作刨煤机、工作面爆破处	在工人作业的地点
	风镐、手工落煤及人工攉煤、工作面顺槽钻机钻孔、煤电钻打眼、薄煤层刨煤机落煤	在回风侧 3~5m 处
掘进工作面	掘进机作业、机械装岩、人工装岩、刷帮、挑顶、拉底	距作业地点回风侧 4~5m 处
	掘进机司机操作掘进机、砌碹、切割联络眼、工作面爆破作业	在工人作业地点
	风钻、电煤钻打眼、打眼与装岩机同时作业	距作业地点 3~5m 处巷道中部
锚喷	打眼、打锚杆、喷浆、搅拌上料、装卸料	距作业地点回风侧 5~10m 处
转载点	刮板输送机作业、带式输送机作业、装煤（岩）点及翻罐笼	回风侧 5~10m 处
	翻罐笼司机和放煤工人作业、人工装卸料	作业人员作业地点
井下其他场所	地质刻槽、维修巷道	作业人员回风侧 3~5m 处
	材料库、配电室、水泵房、机修硐室等处工人作业	作业人员活动范围内

续表

类别	生产工艺	测尘点布置
露天煤矿	钻机穿孔、电铲作业	下风侧3~5m处
	钻机司机操作钻机、电铲司机操作电铲	司机室内
地面作业场所	地面煤仓等处进行生产作业	作业人员活动范围内

（三十七）呼吸性粉尘浓度监测应在正常生产时段进行，呼吸性粉尘可采用定点或个体方法进行。监测周期如下：

监测种类	监测地点	监测周期
工班个体呼吸性粉尘	采、掘（剥）工作面	3个月1次
	其他地点	6个月1次
定点呼吸性粉尘		1个月1次
粉尘分散度		6个月1次
游离二氧化硅含量		6个月1次

（三十八）粉尘监测人员及设备配备要求如下：

测尘点数量	测尘人员数量	测尘仪器数量
<20	≥1人	≥2台
20~40	≥2人	≥4台
40~60	≥3人	≥6台
>60	≥4人	≥8台
露天煤矿和地面工厂	≥2人	≥4台

（三十九）矿井必须建立完善的防尘洒水系统。永久性防尘水池容量不得小于200m^3，且贮水量不得小于井下连续2小时的用水量，并设有备用水池，其贮水量不得小于永久性防尘水池的一半。防尘管路应铺设到所有可能产生粉尘和沉积粉尘的地点，管道的规格应保证各用水点的水压能满足降尘需要，且必须安装水质过滤装置，保证水质清洁。

（四十）掘进井巷和硐室时，必须采用湿式钻眼，冲洗井壁巷帮，使用水炮泥，爆破过程中采用高压喷雾（喷雾压力不低于8MPa）或压气喷雾降尘、装岩（煤）洒水和净化风流等综合防尘措施。

（四十一）在煤、岩层中钻孔，应采取湿式作业。煤（岩）与瓦斯突出煤层或软煤层中瓦斯抽放钻孔难以采取湿式钻孔时，可采取干式钻孔，但必须采取捕尘、降尘措施，其降尘效率不得低于95%，并确保捕尘、降尘装置能在瓦斯浓度高于1%的条件下安全运行。

（四十二）炮采工作面应采取湿式钻眼法，使用水炮泥；爆破前、后应冲洗煤壁，爆破时应采用高压喷雾（喷雾压力不低于8MPa）或压气喷雾降尘，出煤时应当洒水降尘。

（四十三）采煤机必须安装内、外喷雾装置，内喷雾压力不得低于2MPa，外喷雾压力不得低于4MPa，如果内喷雾装置不能正常使用，外喷雾压力不得低于8MPa。无水或喷雾装置不能正常使用时，必须停机；液压支架必须安装自动喷雾降尘装置，实现降柱、移架同步喷雾；破碎机必须安装防尘罩，并加装喷雾装置或用除尘器抽尘净化。放顶煤采煤工作面的放煤口，必须安装高压喷雾装置（喷雾压力不低于8MPa）。掘进机掘进作业时，应使用内、外喷雾装置和除尘器构成的综合防尘系统，并对掘进头含尘气流进行有效控制。

（四十四）采掘工作面回风巷应安设至少2道自动控制风流净化水幕。

（四十五）井下煤仓放煤口、溜煤眼放煤口以及地面带式输送机走廊，都必须安设喷雾装置或除尘器，作业时进行喷雾降尘或用除尘器除尘。其中煤仓放煤口、溜煤眼放煤口采用喷雾降尘时，喷雾压力不得低于8MPa。

（四十六）预先湿润煤体。煤层注水过程中应当对注水流量、注水量及压力等参数进行监测和控制，单孔注水总量应使该钻孔预湿煤体的平均水分含量增量不得低于1.5%，封孔深度应保证注水过程中煤壁及钻孔不漏水或跑水。在厚煤层分层开采时，应采取在上一分层的采空区内灌水，对下一分层的煤体进行湿润。

（四十七）锚喷支护防尘。打锚杆眼应实施湿式钻孔。锚喷支护作业时，沙石混合料颗粒的粒径不得超过15mm，且应在下井前洒水预湿。距离锚喷作业点下风流方向100m内，应设置2道以上风流净化水幕，且喷射混凝土时工作地点应采用除尘器抽尘净化。

（四十八）转载及运输防尘。转载点落差应小于0.5m，若超过0.5m，必须安装溜槽或导向板。各转载点应实施喷雾降尘（喷雾压力应大于0.7MPa）或采用密闭尘源除尘器抽尘净化措施。在装煤点下风侧20m内，必须设置一道风流净化水幕。运输巷道内应设置自动控制风流净化水幕。

（四十九）露天煤矿钻孔作业时，应采取湿式钻孔；破碎作业时应采取密闭、通风除尘措施；应加强对钻机、电铲、汽车等司机操作室的防护；电铲装车前，应对煤（岩）洒水，卸煤时应设喷雾装置；运输路面应经常洒水，加强维护，保持路面平整。

五、煤矿噪声危害防治

（五十）煤矿作业场所噪声危害判定标准：煤矿作业场所从业人员每天连续接触噪声时间达到或者超过8小时的，噪声声级限值为85dB（A）；每天接触噪声时间不足8小时的，可根据实际接触噪声的时间，按照接触噪声时间减半、噪声声级限值增加3 dB（A）的原则确定其声级限值，最高不得超过115 dB（A）。

（五十一）煤矿作业场所噪声每年至少监测1次。

（五十二）煤矿作业场所噪声的监测地点主要包括：露天煤矿的挖掘机、穿孔机、矿用汽车、带式输送机、排土机和爆破作业等地点；井工矿的风动凿岩机、风镐、局部通风机、煤电钻、乳化液机、采煤机、掘进机、带式输送机、运输车等地点。在每个监测地点选择3

个测点，取平均值。

（五十三）井工矿在通风机房室内墙壁、屋面敷设吸声体；在压风机房设备进气口安装消声器，室内表面做吸声处理；对主井绞车房内表面进行吸声处理，局部设置隔声屏；在巷道掘进中应使用液动凿岩机或凿岩台车；在采煤工作面应使用双边链条刮板输送机等措施控制噪声。

（五十四）露天煤矿应及时对机械设备进行维护、检修，避免机械部件松动，并采取对驾驶室进行密闭隔音处理等措施，控制露天煤矿噪声。

六、煤矿高温危害防治

（五十五）煤矿生产矿井采掘工作面的空气温度不得超过26℃，机电设备硐室的空气温度不得超过30℃；当空气温度超过上述要求时，必须缩短超温地点工作人员的工作时间，并给予高温保健待遇。采掘工作面的空气温度超过30℃、机电设备硐室的空气温度超过34℃时，必须停止作业。

（五十六）进行高温监测时，作业场所无生产性热源的，选择3个测点，取平均值；存在生产性热源的，选择3~5个测点，取平均值。作业场所被隔离为不同热源环境或通风环境的，每个区域内设置2个测点，取平均值。

（五十七）常年从事高温作业的，选择在夏季最热月测量；不定期接触高温作业的，选择在工期内最热月测量；作业环境热源稳定时，每天测3次，工作班开始后及结束前0.5h分别测1次，工作班中间测1次，取平均值。

（五十八）应当实行通风降温，采取减少风阻、防止漏风、增加风机能力、加强通风管理等措施保证风量，并采用分区式开拓方式缩短入风线路长度，降低到达工作面风流的温度。

（五十九）局部热害严重的工作面应采用移动式制冷机组进行局部降温；非空调措施无法达到作业环境标准温度的，应采用空调降温。

（六十）露天煤矿应尽量采用机械化作业，减少高温和热辐射的影响；合理调整作业时间，避开日照最强烈的时段作业。

七、煤矿职业中毒防治

（六十一）煤矿作业场所主要化学毒物浓度限值如下：

化学毒物名称	最高允许浓度（%）
一氧化碳 CO	0.0024
氧化氮（换算成二氧化氮 NO_2）	0.00025
二氧化碳 CO_2	0.5
硫化氢 H_2S	0.00066

（六十二）化学毒物监测时应选择有代表性的作业地点，其中应包括空气中有害物质浓度最高、作业人员接触时间最长的作业地点。采样应在正常生产状态下进行。在不影响作

业人员工作的情况下，采样点要尽可能靠近作业人员，空气收集器尽量接近作业人员工作时的呼吸带。

（六十三）氮氧化物至少每3个月监测1次、硫化氢至少每月监测1次、碳氧化物至少每3个月监测1次，煤层有自燃倾向的，根据需要随时监测。

（六十四）加强矿井通风，采用通风的方法将各种有害气体浓度稀释到《煤矿安全规程》规定的标准以下；加强个体防护，佩戴合格的个体防护用品。

（六十五）工作面采空区应及时予以封闭，设立警示牌，需要进入时，必须首先进行有害气体检查，确认安全后方可进入；需要进入闲置时间较长的巷道进行作业的，必须先通风、后作业。盲道或废弃巷道应及时予以密闭或用栅栏隔断，并设立警示牌。

（六十六）煤矿井下实施爆破后，为防止氮氧化物中毒，局部通风机风筒出风口距工作面的距离不得大于5m，加强通风增加工作面的风量，及时排除炮烟。人员进入工作面进行作业前，必须把工作面的炮烟吹散稀释，并在工作面洒水。爆破时，人员必须撤到新鲜风流中，并在回风侧挂警戒牌。

八、职业卫生技术服务机构管理

（六十七）为煤矿企业提供服务的职业卫生技术服务机构，必须在省级煤矿安全监察机构备案，在资质许可范围内开展工作。

（六十八）为煤矿企业提供服务的职业卫生技术服务机构的入井人员，应当经煤矿安全培训机构培训合格后方可上岗。凡纳入安全标志管理目录、进入井下检测的仪器设备，必须有煤矿矿用产品安全标志（MA）。

（六十九）职业卫生技术服务机构应当依法依规、客观、真实、准确地开展检测、评价工作，并对其检测、评价结果负责。

九、监督检查

（七十）地方各级煤矿安全监管部门是本地区煤矿职业危害防治的日常监督管理机构。

1. 对本地区煤矿职业危害防治工作进行日常性的监督检查；
2. 对煤矿企业违反职业危害防治法律法规的行为依法进行现场处理或实施行政处罚；
3. 对煤矿职业危害防治措施的实施情况进行监督检查；
4. 负责组织煤矿职业危害专项整治；
5. 参与煤矿职业危害事故调查处理。

（七十一）各级煤矿安全监察机构对煤矿职业危害防治工作依法履行国家监察职能。

1. 对煤矿职业危害防治工作实施专项监察；
2. 对煤矿企业违反职业危害防治法律法规的行为依法进行现场处理或实施行政处罚；
3. 依法组织查处煤矿职业危害事故和有关违法、违规行为；
4. 负责煤矿职业卫生安全许可证的颁发管理工作；
5. 组织指导、监督检查煤矿职业危害防治知识培训工作；
6. 负责煤矿作业场所职业危害申报管理工作；
7. 监督检查地方政府煤矿安全监管部门的职业危害日常监督管理工作。

（七十二）省级煤矿安全监察机构应当做好职业卫生技术服务机构备案管理工作，发现存在违法违规行为的，取消备案。

十、煤矿职业危害事故认定与处理

（七十三）煤矿职业危害事故按所造成危害的严重程度，分为一般职业危害事故、较大职业危害事故、重大职业危害事故和特别重大职业危害事故四类。

1. 一般职业危害事故，是指发生急性职业中毒 10 人以下或者急性职业中毒死亡 3 人以下；

2. 较大职业危害事故，是指发生急性职业中毒 10 人以上 50 人以下或者急性职业中毒死亡 3 人以上 10 人以下；

3. 重大职业危害事故，是指发生急性职业中毒 50 人以上 100 人以下或者急性职业中毒死亡 10 人以上 30 人以下；

4. 特别重大职业危害事故，是指发生急性职业中毒 100 人以上或者急性职业中毒死亡 30 人以上。

（七十四）为加强煤矿作业场所粉尘危害防治工作，呼吸性粉尘浓度超过接触浓度管理限值 10 倍以上 20 倍以下且未采取有效治理措施的，比照一般事故进行调查处理；呼吸性粉尘浓度超过接触浓度管理限值 20 倍以上且未采取有效治理措施的，比照较大事故进行调查处理。

（七十五）煤矿职业危害事故调查处理程序和权限按照《生产安全事故报告和调查处理条例》《煤矿生产安全事故报告和调查处理规定》（安监总政法〔2008〕212 号）执行。

十一、附则

（七十六）本规定所称的“以上”包括本数，所称的“以下”不包括本数。

（七十七）本规定下列用语的含义：

煤矿作业场所，是指煤矿作业人员进行职业活动的所有地点，包括建设项目施工场所。

职业危害，是指从业人员在从事职业活动中，由于接触粉尘、毒物等有害因素而对身体健康所造成的各种损害。

煤矿职业危害事故，是指煤矿从业人员在生产过程中，由于有毒有害物质等职业危害因素，造成伤亡、重大社会影响的事故。

所属地面作业场所：是指地面与煤矿生产和安全直接相关的作业场所，具体包括为煤矿采煤、掘进、机电、运输、通风与安全服务的地面材料加工、原料供应、生产控制、机电维修、运输等作业场所。

（七十八）本规定中未涉及的其他职业危害因素按照有关规定执行。

（七十九）本规定自 2010 年 9 月 1 日起施行。

附表

煤矿作业场所职业危害申报表

一、申报单位基本情况

煤矿名称			
煤矿通信地址		邮政编码	
安全生产许可证编号		矿井类型	□井工矿 □露天矿
法定代表人		联系电话	
经济类型		采煤工艺	□炮采 □高档普采 □综采
建井日期		投产日期	
设计能力（万吨/年）		职业危害防治经费投入情况（万元）	
申报类别	□初次申报	□变更申报	
负责职业卫生管理机构名称		从事职业卫生管理人员数量	
职业卫生管理机构负责人		联系电话	

填表人： 审核人： 签发人： 申报日期： 年 月 日

二、申报煤矿作业场所存在的主要职业危害

煤矿名称：

序号	职业危害因素名称	作业场所	接触职业危害因素人数	浓（强）度	工程防护设施		个体防护用品	
					有（名称）	无	有（名称）	无

填表人：　　　审核人：　　　签发人：　　　申报日期：　　年　月　日

三、职业危害因素检测、职业健康体检及职业病情况

煤矿名称：

在岗职工总数：__________，其中农民工数：__________。

接触职业危害人员总数：__________。

其中接触粉尘人数__________；接触噪声人数__________；

接触高温人数__________；接触化学毒物人数__________。

粉尘监测情况

应测点数	实测点数	合格点数	平均值	范围

职业健康体检情况

应体检人数	实际体检人数	其中离退休实际体检人数

本年度新发职业病例数：__________。

本年度新发尘肺病例数：__________，其中Ⅰ期__________例；

Ⅱ期__________例；Ⅲ期__________例。

累计发生职业病例数：____________。 累计发生尘肺病例数：____________，其中Ⅰ期____________例； Ⅱ期____________例；Ⅲ期____________例。
本年度死亡职业病例数：____________。 本年度死亡尘肺病例数：____________，其中Ⅰ期____________例； Ⅱ期____________例；Ⅲ期____________例。
累计死亡职业病例数：____________。 累计死亡尘肺病例数：____________，其中Ⅰ期____________例； Ⅱ期____________例；Ⅲ期____________例。

填表人：　　　审核人：　　　签发人：　　　申报日期：　　年　月　日

填报说明

1. 法定代表人：不具备法人资格的企业、个体经济组织等用人单位，填写单位负责人。

2. 经济类型：按国家统计局2002年3月颁发的“关于统计上划分经济成分的规定”将不同经济类型的企业划分成国有企业、集体企业、私有企业、港澳台企业、外商企业。

3. 申报类别：除了申报管理办法第八条规定的变更申报之外，均为初次申报。

4. 职业危害防治经费投入情况（万元）：指申报年度内煤矿用于职业危害预防控制的费用总和，主要包括防护投入、宣传教育培训投入、职业危害检测与评价投入、职业健康体检投入等。

5. 负责职业卫生管理机构名称：填写具体负责煤矿企业职业卫生管理部门的名称

6. 从事职业卫生管理人员数：是指负责职业卫生管理机构中从事职业卫生管理业务的人员数量。

7. 职业危害因素名称：按照《职业病危害因素分类目录》确定。

8. 浓（强）度：填写具有资质的技术服务机构出具的本年度检测结果。

9. 在岗职工总数：是指本年度末在煤矿企业工作并取得劳动报酬或净收入的从业人员的总数，包括各种不同用工形式的所有在岗人员。

10. 农民工数：是指煤矿企业使用的农民工数量，没有则不填写。

11. 接触职业危害人数：是指接触各类职业危害因素的人数，应包括各种不同用工形式的所有人员。如果一个工人接触多种职业危害因素，只统计一次，不重复计算。

12. 应测点数：是指按照职业病有关的法规规定的布点原则而确定的应测的粉尘监测点数。

13. 实测点数：是应测点中本年度实际进行监测的点数。

14. 合格点数：实际监测的粉尘测点中粉尘浓度达到国家职业卫生标准要求的监测点数。

15. 粉尘浓度范围：填写本年度所有实测点粉尘浓度的最大、最小值。

16. 年度粉尘浓度平均值：填写本年度所有实测点粉尘浓度的几何均值。

17. 应体检人数：是指对接触粉尘人员按照职业健康监护规范要求当年应该进行职业健康检查的人数。

18. 实际体检人数：是指对接触粉尘人员当年实际进行职业健康检查的人数。

19. 本年度新发职业病例数：是指本年度经职业病诊断机构确诊的职业病人数。

20. 累计职业病例数：是指该煤矿企业上年年底累计的职业病病例数与本年度确诊的职业病例数之和。

21. 本年度死亡职业病例数：是指本年度职业病人死亡的人数，不论死亡原因如何。

22. 累计死亡职业病例数：为上年度累计死亡职业病人数与本年度死亡的职业病人数之和。

19　国家安全监管总局关于做好职业卫生检测评价技术服务机构资质认定和监督管理工作的通知

安监总安健〔2011〕79号

各省、自治区、直辖市及新疆生产建设兵团安全生产监督管理局：

根据中央编办《关于职业卫生监管部门职责分工的通知》（中央编办发〔2010〕104号）和卫生部、国家安全监管总局《公告》（2010年第21号）精神，为做好职业卫生检测、评价技术服务机构资质认定和监督管理工作，现就有关事项通知如下：

一、为保证职业卫生检测、评价技术服务机构资质认定和监督管理工作的平稳过渡，目前仍按照《职业卫生技术服务机构管理办法》（卫生部令第31号）对职业卫生检测、评价技术服务机构开展资质认定和监督管理工作。同时，国家安全监管总局将根据职业卫生检测、评价技术服务机构资质认定和监督管理工作的需要，适时制定出台相关管理办法。

二、职业卫生检测、评价技术服务机构的资质认定、年检和续展工作，除执行上述原则外，继续参照卫生部《职业卫生技术服务机构资质审定工作程序》《职业卫生技术服务机构资质审定条件》及《建设项目职业病危害评价机构资质（甲级）审定条件》（卫监督发〔2005〕318号）办理相关事宜。参与职业卫生技术服务机构资质审定的专家，原则上仍从卫生部门建立的专家库名单中按比例抽取，并适当吸纳相关行业工程技术类专家。

三、国家安全监管总局对卫生部原批准的建设项目职业病危害评价甲级资质机构，依法依规进行年检、资质续展和监督管理。2011年度需要申请建设项目职业病危害评价机构资质（甲级）的，请于2011年7月11至22日期间按要求向国家安全监管总局职业健康司提交申请（评价甲级机构资质申请、续展等有关表格详见附件，表格的电子版本可在国家安全监管总局政府网站职业健康司子站下载）。

四、负有职业卫生技术服务机构资质认定职责的省级安全监管部门，应先暂停新申请职业卫生检测、评价（乙级）技术服务机构的审批，并按照本通知要求，对原有职业卫生检测、评价（乙级）技术服务机构进行年检、资质续展和监督管理。尚未划转职业卫生技术服务机构资质认定职责的省级安全监管部门，要按照《作业场所职业健康监督管理暂行规定》（国家安全监管总局令第23号）的要求，采取切实有效的措施，落实职业卫生检测、评价技术服务机构登记备案制度。

五、要加强对职业卫生检测、评价技术服务机构的监督检查。负有职业卫生技术服务机构资质认定职责的省级安全监管部门要制订年度监督检查计划，明确检查的内容和要求，严肃查处无资质或超出资质范围从事职业卫生技术服务、转借资质、出具虚假证明等违法违规行为。尚未划转职业卫生技术服务机构资质认定职责的省级安全监管部门，在履行职业卫生监管职责过程中，如发现职业卫生技术服务机构存在违法违规行为，要及时通报卫生行政部门，并向国家安全监管总局报告。

附件：1. 职业卫生技术服务机构资质申请表

2. 职业卫生技术服务机构资质审定资料接收单

3. 职业卫生技术服务机构资质续展申请表

国家安全生产监督管理总局

2011年5月20日

附件 1

职业卫生技术服务机构资质申请表

申请单位：（公章）

法定代表人：

填表日期：

国家安全生产监督管理总局制

填 写 说 明

1. 本申请表由申请建设项目职业病危害评价甲级资质的机构填写后报国家安全生产监督管理总局。

2. 填写时，文字要简练，不得涂改，空格处以“无”字填写，并用 A4 纸打印。

3. 单位名称、地址等项目要填写全称，勿用简称。

4. “单位性质”一栏填写国有、集体、个体、中外合资、中外合作、外商独资。

5. “申请证书级别”一栏填“甲级”。

6. 呈报申请表时，须同时提交下列材料：

（1）申请单位简介；

（2）法人资格证明材料（复印件）；

（3）职业卫生技术服务质量管理体系文件；

（4）主要技术人员名单；

（5）实验室有关资料；

（6）相关仪器设备清单；

（7）曾经完成的相关工作总结报告等。

7. 本申请表一式两份。

职业卫生技术服务机构资质申请表

单位名称			
单位性质			
地　　址			
成立日期		注册经费	
法定代表人		职　　务	
联系人		职　　务	
电　　话		传　　真	
邮政编码		申请证书级别	
申请职业卫生技术服务项目			
申请单位法定代表人： （签字） 年　月　日		申请单位： （公章） 年　月　日	

附件 2

职业卫生技术服务机构资质审定资料接收单

<table>
<tr><td>申请单位名称</td><td colspan="3"></td></tr>
<tr><td>申请项目</td><td></td><td>申请级别</td><td></td></tr>
<tr><td>申请类别</td><td colspan="3">初次申请□ 年检□ 抽检□ 续展□</td></tr>
<tr><td>申请单位地址</td><td></td><td>邮　编</td><td></td></tr>
<tr><td>申请单位电话</td><td></td><td>联系人</td><td></td></tr>
<tr><td colspan="4">提交资料：
□ 1. 申请单位简介
□ 2. 法人资格证明材料（复印件）
□ 3. 职业卫生技术服务质量管理体系文件
□ 4. 主要技术人员名单
□ 5. 实验室有关资料
□ 6. 相关仪器设备清单
□ 7. 曾经完成的相关工作总结报告
□ 8. 承诺书
□ 9. 其他________________________________
________________________________</td></tr>
<tr><td colspan="4">申报者（签字）　　　　申报日期：　　年　月　　日</td></tr>
</table>

以下由受理单位填写：

<table>
<tr><td>经审核，申请单位提交资料与上述申报资料一致，予以接收。
申请表编号：(2011) 第____号
接收者（签字）：　　　　接收日期：　　年　月　　日（盖章）</td></tr>
</table>

注：1. 本表一式两份，受理单位和申报单位各执一份。

2. 申请单位凭本表查询资料受理情况和领取受理通知。

3. 根据有关规定，申请单位自申请之日起 5 个工作日后领取受理或未受理通知单。

附件 3

职业卫生技术服务机构资质续展申请表

申请单位：　　　　　　　　　　　　（公章）

法定代表人：

填表日期：

国家安全生产监督管理总局制

填 写 说 明

1. 本申请表由申请续展建设项目职业病危害评价甲级资质的机构填写后报国家安全生产监督管理总局。

2. 填写时，文字要简练，不得涂改，空格处以“无”字填写，并用A4纸打印。

3. 单位名称、地址等项目要填写全称，勿用简称。

4. “单位性质”一栏填写国有、集体、个体、中外合资、中外合作、外商独资等。

5. 呈报申请表时，须同时提交下列材料：

（1）《职业卫生技术服务机构资质证书》副本；

（2）职业卫生技术服务总结报告；

（3）现有专业技术人员名单；

（4）现有仪器设备清单；

（5）现行职业卫生技术服务质量管理文件。

6. 本申请表一式两份。

<table>
<tr><td>单位名称</td><td colspan="3"></td></tr>
<tr><td>单位性质</td><td colspan="3"></td></tr>
<tr><td>地　　址</td><td colspan="3"></td></tr>
<tr><td>法定代表人</td><td></td><td>联系人</td><td></td></tr>
<tr><td>联系电话</td><td></td><td>传　真</td><td></td></tr>
<tr><td>资质证书号</td><td colspan="3"></td></tr>
<tr><td>证书级别</td><td></td><td>有效期</td><td>____年____月至
____年____月</td></tr>
<tr><td>职业卫生技术
服务项目</td><td colspan="3"></td></tr>
<tr><td colspan="4">提交资料
□ 1. 《职业卫生技术服务机构资质证书》副本
□ 2. 职业卫生技术服务总结报告
□ 3. 现有专业技术人员名单
□ 4. 现有仪器设备清单
□ 5. 现行职业卫生技术服务质量管理文件
□ 6. 其他______________________________</td></tr>
<tr><td colspan="2">申请单位法定代表人：　　（签字）

年　月　日</td><td colspan="2">申请单位：　　（公章）

年　月　日</td></tr>
</table>

20　国家安全监管总局关于公布建设项目职业病危害风险分类管理目录（2012年版）的通知

安监总安健〔2012〕73号

各省、自治区、直辖市及新疆生产建设兵团安全生产监督管理局，各省级煤矿安全监察局，有关中央企业：

为加强建设项目职业卫生“三同时”的监督管理工作，根据《中华人民共和国职业病防治法》第十七条及《建设项目职业卫生“三同时”监督管理暂行办法》（国家安全监管总局令第51号）第六条的规定，国家安全监管总局组织编制了《建设项目职业病危害风险分类管理目录（2012年版）》（以下简称《目录》），现予公布，并就有关事项通知如下：

一、《目录》是指导安全生产监督管理部门实行建设项目职业卫生“三同时”分类监督管理的依据，各级安全生产监督管理部门应按照《建设项目职业卫生“三同时”监督管理暂行办法》和《目录》对建设项目职业卫生“三同时”工作实施监督管理，并指导建设单位和职业卫生技术服务机构开展建设项目职业病危害评价工作。

二、《目录》是在综合考虑《职业病危害因素分类目录》所列各类职业病危害因素及其可能产生的职业病和建设项目可能产生职业病危害的风险程度的基础上，按照《国民经济行业分类》（GB/T 4754—2011），对可能存在职业病危害的主要行业进行的分类。《目录》由国家安全监管总局定期修订公布。

在实际运用中，如果建设项目拟采用的原材料、主要生产工艺和产品等可能产生的职业病危害的风险程度，与其在《目录》中所列行业职业病危害的风险程度有明显区别的，建设单位和职业卫生技术服务机构可以通过职业病危害预评价作出综合判断，根据评价结果确定该建设项目职业病危害的风险类别。

三、各省级安全生产监督管理部门可以根据本地区建设项目职业卫生“三同时”工作的实际情况，对《目录》作出调整补充。

国家安全监管总局

2012年5月31日

建设项目职业病危害风险分类管理目录
（2012 年版）

序号	类别名称	严重	较重	一般
一	采矿业			
（一）	煤炭开采和洗选业			
1	烟煤和无烟煤开采洗选	√		
2	褐煤开采洗选	√		
3	其他煤采选	√		
（二）	石油和天然气开采业			
1	石油开采	√		
2	高含硫化氢气田开采	√		
3	其他天然气开采		√	
（三）	黑色金属矿采选业			
1	铁矿采选	√		
2	锰矿、铬矿采选	√		
3	其他黑色金属矿采选	√		
（四）	有色金属矿采选业			
1	常用有色金属矿采选	√		
2	贵金属矿采选	√		
3	稀有稀土金属矿采选	√		
（五）	非金属矿采选业			
1	土砂石开采	√		
2	化学矿开采	√		
3	采盐（井工开采）	√		
4	采盐（其他方式）		√	
5	石棉及其他非金属矿采选	√		
6	石英砂开采及加工	√		
（六）	其他采矿业		√	
二	制造业			

续表

序号	类别名称	严重	较重	一般
(一)	农副食品加工业			
1	谷物磨制		√	
2	饲料加工		√	
3	植物油加工			√
4	制糖业			√
5	屠宰及肉类加工		√	
(二)	食品制造业			√
(三)	酒制造业		√	
(四)	烟草制品业		√	
(五)	纺织业			
1	棉纺织及印染精加工		√	
2	毛纺织及染整精加工		√	
3	麻纺织及染整精加工		√	
4	丝绢纺织及印染精加工		√	
5	化纤织造及印染精加工		√	
7	家用纺织制成品制造			√
(六)	纺织服装、服饰业			√
(七)	皮革、毛皮、羽毛及其制品和制鞋业			
1	皮革鞣制加工	√		
2	皮革制品制造	√		
3	毛皮鞣制及制品加工	√		
4	羽毛(绒)加工及制品制造		√	
5	制鞋业	√		
(八)	木材加工和木制品业			
1	木材加工		√	
2	人造板制造	√		
3	木制品制造			√
(九)	家具制造业			
1	木质家具制造	√		

续表

序号	类别名称	严重	较重	一般
2	竹、藤家具制造		√	
3	金属家具制造		√	
（十）	造纸和纸制品业			
1	纸浆制造	√		
2	造纸		√	
3	纸制品制造			√
（十一）	印刷业		√	
（十二）	石油加工、炼焦和核燃料加工业			
1	精炼石油产品制造	√		
2	炼焦	√		
3	核燃料加工	√		
（十三）	化学原料和化学制品制造业			
1	基础化学原料制造	√		
2	肥料制造	√		
3	农药制造	√		
4	涂料、油墨、颜料及类似产品制造	√		
5	合成材料制造	√		
6	专用化学产品制造	√		
7	炸药、火工及焰火产品制造	√		
8	日用化学产品制造		√	
（十四）	医药制造业			
1	化学药品原料药制造	√		
2	化学药品制剂制造		√	
3	中药饮片加工		√	
4	中成药生产		√	
5	兽用药品制造		√	
6	生物药品制造		√	
7	卫生材料及医药用品制造			√
（十五）	化学纤维制造业			

续表

序号	类别名称	严重	较重	一般
1	纤维素纤维原料及纤维制造	√		
2	合成纤维制造	√		
（十六）	橡胶和塑料制品业			
1	橡胶制品业	√		
2	塑料制品业			√
（十七）	非金属矿物制品业			
1	水泥、石灰和石膏制造	√		
2	石膏、水泥制品及类似制品制造	√		
3	砖瓦、石材等建筑材料制造	√		
4	玻璃制造	√		
5	玻璃制品制造	√		
6	玻璃纤维和玻璃纤维增强塑料制品制造	√		
7	陶瓷制品制造	√		
8	耐火材料制品制造	√		
9	石墨及其他非金属矿物制品制造	√		
（十八）	黑色金属冶炼和压延加工业			
1	炼铁	√		
2	炼钢	√		
3	黑色金属铸造	√		
4	钢压延加工		√	
5	铁合金冶炼	√		
（十九）	有色金属冶炼和压延加工业			
1	常用有色金属冶炼	√		
2	贵金属冶炼	√		
3	稀有稀土金属冶炼	√		
4	有色金属合金制造	√		
5	有色金属铸造	√		
6	有色金属压延加工		√	
（二十）	金属制品业		√	

续表

序号	类别名称	严重	较重	一般
（二十一）	通用设备制造业		√	
（二十二）	专用设备制造业		√	
（二十三）	汽车制造业		√	
（二十四）	铁路、船舶、航空航天和其他运输设备制造业		√	
（二十五）	电气机械和器材制造业		√	
（二十六）	计算机、通信和其他电子设备制造业		√	
（二十七）	仪器仪表制造业			√
（二十八）	其他制造业			
1	日用杂品制造			√
2	煤制品制造		√	
3	核辐射加工	√		
4	其他未列明制造业		√	
（二十九）	废弃资源综合利用业			
1	金属废料和碎屑加工处理		√	
2	非金属废料和碎屑加工处理		√	
（三十）	金属制品、机械和设备修理业		√	
三	电力、热力、燃气及水生产和供应业			
（一）	电力、热力生产和供应业			
1	火力发电（燃煤发电）	√		
2	核力发电	√		
3	其他电力生产		√	
4	电力供应			√
5	热力生产和供应		√	
（二）	燃气生产和供应业			
1	燃气生产	√		
2	燃气供应			√
（三）	水的生产和供应业			
1	自来水生产和供应			√
2	污水处理及其再生利用		√	

续表

序号	类别名称	严重	较重	一般
3	其他水的处理、利用和分配		√	
四	交通运输、仓储业			
(一)	铁路、水上、航空运输业			
1	货运火车站		√	
2	货运港口		√	
3	机场			√
(二)	管道运输业			√
(三)	装卸搬运和运输代理业			
1	装卸搬运		√	
(四)	仓储业			
1	谷物、棉花等农产品仓储		√	
2	其他仓储业		√	
五	科学研究和技术服务业			
(一)	研究和试验发展			√
六	水利、环境和公共设施管理业			
(一)	生态保护和环境治理业			
1	固体废物治理		√	
2	危险废物治理	√		
3	放射性废物治理	√		
4	环境卫生管理(生活垃圾处理)		√	
七	居民服务、修理和其他服务业		√	
(一)	居民服务业			
1	洗染服务		√	
(二)	机动车、电子产品和日用产品修理业			
1	汽车、摩托车修理与维护		√	
八	农、林、牧、渔业			
(一)	畜牧业			√

21 国家安全监管总局关于贯彻落实《职业病危害项目申报办法》进一步加强职业病危害项目申报工作的通知

安监总安健〔2012〕75号

各省、自治区、直辖市及新疆生产建设兵团安全生产监督管理局，各中央企业：

《职业病危害项目申报办法》（国家安全监管总局令第48号，以下简称《申报办法》）已于2012年4月27日公布，自2012年6月1日起施行。为认真贯彻落实《申报办法》，进一步加强职业病危害项目申报工作，现就有关要求通知如下：

一、充分认识贯彻实施《申报办法》的重要意义

职业病危害项目申报是用人单位必须履行的法定义务，是安全监管部门履行职业健康监管职责的重要内容。开展职业病危害项目申报，有助于引导用人单位掌握本单位的职业病危害状况，自觉做好防范防控工作，落实职业健康主体责任，也有助于安全监管部门掌握辖区内职业病危害的分布情况，有针对性地开展监管执法工作。原《作业场所职业危害申报管理办法》（国家安全监管总局令第27号）实施两年多来，各地区作业场所职业病危害申报工作取得积极进展，对于推动职业卫生监督管理工作发挥了重要作用。《申报办法》以新修订的《职业病防治法》为依据，对职业病危害项目申报的内容、方式、程序以及变更申报、监督检查等作了明确规定，有利于更加简便地反映用人单位职业病危害状况，及时摸清底数，同时减轻用人单位负担。各级安全监管部门和各有关单位要充分认识做好职业病危害项目申报工作的重要性，进一步加大工作力度，全面推动本地区、本单位的职业病危害项目申报工作。

二、规范申报内容和申报程序

根据《申报办法》规定，国家安全监管总局对原《作业场所职业危害申报表》作了相应修订，制定了《职业病危害项目申报表（2012年版）》（以下简称《申报表》，见附件1），明确了申报的具体内容；同时，对原有的职业病危害申报与备案管理系统进行了修改，形成了职业病危害项目申报系统（以下简称申报系统，网址：http://www.chinasafety.ac.cn）。

用人单位要按照《申报表》规定的内容，通过申报系统进行申报。申报工作流程为：

1. 用人单位登录申报系统注册；

2. 用人单位在线填写和提交《申报表》；

3. 安全监管部门审查备案；

4. 用人单位打印审查备案的《申报表》并签字盖章，按规定报送所在地安全监管部门。

5. 安全监管部门在收到用人单位报送的纸质《申报表》后，应当在5个工作日内，为用人单位开具《职业病危害项目申报回执》（见附件2，可在申报系统中打印），并将《申报表》归入职业病危害项目管理档案。

根据《申报办法》规定，职业病危害项目申报工作实行属地分级管理。中央企业、省属企业及其所属用人单位的职业病危害项目，向其所在地设区的市级人民政府安全生产监督管理部门申报；其他用人单位的职业病危害项目，向其所在地县级人民政府安全生产监督管理部门申报。鉴于一些地区的特殊行政划分，可以根据实际情况作相应调整。同时，为了方便查询和管理，在申报系统中新增加了镇（街道）一级，请有此需要的县（市、区）进入系统后按照有关要求进行操作，并督促乡镇尽快注册自己的政府账号。

国家安全监管总局已经组织对新旧申报系统进行了衔接，原有的注册用户不用重新注册，原有申报系统中用人单位的有关数据仍保留，但由于新旧系统申报内容存在差别，新申报系统中的数据尚不完整，各地区要对此项工作作出部署，督促原有的注册用户按照新的《申报表》尽快完善相关数据。

三、加强申报管理，强化目标考核

各级安全监管部门要积极做好《申报办法》的宣贯工作，大力开展相关培训，增强用人单位开展职业病危害项目申报的积极性和主动性；要加大对安全监管部门尤其是市、县级安全监管部门职业健康监管人员的培训力度，使其尽快熟悉和掌握申报的内容、程序、方式等相关规定，指导企业做好申报工作。要加大对职业病危害项目申报工作的监督检查，对存在职业病危害而未依法申报的用人单位，要责令限期改正，给予警告，可以并处5万元以上10万元以下的罚款；对拒不申报或变更申报的，要严格按照《申报办法》等相关规定进行处罚。各级安全监管部门要把职业病危害项目申报工作纳入安全生产目标考核范围，加大工作力度，确保本地区提出的职业病危害项目申报率等规划指标的顺利实现。要以职业病危害项目申报为基础，尽快建立健全职业病危害用人单位基础数据库，积极探索分类分级监管模式，根据企业职业危害申报情况和职业危害严重程度确定重点监管对象，并加强日常监督检查，督促企业落实职业病防治主体责任，切实保护劳动者的生命安全和身体健康。

附件：1. 职业病危害项目申报表（2012年版）及填写说明

2. 职业病危害项目申报回执

国家安全生产监督管理总局

2012年5月31日

附件 1

职业病危害项目申报表（2012 年版）

单位：(盖章)　　　　　　　　主要负责人：(签字)　　　　　　日期：

<table>
<tr><td colspan="2">申报类别</td><td colspan="2">初次申报○　变更申报○</td><td>变更原因</td><td colspan="2"></td></tr>
<tr><td colspan="2">单位注册地址</td><td colspan="2"></td><td>工作场所地址</td><td colspan="2"></td></tr>
<tr><td colspan="2" rowspan="2">企业规模</td><td colspan="2" rowspan="2">大○　中○　小○　微○</td><td>行业分类</td><td colspan="2"></td></tr>
<tr><td>注册类型</td><td colspan="2"></td></tr>
<tr><td colspan="2">法定代表人</td><td colspan="2"></td><td>联系电话</td><td colspan="2"></td></tr>
<tr><td colspan="2" rowspan="2">职业卫生管理机构</td><td colspan="2" rowspan="2">有○　无○</td><td rowspan="2">职业卫生管理人员数</td><td>专职</td><td></td></tr>
<tr><td>兼职</td><td></td></tr>
<tr><td colspan="2">劳动者总人数</td><td colspan="2"></td><td>职业病累计人数</td><td colspan="2"></td></tr>
<tr><td rowspan="5">职业病危害因素种类</td><td>粉尘类</td><td>有○　无○</td><td>接触人数</td><td></td><td colspan="2" rowspan="5">接触职业病危害总人数：</td></tr>
<tr><td>化学物质类</td><td>有○　无○</td><td>接触人数</td><td></td></tr>
<tr><td>物理因素类</td><td>有○　无○</td><td>接触人数</td><td></td></tr>
<tr><td>放射性物质类</td><td>有○　无○</td><td>接触人数</td><td></td></tr>
<tr><td>其他</td><td>有○　无○</td><td>接触人数</td><td></td></tr>
<tr><td rowspan="11">职业病危害因素分布情况</td><td>作业场所名称</td><td colspan="2">职业病危害因素名称</td><td>接触人数（可重复）</td><td colspan="2">接触人数（不重复）</td></tr>
<tr><td rowspan="3">（作业场所 1）</td><td colspan="2"></td><td rowspan="3"></td><td colspan="2" rowspan="9"></td></tr>
<tr><td colspan="2"></td></tr>
<tr><td colspan="2">…</td></tr>
<tr><td rowspan="3">（作业场所 2）</td><td colspan="2"></td><td rowspan="3"></td></tr>
<tr><td colspan="2"></td></tr>
<tr><td colspan="2">…</td></tr>
<tr><td rowspan="3">…</td><td colspan="2"></td><td rowspan="3"></td></tr>
<tr><td colspan="2"></td></tr>
<tr><td colspan="2">…</td></tr>
<tr><td colspan="4">合计</td><td colspan="2"></td></tr>
</table>

填报人：　　　　　　　　　　　　　　　　　联系电话：

填表说明

1.【申报类别】是指第一次申报还是变更申报。如是变更申报，需要填写【变更原因】。

2.【变更原因】按《职业病危害项目申报办法》第八条的内容简要填写。

3.【单位注册地址】指单位工商注册的地址。

4.【工作场所地址】指用人单位从事职业活动的地点。

5.【法定代表人】指用人单位的法定代表人；不具备法人资格的企业、个体经济组织等用人单位，填写单位负责人。

6.【企业规模】按国家统计局《关于印发统计上大中小微型企业划分办法的通知》（国统〔2011〕75号）的要求，填写大、中、小、微。

7.【行业分类】按《国民经济行业分类和代码》（GB/T 4754—2002）填报。

8.【注册类型】按工商局注册的类型，填写国有企业、集体企业、股份合作企业、联营企业、有限责任公司、股份有限公司、私营企业、港澳台商投资企业、外商投资企业、其他企业。

9.【劳动者总人数】【职业病累计数】等需要填写数字的栏目，数据统计范围为截至目前。

10.【职业病危害因素种类】接触人数按粉尘类、化学物质类、物理因素类、放射性物质类、其他五类分别填写。此栏目由计算机自动生成，网上申报可以不填。如仅纸质申报，应分类填写。

11.【接触职业病危害总人数】指目前接触各种职业危害的人数。由计算机自动生成，网上申报不填。如仅纸质申报，应填写。

12.【职业病危害因素分布情况】按作业场所分别填报，【危害因素】依据《职业病危害因素分类目录》规定填写，【接触人数】（可重复）指实际接触该职业病危害因素的人数。

13.【接触职业病危害人数】（不重复）指该作业场所实际接触所有职业病危害因素的人数，由于一个人可能接触多种职业病危害因素，不能按职业病危害因素简单相加，为方便起见，可采用工作场所内在岗职工人数减去不接触职业危害人数的简单计算方式填报。

附件 2

职业病危害项目申报回执

申报登记号：____年度第______号

____________________（单位）：

你单位提交的职业病危害项目申报表及相关材料齐全，现已接收，如你单位相关申报内容发生变化，请按规定及时进行变更申报。

申报人（签字）： 联系方式：

安全生产监督管理部门 （专用印章）

经办人：

年 月 日

注：本回执共两联，第一联存档，第二联交申报单位。

职业病危害项目申报回执

申报登记号：____年度第______号

____________________（单位）：

你单位提交的职业病危害项目申报表及相关材料齐全，现已接收，如你单位相关申报内容发生变化，请按规定及时进行变更申报。

申报人（签字）： 联系方式：

安全生产监督管理部门 （专用印章）

经办人：

年 月 日

注：本回执共两联，第一联存档，第二联交申报单位。

22 国家安全监管总局关于印发职业卫生技术服务机构资质认可条件评审项目标准及认可工作程序的通知

安监总安健〔2012〕88号

各省、自治区、直辖市及新疆生产建设兵团安全生产监督管理局，各省级煤矿安全监察局：

根据《职业病防治法》《职业卫生技术服务机构监督管理暂行办法》（国家安全监管总局令第50号）的规定，为规范有序地做好职业卫生技术服务机构资质认可工作，国家安全监管总局制定了职业卫生技术服务机构资质认可条件（甲级和乙级）、职业卫生技术服务机构资质认可技术评审项目和判定标准（甲级和乙级）、职业卫生技术服务机构甲级资质认可工作程序、职业卫生技术服务机构业务范围划分表。现印发给你们，请遵照执行。

附件：

1. 职业卫生技术服务机构甲级资质认可条件
2. 职业卫生技术服务机构甲级资质认可技术评审项目和判定标准
3. 职业卫生技术服务机构乙级资质认可条件
4. 职业卫生技术服务机构乙级资质认可技术评审项目和判定标准
5. 职业卫生技术服务机构甲级资质认可工作程序
6. 职业卫生技术服务机构业务范围划分表

国家安全生产监督管理总局

2012年7月1日

附件 1

职业卫生技术服务机构甲级资质认可条件

一、机构条件

（一）具有独立法人资格；部门、岗位设置合理，职责明确。

（二）注册资金 800 万元以上，固定资产 700 万元以上。

（三）有固定的从事职业卫生技术服务所需的工作场所。工作场所面积不少于 700 平方米，其中，职业卫生检测实验室使用面积不少于 300 平方米，档案室使用面积不少于 40 平方米。

（四）有健全的内部管理制度和质量保证体系；取得省级及以上人民政府计量行政部门颁发的计量认证证书。

二、人员要求

（一）熟悉相关法律、法规、标准和规范以及本单位质量管理体系文件。

（二）专职技术负责人和质量控制负责人应当熟悉本专业业务，不得外聘，具有相关专业高级技术职称，从事相关专业工作 5 年以上，并经培训合格。

（三）申请第一类业务范围的，应当具有不少于 25 名经培训合格的专职技术人员，专职技术人员的构成应当满足下列条件：

1. 高级技术职称的专业技术人员不少于 5 名；中级以上技术职称或相关专业大学本科以上学历的专业技术人员不少于专业技术人员总数的 40%。

2. 具有 2 年以上职业卫生检测工作经历的检测人员不少于 10 名，且高级技术职称的专业技术人员不少于 2 名。

3. 具有 2 年以上职业卫生评价工作经历的评价人员不少于 10 名，且高级技术职称的专业技术人员不少于 2 名。

4. 职业卫生工程技术人员不少于 3 名（其中通风相关专业人员不少于 1 名），且高级技术职称的专业技术人员不少于 1 名。

5. 具有 2 年以上工作经历的公共卫生专业人员不少于 3 名，且高级技术职称的专业技术人员不少于 1 名。

6. 具有满足所申请业务范围专业要求的工程技术人员，且每项专业不少于 1 名。

（四）申请第二类业务范围的，应当具有不少于 10 名经培训合格的放射防护检测与评价专职技术人员，且专职技术人员的构成应当满足下列条件：

1. 高级技术职称的专业技术人员不少于 5 名；中级以上技术职称或相关专业大学本科以上学历的专业技术人员不少于专业技术人员总数的 40%。

2. 具有 2 年以上相关专业工作经历的放射卫生相关专业技术人员不少于 5 名。

3. 具有 2 年以上职业卫生工程技术工作经验的人员不少于 1 名。

4. 具有满足所申请业务范围专业要求的工程技术人员，且每项专业不少于 1 名。

三、实验室及仪器设备配置要求

（一）具有所申请的技术服务项目所必需的仪器设备（见附录1和附录3）。

（二）仪器设备的种类、数量、性能、量程、精度应当满足工作的需要，且运行良好。

（三）仪器设备应当定期进行计量检定或校准，并贴有相应状态标识。无计量检定规程的仪器设备，应当有相应校验方法并进行定期校验。仪器设备应当有完整的操作规程。

（四）标准物质、标准溶液及化学试剂的配制标识与使用记录应当符合要求。

（五）检测实验室应当布局合理，有健全的管理制度。检测仪器放置合理，便于操作。实验室应当配有必要的防污染、防火、控制进入等安全措施。

（六）凡是检测方法或检测仪器有要求的，应当按要求对检测场所的温度、湿度和放射性本底等环境条件进行有效、准确的测量并记录。

（七）应当为检测样品建立唯一识别系统和状态标识。应当编制有关样品采集、接收、流转、保存和安全处置的书面程序。

（八）放射性检测场所，应当符合放射卫生有关法规、规章和标准的要求。有使用放射性标准源或标准物质控制检测质量的措施。

放射性样品应当与其他样品分开存放，专人保管。操作非密封放射性同位素的实验室应当有通风设备，地面、实验台应当便于去除放射性污染。废弃的放射性样品和其他放射性废物应当按有关规定处理。

四、职业病危害因素检测能力

（一）具备与申报项目相关的检测方法和技能，能够独立开展职业病危害因素检测工作，并解决工作过程中发生的技术问题。

（二）具有所申请技术服务项目所必需的职业病危害因素检测能力（见附录2和附录4），其中，化学因素重点检测项目不少于42项，物理因素重点检测项目不少于8项；放射卫生重点检测项目不少于12项。

（三）职业病危害因素检测应当采用国家、行业或地方规定的方法或标准，采用非标方法，应当进行方法比对或验证，编写操作规程（作业指导书），并经技术负责人审批。

（四）样品检测的原始记录和检测报告应当按照各自规定要求书写、打印、审核、签章、发送和保存。

（五）独立完成盲样考核，且考核合格。

（六）原始记录应当规范、清晰、完整、可溯源，并按规定的时间保存。

（七）应当具备一定的职业病危害因素检测工作基础，申报的每个检测项目应当完成至少2份检测报告（或模拟检测报告）。

五、建设项目职业病危害评价能力

（一）评价报告的编制规范、内容全面、结论正确；评价过程管理符合要求；原始记录规范、清晰、准确、完整、可溯源，并按规定的时间保存。

（二）应当具备一定范围的职业病危害评价能力。申请第一类业务范围的，应当具有不少于3项业务范围的评价能力；申请第二类业务范围的，应当具备全部3项业务范围的评价能力。

（三）应当具备一定的职业病危害评价工作基础。申请的每项业务范围应当至少独立完成建设项目职业病危害预评价和控制效果评价报告（或模拟评价报告）各1份。

六、其他要求

（一）职业卫生技术服务机构应当编制职业卫生技术服务质量管理体系文件（包括质量管理手册、程序文件、作业指导书、记录表格），并严格进行质量控制。

（二）应当有与其开展职业卫生技术服务相适应的经费保障措施。

（三）为专业技术人员提供必需的劳动防护用品，并根据所申请的业务范围对专业技术人员进行安全培训。

附录1

实验室检验及现场检测设备目录（甲级）

序号	设备名称	数量（台/件）
一	采样设备	
1	5~30L/min 采样器（包括防爆）	10（5）
2	1~5L/min 采样器（包括防爆）	20（10）
3	0~1L/min 采样器（包括防爆）	20（10）
4	各种空气样品收集器（大型气泡吸收管、小型气泡吸收管、多孔玻板吸收管、冲击式吸收管等）	15（每种）
5	压力计	2
6	温、湿度计	2
7	流量计	2
二	现场检测设备	
8	热球式风速仪	2
9	辐射热计	2
10	通风干湿球温度计	2
11	黑球、湿球温度计	2
12	个体噪声剂量计（包括防爆）	10（4）
13	倍频程声级计（包括防爆）	2（1）

续表

序号	设备名称	数量（台/件）
14	手传振动测定仪	1
15	照度计	2
16	电磁场测定仪（含高频、超高频、工频及微波等频段）	1
17	紫外线测定仪	1
18	烟尘浓度测试仪	2
19	不分光红外线分析仪	1
20	皮托管	2
三	实验室检测设备	
21	分析天平（1/1000）	1
22	分析天平（1/10000）	1
23	分析天平（1/100000）	1
24	去湿机	1
25	普通冰箱	3
26	低温冰箱（-20℃）	1
27	样品消化装置	1
28	样品混匀装置	1
29	磁力搅拌器	1
30	超声波清洗器	1
31	恒温水浴箱	1
32	离心机	1
33	高温炉	1
34	干燥箱	1
35	红外线干燥箱	1
36	白金坩埚	5
37	普通坩埚	5
38	玛瑙研钵	1
39	生物显微镜	1

续表

序号	设备名称	数量（台/件）
40	相差显微镜	1
41	分散度测定器	1
42	酸度计	1
43	分光光度计	1
44	原子吸收分光光度计	1
45	原子荧光分光光度计	1
46	高效液相色谱仪	1
47	离子色谱仪	1
48	气相色谱—质谱联用仪	1
49	气相色谱仪（FID、ECD、NPD、FPD 或 PFPD）	2

附录 2

职业病危害因素检测项目（甲级）

序号	检测项目	条件要求
一	化学有害因素	
（一）	金属类	
1	锑及其化合物	☆
2	钡及其化合物	★
3	铍及其化合物	☆
4	铋及其化合物	☆
5	镉及其化合物	★
6	钙及其化合物	☆
7	铬及其化合物	★
8	钴及其化合物	☆
9	铜及其化合物	★
10	铅及其化合物	★

续表

序号	检测项目	条件要求
11	锂及其化合物	☆
12	镁及其化合物	☆
13	锰及其化合物	★
14	汞及其化合物	★
15	钼及其化合物	★
16	镍及其化合物	★
17	钾及其化合物	★
18	钠及其化合物	★
19	锶及其化合物	☆
20	钽及其化合物	☆
21	铊及其化合物	★
22	锡及其化合物	★
23	钨及其化合物	☆
24	钒及其化合物	☆
25	锌及其化合物	★
26	锆及其化合物	☆
27	铟及其化合物	☆
28	钇及其化合物	☆
(二)	非金属类	
29	硼及其化合物	☆
30	无机含碳化合物	★
31	无机含氮化合物	★
32	无机含磷化合物	★
33	砷及其化合物	★
34	氧化物	★
35	硫化物	★
36	硒及其化合物	☆

续表

序号	检测项目	条件要求
37	碲及其化合物	☆
38	氟及其化合物	★
39	氯及其化合物	★
40	碘及其化合物	☆
（三）	有机类	
41	烷烃类化合物	★
42	烯烃类化合物	☆
43	混合烃类化合物	★
44	脂环烃类化合物	★
45	芳香烃类化合物	★
46	多苯类化合物	☆
47	多环芳烃类化合物	★
48	卤代烷烃类化合物	★
49	卤代不饱和烃类化合物	★
50	卤代芳香烃类化合物	★
51	醇类化合物	★
52	硫醇类化合物	★
53	烷氧基乙醇类化合物	★
54	酚类化合物	★
55	脂肪族醚类化合物	☆
56	苯基醚类化合物	☆
57	醇醚类化合物	☆
58	脂肪族醛类化合物	★
59	脂肪族酮类化合物	★
60	酯环酮和芳香族酮类化合物	☆
61	醌类化合物	☆
62	环氧化合物	★

续表

序号	检测项目	条件要求
63	羧酸类化合物	★
64	酸酐类化合物	☆
65	酰基卤类化合物	★
66	酰胺类化合物	★
67	饱和脂肪族酯类化合物	★
68	不饱和脂肪族酯类化合物	☆
69	卤代脂肪族酯类化合物	★
70	芳香族酯类化合物	★
71	异氰酸酯类化合物	★
72	腈类化合物	★
73	脂肪族胺类化合物	☆
74	乙醇胺类化合物	☆
75	肼类化合物	★
76	芳香族胺类化合物	★
77	硝基烷烃类化合物	☆
78	芳香族硝基化合物	★
79	杂环化合物	☆
80	有机物定性	☆
(四)	农药类	
81	有机磷农药	★
82	有机氯农药	★
83	有机氮农药	★
(五)	其他化合物	
84	药物类化合物	☆
85	炸药类化合物	☆
86	生物类化合物	☆
(六)	粉尘类	

续表

序号	检测项目	条件要求
87	总粉尘	★
88	呼吸性粉尘	★
89	粉尘中游离二氧化硅	★
90	粉尘分散度	★
91	石棉纤维	★
二	物理有害因素	
92	高温	★
93	高气压	☆
94	低气压	☆
95	手传振动	★
96	噪声	★
97	照度	★
98	紫外辐射	★
99	高频电磁场	★
100	超高频辐射	★
101	微波辐射	★
102	工频电场	★
103	激光辐射	☆
104	通风（风速、风量、风压）	☆

说明：★为重点检测项目，☆为一般检测项目。

附录 3

放射卫生防护检测仪器设备目录（甲级）

序号	设备名称	数量（台）
1	X、γ 射线测量仪	2
2	环境 X、γ 剂量率仪	2

续表

序号	设备名称	数量（台）
3	α、β 表面污染监测仪	2
4	中子测量装置	1
5	高剂量率测量仪	1
6	氡测量仪	1
7	空气采样装置	1
8	灰化装置	1
9	γ 能谱仪	1
10	热释光或光致发光测量装置	1
11	* 固体径迹探测系统	1
12	* 低本底 α、β 测量仪	1
13	* 低本底 α 能谱仪	1
14	* 低本底液闪测量仪	1

说明：带 * 号者允许与其他单位共享。

附录 4

放射卫生防护检测项目（甲级）

类别	检测项目		备注	条件要求
	序号	名称		
非医用辐射设备及场所检测	1	工业射线探伤放射防护检测	X、γ 和中子等射线探伤	★
	2	人体、行李包、车辆、集装箱等射线安全检查系统放射防护检测		★
	3	非医用加速器放射防护检测（不包括中、高能加速器）		★
	4	含密封源仪表放射防护检测		★

续表

类别	检测项目 序号	检测项目 名称	备注	条件要求
非医用辐射设备及场所检测	5	密封放射源及密封 γ 放射源容器放射防护检测		★
	6	非密封放射性物质放射防护检测		★
	7	中子工作场所放射防护检测		★
	8	X 射线衍射仪和荧光分析仪工作场所放射防护检测		★
	9	其他放射工作场所放射防护检测		★
核设施与辐照装置等大型设施工作场所辐射防护	10	核电站放射防护检测		★
	11	核燃料循环工作场所放射防护检测	包括铀矿开采、铀矿水冶、铀的浓缩和转工化、燃料制造、反应堆、燃料后处理、核燃料循环研究等工作场所	★
	12	大型辐照装置放射防护检测		★
	13	中、高能加速器放射防护检测	大于或等于 50MeV	★
工作场所放射性核素分析	14	γ 放射性核素分析		★
	15	α 放射性核素分析		☆
	16	β 放射性核素分析		☆
	17	总 α 放射性分析		☆
	18	总 β 放射性分析		☆
	19	氡及其子体检测		★
	20	放射性气溶胶检测		☆

说明：★为重点检测项目，☆为一般检测项目。

附件2

职业卫生技术服务机构甲级资质认可技术评审项目和判定标准

一、第一类业务范围的技术评审项目和判定标准

1. 技术评审项目

考核项目		考核内容		考核结果
		序号	具体内容	
1. 组织机构	法人资格	1	★具有独立法人资格	
	注册资金和固定资产	2	★注册资金800万元以上，固定资产700万元以上	
	计量认证	3	★取得省级及以上人民政府计量行政部门颁发的计量认证证书	
	部门设置	4	＊质量管理部门	
		5	＊评价部门	
		6	＊检测检验部门	
		7	部门负责人任命文件	
	岗位设置、职责	8	＊技术负责人（评价、检测）	
		9	＊质量控制负责人	
		10	质量监督员、设备管理员、内审员、样品管理员、档案管理员	
		11	评价人员、检测人员	
		12	授权签发人	
	经费保障	13	台账及经费保障措施	
	依法执业	14	★没有违法行为记录	
2. 人员	技术负责人（评价、检测）	15	★技术负责人具有与所申报业务相适应的高级专业技术职称和5年以上工作经验，且不得外聘	
		16	经培训合格	

续表

考核项目		考核内容		考核结果
		序号	具体内容	
2. 人员	专业技术人员	17	★经培训合格的专职技术人员（包括评价、检测人员）不少于25名，专业技术人员不得同时在两个以上（含两个）职业卫生技术服务机构从业	
		18	高级技术职称的专业人员不少于5名	
		19	中级以上技术职称或相关专业大学本科以上学历的专业人员不少于专业技术人员总数的40%	
		20	＊具有2年以上检测工作经历的检测人员不少于10名，且高级技术职称不少于2名	
		21	＊具有2年以上评价工作经历的评价人员不少于10名，且高级技术职称不少于2名	
		22	＊职业卫生工程技术人员不少于3名（其中通风相关专业人员不少于1名），且高级技术职称不少于1名	
		23	＊具有2年以上工作经历的公共卫生专业人员不少于3名，且高级技术职称不少于1名	
		24	＊具有满足所申请业务范围专业要求的工程技术人员，且每项专业不少于1名	
		25	专业技术人员年度培训计划和培训记录	
	现场笔试考核	26	技术负责人（评价、检测）、质量控制负责人必须参加考试，并考试合格	
		27	评价人员参加考试人数不少于8人	
		28	检测人员参加考试人数不少于8人	
		29	＊现场考试人员合格率达到90%	
3. 工作场所及实验室	工作场所	30	★有与所从事的评价、检测（检验）、质量管理等工作相适应的工作场所，工作场所面积不少于700m^2	

续表

考核项目		考核内容		考核结果
		序号	具体内容	
3. 工作场所及实验室	工作场所	31	职业卫生检测实验室使用面积不少于 $300m^2$	
		32	有独立的档案室，档案室使用面积不少于 $40m^2$	
	实验室要求	33	检测实验室应布局合理，整洁有序，有健全的管理制度	
		34	检测工作场所的水、电、气布局符合安全卫生要求，实验室具备有效的防尘防毒设施及相应的警示标识	
		35	实验室应配有必要的防污染、防火、控制进入等安全措施	
		36	凡是检测方法或检测仪器有要求的，应按要求对检测场所的温度、湿度和放射性本底等环境条件进行有效、准确的测量并记录	
4. 仪器设备	仪器设备配备	37	*具有附件1附录1所规定的实验室检验及现场检测设备，仪器设备应有购置凭证，停用设备不计入有效设备	
		38	仪器设备的种类、数量、性能、量程、精度应满足工作需要，并运行良好	
	计量检定	39	*仪器设备应定期进行计量检定或校准，并贴有相应状态标识	
		40	无计量检定规程的仪器设备，应有相应校验方法并进行定期校验	
		41	检定周期内应进行运行核查	
	仪器设备管理	42	*仪器设备应有完整的操作规程	
		43	主要仪器设备应建有档案，有验收、检定校准、使用和维修等有关资料。进口仪器设备说明书的使用方法部分应当有中文译文	

续表

考核项目		考核内容		考核结果
		序号	具体内容	
4. 仪器设备	仪器设备管理	44	仪器设备应有固定的放置场所，放置合理，便于操作	
		45	精密仪器和加热设备隔离放置	
5. 职业病危害因素检测能力	检测方法	46	＊职业病危害因素检测应采用国家、行业或地方规定的方法或标准，采用非标方法，应当进行方法比对或验证，编写操作规程（作业指导书），并经技术负责人审批	
	检测样品及耗材管理	47	＊应当为检测样品建立唯一识别系统和状态标识	
		48	应当编制有关样品采集、接收、流转、保存和安全处置的书面程序	
		49	标准物质、标准溶液及化学试剂的配制标识与使用记录应符合有关要求	
	检测能力	50	＊申报的检测项目应通过计量认证	
		51	＊化学因素重点检测项目应不少于 42 项（附件 1 附录 2）	
		52	＊物理因素重点检测项目应不少于 8 项（附件 1 附录 2）	
		53	申报的每个检测项目应当完成至少 2 份检测报告（或模拟检测报告）	
	作业指导书及运行	54	建立规范的物理因素检测作业指导书，并有效运行	
		55	建立规范的化学有害因素（化学物质、粉尘）检测作业指导书，并有效运行	

续表

考核项目		考核内容		考核结果
		序号	具体内容	
5. 职业病危害因素检测能力	检测报告及原始记录（抽查20份检测报告与原始记录档案）	56	原始记录应按照要求书写、审核、签字	
		57	＊现场采样和检测记录信息规范、清晰、完整	
		58	＊原始记录具有可溯源性	
		59	原始记录数据处理规范	
		60	＊检测报告应按照要求打印、审核、签章、发送	
		61	检测报告检测方法与判定依据正确	
		62	检测报告内容完整、规范	
		63	检测报告及原始记录应完整归档，并按要求保存	
	实际操作能力考核（参加考核人员不少于4名）	64	＊现场采样、检测操作规范、熟练	
		65	实验室分析操作规范、熟练	
		66	现场采样、检测、实验室分析记录规范、完整	
	盲样考核	67	★盲样检测结果全部符合要求（现场考核6个盲样，有机化合物2个、非金属化合物1个、金属样品2个和农药样品1个）	
6. 建设项目职业病危害评价能力	评价能力	68	＊应当具有不少于3项业务范围的评价能力	
		69	＊申请的每个业务范围应至少独立完成建设项目职业病危害预评价和控制效果评价报告（或模拟评价报告）各1份	
	评价报告（抽查建设项目职业病危害评价报告4份）	70	评价目的、依据、范围、方法正确，评价内容完整	
		71	工程分析全面、到位	
		72	＊职业病危害因素识别与分析全面、准确	
		73	危害程度评价和健康影响评价科学、准确	

续表

考核项目		考核内容		考核结果
		序号	具体内容	
6. 建设项目职业病危害评价能力	评价报告（抽查建设项目职业病危害评价报告4份）	74	＊职业病危害防护设施评价准确	
		75	职业卫生管理措施建议有效可行、具有针对性	
		76	评价结论完整、准确	
	评价过程管理	77	评价工作委托文件	
		78	合同评审记录	
		79	评价方案的制定与审核	
		80	现场调查与实施	
		81	评价资料的收集与分析	
		82	评价报告应按照要求打印、审核、签章和发送	
		83	评价报告及原始资料应完整归档，并按要求保存	
		84	＊评价相关原始资料应准确、完整、可溯源	
	模拟评价	85	＊编制现场模拟评价报告的工程分析、职业病危害因素识别与分析、职业病危害防护措施评价等部分，要求分析全面、准确，防护措施符合法律、法规、标准	
	职业卫生工程考试（参加考试人员不少于2名）	86	职业卫生工程口试合格	
		87	职业卫生工程测试操作熟练、规范	
7. 质量管理体系	质量管理体系文件	88	＊质量管理手册完整、规范、操作性强	
		89	＊程序性文件完整、规范、操作性强	
		90	＊作业指导书完整、规范、操作性强	
		91	记录表格完整、规范、操作性强	
	文件控制	92	文件受控制度建立健全	
		93	＊文件控制措施落实到位	

续表

考核项目		考核内容		考核结果
		序号	具体内容	
7. 质量管理体系	质量管理体系运行情况	94	内部审核全面、有效	
		95	管理评审应有效开展	
		96	纠正和预防措施可行、落实有效	
	监督记录	97	校核人记录	
		98	*监督员监督记录	
		99	投诉处理记录	

注：有★为否决项，有*为关键项，其他为一般项。考核结果分为符合、基本符合、不符合。

2. 判定标准

技术评审项目共 99 项，其中否决项 8 项，关键项 34 项，一般项 57 项。

判定标准如下：

评审结论	否决项	关键项	一般项
通过	全部符合	全部符合	无不符合项或 基本符合项数≤5 项
整改后通过	全部符合	无不符合项或 基本符合项数≤2 项	不符合项数≤2 项或 5 项<基本符合项数≤8 项
整改后复审	全部符合	不符合项数≤2 项或 基本符合项数≤5 项	不符合项数≤5 项或 8 项<基本符合项数≤10 项
不通过	不符合项数≥1 项	不符合项数>2 项或 基本符合项数>5 项	不符合项数>5 项或 基本符合项数>10 项

二、第二类业务范围的评审项目和判定标准

1. 技术评审项目

考核项目		考核内容		考核结果
		序号	具体内容	
1. 组织机构	法人资格	1	★具有独立法人资格	
	注册资金和固定资产	2	★注册资金 800 万元以上，固定资产 700 万元以上	

续表

考核项目		考核内容		考核结果
		序号	具体内容	
1. 组织机构	计量认证	3	★取得省级及以上人民政府计量行政部门颁发的计量认证证书	
	部门设置	4	＊质量管理部门	
		5	＊评价、检测（检验）部门	
		6	部门负责人任命文件	
	岗位设置、职责	7	＊技术负责人	
		8	＊质量控制负责人	
		9	质量监督员、设备管理员、内审员、样品管理员、档案管理员	
		10	评价人员、检测人员	
		11	授权签发人	
	经费保障	12	台账及经费保障措施	
	依法执业	13	★没有违法行为记录	
2. 人员	技术负责人	14	★技术负责人具有与所申报业务相适应的高级专业技术职称和5年以上工作经验，且不得外聘	
		15	经培训合格	
	专业技术人员	16	高级技术职称的专业人员不少于5名	
		17	＊中级以上技术职称或相关专业大学本科以上学历的专业人员不少于专业技术人员总数的40%	
		18	具有2年以上职业卫生工程技术工作经验的人员不少于1名	
		19	具有2年以上相关专业工作经历的放射卫生相关专业人员不少于5名	
		20	★经培训合格的放射防护检测与评价专职技术人员不少于10名	

续表

考核项目		考核内容		考核结果
		序号	具体内容	
2. 人员	专业技术人员	21	＊具有满足所申请业务范围专业要求的工程技术人员，且每项专业不少于 1 名	
		22	专业技术人员年度培训计划和培训记录	
	现场考核	23	＊参加现场笔试的专业技术人员比例不低于 80%	
		24	＊现场笔试人员合格率达到 90%	
		25	管理人员口试成绩合格	
		26	专业技术人员口试成绩合格	
3. 工作场所及实验室	工作场所	27	★有与所从事的评价、检测（检验）、质量管理等工作相适应的工作场所，工作场所面积不少于 $700m^2$	
		28	有独立的档案室，档案室使用面积不少于 $40m^2$	
	实验室要求	29	工作场所符合放射卫生有关法规、规章和标准的要求，并制定有放射防护管理制度	
		30	废弃的放射性样品和其他放射性废物应当按有关规定处理	
		31	放射性样品应与其他样品分开存放，专人保管	
		32	＊操作非密封放射性同位素的实验室应当有通风设备，地面、实验台应便于去除放射性污染	
		33	检测实验室应当有良好的内务管理，以保证实验室整洁有序	
		34	实验室应配有必要的防污染、防火、控制进入等安全措施	
		35	凡是检测方法或检测仪器有要求的，应按要求对检测场所的温度、湿度和放射性本底等环境条件进行有效、准确的测量并记录	

续表

考核项目		考核内容		考核结果
		序号	具体内容	
4. 仪器设备	仪器设备配备	36	＊具有开展项目需要的仪器设备（附件1附录3），仪器设备应有购置凭证，共享仪器应提供合作协议或合同书。停用设备不计入有效设备	
		37	仪器设备的种类、数量、性能、量程、精度应满足工作的需要，并运行良好	
	计量检定	38	＊仪器设备应定期进行计量检定或校准，并贴有相应状态标识。无计量检定规程的仪器设备，应有相应校验方法并进行定期校验	
	仪器设备管理	39	主要仪器设备应建有档案，有验收、检定校准、使用和维修等有关资料。进口仪器设备说明书的使用方法部分应当有中文译文	
		40	仪器设备应有完整的操作规程	
		41	仪器设备应有固定的放置场所，放置合理，便于操作	
	个体防护措施	42	为专业技术人员提供必需的劳动防护用品	
5. 职业病危害因素检测能力	检测方法	43	应采用国家、行业或地方规定的方法或标准，采用非标方法，应当进行方法比对或验证，编写操作规程（作业指导书），并经技术负责人审批	
	检测样品管理	44	应为检测样品建立唯一识别系统和状态标识管理	
		45	应编制有关样品采集、接收、流转、保存和安全处置的书面程序	
	检测能力	46	＊申报的检测项目应通过计量认证	
		47	放射卫生防护重点检测项目不少于12项（附件1附录4）	

续表

考核项目		考核内容		考核结果
		序号	具体内容	
5. 职业病危害因素检测能力	检测能力	48	申报的每个检测项目应当完成至少2份检测报告（或模拟检测报告）	
	检测报告和原始记录（抽查15份检测报告和原始记录档案）	49	原始记录和检测报告规范，应采用法定计量单位	
		50	应按规定书写、更改、审核、签章、分发或保存	
		51	数据处理规范	
		52	＊原始记录可溯源	
	质量控制措施	53	积极采取包括使用放射性标准源、有证标准物质在内的各种质量控制措施	
	实际操作能力考核（参加考核人员不少于4名）	54	＊检测操作规范、熟练	
	盲样考核	55	＊考核样品检测结果合格	
6. 建设项目职业病危害评价能力	评价能力	56	＊应具备全部业务范围的评价能力	
		57	＊申请的每个业务范围应至少独立完成建设项目职业病危害放射防护预评价和控制效果评价报告（或模拟评价报告）各1份	
	评价报告（抽查建设项目职业病危害放射防护评价报告4份）	58	评价报告书格式与内容应符合有关规定的要求	
		59	＊抽查建设项目放射防护评价报告书的专家审查意见	
		60	评价工作的委托文件	
		61	评价方案的制定与审核	
		62	现场调查与实施	
		63	评价报告应按照要求打印、审核、签章和发送	

续表

<table>
<tr><th rowspan="2" colspan="2">考核项目</th><th colspan="2">考核内容</th><th rowspan="2">考核结果</th></tr>
<tr><th>序号</th><th>具体内容</th></tr>
<tr><td rowspan="3">6. 建设项目职业病危害评价能力</td><td rowspan="2">评价报告（抽查建设项目职业病危害放射防护评价报告4份）</td><td>64</td><td>评价报告及原始资料应完整归档，并按要求保存</td><td></td></tr>
<tr><td>65</td><td>控制效果评价报告书的检测原始记录</td><td></td></tr>
<tr><td>模拟评价</td><td>66</td><td>＊编制现场模拟评价报告的源项分析、放射防护措施评价两部分，要求分析全面、准确，防护措施符合放射防护原则</td><td></td></tr>
<tr><td rowspan="12">7. 质量管理体系</td><td rowspan="4">质量管理体系文件</td><td>67</td><td>＊质量管理手册完整、规范、操作性强</td><td></td></tr>
<tr><td>68</td><td>＊程序性文件完整、规范、操作性强</td><td></td></tr>
<tr><td>69</td><td>＊作业指导书完整、规范、操作性强</td><td></td></tr>
<tr><td>70</td><td>记录表格完整、规范、操作性强</td><td></td></tr>
<tr><td rowspan="2">文件控制</td><td>71</td><td>文件受控制度建立健全</td><td></td></tr>
<tr><td>72</td><td>＊文件控制措施落实到位</td><td></td></tr>
<tr><td rowspan="3">质量管理体系运行情况</td><td>73</td><td>内部审核全面、有效</td><td></td></tr>
<tr><td>74</td><td>管理评审应有效开展</td><td></td></tr>
<tr><td>75</td><td>纠正和预防措施可行、落实有效</td><td></td></tr>
<tr><td rowspan="3">监督记录</td><td>76</td><td>校核人记录</td><td></td></tr>
<tr><td>77</td><td>＊监督员监督记录</td><td></td></tr>
<tr><td>78</td><td>投诉处理记录</td><td></td></tr>
</table>

注：有★为否决项，有＊为关键项，其他为一般项。考核结果分为符合、基本符合、不符合。

2. 判定标准

技术评审项目共78项，其中否决项7项，关键项24项，一般项47项。判定标准如下：

评审结论	否决项	关键项	一般项
通过	全部符合	全部符合	无不符合项或 基本符合项数≤5项

续表

评审结论	否决项	关键项	一般项
整改后通过	全部符合	无不符合项或 基本符合项数≤2项	不符合项数≤2项或 5项<基本符合项数≤8项
整改后复审	全部符合	不符合项数≤2项或 基本符合项数≤5项	不符合项数≤5项或 8项<基本符合项数≤10项
不通过	不符合项数≥1项	不符合项数>2项或 基本符合项数>5项	不符合项数>5项或 基本符合项数>10项

附件3

职业卫生技术服务机构乙级资质认可条件

一、机构条件

（一）具有独立法人资格；部门、岗位设置合理，职责明确。

（二）注册资金500万元以上，固定资产400万元以上。

（三）有固定的从事职业卫生技术服务所需的工作场所。工作场所面积不少于400m^2，其中，职业卫生检测实验室使用面积不少于200m^2，档案室使用面积不少于30m^2。

（四）有健全的内部管理制度和质量保证体系；取得省级及以上人民政府计量行政部门颁发的计量认证证书。

二、人员要求

（一）熟悉相关法律、法规、标准和规范以及本单位质量管理体系文件。

（二）专职技术负责人和质量控制负责人应当熟悉本专业业务，不得外聘，具有相关专业高级技术职称，从事相关专业工作3年以上，并经培训合格。

（三）申请第一类业务范围的，应当具有不少于20名经培训合格的专职技术人员，专职技术人员的构成应当满足下列条件：

1. 高级技术职称的专业技术人员不少于4名；中级以上技术职称或相关专业大学本科以上学历的专业技术人员不少于专业技术人员总数的40%。

2. 具有2年以上职业卫生检测工作经历的检测人员不少于8名，且高级技术职称的专业技术人员不少于1名。

3. 具有2年以上职业卫生评价工作经历的评价人员不少于8名，且高级技术职称的专业技术人员不少于2名。

4. 职业卫生工程技术人员不少于2名（其中通风相关专业人员不少于1名），且中级以上技术职称的专业技术人员不少于1名。

5. 具有2年以上工作经历的公共卫生专业人员不少于2名，且中级以上技术职称的专业技术人员不少于1名。

6. 具有满足所申请业务范围专业要求的工程技术人员，且每项专业不少于1名。

（四）申请第二类业务范围的，应当具有不少于8名经培训合格的放射防护检测与评价专职技术人员。专职技术人员的构成应当满足下列条件：

1. 高级技术职称的专业技术人员不少于1名；中级以上技术职称或相关专业大学本科以上学历的专业技术人员不少于专业技术人员总数的40%。

2. 具有2年以上相关专业工作经历的放射卫生相关专业人员不少于2名。

3. 具有满足所申请业务范围专业要求的工程技术人员，且每项专业不少于1名。

三、实验室及仪器设备配置要求

（一）具有所申请的技术服务项目所必需的仪器设备（见附录1和附录3）。

（二）仪器设备的种类、数量、性能、量程、精度应当满足工作的需要，且运行良好。

（三）仪器设备应当定期进行计量检定，并贴有检定或校验标识。无计量检定规程的仪器设备，应当有自行编制的校验和检验方法并进行定期校验。仪器设备应当有完整的操作规程。

（四）标准物质、标准溶液及化学试剂的配制标识与使用记录应当符合要求。

（五）检测实验室应当布局合理，有健全的管理制度。检测仪器放置合理，便于操作。实验室应当配有必要的防污染、防火、控制进入等安全措施。

（六）凡是检测方法或检测仪器有要求的，应当按要求对检测场所的温度、湿度和放射性本底等环境条件进行有效、准确的测量并记录。

（七）应当为检测样品建立唯一识别系统和状态标识。应当编制有关样品采集、接收、流转、保存和安全处置的书面程序。

（八）放射性检测场所，应当符合放射卫生有关法规、规章和标准的要求。有使用放射性标准源或有证标准物质控制检测质量的措施。有参与实验室间检测能力验证活动的记录。

放射性样品应当与其他样品分开存放，专人保管。废弃的放射性样品和其他放射性废物应当按有关规定处理。处理开放型放射性同位素的实验室应当有通风设备，地面、实验台应当便于去除放射性污染。

四、职业病危害因素检测能力

（一）具备与申报项目相关的检测与评价的方法和技能，能够独立开展职业病危害因素检测与评价工作，并解决工作过程中发生的技术问题。

（二）具有所申请技术服务项目所必需的职业病危害因素检测能力（见附录2和附录4），其中，化学因素重点检测项目不少于32项，物理因素重点检测项目不少于6项；放射卫生重点检测项目不少于6项。

（三）职业病危害因素检测应当采用国际、国家、行业或地方规定的方法或标准，采用非标方法，应当进行方法比对或验证，编写操作规程（作业指导书），并经技术负责人审批。

（四）样品检测的原始记录和检测报告应当按照各自规定要求书写、打印、审核、签章、发送和保存。

（五）独立完成盲样考核，且考核合格。

（六）原始记录应当规范、清晰、完整、可溯源，并按规定的时间保存。

（七）应当具备一定的职业病危害因素检测工作基础，申报的每个检测项目应当完成至少2份检测报告（或检测记录）。

五、建设项目职业病危害评价能力

（一）评价报告书写规范、内容全面、结论正确；评价过程管理符合要求；原始记录准确、完整、可溯源。

（二）应当具备一定范围的职业病危害评价能力。申请第一类业务范围的，应当具有不少于2项业务范围的评价能力。申请第二类业务范围的，应当具有核技术工业应用一项业务范围的评价能力。

（三）应当具备一定的职业病危害评价工作基础。申请的每个业务范围应当至少独立完成建设项目职业病危害预评价和控制效果评价报告（或模拟评价报告）各1份。

六、其他要求

（一）职业卫生技术服务机构应当编制职业卫生技术服务质量管理体系文件（包括质量管理手册、程序文件、作业指导书、记录表格），并严格进行质量控制。

（二）应当有与其开展职业卫生技术服务相适应的经费保障措施。

（三）为专业技术人员提供必需的劳动防护用品，并根据所申请的业务范围对专业技术人员进行安全培训。

附录1

实验室检验及现场检测设备目录（乙级）

序号	设备名称	数量（台/件）
一	采样设备	
1	5～30L/min 采样器（包括防爆）	10（5）
2	1～5L/min 采样器（包括防爆）	10（5）
3	0～1L/min 采样器（包括防爆）	10（5）
4	各种空气样品收集器（大型气泡吸收管、小型气泡吸收管、多孔玻板吸收管、冲击式吸收管等）	15（每种）
5	压力计	2
6	温、湿度计	2

续表

序号	设备名称	数量（台/件）
7	流量计	2
二	现场检测设备	
8	热球式风速仪	2
9	辐射热计	2
10	通风干湿球温度计	2
11	黑球、湿球温度计	2
12	个体噪声剂量计（包括防爆）	5（2）
13	倍频程声级计（包括防爆）	2（1）
14	手传振动测定仪	1
15	照度计	1
16	电磁场测定仪（含高频、超高频及微波等频段）	1
17	紫外线测定仪	1
18	烟尘浓度测试仪	1
19	不分光红外线分析仪	1
20	皮托管	1
三	实验室检测设备	
21	分析天平（1/1000）	1
22	分析天平（1/10000）	1
23	分析天平（1/100000）	1
24	去湿机	1
25	普通冰箱	2
26	低温冰箱（-20℃）	1
27	样品消化装置	1
28	样品混匀装置	1
29	磁力搅拌器	1
30	超声波清洗器	1
31	恒温水浴箱	1

续表

序号	设备名称	数量（台/件）
32	离心机	/
33	高温炉	1
34	干燥箱	1
35	红外线干燥箱	1
36	白金坩埚	5
37	普通坩埚	5
38	玛瑙研钵	1
39	生物显微镜	/
40	相差显微镜	1
41	分散度测定器	/
42	酸度计	1
43	分光光度计	1
44	原子吸收分光光度计	1
45	原子荧光分光光度计	1
46	高效液相色谱仪	/
47	离子色谱仪	/
48	气相色谱-质谱联用仪	/
49	气相色谱仪（FID、ECD、NPD、FPD 或 PFPD）	1

说明："/" 为不作要求。

附录 2

职业病危害因素检测项目（乙级）

序号	检测项目	条件要求
一	化学有害因素	
(一)	金属类	
1	锑及其化合物	☆

续表

序号	检测项目	条件要求
2	钡及其化合物	★
3	铍及其化合物	☆
4	铋及其化合物	☆
5	镉及其化合物	★
6	钙及其化合物	☆
7	铬及其化合物	★
8	钴及其化合物	☆
9	铜及其化合物	★
10	铅及其化合物	★
11	锂及其化合物	☆
12	镁及其化合物	☆
13	锰及其化合物	★
14	汞及其化合物	★
15	钼及其化合物	★
16	镍及其化合物	★
17	钾及其化合物	★
18	钠及其化合物	★
19	锶及其化合物	☆
20	钽及其化合物	☆
21	铊及其化合物	★
22	锡及其化合物	★
23	钨及其化合物	☆
24	钒及其化合物	☆
25	锌及其化合物	★
26	锆及其化合物	☆
27	铟及其化合物	☆
28	钇及其化合物	☆

续表

序号	检测项目	条件要求
（二）	非金属类	
29	硼及其化合物	☆
30	无机含碳化合物	★
31	无机含氮化合物	★
32	无机含磷化合物	★
33	砷及其化合物	★
34	氧化物	★
35	硫化物	★
36	硒及其化合物	☆
37	碲及其化合物	☆
38	氟及其化合物	★
39	氯及其化合物	★
40	碘及其化合物	☆
（三）	有机类	
41	烷烃类化合物	★
42	烯烃类化合物	☆
43	混合烃类化合物	★
44	脂环烃类化合物	★
45	芳香烃类化合物	★
46	多苯类化合物	☆
47	多环芳烃类化合物	★
48	卤代烷烃类化合物	★
49	卤代不饱和烃类化合物	★
50	卤代芳香烃类化合物	★
51	醇类化合物	★
52	硫醇类化合物	★
53	烷氧基乙醇类化合物	★

续表

序号	检测项目	条件要求
54	酚类化合物	★
55	脂肪族醚类化合物	☆
56	苯基醚类化合物	☆
57	醇醚类化合物	☆
58	脂肪族醛类化合物	★
59	脂肪族酮类化合物	★
60	酯环酮和芳香族酮类化合物	☆
61	醌类化合物	☆
62	环氧化合物	★
63	羧酸类化合物	★
64	酸酐类化合物	☆
65	酰基卤类化合物	★
66	酰胺类化合物	★
67	饱和脂肪族酯类化合物	★
68	不饱和脂肪族酯类化合物	☆
69	卤代脂肪族酯类化合物	★
70	芳香族酯类化合物	★
71	异氰酸酯类化合物	★
72	腈类化合物	★
73	脂肪族胺类化合物	☆
74	乙醇胺类化合物	☆
75	肼类化合物	★
76	芳香族胺类化合物	★
77	硝基烷烃类化合物	☆
78	芳香族硝基化合物	★
79	杂环化合物	☆
80	有机物定性	☆

续表

序号	检测项目	条件要求
(四)	农药类	
81	有机磷农药	★
82	有机氯农药	★
83	有机氮农药	★
(五)	其他化合物	
84	药物类化合物	☆
85	炸药类化合物	☆
86	生物类化合物	☆
(六)	粉尘类	
87	总粉尘	★
88	呼吸性粉尘	★
89	粉尘中游离二氧化硅	★
90	粉尘分散度	★
91	石棉纤维	★
二	物理有害因素	
92	高温	★
93	高气压	☆
94	低气压	☆
95	手传振动	★
96	噪声	★
97	照度	★
98	紫外辐射	★
99	高频电磁场	★
100	超高频辐射	★
101	微波辐射	★
102	工频电场	★
103	激光辐射	☆
104	通风（风速、风量、风压）	☆

说明：★为重点检测项目，☆为一般检测项目。

附录3

放射卫生防护检测仪器设备目录（乙级）

序号	设备名称	数量（台）
1	X、γ 射线测量仪	1
2	环境 X、γ 剂量率仪	1
3	α、β 表面污染监测仪	1
4	中子测量装置	1
5	高剂量率测量仪	1
6	氡测量仪	1
7	空气采样装置	1
8	灰化装置	1
9	* γ 能谱仪	1
10	热释光或光致发光测量装置	1

说明：带 * 号者允许与其他单位共享。

附录4

放射卫生防护检测项目（乙级）

类别	检测项目		备注	条件要求
	序号	名称		
非医用辐射设备及场所检测	1	工业射线探伤放射防护检测	X、γ 和中子等射线探伤	★
	2	人体、行李包、车辆、集装箱等射线安全检查系统放射防护检测		★
	3	非医用加速器放射防护检测（不包括中、高能加速器）		★
	4	含密封源仪表放射防护检测		★

续表

类别	检测项目		备注	条件要求
	序号	名称		
非医用辐射设备及场所检测	5	密封放射源及密封 γ 放射源容器放射防护检测		★
	6	非密封放射性物质放射防护检测		★
	7	中子工作场所放射防护检测		★
	8	X 射线衍射仪和荧光分析仪工作场所放射防护检测		★
	9	其他放射工作场所放射防护检测		★
工作场所放射性核素分析	10	γ 放射性核素分析		☆
	11	α 放射性核素分析		☆
	12	β 放射性核素分析		☆
	13	总 α 放射性分析		☆
	14	总 β 放射性分析		☆
	15	氡及其子体检测		☆
	16	放射性气溶胶检测		☆

说明：★为重点检测项目，☆为一般检测项目。

附件 4

职业卫生技术服务机构乙级资质认可技术评审项目和判定标准

一、第一类业务范围的技术评审项目和判定标准

1. 技术评审项目

考核项目		考核内容		考核结果
		序号	具体内容	
1. 组织机构	法人资格	1	★具有独立法人资格	
	注册资金和固定资产	2	★注册资金 500 万元以上，固定资产 400 万元以上	

续表

考核项目		考核内容		考核结果
		序号	具体内容	
1. 组织机构	计量认证	3	★取得省级及以上人民政府计量行政部门颁发的计量认证证书	
	部门设置	4	＊质量管理部门	
		5	＊评价部门	
		6	＊检测检验部门	
		7	部门负责人任命文件	
	岗位设置、职责	8	＊技术负责人（评价、检测）	
		9	＊质量控制负责人	
		10	质量监督员、设备管理员、内审员、样品管理员、档案管理员	
		11	评价人员、检测人员	
		12	授权签发人	
	经费保障	13	台账及经费保障措施	
	依法执业	14	★没有违法行为记录	
2. 人员	技术负责人（评价、检测）	15	★技术负责人具有与所申报业务相适应的高级专业技术职称和3年以上工作经验，且不得外聘	
		16	经培训合格	
	专业技术人员	17	★经培训合格的专职技术人员（包括评价、检测人员）不少于20名，专业技术人员不得同时在两个以上（含两个）职业卫生技术服务机构从业	
		18	高级技术职称的专业人员不少于4名	
		19	中级以上技术职称或相关专业大学本科以上学历的专业人员不少于专业技术人员总数的40%	
		20	＊具有2年以上检测工作经历的检测人员不少于8名，且高级技术职称不少于1名	

续表

考核项目		考核内容		考核结果
		序号	具体内容	
2. 人员	专业技术人员	21	*具有2年以上评价工作经历的评价人员不少于8名，且高级技术职称不少于2名	
		22	*职业卫生工程技术人员不少于2名（其中通风相关专业人员不少于1名），且中级以上技术职称不少于1名	
		23	*具有2年以上工作经历的公共卫生专业人员不少于2名，且中级以上技术职称不少于1名	
		24	*具有满足所申请业务范围专业要求的工程技术人员，且每项专业不少于1名	
		25	专业技术人员年度培训计划和培训记录	
	现场笔试考核	26	技术负责人（评价、检测）、质量控制负责人必须参加考试，并考试合格	
		27	评价人员参加考试人数不少于6人	
		28	检测人员参加考试人数不少于6人	
		29	*现场考试人员合格率达到90%	
3. 工作场所及实验室	工作场所	30	★有与所从事的评价、检测（检验）、质量管理等工作相适应的工作场所，工作场所面积不少于$400m^2$	
		31	职业卫生检测实验室使用面积不少于$200m^2$	
		32	有独立的档案室，档案室使用面积不少于$30m^2$	
	实验室要求	33	检测实验室应布局合理，整洁有序，有健全的管理制度	
		34	检测工作场所的水、电、气布局符合安全卫生要求，实验室具备有效的防尘防毒设施及相应的警示标识	

续表

考核项目		考核内容		考核结果
		序号	具体内容	
3. 工作场所及实验室	实验室要求	35	实验室应配有必要的防污染、防火、控制进入等安全措施	
		36	凡是检测方法或检测仪器有要求的，应按要求对检测场所的温度、湿度和放射性本底等环境条件进行有效、准确的测量并记录	
4. 仪器设备	仪器设备配备	37	*具有附件 3 附录 1 所规定的实验室检验及现场检测设备，仪器设备应有购置凭证，停用设备不计入有效设备	
		38	仪器设备的种类、数量、性能、量程、精度应满足工作需要，并运行良好	
	计量检定	39	*仪器设备应定期进行计量检定或校准，并贴有相应状态标识	
		40	无计量检定规程的仪器设备，应有相应校验方法并进行定期校验	
		41	检定周期内应进行运行核查	
	仪器设备管理	42	*仪器设备应有完整的操作规程	
		43	主要仪器设备应建有档案，有验收、检定校准、使用和维修等有关资料。进口仪器设备说明书的使用方法部分应当有中文译文	
		44	仪器设备应有固定的放置场所，放置合理，便于操作	
		45	精密仪器和加热设备隔离放置	
5. 职业病危害因素检测能力	检测方法	46	*职业病危害因素检测应采用国家、行业或地方规定的方法或标准，采用非标方法，应当进行方法比对或验证，编写操作规程（作业指导书），并经技术负责人审批	

续表

<table>
<tr><td colspan="2" rowspan="2">考核项目</td><td colspan="2">考核内容</td><td rowspan="2">考核结果</td></tr>
<tr><td>序号</td><td>具体内容</td></tr>
<tr><td rowspan="17">5. 职业病危害因素检测能力</td><td rowspan="3">检测样品及耗材管理</td><td>47</td><td>＊应当为检测样品建立唯一识别系统和状态标识</td><td></td></tr>
<tr><td>48</td><td>应当编制有关样品采集、接收、流转、保存和安全处置的书面程序</td><td></td></tr>
<tr><td>49</td><td>标准物质、标准溶液及化学试剂的配制标识与使用记录应符合有关要求</td><td></td></tr>
<tr><td rowspan="4">检测能力</td><td>50</td><td>＊申报的检测项目应通过计量认证</td><td></td></tr>
<tr><td>51</td><td>＊化学因素重点检测项目应不少于 32 项（附件 3 附录 2）</td><td></td></tr>
<tr><td>52</td><td>＊物理因素重点检测项目应不少于 6 项（附件 3 附录 2）</td><td></td></tr>
<tr><td>53</td><td>申报的每个检测项目应当完成至少 2 份检测报告（或模拟检测报告）</td><td></td></tr>
<tr><td rowspan="2">作业指导书及运行</td><td>54</td><td>建立规范的物理因素检测作业指导书，并有效运行</td><td></td></tr>
<tr><td>55</td><td>建立规范的化学有害因素（化学物质、粉尘）检测作业指导书，并有效运行</td><td></td></tr>
<tr><td rowspan="8">检测报告及原始记录（抽查 15 份检测报告及原始记录档案）</td><td>56</td><td>原始记录应按照要求书写、审核、签字</td><td></td></tr>
<tr><td>57</td><td>＊现场采样和检测记录信息规范、清晰、完整</td><td></td></tr>
<tr><td>58</td><td>＊原始记录具有可溯源性</td><td></td></tr>
<tr><td>59</td><td>原始记录数据处理规范</td><td></td></tr>
<tr><td>60</td><td>＊检测报告应按照要求打印、审核、签章、发送</td><td></td></tr>
<tr><td>61</td><td>检测报告检测方法与判定依据正确</td><td></td></tr>
<tr><td>62</td><td>检测报告内容完整、规范</td><td></td></tr>
<tr><td>63</td><td>检测报告及原始记录应完整归档，并按要求保存</td><td></td></tr>
</table>

续表

考核项目		考核内容		考核结果
		序号	具体内容	
5. 职业病危害因素检测能力	实际操作能力考核（参加考核人员不少于4名）	64	＊现场采样、检测操作规范、熟练	
		65	实验室分析操作规范、熟练	
		66	现场采样、检测、实验室分析记录规范、完整	
	盲样考核	67	★盲样检测结果全部符合要求（现场考核5个盲样，有机化合物2个、非金属化合物1个、金属样品2个）	
6. 建设项目职业病危害评价能力	评价能力	68	＊应当具有不少于2项业务范围的评价能力	
		69	＊申请的每个业务范围应至少完成建设项目职业病危害预评价和控制效果评价报告（或模拟评价报告）各1份	
	评价报告（抽查建设项目职业病危害评价报告或模拟评价报告4份）	70	评价目的、依据、范围、方法正确，评价内容完整	
		71	工程分析全面、到位	
		72	＊职业病危害因素识别与分析全面、准确	
		73	危害程度评价和健康影响评价科学、准确	
		74	＊职业病危害防护设施评价准确	
		75	职业卫生管理措施建议有效可行、具有针对性	
		76	评价结论完整、准确	
	评价过程管理	77	评价工作委托文件	
		78	合同评审记录	
		79	评价方案的制定与审核	
		80	现场调查与实施	
		81	评价资料的收集与分析	
		82	评价报告应按照要求打印、审核、签章和发送	
		83	评价报告及原始资料应完整归档，并按要求保存	
		84	＊评价相关原始资料应准确、完整、可溯源	

续表

考核项目		考核内容		考核结果
		序号	具体内容	
6. 建设项目职业病危害评价能力	模拟评价	85	＊编制现场模拟评价报告的工程分析、职业病危害因素识别与分析、职业病危害防护措施评价等部分，要求分析全面、准确，防护措施符合法律、法规、标准	
	职业卫生工程考试（参加考试人员不少于1名）	86	职业卫生工程口试合格	
		87	职业卫生工程测试操作熟练、规范	
7. 质量管理体系	质量管理体系文件	88	＊质量管理手册完整、规范、操作性强	
		89	＊程序性文件完整、规范、操作性强	
		90	＊作业指导书完整、规范、操作性强	
		91	记录表格完整、规范、操作性强	
	文件控制	92	文件受控制度建立健全	
		93	＊文件控制措施落实到位	
	质量管理体系运行情况	94	内部审核全面、有效	
		95	管理评审应有效开展	
		96	纠正和预防措施可行、落实有效	
	监督记录	97	校核人记录	
		98	＊监督员监督记录	
		99	投诉处理记录	

注：有★为否决项，有＊为关键项，其他为一般项。考核结果分为符合、基本符合、不符合。

2. 判定标准

技术评审项目共99项，其中否决项8项，关键项34项，一般项57项。

判定标准如下：

评审结论	否决项	关键项	一般项
通过	全部符合	全部符合	无不符合项或 基本符合项数≤5 项
整改后通过	全部符合	无不符合项或 基本符合项数≤2 项	不符合项数≤2 项或 5 项<基本符合项数≤8 项
整改后复审	全部符合	不符合项数≤2 项或 基本符合项数≤5 项	不符合项数≤5 项或 8 项<基本符合项数≤10 项
不通过	不符合项数≥1 项	不符合项数>2 项或 基本符合项数>5 项	不符合项数>5 项或 基本符合项数>10 项

二、第二类业务范围的评审项目和判定标准

1. 技术评审项目

考核项目		考核内容		考核结果
		序号	具体内容	
1. 组织机构	法人资格	1	★具有独立法人资格	
	注册资金和固定资产	2	★注册资金 500 万元以上，固定资产 400 万元以上	
	计量认证	3	★取得省级及以上人民政府计量行政部门颁发的计量认证证书	
	部门设置	4	＊质量管理部门	
		5	＊评价、检测（检验）部门	
		6	部门负责人任命文件	
	岗位设置、职责	7	＊技术负责人	
		8	＊质量控制负责人	
		9	质量监督员、设备管理员、内审员、样品管理员、档案管理员	
		10	评价人员、检测人员	
		11	授权签发人	
	经费保障	12	台账及经费保障措施	
	依法执业	13	★没有违法行为记录	

续表

考核项目		考核内容		考核结果
		序号	具体内容	
2. 人员	技术负责人	14	★技术负责人具有与所申报业务相适应的高级专业技术职称和3年以上工作经验，且不得外聘	
		15	经培训合格	
	专业技术人员	16	高级技术职称的专业人员不少于1名	
		17	＊中级以上技术职称或相关专业大学本科以上学历的专业人员不少于专业技术人员总数的40%	
		18	具有2年以上相关专业工作经历的放射卫生相关专业人员不少于2名	
		19	★经培训合格的放射防护检测与评价专职技术人员不少于8名	
		20	＊具有满足所申请业务范围专业要求的工程技术人员，且每项专业不少于1名	
		21	专业技术人员年度培训计划和培训记录	
	现场笔试考核	22	＊参加现场笔试的专业技术人员比例不低于80%	
		23	＊现场笔试人员合格率达到90%	
		24	管理人员口试成绩合格	
		25	专业技术人员口试成绩合格	
3. 工作场所及实验室	工作场所	26	★有与所从事的评价、检测（检验）、质量管理等工作相适应的工作场所，工作场所面积不少于$400m^2$	
		27	有独立的档案室，档案室使用面积不少于$30m^2$	
	实验室要求	28	工作场所符合放射卫生有关法规、规章和标准的要求，并制定有放射防护管理制度	

续表

考核项目		考核内容		考核结果
		序号	具体内容	
3. 工作场所及实验室	实验室要求	29	废弃的放射性样品和其他放射性废物应当按有关规定处理	
		30	放射性样品应与其他样品分开存放，专人保管	
		31	*操作非密封放射性同位素的实验室应当有通风设备，地面、实验台应便于去除放射性污染	
		32	检测实验室应当有良好的内务管理，以保证实验室整洁有序	
		33	实验室应配有必要的防污染、防火、控制进入等安全措施	
		34	凡是检测方法或检测仪器有要求的，应按要求对检测场所的温度、湿度和放射性本底等环境条件进行有效、准确的测量并记录	
4. 仪器设备	仪器设备配备	35	*具有开展项目需要的仪器设备（附件 3 附录 3），仪器设备应有购置凭证，共享仪器应提供合作协议或合同书。停用设备不计入有效设备	
		36	仪器设备的种类、数量、性能、量程、精度应满足工作的需要，并运行良好	
	计量检定	37	*仪器设备应定期进行计量检定或校准，并贴有相应状态标识。无计量检定规程的仪器设备，应有相应校验方法并进行定期校验	
	仪器设备管理	38	主要仪器设备应建有档案，有验收、检定校准、使用和维修等有关资料。进口仪器设备说明书的使用方法部分应当有中文译文	
		39	仪器设备应有完整的操作规程	
		40	仪器设备应有固定的放置场所，放置合理，便于操作	

续表

考核项目		考核内容		考核结果
		序号	具体内容	
4. 仪器设备	个体防护措施	41	为专业技术人员提供必需的劳动防护用品	
5. 职业病危害因素检测能力	检测方法	42	应采用国家、行业或地方规定的方法或标准，采用非标方法，应当进行方法比对或验证，编写操作规程（作业指导书），并经技术负责人审批	
	检测样品管理	43	应为检测样品建立唯一识别系统和状态标识管理	
		44	应编制有关样品采集、接收、流转、保存和安全处置的书面程序	
	检测能力	45	*申报的检测项目应通过计量认证	
		46	放射卫生重点检测项目不少于6项（附件3附录4）	
		47	申报的每个检测项目应当完成至少2份检测报告（或模拟检测报告）	
	检测报告及原始记录（抽查10份检测报告及原始记录档案）	48	原始记录和检测报告规范，应采用法定计量单位	
		49	应按规定书写、更改、审核、签章、分发或保存	
		50	数据处理规范	
		51	*原始记录可溯源	
	质量控制措施	52	积极采取包括使用放射性标准源、有证标准物质在内的各种质量控制措施	
	实际操作能力考核（参加考核人员不少于3名）	53	*检测操作规范、熟练	
	盲样考核	54	*考核样品检测结果合格	

续表

考核项目		考核内容		考核结果
		序号	具体内容	
6. 建设项目职业病危害评价能力	评价能力	55	＊具备核技术工业应用一项业务范围的评价能力	
		56	＊申请的每个业务范围应至少完成建设项目职业病危害放射防护预评价和控制效果评价报告（或模拟评价报告）各1份	
	评价报告（抽查建设项目职业病危害放射防护评价报告或模拟评价报告4份）	57	评价报告书格式与内容应符合有关规定的要求	
		58	＊抽查建设项目放射防护评价报告书的专家审查意见	
		59	评价工作的委托文件	
		60	评价方案的制定与审核	
		61	现场调查与实施	
		62	评价报告应按照要求打印、审核、签章和发送	
		63	评价报告及原始资料应完整归档，并按要求保存	
		64	控制效果评价报告书的检测原始记录	
	模拟评价	65	＊编制现场模拟评价报告的源项分析、放射防护措施评价两部分，要求分析全面、准确，防护措施符合放射防护原则	
7. 质量管理体系	质量管理体系文件	66	＊质量管理手册完整、规范、操作性强	
		67	＊程序性文件完整、规范、操作性强	
		68	＊作业指导书完整、规范、操作性强	
		69	记录表格完整、规范、操作性强	
	文件控制	70	文件受控制度建立健全	
		71	＊文件控制措施落实到位	
	质量管理体系运行情况	72	内部审核全面、有效	
		73	管理评审应有效开展	
		74	纠正和预防措施可行、落实有效	

续表

考核项目		考核内容		考核结果
		序号	具体内容	
7. 质量管理体系	监督记录	75	校核人记录	
		76	*监督员监督记录	
		77	投诉处理记录	

注：有★为否决项，有*为关键项，其他为一般项。考核结果分为符合、基本符合、不符合。

2. 判定标准

技术评审项目共77项，其中否决项7项，关键项24项，一般项46项。

判定标准如下：

评审结论	否决项	关键项	一般项
通过	全部符合	全部符合	无不符合项或 基本符合项数≤5项
整改后通过	全部符合	无不符合项或 基本符合项数≤2项	不符合项数≤2项或 5项<基本符合项数≤8项
整改后复审	全部符合	不符合项数≤2项或 基本符合项数≤5项	不符合项数≤5项或 8项<基本符合项数≤10项
不通过	不符合项数≥1项	不符合项数>2项或 基本符合项数>5项	不符合项数>5项或 基本符合项数>10项

附件5

职业卫生技术服务机构甲级资质认可工作程序

一、申请与受理

第一条 国家安全生产监督管理总局（以下简称总局）负责职业卫生技术服务机构甲级资质的认可，具体工作由总局职业安全健康监督管理司（以下简称总局资质认可机关）承担。

第二条 申请单位申请职业卫生技术服务机构甲级资质时，应当提交下列文件、资料（以下简称申请材料），报所在地省级安全生产监督管理部门（以下简称省级安全监管部门）初审：

（一）职业卫生技术服务机构资质申请表（附录1）；

（二）申请单位简介；

（三）法人资格证明或者名称预先核准通知书；

（四）注册资金和固定资产的验资证明；

（五）工作场所产权证明或者租赁合同；

（六）机构资质证明材料；

（七）职业卫生技术服务机构质量管理体系文件；

（八）专职技术人员、专职技术负责人、质量控制负责人的名单及其培训合格证书、技术职称证书、工作经历证明；

（九）拟开展的职业卫生技术服务项目及资质等级；

（十）在申请职业卫生技术服务业务范围内，能够证明具有相应业务能力的文件、资料；

（十一）近年从事职业卫生技术服务相关工作的总结报告；

（十二）法律、法规规定的其他文件、资料。

职业卫生技术服务机构资质申请表可以从总局政府网站下载，申请单位所提交的申请材料要符合有关基本要求（附录2）。

第三条　申请单位对提交的申请材料的真实性负责。申报的各项内容应当完整、清楚、不得涂改，复印件、影印件应当清晰并与原件一致。所有申请材料应当一式二份，加盖申请单位公章。

第四条　省级安全监管部门应当自收到申请材料之日起5个工作日内对其进行初审并决定是否受理。决定受理的，自受理申请之日起20个工作日内完成审核工作，并出具审核意见（附录3）；决定不予受理的，向申请单位书面说明理由。

第五条　申请单位将省级安全监管部门出具的审核意见和申请材料报总局资质认可机关。总局资质认可机关应当自收到申请材料之日起5个工作日内对其进行审查。

对符合要求的，总局资质认可机关出具《职业卫生技术服务机构资质申请技术评审通知书》（附录4）。通知书一式三份，一份交申请单位，一份归档备查，一份连同申请材料交总局资质认可机关委托的技术评审单位。

不符合要求的，总局资质认可机关应当向申请单位出具《职业卫生技术服务机构资质申请不予技术评审通知书》（附录5），通知书应当写明不予技术评审的原因。通知书一式二份，一份交申请单位，一份归档备查。

二、**技术评审**

第六条　技术评审包括申请材料技术审查和现场技术考核，技术评审应当在60个工作日内完成。

第七条　技术评审单位在收到总局资质认可机关移交的申请材料后，对其进行技术审查，并作出申请材料技术审查结论。技术审查合格的，组织现场技术考核；技术审查不合格的，将申请材料退回总局资质认可机关。

第八条 现场技术考核时间为3天。技术评审单位应当及时与申请单位联系，确定现场技术考核日期，制订现场技术考核计划，备齐现场技术考核所需的考核盲样、考核试题、有关资料和表格，采取严格的保密措施，并于现场考核前交接给专家组。

第九条 现场技术考核专家组成员从国家职业卫生专家库中抽取。专家组应当满足现场技术考核工作的需要，由检测、评价、质量管理、卫生工程等方面的专家组成。专家对所承担的工作任务负责。专家组组长由总局资质认可机关确定，并对现场技术考核的技术工作负总责。

第十条 技术评审单位应当提前将现场技术考核时间、专家组及有关人员名单告知申请单位。

总局资质认可机关根据工作需要派员对现场技术考核工作进行监督。

技术评审单位安排工作人员协助专家组做好现场技术考核，并负责现场技术考核的协调、联络、记录等工作。

第十一条 现场技术考核前应当组织召开全体专家组成员参加的预备会，会议内容包括：

（一）宣布现场考核专家组成员名单和专家组组长；

（二）介绍申请单位基本情况，宣布申请材料技术审查结论；

（三）提出现场考核工作的公正、客观、保密等要求，专家组全体成员签署保密和公正性声明；

（四）介绍现场考核的目的、范围、依据及考核原则和判定标准，并介绍本次考核的计划和日程表；

（五）确定专家组成员分工，明确专家组成员职责；

（六）听取专家组成员有关工作建议，解答专家组成员提出的疑问。

第十二条 专家组应当依据职业卫生技术服务机构甲级资质认可条件和标准，按照现场技术考核计划，对申请单位进行现场技术考核。

第十三条 现场技术考核程序和内容如下：

（一）交接模拟评价试题、考核盲样。专家组到达考核现场后，与申请单位进行考核盲样和职业病危害评价模拟试题的交接，办理交接手续。

（二）召开首次会议。参加会议人员包括专家组成员、技术评审单位工作人员和申请单位负责人及相关人员。会议由专家组组长主持，会议程序及内容如下：

1. 宣布专家组组长和专家组成员名单，对现场技术考核提出要求；

2. 申请单位介绍本单位参会人员；

3. 专家组组长介绍现场考核的目的、依据、范围、方法等，介绍现场考核分工、日程安排，宣读保密和公正性申明；

4. 申请单位负责人宣读签署的承诺书；

5. 申请单位汇报职业卫生技术服务工作情况；

6. 确定申请单位的现场考核配合人员；

7. 确定考核意见反馈时间和末次会议时间、地点。

（三）考核专业技术能力。

1. 书面考试。参加书面考试的人员包括管理人员、评价人员、检测人员，参加考试人数不少于以上人员总数的 80%。考试方式为闭卷考试，考试时间为 120 分钟，满分为 100 分，60 分以上（含 60 分）者为合格。

2. 模拟评价。申请单位应当组织评价人员完成模拟评价，并在 48 小时内向专家组提交模拟评价报告。

3. 职业卫生工程口试与实际操作能力考核。专家组对职业卫生工程技术人员进行口试，并对其进行实际操作能力的考核。

4. 盲样考核。申请单位应当独立完成样品的检测，并在 48 小时内向专家组提交检测报告。

5. 检测人员操作技能考核。按照专家组指定的考核题目，申请单位检测人员独立完成现场采样、检测和实验室分析。

（四）审查资料。专家组按照分工对以下资料进行审查：

1. 申请单位的法人资格；

2. 相关部门设置和负责人任命文件；

3. 专业技术人员、技术负责人、质量控制负责人的名单、聘用证明、培训合格证书、技术职称证书、工作经历证明等材料；

4. 职业卫生技术服务质量管理体系文件及运行情况；

5. 仪器设备的购置凭证；

6. 检测原始记录及检测报告；

7. 职业病危害评价报告书及原始记录；

8. 教育培训证明文件或记录；

9. 应当审查的其他有关资料。

（五）审查实验室等工作场所。主要内容包括：

1. 仪器设备种类、数量、运行状态；

2. 仪器设备计量检定、放置、标识、使用记录；

3. 实验室等工作场所的面积、布局、环境及警示标识设置；

4. 标准溶液及化学试剂的配制标识与使用记录；

5. 样品管理；

6. 需要审查的其他有关内容。

（六）召开专家组会议。参加会议的人员包括专家组成员和技术评审单位工作人员。会议由专家组组长主持，会议程序及内容如下：

1. 现场考核专家按照考核工作分工分别报告考核情况，提出考核意见；

2. 编制现场技术考核报告；

3. 作出现场技术考核结论。

现场技术考核结论分为“通过”“整改后通过”“整改后复审”和“不通过”。其中，对“整改后通过”和“整改后复审”的，下达资质认可现场技术考核整改通知单。

（七）反馈考核意见。专家组就现场技术考核情况与申请单位负责人进行沟通，反馈考核意见。

（八）召开末次会议。参加会议的人员包括专家组成员、技术评审单位工作人员和申请单位负责人及相关人员。会议由专家组组长主持，会议程序及内容如下：

1. 专家组组长通报现场技术考核工作总体情况；

2. 专家组组长宣读现场技术考核结论；

3. 申请单位负责人发言。

第十四条 现场技术考核结论为“整改后通过”和“整改后复审”的，申请单位应当在接到整改通知之日后，按照专家组的时间要求完成整改，并将整改报告提交技术评审单位。技术评审单位在接到申请单位的整改报告后，组织专家组完成资料复核或现场复审，并由专家组提出复核或复审意见。

第十五条 专家组应当在结束现场技术考核后，将考核原始记录、现场技术考核报告（整改复核或复审意见）及有关资料移交技术评审单位。

三、报批和批准

第十六条 技术评审单位根据申请材料技术审查和现场技术考核的情况，提出职业卫生技术服务机构甲级资质认可技术评审结论并编制完成技术评审报告，技术评审报告加盖公章后报总局资质认可机关。

技术评审结论分为“建议批准”和“建议不批准”。

第十七条 总局资质认可机关自接到技术评审单位上报的技术评审报告等资料之日起15个工作日内，经过综合审查并报总局领导同志审定后，作出是否批准的决定。

第十八条 决定予以认可的，应当自作出决定之日起10个工作日内向申请单位颁发资质证书，申请单位凭《职业卫生技术服务机构资质申请技术评审通知书》、申请单位介绍信、领取人身份证到总局资质认可机关领取《职业卫生技术服务机构资质证书》；决定不予认可的，由总局资质认可机关向申请单位下达《职业卫生技术服务机构资质认可不予批准通知书》。

第十九条 总局资质认可机关对获得《职业卫生技术服务机构资质证书》的单位在总局政府网站上进行公告，接受社会监督。

四、资质变更和延续

第二十条 职业卫生技术服务机构取得资质1年以上，需要增加业务范围的，应当填写《职业卫生技术服务机构业务范围变更申请表》（附录6），并向总局资质认可机关提出申请。总局资质认可机关依照本程序对申请增加业务范围的单位组织开展技术评审。

第二十一条 职业卫生技术服务机构出现下列情况时，应当向总局资质认可机关申请办理资质变更手续：

（一）单位名称变更的；

（二）注册地址变更的；

（三）法定代表人变更的；

（四）机构分立、合并需要办理变更手续的。

第二十二条 职业卫生技术服务机构申请资质变更时，应当填写《职业卫生技术服务机构资质变更申请表》（附录7），并提交《职业卫生技术服务机构资质证书》原件，当地机构编制部门或工商管理部门、税务机关的证明文件，单位主管（上级）部门出具的证明文件（复印件），以及总局资质认可机关要求的其他证明文件、资料。

第二十三条 职业卫生技术服务机构办理资质变更手续期间，应当暂停相关技术服务工作。

第二十四条 《职业卫生技术服务机构资质证书》有效期届满前3个月，职业卫生技术服务机构应当向总局资质认可机关申请资质延续，填写《职业卫生技术服务机构资质延续申请表》（附录8），并提交有关申请材料。总局资质认可机关依照本程序对申请单位组织开展资质延续的认可工作，对合格的换发证书，不合格的取消资质。逾期未申请延续的，其《职业卫生技术服务机构资质证书》过期作废。

五、其他

第二十五条 申请单位申请的业务范围包含煤炭采选业的，还应当报所在地省级煤矿安全监察局初审合格，再报总局资质认可机关进行资质认可，国家煤矿安全监察局有关司依照职责进行审查。

第二十六条 职业卫生技术服务机构乙级、丙级机构资质认可工作程序参照本程序执行。

附录 1

安职技申字（　）第　号

职业卫生技术服务机构资质申请表

申请单位：　　　　　　　　　　　　（公章）

法定代表人：

填表日期：

国家安全生产监督管理总局制

填写说明

1. 本申请表由申请职业卫生技术服务机构资质的机构填写后报安全生产监督管理部门。

2. 文字要简练，不得涂改，空格处以“无”字填写，并用 A4 纸打印（中文使用宋体小 4 号字，英文使用 12 号字）。

3. 单位名称、注册地址等项目要填写全称，勿用简称。

4. “单位性质”一栏填写国有、集体、私营、中外合资、中外合作、外商独资。

5. “申请资质等级”一栏填写“甲级”“乙级”或“丙级”。

6. 呈报申请表时，须提交下列材料：

（1）申请单位简介；

（2）法人资格证明或者名称预先核准通知书；

（3）注册资金和固定资产的验资证明；

（4）工作场所产权证明或者租赁合同；

（5）机构资质证明材料；

（6）职业卫生技术服务机构质量管理体系文件；

（7）专职技术人员、专职技术负责人、质量控制负责人的名单及其培训合格证书、技术职称证书、工作经历证明；

（8）拟开展的职业卫生技术服务项目及资质等级；

（9）在申请职业卫生技术服务业务范围内，能够证明具有相应业务能力的文件、资料；

（10）近年从事职业卫生技术服务相关工作的总结报告；

（11）法律、法规规定的其他文件、资料。

7. 本申请表一式二份。

<table>
<tr><td>申请单位名称</td><td colspan="3"></td></tr>
<tr><td>注册地址</td><td colspan="3"></td></tr>
<tr><td>单位性质</td><td colspan="3"></td></tr>
<tr><td>法定代表人</td><td></td><td>成立日期</td><td></td></tr>
<tr><td>注册资金</td><td>万元</td><td>固定资产</td><td>万元</td></tr>
<tr><td>联系人</td><td></td><td>职　务</td><td></td></tr>
<tr><td>联系电话</td><td></td><td>传　真</td><td></td></tr>
<tr><td>通信地址</td><td></td><td>邮政编码</td><td></td></tr>
<tr><td>申请资质等级</td><td colspan="3"></td></tr>
<tr><td>申请技术服务
业务范围</td><td colspan="3"></td></tr>
<tr><td>申请材料</td><td colspan="3">□ 1. 申请单位简介；
□ 2. 法人资格证明或者名称预先核准通知书；
□ 3. 注册资金和固定资产的验资证明；
□ 4. 工作场所产权证明或者租赁合同；
□ 5. 机构资质证明材料；
□ 6. 职业卫生技术服务机构质量管理体系文件；
□ 7. 专职技术人员、专职技术负责人、质量控制负责人的名单及其培训合格证书、技术职称证书、工作经历证明；
□ 8. 拟开展的职业卫生技术服务项目及资质等级；
□ 9. 在申请职业卫生技术服务业务范围内，能够证明具有相应业务能力的文件、资料；
□ 10. 近年从事职业卫生技术服务相关工作的总结报告。</td></tr>
<tr><td colspan="2">申请单位法定代表人：

（签字）

年　月　日</td><td colspan="2">申请单位：

（公章）

年　月　日</td></tr>
</table>

附录 2

申请材料基本要求

申请材料应当符合以下基本要求：

1. 申请单位简介

内容包括申请单位的设立时间、机构类型、注册资本、组织结构、人员概况（人员总数、职称情况、学历情况）、工作场所概况（办公面积、实验室面积、档案室面积等）、主要业务内容等。

2. 法人资格证明材料（复印件）

申请单位应当提交“企业法人营业执照（或事业单位法人证书）”“组织机构代码证”“税务登记证”，或者名称预先核准通知书的复印件。

3. 注册资金和固定资产的验资证明（复印件）

申请单位应当提交注册资金和固定资产的验资证明。

4. 工作场所产权证明或者租赁合同

申请单位应当提交工作场所产权证明或者租赁合同的复印件。

5. 机构资质证明材料

申请单位应当提交已获得的职业卫生技术服务机构资质证书正、副本复印件。

6. 职业卫生技术服务质量管理体系文件

申请单位应当提交现行职业卫生技术服务质量（管理）手册、程序文件、作业指导书的封面和目录。

7. 专业技术人员材料

（1）专职技术人员名单，包括姓名、性别、出生年月、学历、所学专业、职务/职称、岗位、工作年限、培训合格证书编号等，见下表：

序号	姓名	性别	出生年月	学历	所学专业	职务/职称	岗位	工作年限	培训合格证书编号

注：“岗位”包括检测技术负责人、评价技术负责人、质量控制负责人、评价、检测、质量控制、卫生工程人员等，“工作年限”指从事本专业或本岗位的时间。

（2）技术负责人、质量控制负责人的技术职称证书、工作经历证明；

（3）专业技术人员的培训合格证书（复印件）。

8. 拟开展的职业卫生技术服务项目及资质等级

在《职业卫生技术服务机构资质申请表》中相应栏目中填写。

9. 证明具有相应业务能力的文件、资料

指有关实验室资质和业务能力的证明文件：

（1）甲级资质要求的职业病危害因素检测能力对比表；

（2）计量认证证书及证书附表（复印件）；

（3）近年参加实验室室间比对和盲样考核的情况及结果汇总表；

（4）相关仪器设备清单，仪器设备信息见下表：

序号	仪器设备名称	型号	生产厂家	购买日期	精密度或不确定度	用途	数量	最近检定日期	检定周期	状态

（5）工作场所平面布局图，包括评价、检测、档案室等所需的工作场所的布局和面积说明。

10. 职业卫生技术服务总结报告

包括以下内容：

（1）近年来开展职业卫生检测、评价技术服务的总体情况，存在的问题；

（2）职业卫生技术服务质量管理体系运行情况（包括内审、管理评审、质量控制等）；

（3）近年建设项目职业病危害评价项目清单；

（4）近年职业病危害因素或放射卫生防护检测与评价项目清单。

11. 凡要求提交材料为复印件的，均应当在复印件上写明“与原件一致”，并加盖单位公章；资质申请表和上述提交材料均应当使用 A4 规格纸张印制，并按照先后顺序装订成册，刻录成电子光盘，一并提交。

附录 3

安全生产监督管理部门审核意见

<table>
<tr><td colspan="2">申请单位名称</td><td colspan="3"></td></tr>
<tr><td colspan="2">单位性质</td><td colspan="3"></td></tr>
<tr><td colspan="2">申请技术服务
业务范围</td><td colspan="3"></td></tr>
<tr><td colspan="2">申请资质等级</td><td colspan="3"></td></tr>
<tr><td>序号</td><td colspan="2">审查内容</td><td>审查结果</td><td>备注</td></tr>
<tr><td>1</td><td colspan="2">提交的申请材料是否符合要求</td><td>□是　□否</td><td></td></tr>
<tr><td>2</td><td colspan="2">是否具有独立法人资格</td><td>□是　□否</td><td></td></tr>
<tr><td>3</td><td colspan="2">注册资金、固定资产是否满足条件</td><td>□是　□否</td><td></td></tr>
<tr><td>4</td><td colspan="2">是否已取得职业卫生技术服务机构资质</td><td>□是　□否</td><td></td></tr>
<tr><td>5</td><td colspan="2">工作场所面积是否符合要求</td><td>□是　□否</td><td></td></tr>
<tr><td>6</td><td colspan="2">经培训合格的专职技术人员的数量是否满足要求</td><td>□是　□否</td><td></td></tr>
<tr><td>7</td><td colspan="2">是否有专职技术负责人和质量控制负责人，技术负责人的技术职称和工作经验是否符合要求</td><td>□是　□否</td><td></td></tr>
<tr><td>8</td><td colspan="2">是否通过实验室计量认证</td><td>□是　□否</td><td></td></tr>
<tr><td>9</td><td colspan="2">是否有违法行为记录</td><td>□是　□否</td><td></td></tr>
<tr><td colspan="5">审核意见：

审查部门（盖章）
年　月　日</td></tr>
</table>

附录 4

职业卫生技术服务机构资质申请技术评审通知书

编号：____________

____________________：

经审查，你单位____年____月____日提交的职业卫生技术服务机构资质申请材料符合有关要求，将组织技术评审。

总局资质认可机关

年　月　日

附录 5

职业卫生技术服务机构资质申请不予技术评审通知书

编号：____________

____________________：

经审查，你单位____年____月____日申报的职业卫生技术服务机构资质申请资料不符合要求，不予组织技术评审。

具体意见如下：

总局资质认可机关

年　月　日

附录 6

编号：____________

职业卫生技术服务机构业务范围变更申请表

申请单位：　　　　　　　　　　　（公章）

法定代表人：

填表日期：

国家安全生产监督管理总局制

填 写 说 明

1. 本申请表由申请职业卫生技术服务机构业务范围变更的机构填写后报安全生产监督管理部门。

2. 文字要简练，不得涂改，空格处以“无”字填写，并用 A4 纸打印（中文使用宋体小 4 号字，英文使用 12 号字）。

3. 单位名称、注册地址等项目要填写全称，勿用简称。

4. “单位性质”一栏填写国有、集体、个体、中外合资、中外合作、外商独资。

5. 呈报申请表时，须提交下列材料：

（1）《职业卫生技术服务机构资质证书》正副本影印件；

（2）专职技术人员名单及其培训合格证书、毕业证书、工作经历证明；

（3）在申请职业卫生技术服务业务范围内，能够证明具有相应业务能力的文件、资料；

（4）申请增加业务范围所涉及的行业领域的建设项目职业病危害模拟评价报告。

6. 本申请表一式二份。

<table>
<tr><td>单位名称</td><td colspan="3"></td></tr>
<tr><td>单位性质</td><td colspan="3"></td></tr>
<tr><td>注册地址</td><td colspan="3"></td></tr>
<tr><td>法定代表人</td><td></td><td>联系人</td><td></td></tr>
<tr><td>联系电话</td><td></td><td>传　真</td><td></td></tr>
<tr><td>通讯地址</td><td></td><td>邮政编码</td><td></td></tr>
<tr><td>资质证书编号</td><td colspan="3"></td></tr>
<tr><td>申请增加业务范围</td><td colspan="3"></td></tr>
<tr><td colspan="4">提交材料：
□ 1.《职业卫生技术服务机构资质证书》正副本影印件；
□ 2. 专职技术人员名单及其培训合格证书、毕业证书、工作经历证明；
□ 3. 在申请职业卫生技术服务业务范围内，能够证明具有相应业务能力的文件、资料；
□ 4. 申请增加业务范围所涉及的行业领域的建设项目职业病危害模拟评价报告。</td></tr>
<tr><td colspan="2">申请单位法定代表人：
（签字）
年　月　日</td><td colspan="2">申请单位：
（公章）
年　月　日</td></tr>
</table>

附录 7

编号：____________

职业卫生技术服务机构资质变更申请表

申请单位：（公章）

法定代表人：

填表日期：

国家安全生产监督管理总局制

填 写 说 明

1. 文字要简练，不得涂改，空格处以“无”字填写，并用 A4 纸打印。
2. 单位名称、注册地址等项目要填写全称，勿用简称。
3. “单位性质”一栏填写国有、集体、私营、中外合资、中外合作、外商独资等。
4. 呈报申请表时，须同时提交下列材料：
(1)《职业卫生技术服务机构资质证书》原件；
(2) 当地机构编制部门或工商管理部门、税务机关的证明文件；
(3) 单位主管（上级）部门出具的证明文件（复印件）。
5. 本申请表一式二份。

<table>
<tr><td colspan="2">单位名称</td><td colspan="3"></td></tr>
<tr><td colspan="2">单位性质</td><td colspan="3"></td></tr>
<tr><td colspan="2">注册地址</td><td colspan="3"></td></tr>
<tr><td colspan="2">法定代表人</td><td></td><td>联系人</td><td></td></tr>
<tr><td colspan="2">联系电话</td><td></td><td>传　真</td><td></td></tr>
<tr><td colspan="2">通信地址</td><td></td><td>邮政编码</td><td></td></tr>
<tr><td colspan="2">资质证书编号</td><td colspan="3"></td></tr>
<tr><td colspan="2">变更日期</td><td colspan="3">年　月　日</td></tr>
<tr><td rowspan="5">变更事项</td><td>项目</td><td>变更前</td><td colspan="2">变更后</td></tr>
<tr><td>单位名称</td><td></td><td colspan="2"></td></tr>
<tr><td>注册地址</td><td></td><td colspan="2"></td></tr>
<tr><td>法定代表人</td><td></td><td colspan="2"></td></tr>
<tr><td>其他事项</td><td></td><td colspan="2"></td></tr>
<tr><td colspan="3">申请单位法定代表人：　（签字）

年　月　日</td><td colspan="2">申请单位：　（公章）

年　月　日</td></tr>
</table>

附录 8

编号：____________

职业卫生技术服务机构资质延续申请表

申请单位：　　　　　　　　　　（公章）

法定代表人：

填表日期：

国家安全生产监督管理总局制

填 写 说 明

1. 本申请表由申请职业卫生技术服务资质延续的机构填写后报安全生产监督管理部门。

2. 文字要简练，不得涂改，空格处以“无”字填写，并用 A4 纸打印。

3. 单位名称、注册地址等项目要填写全称，勿用简称。

4. “单位性质”一栏填写国有、集体、私营、中外合资、中外合作、外商独资等。

5. 呈报申请表时，须同时提交下列材料：

（1）《职业卫生技术服务机构资质证书》正、副本影印件；

（2）申请单位简介；

（3）法人资格证明材料（复印件）；

（4）现行职业卫生技术服务质量管理文件；

（5）专职技术人员、专职技术负责人、质量控制负责人的名单及其培训合格证书、技术职称证书、工作经历证明；

（6）证明具有相应业务能力的文件、资料；

（7）职业卫生技术服务总结报告。

6. 本申请表一式二份。

<table>
<tr><td>单位名称</td><td colspan="3"></td></tr>
<tr><td>单位性质</td><td colspan="3"></td></tr>
<tr><td>注册地址</td><td colspan="3"></td></tr>
<tr><td>法定代表人</td><td></td><td>联系人</td><td></td></tr>
<tr><td>联系电话</td><td></td><td>传　真</td><td></td></tr>
<tr><td>通信地址</td><td></td><td>邮政编码</td><td></td></tr>
<tr><td>资质证书编号</td><td colspan="3"></td></tr>
<tr><td>资质等级</td><td></td><td>有效期至</td><td>年　月　日</td></tr>
<tr><td colspan="4">提交资料：
□　1.《职业卫生技术服务机构资质证书》正、副本影印件；
□　2. 申请单位简介；
□　3. 法人资格证明材料（复印件）；
□　4. 现行职业卫生技术服务质量管理文件；
□　5. 专职技术人员、专职技术负责人、质量控制负责人的名单及其培训合格证书、技术职称证书、工作经历证明；
□　6. 证明具有相应业务能力的文件、资料；
□　7. 职业卫生技术服务总结报告；
□　8. 其他。</td></tr>
<tr><td colspan="2">申请单位法定代表人：　　（签字）

年　月　日</td><td colspan="2">申请单位：　　（公章）

年　月　日</td></tr>
</table>

附件 6

职业卫生技术服务机构业务范围划分表
（2012 年版）

第一类：

业务范围	具体业务领域	工程技术人员专业要求	备注
煤炭采选业	• 烟煤和无烟煤的开采洗选 • 褐煤的开采洗选 • 其他煤炭采选	• 地矿类专业	甲级、乙级可选；丙级不可选
石油和天然气开采业	• 天然原油和天然气开采 • 其他石油和天然气开采	• 石油工程类专业	甲级、乙级可选；丙级不可选
金属、非金属矿采选业和工程建筑业	• 铁矿、锰矿、铬矿及其他黑色金属矿采选业 • 常用有色金属、贵金属、稀有稀土金属矿采选业 • 土砂石、化学矿、采盐、石棉及其他非金属矿采选业、石英砂开采及加工 • 其他采矿业 • 房屋工程建筑业 • 土木工程建筑业	• 地矿类专业 • 土建类专业	甲级、乙级、丙级可选
冶金、建材	• 黑色金属冶炼及压延加工业 • 有色金属冶炼及压延加工业 • 金属制品业 • 非金属矿物制品业，包括水泥、石灰和石膏的制造，水泥及石膏制品制造，砖瓦、石材及其他建筑材料制造，玻璃及玻璃制品制造，陶瓷制品制造，耐火材料制品制造，石墨及其他非金属矿物制品制造 • 其他冶金、建材相关业务	• 材料类专业	甲级、乙级、丙级可选

续表

业务范围	具体业务领域	工程技术人员专业要求	备注
化工、石化及医药	•石油加工、炼焦 •化学原料及化学制品制造业，包括基础化学原料、肥料、农药、涂料、油墨、颜料及类似产品、合成材料、专用化学产品（含烟花爆竹、民用爆破器材）日用化学产品等生产加工与制造 •医药制造业 •化学纤维制造业 •橡胶制品业 •塑料制品业 •废弃资源和废旧材料回收加工业 •其他化工、石化及医药相关业务	•化工与制药类专业	甲级、乙级、丙级可选
轻工、纺织、烟草加工制造业	•农副食品加工业、食品制造业、饮料制造业 •烟草制品业 •纺织业，纺织服装、鞋、帽制造业，皮革、毛皮、羽毛（绒）及其制品业 •木材加工及木、竹、藤、棕、草制品业 •家具制造业 •造纸及纸制品业 •印刷业 •文教体育用品制造业、玩具制造 •工艺美术品制造、日用杂品制造、煤制品制造 •其他相关业务	•轻工纺织食品类专业	甲级、乙级、丙级可选

续表

业务范围	具体业务领域	工程技术人员专业要求	备注
机械、设备、电器制造业	•通用设备制造业，包括锅炉及原动机制造，金属加工机械制造，起重运输设备制造，泵、阀门、压缩机及类似机械制造，轴承、齿轮、传动和驱动部件的制造，烘炉、熔炉及电炉制造，风机、衡器、包装设备等通用设备制造，通用零部件制造及机械修理，金属铸、锻加工 •专用设备制造业，包括矿山、冶金、建筑专用设备制造，化工、木材、非金属加工专用设备制造，食品、饮料、烟草及饲料生产专用设备制造，印刷、制药、日化生产专用设备制造，纺织、服装和皮革工业专用设备制造，电子和电工机械专用设备制造，农、林、牧、渔专用机械制造，医疗仪器设备及器械制造，环保、社会公共安全及其他专用设备制造 •交通运输设备制造业，包括铁路运输设备制造，汽车制造，摩托车制造，自行车制造，船舶及浮动装置制造，航空航天器制造，交通器材及其他交通运输设备制造 •电气机械及器材制造业，包括电机制造，输配电及控制设备制造，电线、电缆、光缆及电工器材制造，电池制造，家用电力器具制造，非电力家用器具制造，	•机械类专业 •电气信息类专业	甲级、乙级、丙级可选

续表

业务范围	具体业务领域	工程技术人员专业要求	备注
机械、设备、电器制造业	照明器具制造，其他电气机械及器材制造 ●通信设备、计算机及其他电子设备制造业，包括通信设备制造，雷达及配套设备制造，广播电视设备制造，电子计算机制造，电子器件制造，电子元件制造，家用视听设备制造及其他电子设备制造 ●仪器仪表及文化、办公用机械制造业，包括通用仪器仪表制造，专用仪器仪表制造，钟表与计时仪器制造，光学仪器及眼镜制造，文化、办公用机械制造，其他仪器仪表的制造及修理 ●其他相关业务	●机械类专业 ●电气信息类专业	甲级、乙级、丙级可选
电力、燃气及水的生产和供应业	●电力、热力的生产和供应业 ●燃气生产和供应业 ●水的生产和供应业（含污水处理及其再生利用） ●其他相关业务	●能源动力类专业	甲级、乙级、丙级可选
运输、仓储、科研、农林、公共服务业	●农、林、牧、渔业 ●建筑安装业 ●交通运输、仓储和邮政业（含管道运输、港口码头） ●信息传输、计算机服务和软件业 ●科学研究、技术服务业 ●水利、环境和公共设施管理业（含垃圾处理） ●居民服务、修理和其他服务业	●土建类、水利类、环境与安全类、交通运输类、航空航天类、武器类、农业工程类或林业工程类专业	甲级、乙级、丙级可选

第二类：

业务范围	具体业务领域	工程技术人员专业要求	备注
核电站、大型辐照装置和中、高能加速器	• 核电站 • 大型辐照装置 • 中、高能加速器（大于或等于 50MeV）	• 核工程与核技术 • 核物理 • 放射医学	甲级必选； 乙级不可选； 丙级不可选
核燃料循环	• 铀矿开采 • 铀矿水冶 • 铀的浓缩和转化 • 燃料制造 • 反应堆运行 • 燃料后处理 • 核燃料循环研究 • 其他	• 核工程与核技术 • 核物理 • 放射医学	甲级必选； 乙级不可选； 丙级不可选
核技术工业应用	• 工业辐照（大型辐照装置除外） • 工业探伤 • 发光涂料工业 • 放射性同位素生产 • 测井 • 加速器运行（大于或等于 50MeV 的中、高能加速器除外） • 人体、行李包、车辆、集装箱等射线安全检查系统 • 其他	• 核物理 • 放射医学	甲级必选； 乙级必选； 丙级不可选

其他类：可根据实际工作需要，双方协商确定，开展职业卫生技术服务活动。

说明：

1. 职业卫生技术服务机构资质证书业务范围按本表对照和认定。

2. 甲级机构申请第一类的，至少应申请 3 项业务范围；申请第二类的，应申请全部 3 项业务范围。

3. 乙级机构申请第一类（不含煤炭采选业）的，至少应申请 2 项业务范围，申请第二类的，只能申请核技术工业应用一项业务范围。乙级机构申请业务范围为第一类中煤炭采选业的，应当报所在地煤矿安全监察分局初审合格后，报省级煤矿安全监察局进行资质认可。

4. 丙级机构只可申请第一类（不含煤炭采选业、石油和天然气开采业）中的业务范围，且不得多于 2 项。

5. 本表所列专业参考教育部 1998—2004 年公布的全国普通高等学校工科类本科专业目录一级学科名称进行编制。工程技术人员的专业能力可通过普通高等学校学历证书、中级以上专业技术职称或学术专著、科研论文、科技发明、科技进步奖等从业经历证明材料认定。

23　国家安全生产监督管理总局关于印发防暑降温措施管理办法的通知

安监总安健〔2012〕89 号

各省、自治区、直辖市及新疆生产建设兵团安全生产监督管理局、卫生厅（局）、人力资源社会保障厅（局）、总工会，各省级煤矿安全监察局：

近年来，由于夏季高温天气导致从事户外作业的劳动者中暑甚至死亡的事件时有发生，给劳动者身体健康和生命安全造成了严重损害，成为社会各界共同关注的重要问题。为了加强高温作业、高温天气作业劳动保护工作，维护劳动者健康及其相关权益，国家安全监管总局、卫生部、人力资源社会保障部、全国总工会对《防暑降温措施暂行办法》（〈60〉卫防钱字第 207 号）进行了修订，制定了《防暑降温措施管理办法》，现印发你们，请认真遵照执行。

国家安全生产监督管理总局
卫生部
人力资源和社会保障部
中华全国总工会
2012 年 6 月 29 日

防暑降温措施管理办法

第一条　为了加强高温作业、高温天气作业劳动保护工作，维护劳动者健康及其相关权益，根据《中华人民共和国职业病防治法》《中华人民共和国安全生产法》《中华人民共和国劳动法》《中华人民共和国工会法》等有关法律、行政法规的规定，制定本办法。

第二条 本办法适用于存在高温作业及在高温天气期间安排劳动者作业的企业、事业单位和个体经济组织等用人单位。

第三条 高温作业是指有高气温，或有强烈的热辐射，或伴有高气湿（相对湿度≥80%RH）相结合的异常作业条件、湿球黑球温度指数（*WBGT* 指数）超过规定限值的作业。

高温天气是指地市级以上气象主管部门所属气象台站向公众发布的日最高气温 35℃以上的天气。

高温天气作业是指用人单位在高温天气期间安排劳动者在高温自然气象环境下进行的作业。

工作场所高温作业 *WBGT* 指数测量依照《工作场所物理因素测量　第 7 部分：高温》（GBZ/T 189.7）执行；高温作业职业接触限值依照《工作场所有害因素职业接触限值　第 2 部分：物理因素》（GBZ 2.2）执行；高温作业分级依照《工作场所职业病危害作业分级　第 3 部分：高温》（GBZ/T 229.3）执行。

第四条 国务院安全生产监督管理部门、卫生行政部门、人力资源社会保障行政部门依照相关法律、行政法规和国务院确定的职责，负责全国高温作业、高温天气作业劳动保护的监督管理工作。

县级以上地方人民政府安全生产监督管理部门、卫生行政部门、人力资源社会保障行政部门依据法律、行政法规和各自职责，负责本行政区域内高温作业、高温天气作业劳动保护的监督管理工作。

第五条 用人单位应当建立、健全防暑降温工作制度，采取有效措施，加强高温作业、高温天气作业劳动保护工作，确保劳动者身体健康和生命安全。

用人单位的主要负责人对本单位的防暑降温工作全面负责。

第六条 用人单位应当根据国家有关规定，合理布局生产现场，改进生产工艺和操作流程，采用良好的隔热、通风、降温措施，保证工作场所符合国家职业卫生标准要求。

第七条 用人单位应当落实以下高温作业劳动保护措施：

（一）优先采用有利于控制高温的新技术、新工艺、新材料、新设备，从源头上降低或者消除高温危害。对于生产过程中不能完全消除的高温危害，应当采取综合控制措施，使其符合国家职业卫生标准要求。

（二）存在高温职业病危害的建设项目，应当保证其设计符合国家职业卫生相关标准和卫生要求，高温防护设施应当与主体工程同时设计，同时施工，同时投入生产和使用。

（三）存在高温职业病危害的用人单位，应当实施由专人负责的高温日常监测，并按照有关规定进行职业病危害因素检测、评价。

（四）用人单位应当依照有关规定对从事接触高温危害作业劳动者组织上岗前、在岗期间和离岗时的职业健康检查，将检查结果存入职业健康监护档案并书面告知劳动者。职业健康检查费用由用人单位承担。

（五）用人单位不得安排怀孕女职工和未成年工从事《工作场所职业病危害作业分级　第 3 部分：高温》（GBZ/T 229.3）中第三级以上的高温工作场所作业。

第八条 在高温天气期间，用人单位应当按照下列规定，根据生产特点和具体条件，采取合理安排工作时间、轮换作业、适当增加高温工作环境下劳动者的休息时间和减轻劳动强度、减少高温时段室外作业等措施：

（一）用人单位应当根据地市级以上气象主管部门所属气象台当日发布的预报气温，调整作业时间，但因人身财产安全和公众利益需要紧急处理的除外：

1. 日最高气温达到40℃以上，应当停止当日室外露天作业。

2. 日最高气温达到37℃以上、40℃以下时，用人单位全天安排劳动者室外露天作业时间累计不得超过6小时，连续作业时间不得超过国家规定，且在气温最高时段3小时内不得安排室外露天作业。

3. 日最高气温达到35℃以上、37℃以下时，用人单位应当采取换班轮休等方式，缩短劳动者连续作业时间，并且不得安排室外露天作业劳动者加班。

（二）在高温天气来临之前，用人单位应当对高温天气作业的劳动者进行健康检查，对患有心、肺、脑血管性疾病、肺结核、中枢神经系统疾病及其他身体状况不适合高温作业环境的劳动者，应当调整作业岗位。职业健康检查费用由用人单位承担。

（三）用人单位不得安排怀孕女职工和未成年工在35℃以上的高温天气期间从事室外露天作业及温度在33℃以上的工作场所作业。

（四）因高温天气停止工作、缩短工作时间的，用人单位不得扣除或降低劳动者工资。

第九条 用人单位应当向劳动者提供符合要求的个人防护用品，并督促和指导劳动者正确使用。

第十条 用人单位应当对劳动者进行上岗前职业卫生培训和在岗期间的定期职业卫生培训，普及高温防护、中暑急救等职业卫生知识。

第十一条 用人单位应当为高温作业、高温天气作业的劳动者供给足够的、符合卫生标准的防暑降温饮料及必需的药品。

不得以发放钱物替代提供防暑降温饮料。防暑降温饮料不得充抵高温津贴。

第十二条 用人单位应当在高温工作环境设立休息场所。休息场所应当设有座椅，保持通风良好或者配有空调等防暑降温设施。

第十三条 用人单位应当制定高温中暑应急预案，定期进行应急救援的演习，并根据从事高温作业和高温天气作业的劳动者数量及作业条件等情况，配备应急救援人员和足量的急救药品。

第十四条 劳动者出现中暑症状时，用人单位应当立即采取救助措施，使其迅速脱离高温环境，到通风阴凉处休息，供给防暑降温饮料，并采取必要的对症处理措施；病情严重者，用人单位应当及时送医疗卫生机构治疗。

第十五条 劳动者应当服从用人单位合理调整高温天气作息时间或者对有关工作地点、工作岗位的调整安排。

第十六条 工会组织代表劳动者就高温作业和高温天气劳动保护事项与用人单位进行平等协商，签订集体合同或者高温作业和高温天气劳动保护专项集体合同。

第十七条 劳动者从事高温作业的，依法享受岗位津贴。

用人单位安排劳动者在35℃以上高温天气从事室外露天作业以及不能采取有效措施将工作场所温度降低到33℃以下的，应当向劳动者发放高温津贴，并纳入工资总额。高温津贴标准由省级人力资源社会保障行政部门会同有关部门制定，并根据社会经济发展状况适时调整。

第十八条 承担职业性中暑诊断的医疗卫生机构，应当经省级人民政府卫生行政部门批准。

第十九条 劳动者因高温作业或者高温天气作业引起中暑，经诊断为职业病的，享受工伤保险待遇。

第二十条 工会组织依法对用人单位的高温作业、高温天气劳动保护措施实行监督。发现违法行为，工会组织有权向用人单位提出，用人单位应当及时改正。用人单位拒不改正的，工会组织应当提请有关部门依法处理，并对处理结果进行监督。

第二十一条 用人单位违反职业病防治与安全生产法律、行政法规，危害劳动者身体健康的，由县级以上人民政府相关部门依据各自职责责令用人单位整改或者停止作业；情节严重的，按照国家有关法律法规追究用人单位及其负责人的相应责任；构成犯罪的，依法追究刑事责任。

用人单位违反国家劳动保障法律、行政法规有关工作时间、工资津贴规定，侵害劳动者劳动保障权益的，由县级以上人力资源社会保障行政部门依法责令改正。

第二十二条 各省级人民政府安全生产监督管理部门、卫生行政部门、人力资源社会保障行政部门和工会组织可以根据本办法，制定实施细则。

第二十三条 本办法由国家安全生产监督管理总局会同卫生部、人力资源和社会保障部、全国总工会负责解释。

第二十四条 本办法所称“以上”摄氏度（℃）含本数，“以下”摄氏度（℃）不含本数。

第二十五条 本办法自发布之日起施行。1960年7月1日卫生部、劳动部、全国总工会联合公布的《防暑降温措施暂行办法》同时废止。

24 国家安全监管总局关于印发职业卫生技术服务甲级机构跨省（自治区、直辖市）服务备案管理办法的通知

安监总安健〔2012〕137号

各省、自治区、直辖市及新疆生产建设兵团安全生产监督管理局，各省级煤矿安全监察局，各有关单位：

根据《职业卫生技术服务机构监督管理暂行办法》（国家安全监管总局令第50号）的规定，为加强对职业卫生技术服务甲级机构的监督管理，规范甲级机构跨省（自治区、直

辖市）开展职业卫生技术服务，国家安全监管总局制定了《职业卫生技术服务甲级机构跨省（自治区、直辖市）服务备案管理办法》，现印发给你们，请遵照执行。

国家安全生产监督管理总局
2012 年 11 月 12 日

职业卫生技术服务甲级机构跨省（自治区、直辖市）服务备案管理办法

一、为加强对职业卫生技术服务甲级机构（以下简称甲级机构）的监督管理，规范甲级机构跨省（自治区、直辖市）开展职业卫生技术服务，根据《职业卫生技术服务机构监督管理暂行办法》（国家安全监管总局令第 50 号）的有关规定，制定本办法。

二、本办法所称甲级机构跨省（自治区、直辖市）服务，是指甲级机构在其注册地以外的省（自治区、直辖市）开展职业卫生技术服务。

三、甲级机构根据国家安全监管总局认可的业务范围，跨省（自治区、直辖市）开展非煤炭采选业技术服务的，应当向技术服务所在地省级安全监管部门备案；跨省（自治区、直辖市）开展煤炭采选业技术服务的，应当向技术服务所在地省级煤矿安全监察机构备案。

四、甲级机构跨省（自治区、直辖市）开展由国家安全监管总局、国家煤矿安监局负责备案、审核、竣工验收的建设项目职业病危害预评价或控制效果评价等技术服务的，实行告知方式进行备案。即由甲级机构在技术服务结束后向建设项目所在地省级安全监管部门或省级煤矿安全监察机构提交《职业卫生技术服务甲级机构跨省（自治区、直辖市）服务工作报告表》（见附件 1）及建设项目概况，不需要履行本办法下列规定的有关备案程序。

五、甲级机构跨省（自治区、直辖市）开展第四条规定以外的职业卫生技术服务的，甲级机构应当在技术服务前向技术服务所在地省级安全监管部门或省级煤矿安全监察机构提出备案申请，省级安全监管部门或省级煤矿安全监察机构进行备案，并负责对其监督检查。

六、申请备案的甲级机构应当向省级安全监管部门或省级煤矿安全监察机构提交如下材料：

1. 《职业卫生技术服务甲级机构跨省（自治区、直辖市）服务工作报告表》；
2. 职业卫生技术服务机构资质证书正副本影印件；
3. 《职业卫生技术服务机构专业技术人员名单》（见附件 2）；
4. 《职业卫生技术服务机构主要仪器设备清单》（见附件 3）；
5. 现行有效的计量认证证书及证书附表复印件。

七、申请材料应当真实、完整，证明材料复印件应当注明与原件一致，并加盖申请单位公章。

八、省级安全监管部门或省级煤矿安全监察机构应当自收到申请材料之日起 10 个工作

日内对申请材料的完整性进行审查。符合要求的，同意备案，核发备案通知书（见附件4）。

申请材料不符合要求的，应当自收到申请材料之日起10个工作日内向申请单位下达材料补正通知书（见附件5）。申请单位根据材料补正通知书的要求，补正有关材料。补正材料符合要求的，核发备案通知书。

九、省级安全监管部门或省级煤矿安全监察机构应当向社会公布在本省（自治区、直辖市）备案的甲级机构名单，并向下一级安全监管部门或煤矿安全监察机构通告已备案的甲级机构名单及有关信息，其他各级安全监管部门、煤矿安全监察机构不得再要求甲级机构进行备案。

十、备案甲级机构的名称、法定代表人、注册地址和业务范围发生变化的，应当及时向技术服务所在地省级安全监管部门或省级煤矿安全监察机构提交重新填写的《职业卫生技术服务甲级机构跨省（自治区、直辖市）服务工作报告表》和变更后的职业卫生技术服务机构资质证书正副本影印件。省级安全监管部门或省级煤矿安全监察机构应当向备案机构出具材料接收单（见附件6）。

十一、甲级机构跨省（自治区、直辖市）开展职业卫生技术服务工作时，应当向服务对象出示省级安全监管部门或省级煤矿安全监察机构核发的备案通知书（本办法第四条规定的范围除外）。

十二、甲级机构跨省（自治区、直辖市）开展职业卫生技术服务应当由本机构的专职技术人员独立完成，禁止转包职业卫生技术服务项目。技术服务过程中，对于因技术要求无法自行检测的样品，可以委托当地具有乙级及以上资质的职业卫生技术服务机构进行检测，并签订委托检测协议书，明确双方承担的法律责任。委托检测样品数量不得超过样品总数的30%。

十三、备案的甲级机构应当于每年1月31日前将上年度在备案地区工作情况统计表（见附件7）报送技术服务所在地省级安全监管部门或省级煤矿安全监察机构。

十四、省级安全监管部门或省级煤矿安全监察机构发现已备案的甲级机构提交的有关材料、报表弄虚作假的，依照《职业卫生技术服务机构监督管理暂行办法》第四十五条的规定进行行政处罚。

十五、省级安全监管部门或省级煤矿安全监察机构应当加强对已备案的甲级机构在本辖区开展技术服务的监督检查，依据有关法律法规的规定对其违法违规行为进行行政处罚，或者向国家安全监管总局提出处罚建议。

省级安全监管部门或省级煤矿安全监察机构应当将备案的甲级机构违法违规行为及行政处罚情况及时报告国家安全监管总局。

十六、省级安全监管部门、省级煤矿安全监察机构及其工作人员在甲级机构的备案管理工作中，必须遵守廉洁从政的有关规定，不得徇私舞弊、滥用职权、弄虚作假、玩忽职守。

十七、省级安全监管部门、省级煤矿安全监察机构及其工作人员在甲级机构的备案管理工作中，不得有以下行为：

1. 以任何名义收取费用（包括保证金、抵押金等）；

2. 以资质、资格备案为由擅自设立法律法规规定之外的行政许可事项；

3. 拒绝、阻挠或拖延甲级机构的备案申请；

4. 对申请备案甲级机构的组织机构、人员、工作场所和实验室、仪器设备、检测能力、评价能力、质量管理体系等已由国家安全监管总局完成技术评审的内容重复进行评审或考核；

5. 实行地方保护或部门保护，指定职业卫生技术服务机构为用人单位提供职业卫生技术服务；

6. 干预职业卫生技术服务机构的正常服务活动。

十八、本办法自发布之日起实施。

附件：1. 职业卫生技术服务甲级机构跨省（自治区、直辖市）服务工作报告表
2. 职业卫生技术服务机构专业技术人员名单
3. 职业卫生技术服务机构主要仪器设备清单
4. 职业卫生技术服务甲级机构跨省（自治区、直辖市）服务同意备案通知书
5. 职业卫生技术服务甲级机构跨省（自治区、直辖市）服务备案申请材料补正通知书
6. 职业卫生技术服务甲级机构跨省（自治区、直辖市）服务备案变更申请材料接收单
7. 职业卫生技术服务机构年度工作情况统计表

附件 1

职业卫生技术服务甲级机构
跨省（自治区、直辖市）服务工作报告表

<table>
<tr><td>机构名称</td><td colspan="3"></td></tr>
<tr><td>资质证书编号</td><td colspan="3"></td></tr>
<tr><td>资质证书有效期</td><td colspan="3"></td></tr>
<tr><td>业务范围
（填写内容）</td><td colspan="3"></td></tr>
<tr><td>在本地区开展的
业务内容</td><td colspan="3"></td></tr>
<tr><td>注册地址</td><td colspan="3"></td></tr>
<tr><td>通信地址</td><td colspan="3"></td></tr>
<tr><td>邮　　编</td><td colspan="3"></td></tr>
<tr><td>法定代表人</td><td></td><td>移动电话</td><td></td></tr>
<tr><td>联系人</td><td></td><td>联系电话</td><td></td></tr>
<tr><td>移动电话</td><td></td><td>电子邮箱</td><td></td></tr>
<tr><td colspan="2">申请单位法定代表人：

（签字）

年　月　日</td><td colspan="2">申请单位：

（公章）

年　月　日</td></tr>
</table>

附件 2

职业卫生技术服务机构专业技术人员名单

序号	姓名	性别	出生年月	学历	所学专业	职务/职称	岗位	工作年限	培训合格证书编号

注：“岗位”包括检测技术负责人、评价技术负责人、质量控制技术负责人、评价、检测、质量控制、卫生工程人员、工程技术人员等，“工作年限”指从事本专业或本岗位的时间。

附件 3

职业卫生技术服务机构主要仪器设备清单

序号	仪器名称	型号	性能参数	生产厂家	购置日期	数量	最近检定日期	检定周期	状态

附件 4

编号：____________

职业卫生技术服务甲级机构
跨省（自治区、直辖市）服务备案通知书

____________________：

经审核，你单位____年____月____日提交的职业卫生技术服务甲级机构跨省（自治区、直辖市）服务工作报告表等备案申请材料，符合要求，同意备案。备案的有效期与甲级机构资质证书有效期一致。

备案部门（公章）
年 月 日

附件 5

编号：____________

职业卫生技术服务甲级机构跨省（自治区、直辖市）服务备案申请材料补正通知书

____________________：

经审核，你单位____年____月____日提交的职业卫生技术服务甲级机构跨省（自治区、直辖市）服务工作报告表等备案申请材料，不符合要求。请按照以下要求补齐有关材料。

具体要求如下：

备案部门（公章）
年 月 日

附件 6

编号：___________

职业卫生技术服务甲级机构跨省（自治区、直辖市）服务备案变更申请材料接收单

__________________：

你单位于____年____月____日提交的备案变更申请材料符合要求，予以接收。

备案部门（公章）

年　月　日

附件 7

职业卫生技术服务机构年度工作情况统计表

（ 年度）

填报单位：__________（盖章） 填报时间： 年 月 日

工作开展情况 行业和领域	建设项目职业病危害评价（含放射防护）		工作场所职业病危害因素检测		用人单位职业卫生现状评价	备注
	完成项目总数	（个）				
	项目总投资额	（万元）	检测单位数（个）	检测样品数（个）	评价单位数（个）	
	项目类型					
	预评价（项）	控制效果评价（项）				
1. 煤炭采选业						
2. 石油和天然气开采业						
3. 金属、非金属矿采选业和工程建筑业						
4. 冶金、建材						
5. 化工、石化及医药						
6. 轻工、纺织、烟草加工制造业						
7. 机械、设备、电器制造业						
8. 电力、燃气及水的生产和供应业						
9. 运输、仓储、科研、农林、公共服务业						
10. 核技术工业应用						
11. 其他行业领域						

25 国家安全监管总局办公厅关于印发职业卫生专家管理办法和公布职业卫生专家名单（第一批）的通知

安监总厅安健〔2012〕49号

各省、自治区、直辖市及新疆生产建设兵团安全生产监督管理局，有关中央企业，各有关单位：

为加强对职业卫生专家队伍的管理，我局制定了《国家安全监管总局职业卫生专家管理办法》（见附件1），现印发给你们，同时公布第一批国家安全监管总局职业卫生专家名单（见附件2），并就有关事项通知如下：

一、请职业卫生专家所在单位积极支持专家参与国家安全监管总局职业卫生法律法规咨询、技术标准审查、建设项目职业卫生“三同时”技术审核、职业卫生技术服务机构资质评审、职业病危害事故调查、职业病危害专项治理以及有关政策咨询、科学研究、技术论证等技术工作。

二、职业卫生专家要按照《国家安全监管总局职业卫生专家管理办法》的规定，开展职业卫生相关技术工作。

三、各省级安全生产监督管理部门要加强职业卫生专家队伍建设，充分发挥专家对职业卫生监管的技术支撑作用。

附件：1. 国家安全监管总局职业卫生专家管理办法
　　　2. 国家安全监管总局职业卫生专家名单（第一批）

国家安全生产监督管理总局办公厅
2012年4月18日

附件1

国家安全监管总局职业卫生专家管理办法

一、为保证职业卫生监管工作的科学性、有效性与公正性，充分发挥职业卫生专家在监管工作中的技术支撑作用，规范职业卫生专家的管理，制定本办法。

二、国家安全监管总局职业卫生专家，是指符合本办法规定的条件和要求，在相关行业领域从事职业卫生相关工作，并具有较高专业理论水平和丰富实际工作经验的专业人员。

三、职业安全健康监督管理司负责组建国家安全监管总局职业卫生专家组，并实施管理。

四、国家安全监管总局职业卫生专家的主要任务：

（一）参与有关中长期职业卫生监管规划、政策措施、法规规章、标准规范的咨询、研究、起草、论证工作；

（二）参与职业卫生重大问题专题调研，提出改善与促进职业卫生工作的建议；

（三）参加职业病危害专项治理、专项督查与执法等活动，提出专业意见；

（四）参与建设项目职业病危害预评价、严重职业病危害建设项目职业病防护设施设计专篇、职业病危害控制效果评价、职业病防护设施竣工验收、用人单位职业病危害现状评价等技术审核工作；

（五）参与职业病危害事故的调查处理；

（六）参与职业卫生技术服务机构的资质评审工作；

（七）参与职业卫生宣传教育、培训和科普工作；

（八）完成指派的其他工作任务。

五、国家安全监管总局职业卫生专家应具备的基本条件：

（一）政治立场坚定，热爱职业卫生工作，坚持原则，作风正派，认真负责，廉洁奉公；

（二）熟悉职业卫生法律、法规、政策和技术标准，具有较高的政策理论水平；

（三）具备大学本科（含本科）及以上学历、副高以上技术职称，实际工作经验丰富，有 10 年以上职业卫生相关工作经历；

（四）身体健康，年龄一般不超过 65 周岁。

六、国家安全监管总局职业卫生专家聘任程序：

（一）各省级安全监管部门和有关高等院校、科研院所、专业技术协会、企事业单位、机关及部队等单位推荐；

（二）填报《职业卫生专家推荐表》，并提交相关证明材料；

（三）职业安全健康监督管理司进行资格审查；

（四）审查符合条件的，在国家安全监管总局政府网站公示 10 个工作日，合格者由职业安全健康监督管理司按程序公布名单，并颁发《国家安全监管总局职业卫生专家证书》。

七、专家采用聘任制，每届任期 5 年，任期届满后经考核合格可以续聘。

八、国家安全监管总局对专家实行动态管理，可以根据工作需要，按照有关条件和程序及时进行调整；定期对工作优秀和作出突出贡献的专家，给予表彰和奖励。

九、职业安全健康监督管理司负责国家安全监管总局职业卫生专家的日常管理工作，具体履行以下职责：

（一）负责专家资格的审核确认、发证、考核和换届工作；

（二）组织召开专家有关工作会议，指派专家执行相关公务和组织专家活动，总结专家工作情况；

（三）协调专家经费的管理工作；

（四）建立和更新专家信息系统；

（五）表彰专家；对不符合条件的专家进行解聘；

（六）其他有关管理事宜。

十、国家安全监管总局职业卫生专家工作守则：

（一）在国家安全监管总局的组织领导下，积极参加国家安全监管总局指派的公务和专家组活动，提出专业意见，并承担相应的法律责任；

（二）遵守国家有关法律、法规和专家工作纪律，在执行被指派的公务中，坚持实事求是、客观公正的科学态度，以高度负责的精神完成有关公务，并在任务完成后，根据相关规定和要求提交书面报告；

（三）根据国家安全监管总局的安排，结合职业病危害防治形势和存在的突出问题，加强调查研究，积极撰写调研报告或论文；

（四）遵守国家保密制度，保守国家秘密和个人隐私，保守相关单位的商业秘密和技术秘密；

（五）如受邀参加公务活动，与技术审查对象或被调查单位存在密切关系，应主动向国家安全监管总局报告，实行回避；

（六）不得以国家安全监管总局职业卫生专家名义参加非国家安全监管总局指派的各种活动，否则自行承担相应的后果与法律责任。

十一、国家安全监管总局职业卫生专家使用程序：

（一）专家执行公务，由国家安全监管总局职业安全健康监督管理司以公函形式通知。专家接到通知后，向所在单位说明情况，在得到本单位允许的情况下，如期到达指定地点执行公务。不能如期到达的，应及时报告国家安全监管总局职业安全健康监督管理司。

（二）专家在执行公务时，应当出示国家安全监管总局职业安全健康监督管理司的公函和《国家安全监管总局职业卫生专家证书》。

十二、专家组的工作经费由国家安全监管总局负责提供并进行管理。专家执行指派的公务，所需费用由国家安全监管总局按国家规定标准报销或支付。

十三、国家安全监管总局职业卫生专家有下列情形之一的，可以终止聘任：

（一）所在单位或本人提出不再担任专家的；

（二）因身体状况、工作变动等原因，不再胜任专家工作的；

（三）无正当理由一年内不参加专家正常活动的；

（四）违反国家法律法规或擅自以国家安全监管总局职业卫生专家名义从事活动的；

（五）违反职业道德和行为规范，在执行相关公务中降低标准、弄虚作假、谋取私利，作出显失公正或虚假的意见结论的；

（六）泄露国家秘密，以及有关单位的商业秘密和技术秘密的；

（七）不遵守本办法的规定的。

十四、各省、自治区、直辖市安全生产监督管理部门可以参照本办法，设立本地区职业卫生专家组。

十五、本办法由国家安全监管总局职业安全健康监督管理司负责解释。

十六、本办法自公布之日起执行。

附件 2

国家安全监管总局职业卫生专家名单
（第一批）

（排名不分先后）

序号	姓名	性别	工作单位
1	刘铁民	男	中国安全生产科学研究院
2	张兴凯	男	中国安全生产科学研究院
3	邢娟娟	女	中国安全生产科学研究院
4	刘宝龙	男	中国安全生产科学研究院
5	孙庆云	女	中国安全生产科学研究院
6	杜欢永	男	中国安全生产科学研究院
7	张惠军	女	中国安全生产科学研究院
8	马骏	男	国家安全监管总局职业安全卫生研究所
9	关砚生	男	国家安全监管总局职业安全卫生研究所
10	王雪涛	女	国家安全监管总局职业安全卫生研究所
11	刘卫东	男	国家安全监管总局职业安全卫生研究所
12	樊晶光	男	中国安全生产协会
13	曾庆玉	男	煤炭总医院
14	杨书宏	男	中国职业安全健康协会
15	陈大为	男	中国职业安全健康协会
16	李涛	男	中国疾病预防控制中心职业卫生与中毒控制所
17	周安寿	男	中国疾病预防控制中心职业卫生与中毒控制所
18	李朝林	男	中国疾病预防控制中心职业卫生与中毒控制所
19	陈永青	女	中国疾病预防控制中心职业卫生与中毒控制所
20	闫慧芳	女	中国疾病预防控制中心职业卫生与中毒控制所
21	王忠旭	男	中国疾病预防控制中心职业卫生与中毒控制所
22	张敏	女	中国疾病预防控制中心职业卫生与中毒控制所
23	陶雪	女	中国疾病预防控制中心职业卫生与中毒控制所
24	苏旭	男	中国疾病预防控制中心辐射防护与核安全医学所

续表

序号	姓名	性别	工作单位
25	岳保荣	男	中国疾病预防控制中心辐射防护与核安全医学所
26	侯长松	男	中国疾病预防控制中心辐射防护与核安全医学所
27	孙全富	男	中国疾病预防控制中心辐射防护与核安全医学所
28	范瑶华	女	中国疾病预防控制中心辐射防护与核安全医学所
29	程金生	男	中国疾病预防控制中心辐射防护与核安全医学所
30	白韶英	女	北京市疾病预防控制中心
31	娄云	女	北京市疾病预防控制中心
32	赵容	女	北京市疾病预防控制中心
33	吕琳	女	北京市疾病预防控制中心
34	张斌	男	北京市劳动保护科学研究所
35	汪彤	女	北京市劳动保护科学研究所
36	唐仕川	男	北京市劳动保护科学研究所
37	胡玢	男	北京市劳动保护科学研究所
38	李珏	女	北京市化工职业病防治院
39	孙伟	男	北京市化工职业病防治院
40	何丽华	女	北京大学公共卫生学院
41	姜亢	男	首都经济贸易大学
42	杨志刚	男	水电水利规划设计总院
43	于咏梅	女	北京华信医院
44	李华昌	男	北京矿冶研究总院
45	李清秀	女	北京市卫生监督所
46	高虹	女	北京市卫生监督所
47	阮志刚	男	中国铁道科学研究院
48	李谊	女	中国铁道科学研究院
49	张钧	男	中国核工业集团公司
50	费洪澄	男	中国核工业集团公司
51	张金涛	男	中国核工业集团公司
52	王守正	男	核工业四一七医院
53	刘占旗	男	中国辐射防护研究院

续表

序号	姓名	性别	工作单位
54	肖雪夫	男	中国原子能科学研究院
55	刘黎明	男	中国原子能科学研究院
56	邸霞	女	中国航天科技集团公司第一研究院
57	尹金玲	女	航天中心医院
58	杨创远	男	广州广船国际股份有限公司
59	王群力	女	中国兵器工业集团公司
60	张鹏	男	中国兵器装备集团公司
61	姜向阳	女	兵器工业卫生研究所
62	宋恒	男	中国电子科技集团公司第三十八研究所
63	门晓棠	女	中国石油集团安全环保技术研究院
64	柯继红	女	中国石油集团安全环保技术研究院
65	关晶萍	女	中国石油集团安全环保技术研究院
66	熊运实	男	中国石油集团安全环保技术研究院
67	礼新	男	中国石油天然气集团公司
68	王宝河	男	中国石油职业卫生技术中心
69	李国宏	男	中国石化巴陵石化职业病防治所
70	李新鸾	女	中国石油化工股份有限公司青岛安全工程研究院
71	姜素霞	女	中国石油化工股份有限公司青岛安全工程研究院
72	何怀明	男	中国石油化工集团公司
73	杨雷	男	中国石化股份公司公司胜利油田分公司
74	周学勤	男	中国石油化工集团公司职业病防治中心
75	傅迎春	女	中国石油化工集团公司职业病防治中心
76	肖太钦	男	中国石油化工集团胜利油田疾病预防控制中心
77	宋淑敏	男	中国石油化工集团胜利油田疾病预防控制中心
78	张键	男	中国海洋石油总公司
79	胡明秋	男	海洋石油疾病预防控制中心
80	刘远鹏	男	湛江南海西部石油职业卫生中心
81	刘伟安	男	中海石油（中国）有限公司
82	张永	男	山东电力研究院

续表

序号	姓名	性别	工作单位
83	郝军	男	大唐能源化工有限责任公司
84	杨立忠	男	华电（北京）热电有限公司
85	潘树发	男	中国长江三峡集团公司
86	宋春宵	女	中国第一汽车集团公司
87	林菡	女	鞍山钢铁集团公司劳动卫生研究所
88	陈恩明	男	上海宝钢工业检测公司宝钢环境监测站
89	吴启兵	男	武汉钢铁（集团）公司
90	郑保义	男	中国铝业公司
91	李臻	男	中国铝业股份有限公司兰州分公司
92	姚永祥	男	中国航空集团公司
93	张增学	男	五矿邯邢矿业有限公司
94	高鹏飞	男	国家核电技术有限公司
95	张永平	男	中国中钢集团中国冶金矿业总公司
96	陈宜华	男	中钢集团马鞍山矿山研究院有限公司
97	黄海俊	男	中国蓝星（集团）股份有限公司
98	李改英	女	赛鼎工程有限公司
99	肖晓愚	男	中国五环工程有限公司
100	赵越超	男	中国北车集团大连机车车辆有限公司
101	赵长勇	男	中国南车股份有限公司
102	高翔	男	中国水利水电建设股份有限公司
103	黄德寅	女	天津渤海化工集团公司劳动卫生研究所
104	王延让	男	天津市疾病预防控制中心
105	孙金艳	女	天津市疾病预防控制中心
106	董占欣	男	河北安科检测检验有限公司
107	赵春香	女	河北省疾病预防控制中心
108	李建国	男	河北省疾病预防控制中心
109	孙建娅	女	山西省安全生产科学研究院
110	李秀萍	女	山西省疾病预防控制中心
111	郭红梅	女	山西省疾病预防控制中心

续表

序号	姓名	性别	工作单位
112	高世君	男	包钢（集团）公司劳动卫生职业病防治所
113	赵如意	女	包钢（集团）公司劳动卫生职业病防治所
114	田粉叶	女	内蒙古自治区疾病预防控制中心
115	郑成彬	男	大连市职业卫生监督所
116	王新	男	辽宁省安全科学研究院
117	曲宁	女	辽宁省疾病预防控制中心
118	宁康	男	辽宁省疾病预防控制中心
119	李刚	男	辽宁省职业病防治院
120	孙洪伟	男	吉林省安全生产检测检验中心有限公司
121	杨晓瑛	女	吉林省电力科学研究院有限公司
122	卢春光	女	吉林省职业卫生监督所
123	杨春	男	黑龙江省卫生监督所
124	吴永会	男	哈尔滨医科大学公共卫生学院
125	周志俊	男	复旦大学公共卫生学院
126	朱彩菊	女	上海市化工职业病防治院
127	吴世达	男	上海市疾病预防控制中心
128	陈良	男	上海市疾病预防控制中心
129	王祖兵	男	上海市化工职业病防治院
130	沈立	男	江苏省安全生产科学研究院
131	茆文革	男	江苏省安全生产科学研究院
132	朱宝立	男	江苏省疾病预防控制中心
133	王金敖	男	江苏省卫生监督所
134	丁宙胜	男	浙江建安检测技术研究院
135	陈茜	女	浙江省疾病预防控制中心
136	马明强	男	浙江省卫生监督所
137	宣晓燕	女	安徽省安全生产科学研究院
138	陈葆春	男	安徽省疾病预防控制中心
139	谢星云	男	福建省职业病与化学中毒预防控制中心
140	王志勇	男	福建省职业病与化学中毒预防控制中心

续表

序号	姓名	性别	工作单位
141	黄同林	男	江西省安全生产科学技术研究中心
142	何国平	男	江西省职业病防治研究院
143	刘小真	男	南昌航空大学环境与化学工程学院
144	李杰	男	山东大学职业卫生检测评价中心
145	邓大平	男	山东省医学科学院放射医学研究所
146	李全太	男	山东省医学科学院放射医学研究所
147	邵华	男	山东省职业卫生与职业病防治研究院
148	司恭	男	河南省安全科学技术研究院
149	马良庆	男	河南省职业病防治研究院
150	马军营	男	河南省职业病防治研究院
151	程晓军	男	河南省职业病防治研究院
152	余善法	男	河南省职业病防治研究院
153	光在省	男	郑州市职业病防治所
154	邬堂春	男	华中科技大学同济医学院
155	易桂林	女	武汉市职业病防治院
156	陈伯良	男	湖南省职业病防治院
157	唐细良	男	湖南省职业病防治院
158	杨乐华	男	湖南省职业病防治院
159	肖云龙	男	湖南省职业病防治院
160	宋交才	男	湖南有色冶金劳动保护研究院
161	吴超	男	中南大学资源与安全工程学院
162	陈清光	男	广东省安全生产技术中心
163	黄汉林	男	广东省职业病防治院
164	丘创逸	男	广东省职业病防治院
165	邹剑明	男	广东省职业病防治院
166	刘移民	男	广州市职业病防治院
167	何家禧	男	深圳市职业病防治院
168	杨莉	女	广西医科大学
169	胡德宏	男	广西壮族自治区职业病防治研究院

续表

序号	姓名	性别	工作单位
170	江世强	男	广西壮族自治区职业病防治研究院
171	王春宽	男	海南中安科安全技术咨询有限公司
172	李秋香	女	海南省疾病预防控制中心
173	王正虹	女	重庆市疾病预防控制中心
174	刘江风	男	重庆市职业病防治院
175	谭炳泉	男	重庆冶金职防院
176	封承勇	男	攀钢集团钢铁钒钛股份有限公司劳动卫生研究所
177	高恩革	男	攀钢集团钢铁钒钛股份有限公司劳动卫生研究所
178	李临	女	四川省安监局安全技术中心
179	汪建川	男	四川省安全科学技术研究院
180	谭利民	男	四川省疾病预防控制中心
181	文湘闽	男	四川省疾病预防控制中心
182	王广松	男	贵州省疾病预防控制中心
183	史秀娟	女	贵州省劳动保护科学技术研究院
184	时琍	女	遵义市卫生监督局
185	姚丹成	男	贵州省疾病预防控制中心
186	李刚	男	云南省疾病预防控制中心
187	陈玉明	男	昆明理工大学设计研究院
188	雷正林	男	云南锡业股份有限公司
189	申秀琴	女	陕西省卫生监督所
190	贺英	女	西安化工研究所
191	何玉红	女	甘肃省疾病预防控制中心
192	周雪峰	男	甘肃省卫生厅卫生监督所
193	姬红蓉	女	青海省疾病预防控制中心
194	史春波	男	青海省疾病预防控制中心
195	王冠梅	女	宁夏回族自治区疾病预防控制中心
196	郭宁川	女	宁夏回族自治区卫生监督所
197	杨晓燕	女	新疆医科大学公共卫生学院
198	翟国昌	男	新疆维吾尔自治区疾控中心

26 国家安全监管总局办公厅关于加强职业卫生技术服务机构资质管理的通知

安监总厅安健〔2012〕86号

各省、自治区、直辖市及新疆生产建设兵团安全生产监督管理局，各省级煤矿安全监察局：

根据《职业病防治法》和《职业卫生技术服务机构监督管理暂行办法》（国家安全监管总局令第50号，以下简称《暂行办法》）的有关规定，针对目前一些地方职业卫生监管部门职责分工尚未明确，乙级职业卫生技术服务机构（以下简称乙级机构）换证工作进展不一，资质认可新旧标准、程序需要衔接和过渡，基层职业卫生技术服务工作底数不清等问题，现就加强职业卫生技术服务机构资质管理有关事项通知如下：

一、认真学习贯彻有关法律法规，健全完善职业卫生技术服务机构管理制度

职业卫生技术服务机构资质认可和监督管理是职业卫生监督管理的一项重要工作，也是《职业病防治法》赋予安全监管部门的一项重要职责，《职业病防治法》第十九条、第二十七条、第二十八条等条款对此作了明确规定。《暂行办法》是实施《职业病防治法》有关规定的具体细则，是国家安全监管总局在卫生部原有的相关规章及文件规定的基础上，结合当前我国职业病防治严峻形势和职业卫生技术服务工作需要制定的。《暂行办法》突出了职业卫生技术服务在职业病预防环节的关键作用，强化了职业卫生技术服务的专业标准和质量控制，明确了职业卫生技术服务机构的资质等级、业务范围、认可条件、发证程序及其监督管理等内容，是职业卫生技术服务机构资质认可的主要依据。

各级安全监管部门和煤矿安全监察机构要认真组织学习贯彻《暂行办法》及有关规定，结合本地区的实际情况，按照依法行政和属地监管的要求，坚持“严审批、重监管”的原则，制定配套的实施意见，健全和完善有关规章制度，把职业卫生技术服务机构资质认可及监督管理工作纳入法制化、制度化、规范化的轨道。要通过座谈会、讨论会和网络、媒体宣传等形式，组织本地区职业卫生技术服务机构学习贯彻《暂行办法》等规定，深刻领会其内涵和精神实质，进一步规范机构资质申报、延续、变更等工作，不断提高职业卫生技术服务能力和水平。

二、按照平稳过渡、有序衔接的原则，切实做好现有职业卫生技术服务机构资质证书换发及延续工作

尚未完成职业卫生技术服务机构换证工作的省级安全监管部门要按照《暂行办法》和《国家安全监管总局办公厅关于开展职业卫生技术服务机构年检续展及换证工作的通知》（安监总厅安健〔2011〕187号）的要求，抓紧组织开展资质证书换发工作；对2012年底前资质到期机构的资质延续工作，其程序、条件、标准原则上仍参照卫生部门原有的相关规定，延续后资质有效期为2年。

证书换发和资质延续的审核工作结束后，省级安全监管部门应当向国家安全监管总局申领统一印制的《职业卫生技术服务资质证书》，并提交以下书面材料及其电子版：

（一）职业卫生技术服务机构资质证书换发（延续）工作总结报告（包括总体情况、存在的问题、下一步措施、有关建议等内容）；

（二）本省（区、市）职业卫生技术服务机构的基本信息汇总表（包括单位名称、法人代表、地址、资质等级、业务范围和有效期等内容）；

（三）《职业卫生技术服务机构审批备案表》（见附件 1）；

（四）原由卫生部门颁发的职业卫生技术服务机构资质证书复印件。

三、按照统筹规划、总量控制的要求，稳妥、有序地开展职业卫生技术服务机构资质认可工作

按照《暂行办法》的有关规定，国家安全监管总局将根据各地区社会经济发展水平、区域经济结构和职业卫生技术服务工作的需要，按照稳妥、有序的原则和总量控制、合理布局的要求，研究制定职业卫生技术服务机构发展总量、区域布局的规划意见。在规划意见出台前，国家安全监管总局根据各地区职业卫生监管职责调整、现有甲级职业卫生技术服务机构（以下简称甲级机构）数量及分布、职业病危害项目申报企业数量等实际情况，于 2012 年下半年在重点地区、重点行业选择条件比较成熟且业绩突出的乙级机构，开展甲级机构资质认可工作，具体工作事宜另行通知。

职业卫生监管职责尚未划转的地区、未完成换证工作的省级安全监管部门，一律不得进行职业卫生技术服务机构的新资质认可工作。已经完成换证工作的省级安全监管部门和各省级煤矿安全监察局，要在充分研究论证的前提下，综合考虑本地区 GDP 总量、人口数量、企业数量、职业病危害项目申报企业数量、已有职业卫生技术服务机构数量及分布等因素，提出本地区“十二五”期间乙级机构、丙级职业卫生技术服务机构（以下简称丙级机构）建设布局的建议意见，初步明确每年拟发展机构的数量、所在的地区、依托机构（现有的职业卫生检测机构、安评机构、环评机构、质检机构或其他形式的机构），形成书面报告，于 2012 年 7 月 31 日前报送国家安全监管总局（职业健康司）。在国家安全监管总局核定职业卫生技术服务机构发展数量的基础上，参照国家安全监管总局制定的甲级机构资质认可工作程序，制定乙级机构资质认可工作程序，谨慎稳妥地实施 2012 年乙级机构资质认可工作。各级安全监管部门、煤矿安全监察机构要强化对现有职业卫生技术服务机构的监督管理，督促指导其加强基础条件建设、专业技术队伍建设及日常管理工作。

国家安全监管总局将结合推进职业卫生监管技术支撑机构建设，在重点省（区）各选择 1~2 个已经划转职责的设区的市进行丙级机构资质认可试点工作，在总结经验、完善制度体系的基础上，再全面实施丙级机构资质认可工作。请各省级安全监管部门于 2012 年 7 月 31 日前将开展丙级机构资质认可试点的设区的市推荐名单报送国家安全监管总局（职业健康司）。

四、加强备案管理，促进职业卫生技术服务机构合理布局、健康发展

根据《暂行办法》的有关规定，国家安全监管总局对各省级安全监管部门和省级煤矿安全监察局认可的乙级机构实施备案管理，备案程序为：

（一）省级安全监管部门和省级煤矿安全监察局向国家安全监管总局（职业健康司）报送乙级机构备案报告，提交《职业卫生技术服务机构审批备案表》（见附件 1）和《乙级职业卫生技术服务机构汇总表》（见附件 2）等材料；

（二）国家安全监管总局（职业健康司）按照有关规定进行审核，对符合要求的予以备案，并发放乙级机构的资质编号函、证书样本及打印模版；

（三）省级安全监管部门和省级煤矿安全监察局根据编号函打印资质证书，加盖公章后发放给申请单位。

全面实施丙级机构资质认可工作后，各省级安全监管部门要制定丙级机构审批备案的程序，落实备案管理的有关要求，并以省（区、市）为单位提交丙级机构登记报告、《丙级职业卫生技术服务机构汇总表》（见附件 2），报送国家安全监管总局（职业健康司）登记。

实施乙级、丙级机构审批备案（登记）工作，一是要严格总量控制，坚持从经济社会发展和职业卫生技术服务需要出发，既要保证存在职业病危害的用人单位得到可靠的技术服务，又要避免恶性竞争，逐步健全职业卫生技术服务体系。二是要严格质量控制，通过对备案（登记）的职业卫生技术服务机构进行抽查等途径，确保取得资质的机构符合条件和标准，促进职业卫生技术服务机构健康发展。

五、坚持公开透明，主动接受社会监督，在阳光下运行机构资质认可的审批职权

各级安全监管部门、省级煤矿安全监察局职业卫生技术服务机构资质认可机关及其工作人员，要坚持公开、公平、公正的原则，严格依法依规进行审核、审批和颁发资质证书，除必须保密的事项外，审核、审批工作要全过程接受社会监督，严格落实党风廉政建设的各项要求。

一要坚持政务公开，及时将职业卫生技术服务机构资质申请条件、申报程序、工作要求、申报表、审批结果、管理制度等，在本部门政府网站上公开。

二要推进电子政务建设，利用国家职业卫生技术服务机构信息管理系统，建立职业卫生技术服务机构和专业技术人员网上查询系统，逐步实现网上申请审批，完善网上资质申报、审核、审批、日常监管、年度考核、从业人员管理、业绩展示以及信息发布等事项。

三要畅通信息渠道，建立现场技术考核人员的工作表现评价制度，对现场技术考核人员表现情况进行回访、反馈，发现违规违纪行为的，要及时予以纠正并按规定进行处理。要建立申诉、投诉和举报制度，接到举报或投诉后，要认真核查、依法处理，接受社会监督。

四要按照国家安全监管总局党组制定的“九条纪律”“双五条规定”等有关要求，充分吸取其他行政审批的经验和教训，健全和完善职业卫生技术服务机构资质认可的廉政制度，在审批的源头、过程和结果三个环节全面落实责任和防范措施，真正做到“在阳光下运行审批职权”，预防和杜绝腐败行为。

附件：1. 职业卫生技术服务机构审批备案表

2. 乙级（或丙级）职业卫生技术服务机构汇总表

国家安全生产监督管理总局办公厅

2012 年 6 月 26 日

附件1

职业卫生技术服务机构审批备案表

<table>
<tr><td>单位名称</td><td colspan="4"></td></tr>
<tr><td>备案类别</td><td colspan="4">□换证 □资质认可 □资质延续 □资质扩项 □资质变更</td></tr>
<tr><td>资质证书号</td><td colspan="2"></td><td>发证日期</td><td>年 月 日</td></tr>
<tr><td>发证机关</td><td colspan="2"></td><td>有效日期</td><td>年 月 日</td></tr>
<tr><td rowspan="4">业务范围</td><td colspan="2" rowspan="4"></td><td>资质级别</td><td></td></tr>
<tr><td>技术负责人</td><td></td></tr>
<tr><td>质量负责人</td><td></td></tr>
<tr><td>职工人数</td><td>人</td></tr>
<tr><td>专业技术人员数</td><td colspan="2">人</td><td>培训合格的专职技术人员数</td><td>人</td></tr>
<tr><td rowspan="3">专业技术人员构成</td><td>评价</td><td colspan="3">高级： 人；中级： 人；其他： 人</td></tr>
<tr><td>检测</td><td colspan="3">高级： 人；中级： 人；其他： 人</td></tr>
<tr><td>质量控制</td><td colspan="3">高级： 人；中级： 人；其他： 人</td></tr>
<tr><td>计量认证证书号</td><td colspan="2"></td><td>仪器设备数</td><td>台/件</td></tr>
<tr><td>法人执照（证书）编号</td><td colspan="2"></td><td>注册资金</td><td>万元</td></tr>
<tr><td>颁发机关</td><td colspan="2"></td><td>单位性质</td><td></td></tr>
<tr><td>工作场所面积</td><td colspan="2">平方米</td><td>实验室面积</td><td>平方米</td></tr>
<tr><td>注册地址</td><td colspan="4"></td></tr>
<tr><td>办公地址</td><td colspan="2"></td><td>邮政编码</td><td></td></tr>
<tr><td>法定代表人</td><td colspan="2"></td><td>联系电话</td><td></td></tr>
<tr><td>联系人</td><td colspan="2"></td><td>联系电话</td><td></td></tr>
<tr><td>传真</td><td colspan="2"></td><td>电子邮箱</td><td></td></tr>
</table>

省级安全监管部门或省级煤矿安全监察局（盖章）

年 月 日

附件 2

乙级（或丙级）职业卫生技术服务机构汇总表

填表单位（公章）：

序号	单位名称	单位地址	法定代表人	等级	业务范围	有效期	发证单位

填表人：　　　　　　联系电话：　　　　　　填表日期：　　年　月　日

27　职业卫生业务文件管理暂行办法

安监总厅安健函〔2012〕221 号

一、为了规范职业卫生业务文件的制定、发布程序，加强对职业卫生业务文件的管理，制定本办法。

二、本办法所称职业卫生业务文件，是指国家安全监管总局职业安全健康监督管理司（以下简称职业健康司）为了贯彻落实国家有关职业病防治工作的方针政策、法律法规以及国家安全监管总局有关职业卫生规章和制度等规定，在其职责范围内制定的有关职业卫生日常监管操作层面的业务文件。

职业卫生方面重要事项应当以国家安全监管总局规章、国家安全监管总局文件或者国家安全监管总局办公厅文件的形式印发的，依据《党政机关公文处理工作条例》和国家安全监管总局工作规则等规定办理，不适用本办法。

三、职业健康司制定职业卫生业务文件，必须遵守法律法规、国家安全监管总局有关规章，不得与之相冲突。

四、职业卫生业务文件类别包括法规咨询、监管办法和信息通告三类。

五、法规咨询（拼音缩写 FZ），是职业健康司起草的，对国家安全监管总局有关职业卫生工作规章条文所作的具体阐述和说明。

六、监管办法（拼音缩写 JB），是职业健康司起草的，对贯彻落实有关职业卫生监管工作方针政策所作的指导说明和办理程序。

七、信息通告（拼音缩写XT），是职业健康司起草的，对有关职业卫生工作信息进行通报的文件。

八、职业卫生业务文件草案完成后，职业健康司应当征求国家安全监管总局有关司局、省级安全监管局、行政管理相对人或者专家的意见。

对于涉及疑难、重大问题的职业卫生业务文件草案，职业健康司应当召开相关人员参加的座谈会或者论证会，必要时应当召开听证会，听取各方意见。

九、职业健康司根据各方意见对职业卫生业务文件进行修改后，由职业健康司司长签发，并由职业健康司统一编号。

十、职业卫生业务文件签发后，应当及时予以公布。其中，涉及行政管理相对人的职业卫生业务文件应当及时在国家安全监管总局网站上公布或者以其他方便公众周知的途径公布。

职业卫生业务文件印发后，同时抄送国家安全监管总局办公厅、政法司。

十一、职业卫生业务文件应当按照统一的版式印刷。印刷版式要求见附件。

十二、职业健康司应当定期对职业卫生业务文件进行清理，其修订或者废止结果应当及时公布。

十三、本办法由职业健康司负责解释。

十四、本办法自2013年1月1日起施行。

附件

职业卫生业务文件印刷版式要求

职业卫生业务文件封面由图形标识、文件类别属性、发文机关、印发日期、文件编号、文件名称等组成。正文格式与现行公文格式一致。

一、图形标识

职业卫生业务文件采用统一图形标识，即原劳动部1990年发布的劳动安全卫生标志，位置在文件的左上角。规格为230mm×230mm，图形颜色为绿色。

二、文件类别属性

文件类别由职业卫生统称与业务文件类别名称组合而成，职业卫生统称与业务文件类别名称之间空两格，使用华文中宋2号字，居中。

三、发文机关和印发日期

发文机关为国家安全监管总局职业健康司，使用楷体3号字，左对齐。

印发日期在发文机关右侧，使用楷体3号字，右对齐。

四、文件编号

文件编号由文件代号（由职业卫生拼音缩写〈ZW〉和文件分类拼音缩写〈FZ、JB、

XT〉组成）、年份（4位数）、顺序号（3位数）等依次排列组成。如文件为表格，表格顺序号单独编制，如表格（B001）。用仿宋3号字，右对齐。法规咨询和监管办法两类修订文件在原顺序号后加上X以及修订顺序号。

五、文件名称

使用华文中宋2号字，居中。

法规咨询、监管办法、信息通告三类职业卫生业务文件封面示例见附件1~3。

附件 1

职业卫生法规咨询封面示例

职业卫生　法规咨询

国家安全监管总局职业健康司　　××××年××月××日

编号：	ZW—	FZ—	××××—	×××
	职业卫生拼音缩写	法规咨询拼音缩写	年份	顺序编号

例如：　ZW—FZ—2012—001

代表：文件代号（ZW—FZ，职业卫生法规咨询类文件）—

年份（2012，指 2012 年印发）—

顺序号（001，指第一号文件）—

表格顺序号单独编制，如表格（B001）

修订文件在原顺序号后加上 X 以及修订顺序号

文件名称

附件 2

职业卫生监管办法封面示例

职业卫生　监管办法

国家安全监管总局职业健康司　　××××年××月××日

编号：	ZW—	JB—	××××—	×××
	职业卫生 拼音缩写	监管办法 拼音缩写	年份	顺序编号

例如：　ZW—JB—2012—001

代表：文件代号（ZW—JB，职业卫生监管办法类文件）—

年份（2012，指 2012 年印发）—

顺序号（001，指第一号文件）—

表格顺序号单独编制，如表格（B001）

修订文件在原顺序号后加上 X 以及修订顺序号

文件名称

附件 3

职业卫生信息通告封面示例

职业卫生　信息通告

国家安全监管总局职业健康司　　　××××年××月××日

编号：	ZW—	XT—	××××—	×××
	职业卫生拼音缩写	信息通告拼音缩写	年份	顺序编号

例如：　ZW—XT—2012—001

代表：文件代号（ZW—XT，职业卫生信息通告类文件）—

年份（2012，指 2012 年印发）—

顺序号（001，指第一号文件）—

表格顺序号单独编制，如表格（B001）

文件名称

28 关于印发《职业卫生技术服务机构专业技术人员培训考核办法》的通知

安健函〔2012〕76号

各省、自治区、直辖市及新疆生产建设兵团安全生产监督管理局，各有关单位：

为贯彻落实《职业卫生技术服务机构监督管理暂行办法》（国家安全监管总局令第50号），推动职业卫生技术服务机构资质认可和监督管理工作，加快提高职业卫生技术服务能力和水平，我司组织制定了《职业卫生技术服务机构专业技术人员培训考核办法》，现予印发，请遵照执行。

国家安全监管总局职业健康司

2012年7月31日

职业卫生技术服务机构专业技术人员培训考核办法

一、为加强职业卫生技术服务机构资质认可和监督管理工作，规范职业卫生技术服务机构专业技术人员（以下简称专业技术人员）的培训考核，提高专业技术人员的素质和业务水平，根据《职业卫生技术服务机构监督管理暂行办法》（国家安全监管总局令第50号）的规定，制定本办法。

二、本办法所称的专业技术人员，是指在职业卫生技术服务机构专职从事职业卫生评价与检测、放射防护评价与检测的人员。

三、专业技术人员培训类别分为职业卫生评价与检测、放射防护评价与检测二类。

四、国家安全监管总局负责组织职业卫生技术服务甲级机构（含拟申请甲级资质的机构）专业技术人员的培训考核工作，经培训考核合格的专业技术人员，可以在甲级、乙级和丙级资质的机构从业；省级安全监管部门负责组织本行政区域内职业卫生技术服务乙级和丙级机构（含拟申请乙级和丙级资质的机构）专业技术人员的培训考核工作，经培训考核合格的专业技术人员，可以在乙级和丙级资质机构从业。

放射防护评价与检测专业技术人员的培训考核工作由国家安全监管总局统一组织。

五、专业技术人员培训考核工作具体由国家安全监管总局、省级安全监管部门指定的有能力的培训机构承担。

六、专业技术人员经培训合格后，方可从事职业卫生技术服务工作，并按照所参加的培训类别从业。

专业技术人员不得同时在两个以上（含两个）职业卫生技术服务机构从业。

七、满足以下条件之一者，可报名参加专业技术人员培训考核：

（1）取得职业卫生或放射卫生相关专业大学专科学历，且从事职业卫生或放射卫生相关工作满 2 年；或取得其他专业大学专科学历，且从事职业卫生或放射卫生相关工作满 3 年。

（2）取得职业卫生或放射卫生相关专业大学本科学历，且从事职业卫生或放射卫生相关工作满 1 年；或取得其他专业大学本科学历，且从事职业卫生或放射卫生相关工作满 2 年。

（3）取得职业卫生或放射卫生相关专业研究生以上学历；或取得其他专业研究生以上学历，且从事职业卫生或放射卫生相关工作满 1 年。

（4）取得中级以上技术职称，且从事职业卫生或放射卫生相关工作满 1 年。

八、专业技术人员参加培训考核须由本人所在职业卫生技术服务机构统一组织报名，并提交下列材料：

（一）职业卫生技术服务机构专业技术人员培训考核报名表和报名汇总表（附件 1、2）；

（二）参加考试人员身份证、毕业证书或技术职称证书复印件（经所在职业卫生技术服务机构盖章确认）；

（三）参加考试人员近期二寸彩色免冠照片 2 张。

九、专业技术人员的培训采取统一培训教材、专家统一授课的培训形式，每期培训不少于 40 学时（50 分钟 1 学时）。

十、专业技术人员的培训考核采取统一考试大纲、统一考试题库的考核制度。采用闭卷、笔试的考核形式。考试试卷实行百分制，60 分以上为合格。

十一、专业技术人员的培训教材、考试大纲由国家安全监管总局指定的单位组织编写，经国家安全监管总局审定后使用。

十二、考试成绩合格者，由国家安全监管总局或省级安全监管部门指定的培训机构颁发培训合格证书（附件 3）。

十三、培训合格证书有效期为三年。有效期届满，专业技术人员应当按要求参加继续教育培训。

十四、培训合格证书有效期内，专业技术人员变换从业单位的，应当持原培训合格证书和单位证明，向原发证机关申请换证。未申请换证的，原培训合格证书自动失效。

十五、培训合格证书遗失，如需补办的，应当持本人申请和单位证明，向原发证机关提出申请，经查实后，予以补办。

十六、发证机关定期向社会公布取得培训合格证书的人员名单，接受社会监督。

附件：1. 职业卫生技术服务机构专业技术人员培训考核报名表

2. 职业卫生技术服务机构专业技术人员培训考核报名汇总表

3. 职业卫生技术服务机构专业技术人员培训合格证书（式样）

附件 1

职业卫生技术服务机构专业技术人员培训考核报名表

<table>
<tr><td>姓　名</td><td></td><td>性　别</td><td colspan="2"></td><td rowspan="6">照片
（彩色免冠 2 寸）</td></tr>
<tr><td>身份证号</td><td></td><td>出生年月</td><td colspan="2"></td></tr>
<tr><td>所学专业</td><td></td><td>学　历</td><td colspan="2"></td></tr>
<tr><td>职　称</td><td></td><td colspan="2">从事本专业工作年限</td><td></td></tr>
<tr><td>工作单位</td><td colspan="4"></td></tr>
<tr><td>通信地址</td><td></td><td>邮政编码</td><td colspan="2"></td></tr>
<tr><td>联系电话</td><td></td><td>E-mail</td><td colspan="3"></td></tr>
</table>

培训类别

□职业卫生评价与检测

□放射防护评价与检测

教育经历

起止时间	毕业院校	所学专业
年　月— 年　月		
年　月— 年　月		

相关工作经历

起止时间	工作单位	工作内容
年　月— 年　月		
年　月— 年　月		

需提供的其他证明材料

（1）身份证复印件；

（2）毕业证书或技术职称证书复印件；

（3）近期 2 寸彩色免冠照片 2 张。

申请人声明

本人保证申请表中所述内容及所提交材料真实。

申请人（签名）：

年　月　日

单位意见

（盖章）

年　月　日

附件2

职业卫生技术服务机构专业技术人员培训考核报名汇总表

单位名称（盖章）：

序号	姓名	性别	培训类别	所学专业	学历	职称	工作年限

（可另加页）

注：1. 培训类别：职业卫生评价与检测、放射防护评价与检测。

2. 工作年限：指从事职业卫生相关工作年限。

附件3

职业卫生技术服务机构专业技术人员培训合格证书（式样）

□□□□□□□□□

□□□□□

□□□□□

彩色电子照片

培训类别：

姓　　名：

身份证号：

工作单位：

证书编号：

发证日期：　　年　　月　　日（发证单位盖章）

培训记录

序号	培训日期	备注
	年　月　日	
	年　月　日	
	年　月　日	
	年　月　日	
	年　月　日	
	年　月　日	

遵守法律法规　诚信公正执业

服务职业健康　承担法律责任

29　关于印发《职业卫生执法检查表》的通知

ZW—JB—2013—001

各省、自治区、直辖市及新疆生产建设兵团安全生产监督管理局：

为加强职业卫生监督管理工作，提高各级安全监管部门职业卫生执法水平，根据《中华人民共和国职业病防治法》《使用有毒物品作业场所劳动保护条例》（国务院令第352号）、《工作场所职业卫生监督管理规定》（国家安全监管总局令第47号）、《职业病危害项目申报办法》（国家安全监管总局令第48号）、《用人单位职业健康监护监督管理办法》（国家安全监管总局令第49号）、《职业卫生技术服务机构监督管理暂行办法》（国家安全监管总局令第50号）、《建设项目职业卫生“三同时”监督管理暂行办法》（国家安全监管总局令第51号）等法律、法规、规章的规定及相关要求，我们组织制定了《职业卫生执法检查表》，现印发给你们，供在执法过程中参考。

附件：职业卫生执法检查表

国家安全生产监督管理总局职业健康司

2013年3月5日

职业卫生执法检查表

检查内容	检查标准	检查方法	违法行为	违法条款	处罚依据	处罚种类和幅度
（一）用人单位职业病防治管理措施（B001）						
1. 职业卫生管理机构或者组织	用人单位应设置或者指定职业卫生管理机构或者组织，负责本单位的职业病防治工作。 职业病危害严重的用人单位，应当设置或者指定职业卫生管理机构或者组织；其他存在职业病危害的用人单位，劳动者超过100人的，应当设置或者指定职业卫生管理机构或者组织。	查阅组织机构及职责文件，查阅工作情况记录，询问有关人员。	未设置或者指定职业卫生管理机构或者组织。	《职业病防治法》第21条（一）项、《监督管理规定》第8条。	《职业病防治法》第71条（二）项、《监督管理规定》第49条（二）项。	给予警告，责令限期改正；逾期不改正的，处10万元以下的罚款。
2. 职业卫生管理人员	用人单位应配备专职或者兼职的职业卫生管理人员。 职业病危害严重的用人单位，应配备专职职业卫生管理人员。其他存在职业病危害的用人单位，劳动者超过100人的，应当配备专职职业卫生管理人员；劳动者在100人以下的，应当配备专职或者兼职的职业卫生管理人员。 从事使用高毒物品作业的用人单位，应当配备专职的或者兼职的职业卫生医师和护士；不具备配备专职的或者兼职的职业卫生医师和护士条件的，应当与依法取得资质认可的职业卫生技术服务机构签订合同，由其提供职业卫生服务。	检查职业卫生管理人员的书面聘用文件、个人资质（职业卫生专业知识背景、工作经历和执业医师资格）文件和专业档案，查阅与服务机构签订的合同。	未配备专职或者兼职职业卫生管理人员。	《职业病防治法》第21条（一）项、《有毒作业条例》第17条第2款、《监督管理规定》第8条。	《职业病防治法》第71条（二）项、《有毒作业条例》第69条（一）项、《监督管理规定》第49条（二）项。	《职业病防治法》《监督管理规定》给予警告，责令限期改正；逾期不改正的，处10万元以下的罚款。《有毒作业条例》给予警告，责令限期改正，处5000元以上2万元以下的罚款；逾期不改正的，责令停止使用有毒物品作业，或者提请有关人民政府按照国务院规定的权限予以关闭。
3. 职业病防治计划和实施方案	用人单位应当制定职业病防治计划和实施方案，明确职业病防治工作的目标，措施以及保障条件等内容。	检查用人单位年度职业病防治计划和实施方案，及贯彻执行情况。	未制定职业病防治计划和实施方案。	《职业病防治法》第21条（二）项、《监督管理规定》第11条。	《职业病防治法》第71条（二）项、《监督管理规定》第49条（一）项。	给予警告，责令限期改正；逾期不改正的，处10万元以下的罚款。

续表

检查内容		检查标准	检查方法	违法行为	违法条款	处罚依据	处罚种类和幅度
4. 职业卫生管理制度	建立健全职业卫生管理制度	用人单位应根据国家、地方的职业病防治法律法规的要求，结合本单位实际制定相应的规章制度。职业卫生管理制度应涵盖： （1）职业病危害防治责任制度； （2）职业病危害警示与告知制度； （3）职业病危害项目申报制度； （4）职业病防治宣传教育培训制度； （5）职业病防护设施维护检修制度； （6）职业病防护用品管理制度； （7）职业病危害监测及评价管理制度； （8）建设项目职业卫生“三同时”管理制度； （9）劳动者职业健康监护及其档案管理制度； （10）职业病危害事故处置与报告制度； （11）职业病危害应急救援与管理制度； （12）岗位职业卫生操作规程； （13）法律、法规、规章规定的其他职业病防治制度。 每个职业卫生管理制度都应包括职责、机构、目标、内容、保障措施、评价方法等要素。	查看职业卫生管理制度书面文件。	未建立、健全职业卫生管理制度。	《职业病防治法》第21条（三）项、《监督管理规定》第11条。	《职业病防治法》第71条（二）项、《监督管理规定》第49条（三）项。	给予警告，责令限期改正；逾期未改正的，处10万元以下的罚款。
	公布职业卫生管理制度		现场查看公告栏，查阅班组会议记录、文件公示记录等相关文件。	未公布有关职业病防治的规章制度。	《职业病防治法》第25条、《监督管理规定》第15条第1款。	《职业病防治法》第71条（三）项、《监督管理规定》第49条（六）项。	
5. 操作规程	建立健全岗位职业卫生操作规程	建立健全各工种（岗位）职业卫生操作规程，岗位操作规程应经科学论证，并与岗位职责相对应，其内容还应包括职业卫生防护的内容，可张贴或以其他方式，方便劳动者了解、提示劳动者遵守。	检查职业病危害因素相关的作业岗位清单和书面的岗位操作规程，现场抽查职业病危害严重的岗位加以验证。	未建立、健全职业卫生操作规程。	《职业病防治法》第21条（三）项、《监督管理规定》第11条（十二）项。	《职业病防治法》第71条（二）项、《监督管理规定》第49条（三）项。	给予警告，责令限期改正；逾期未改正的，处10万元以下的罚款。
	公布岗位职业卫生操作规程		现场查看公告栏。	未公布岗位操作规程。	《职业病防治法》第25条第1款、《监督管理规定》第15条第1款。	《职业病防治法》第71条（三）项、《监督管理规定》）第49条（六）项。	

续表

检查内容	检查标准	检查方法	违法行为	违法条款	处罚依据	处罚种类和幅度
6. 职业卫生档案	用人单位应当建立健全职业卫生档案，职业卫生档案应包括：（一）职业病防治责任制文件；（二）职业卫生管理规章制度、操作规程；（三）工作场所职业病危害因素种类清单、岗位分布以及作业人员接触情况等资料；（四）职业病防护设施、应急救援设施基本信息，以及其配置、使用、维护、检修与更换等记录；（五）工作场所职业病危害因素检测、评价报告与记录；（六）职业病防护用品配备、发放、维护与更换等记录；（七）主要负责人、职业卫生管理人员和职业病危害严重工作岗位的劳动者等相关人员职业卫生培训资料；（八）职业病危害事故报告与应急处置记录；（九）劳动者职业健康检查结果汇总资料，存在职业禁忌证、职业健康损害或者职业病的劳动者处理和安置情况记录；（十）建设项目职业卫生"三同时"有关技术资料，以及其备案、审核、审查或者验收等有关回执或者批复文件；（十一）职业卫生安全许可证申领、职业病危害项目申报等有关回执或者批复文件；（十二）其他有关职业卫生管理的资料或者文件。	结合现场情况查阅档案材料。	未建立、健全职业卫生档案。	《职业病防治法》第21条（四）项、《监督管理规定》第34条。	《职业病防治法》第71条（二）项、《监督管理规定》第49条（四）项。	给予警告，责令限期改正；逾期不改正的，处10万元以下的罚款。
（二）职业病危害项目申报（B002）						
1. 及时、如实申报职业病危害项目	用人单位工作场所存在职业病目录所列职业病的危害因素的，应当按照《申报办法》的规定，及时、如实向所在地安全生产监督管理部门申报职业病危害项目，职业病危害因素按照《职业病危害因素分类目录》确定。用人单位申报职业病危害项目时，应当提交《职业病危害项目申报表》和下列文件、资料： （1）用人单位的基本情况； （2）工作场所职业病危害因素种类、分布情况以及接触人数； （3）法律、法规和规章规定的其他文件、资料。	查看申报回执，结合职业卫生档案，现场检查接害岗位和种类，查阅申报表，核对工作场所职业病危害状况和申报内容。	未及时、如实申报产生职业病危害项目。	《职业病防治法》第16条、《申报办法》第2条、《监督管理规定》第13条。	《职业病防治法》第72条（一）项、《申报办法》第14条、《监督管理规定》第50条（一）项。	责令限期改正，给予警告，可以并处5万元以上10万元以下的罚款。

续表

检查内容	检查标准	检查方法	违法行为	违法条款	处罚依据	处罚种类和幅度
2. 变更申报	进行新建、改建、扩建、技术改造或者技术引进建设项目的，自建设项目竣工验收之日起30日内进行申报。	查阅安监部门对建设项目的批复文件、验收报告、职业病危害控制效果评价报告，现场检查。	未申报变更职业病危害项目内容。	《申报办法》第8条（一）项。	《申报办法》第15条。	责令限期改正，可以并处5千元以上3万元以下罚款。
	因技术、工艺、设备或者材料等发生变化导致原申报的职业病危害因素及其相关内容发生重大变化的，自发生变化之日起15日内进行申报。	检查工作场所，查看技术、工艺、材料变更的相关资料。		《申报办法》第8条（二）项。	《申报办法》第15条。	
	用人单位工作场所、名称、法定代表人或者主要负责人发生变化的，自发生变化之日起15日内进行申报。	查看工商执照和组织机构代码证。		《申报办法》第8条（三）项。	《申报办法》第15条。	
	经过职业病危害因素检测、评价，发现原申报内容发生变化的，自收到有关检测、评价结果之日起15日内进行申报。	查阅申报表，核对工作场所职业病危害因素检测和评价报告，现场检查接害岗位和接害种类。		《申报办法》第8条（四）项。	《申报办法》第15条。	
（三）建设项目职业卫生“三同时”管理（B003）						
1. 建设项目职业病危害预评价	对可能产生职业病危害的建设项目，建设单位应当在建设项目可行性论证阶段委托具有相应资质的职业卫生技术服务机构进行职业病危害预评价，编制预评价报告。并应向安全生产监督管理部门提交职业病危害预评价报告。 职业病危害预评价由依法设立的取得国务院安全生产监督管理部门或者设区的市级以上地方人民政府安全生产监督管理部门按照职责分工给予资质认可的职业卫生技术服务机构承担。	检查建设项目清单、建设项目立项批文、评价单位资质证明、职业病危害预评价委托书、预评价报告。	未进行职业病危害预评价或者未提交预评价报告。	《职业病防治法》第17条、《有毒作业条例》第13条第1款、《监督管理规定》第14条、《“三同时”监督管理暂行办法》第10条。	《职业病防治法》第70条（一）项、《有毒作业条例》第58条（一）项、《“三同时”监督管理暂行办法》第34条（一）项。	《职业病防治法》《“三同时”监督管理暂行办法》给予警告，责令限期改正；逾期不改正的，处10万元以上50万元以下的罚款；情节严重的，责令停止产生职业病危害的作业，或者提请有关人民政府按照国务院规定的权限责令停建、关闭。 《有毒作业条例》给予警告，责令限期改正，处10万元以上50万元以下的罚款；逾期不改正的，提请有关人民政府按照国务院规定的权限责令停建、予以关闭；造成严重职业中毒危害或者导致职业中毒事故发生的，对负有责任的主管人员和其他直接责任人员依照刑法关于重大劳动安全事故罪或者其他罪的规定，依法追究刑事责任。

续表

检查内容	检查标准	检查方法	违法行为	违法条款	处罚依据	处罚种类和幅度
1. 建设项目职业病危害预评价	职业病危害预评价报告编制完成后，建设单位应当组织有关职业卫生专家，对职业病危害预评价报告进行评审。	检查职业病危害预评价报告、评价单位资质证明、评审专家组成、评审会相关材料。	未对职业病预评价报告进行评审的。	《“三同时”监督管理暂行办法》第11条第1款。	《“三同时”监督管理暂行办法》第35条（一）项。	给予警告，限期责令改正；逾期不改正的，处3万元以下的罚款。
	建设单位对职业病危害预评价报告的真实性、合法性负责。		建设单位在职业病危害预评价报告评审中弄虚作假的。	《“三同时”监督管理暂行办法》第11条第2款。	《“三同时”监督管理暂行办法》第36条。	责令改正，并处5千元以上3万元以下的罚款。
	建设单位应当按规定向安全生产监督管理部门申请职业病危害预评价备案或者审核，并提交下列文件、资料：（一）建设项目职业病危害预评价备案或者审核申请书；（二）建设项目职业病危害预评价报告；（三）建设单位对预评价报告的评审意见；（四）职业卫生专家对预评价报告的审查意见；（五）职业病危害预评价机构的资质证明（影印件）；（六）法律、行政法规、规章规定的其他文件、资料。涉及放射性职业病危害因素的建设项目，建设单位需提交建设项目放射防护预评价报告。	安全生产监督管理部门的备案或批复文件，现场检查。	预评价报告未经安监部门备案或审核同意，开工建设的。	《职业病防治法》第17条、《有毒作业条例》第13条第1款、《监督管理规定》第14条、《“三同时”监督管理暂行办法》第12条。	《职业病防治法》第70条（一）项、《有毒作业条例》第58条（一）项、《“三同时”监督管理暂行办法》第34条（一）项。	《职业病防治法》《“三同时”监督管理暂行办法》给予警告，责令限期改正；逾期不改正的，处10万元以上50万元以下的罚款；情节严重的，责令停止产生职业病危害的作业，或者提请有关人民政府按照国务院规定的权限责令停建、关闭。《有毒作业条例》给予警告，责令限期改正，处10万元以上50万元以下的罚款；逾期不改正的，提请有关人民政府按照国务院规定的权限责令停建、予以关闭；造成严重职业中毒危害或者导致职业中毒事故发生的，对负有责任的主管人员和其他直接责任人员依照刑法关于重大劳动安全事故罪或者其他罪的规定，依法追究刑事责任。
	建设项目职业病危害预评价报告经安全生产监督管理部门备案或者审核同意后，建设项目的选址、生产规模、工艺或者职业病危害因素的种类、职业病防护设施等发生重大变更的，建设单位应当对变更内容重新进行职业病危害预评价，办理相应的备案或者审核手续。	对照原评价报告检查建设项目的选址、生产规模、工艺或者职业病危害因素的种类、职业病防护设施等，查看是否发生重大变更，查看建设项目批文、清单、安监部门批准文件等相关材料。	建设项目选址、生产规模、工艺、职业病危害因素种类、职业病防护设施发生重大变更时，未对变更内容重新进行职业病危害预评价并办理有关手续，进行施工的。	《“三同时”监督管理暂行办法》第14条。	《“三同时”监督管理暂行办法》第35条（二）项。	给予警告，责令限期改正；逾期不改正的，处3万元以下的罚款。

续表

检查内容	检查标准	检查方法	违法行为	违法条款	处罚依据	处罚种类和幅度
	存在职业病危害的建设项目，建设单位应当委托具有相应资质的设计单位编制职业病防护设施设计专篇。建设单位在职业病防护设施设计专篇编制完成后，应当组织有关职业卫生专家，对职业病防护设施设计专篇进行评审。	检查职业病防护设施设计专篇、评审专家组成、评审会相关材料。	未对职业病防护设施设计进行评审的。	《“三同时”监督管理暂行办法》第18条第1款。	《“三同时”监督管理暂行办法》第35条（一）项。	给予警告，限期责令改正；逾期不改正的，处3万元以下的罚款。
	建设单位应当会同设计单位对职业病防护设施设计专篇进行完善，并对其真实性、合法性和实用性负责。		建设单位在职业病防护设施设计评审中弄虚作假的。	《“三同时”监督管理暂行办法》第18条第2款。	《“三同时”监督管理暂行办法》第36条。	责令改正，并处5千元以上3万元以下的罚款。
2. 建设项目职业病防护设施设计和审查	对职业病危害严重的建设项目，建设单位在完成职业病防护设施设计专篇评审后，应当按照规定向安全生产监督管理部门提出建设项目职业病防护设施设计审查的申请，并提交下列文件、资料：（一）建设项目职业病防护设施设计审查申请书；（二）建设项目立项审批文件（复印件）；（三）建设项目职业病防护设施设计专篇；（四）建设单位对职业病防护设施设计专篇的评审意见；（五）建设项目职业病防护设施设计单位的资质证明（影印件）；（六）建设项目职业病危害预评价报告审核的批复文件（复印件）；（七）法律、行政法规、规章规定的其他文件、资料。	检查建设项目清单、职业病防护设施设计专篇，防护设施设计单位的资质证明，查看安全生产监督管理部门批准文件。	职业病危害严重的建设项目，其职业病防护设施设计未经安全生产监督管理部门审查或职业病危害严重的建设项目，其职业病防护设施设计不符合国家职业卫生标准和卫生要求施工的。	《职业病防治法》第18条第2款、《有毒作业条例》第13条第2款、《监督管理规定》第14条、《“三同时”监督管理暂行办法》第21条第2款。	《职业病防治法》第70条（三）项、《有毒作业条例》第58条（四）项、《“三同时”监督管理暂行办法》第34条（三）项。	《职业病防治法》《“三同时”监督管理暂行办法》给予警告，责令限期改正；逾期不改正的，处10万元以上50万元以下的罚款；情节严重的，责令停止产生职业病危害的作业，或者提请有关人民政府按照国务院规定的权限责令停建、关闭。《有毒作业条例》给予警告，责令限期改正，处10万元以上50万元以下的罚款；逾期不改正的，提请有关人民政府按照国务院规定的权限责令停建、予以关闭；造成严重职业中毒危害或者导致职业中毒事故发生的，对负有责任的主管人员和其他直接责任人员依照刑法关于重大劳动安全事故罪或者其他罪的规定，依法追究刑事责任。
	职业病危害严重的建设项目，其职业病防护设施设计未经审查同意的，建设单位不得进行施工，应当进行整改后重新申请审查。					
	建设项目职业病防护设施设计经审查同意后，建设项目的生产规模、工艺或者职业病危害因素的种类等发生重大变更的，建设单位应当根据变更的内容，重新进行职业病防护设施设计，并在变更之日起30日内按规定办理相应的审查手续。	对照原防护设计，检查建设项目的生产规模、工艺或者职业病危害因素的种类等查看是否发生重大变更，查看职业病防护设施设计专篇、安全生产监督管理部门批准文件。	建设项目选址、生产规模、工艺、职业病危害因素种类、职业病防护设施发生重大变更时，未对变更内容重新进行职业病防护设施设计并办理有关手续，进行施工的。	《“三同时”监督管理暂行办法》第22条。	《“三同时”监督管理暂行办法》第35条（二）项。	给予警告，责令限期改正；逾期不改正的，处3万元以下的罚款。

续表

检查内容	检查标准	检查方法	违法行为	违法条款	处罚依据	处罚种类和幅度
	建设项目的职业病防护设施应当与主体工程同时设计，同时施工，同时投入生产和使用。	检查建设项目工程清单，现场检查职业病防护设施施工、投入生产和使用的情况。	建设项目的职业病防护设施未按照规定与主体工程同时投入生产和使用的。	《职业病防治法》第18条第1款、《有毒作业条例》第13条第1款、《“三同时”监督管理暂行办法》第3条第2款。	《职业病防治法》第70条（二）项、《有毒作业条例》第58条（二）项、《“三同时”监督管理暂行办法》第34条（二）项。	《职业病防治法》《“三同时”监督管理暂行办法》给予警告，责令限期改正；逾期不改正的，处10万元以上50万元以下的罚款；情节严重的，责令停止产生职业病危害的作业，或者提请有关人民政府按照国务院规定的权限责令停建、关闭。《有毒作业条例》给予警告，责令限期改正，处10万元以上50万元以下的罚款；逾期不改正的，提请有关人民政府按照国务院规定的权限责令停建、予以关闭；造成严重职业中毒危害或者导致职业中毒事故发生的，对负有责任的主管人员和其他直接责任人员依照刑法关于重大劳动安全事故罪或者其他罪的规定，依法追究刑事责任。
3. 建设项目职业病危害控制效果评价和防护设施竣工验收	建设项目完工后，需要进行试运行的，其配套建设的职业病防护设施必须与主体工程同时投入试运行。试运行时间应当不少于30日，最长不得超过180日，国家有关部门另有规定或者特殊要求的行业除外。	查看职业病防护设施试运行工作报告，现场监督检查。	需要试运行的职业病防护设施未与主体工程同时试运行的。	《“三同时”监督管理暂行办法》第25条。	《“三同时”监督管理暂行办法》第35条（三）项。	给予警告，责令限期改正；逾期不改正的，处3万元以下的罚款。
	建设项目在竣工验收前，建设单位应当进行职业病危害控制效果评价。 建设项目试运行期间，建设单位应当对职业病防护设施运行的情况和工作场所的职业病危害因素进行监测，并委托具有相应资质的职业卫生技术服务机构进行职业病危害控制效果评价。 建设项目没有进行试运行的，应当在其完工后委托具有相应资质的职业卫生技术服务机构进行职业病危害控制效果评价。建设单位应当为评价活动提供符合检测、评价标准和要求的受检场所、设备和设施。	检查建设项目清单，建设项目立项批文、评价单位的资质证明、职业病危害控制效果评价报告书。	未按照规定对职业病防护设施进行职业病危害控制效果评价。	《职业病防治法》第18条第3款、《有毒作业条例》第13条第1款、《监督管理规定》第14条、《“三同时”监督管理暂行办法》第26条。	《职业病防治法》第70条（四）项、《有毒作业条例》第58条（三）项、《“三同时”监督管理暂行办法》第34条（四）项。	《职业病防治法》《“三同时”监督管理暂行办法》给予警告，责令限期改正；逾期不改正的，处10万元以上50万元以下的罚款；情节严重的，责令停止产生职业病危害的作业，或者提请有关人民政府按照国务院规定的权限责令停建、关闭。《有毒作业条例》给予警告，责令限期改正，处10万元以上50万元以下的罚款；逾期不改正的，提请有关人民政府按照国务院规定的权限责令停建、予以关闭；造成严重职业中毒危害或者导致职业中毒事故发生的，对负有责任的主管人员和其他直接责任人员依照刑法关于重大劳动安全事故罪或者其他罪的规定，依法追究刑事责任。

续表

检查内容	检查标准	检查方法	违法行为	违法条款	处罚依据	处罚种类和幅度
	建设单位在职业病危害控制效果评价报告编制完成后，应当组织有关职业卫生专家对职业病危害控制效果评价报告进行评审。	查看职业病危害控制效果评价报告，评审会专家组成及评审会相关材料。	未按照规定对职业病危害控制效果评价报告进行评审的。	《“三同时”监督管理暂行办法》第27条第1款。	《“三同时”监督管理暂行办法》第35条（一）项。	给予警告，限期责令改正；逾期不改正的，处3万元以下的罚款。
	建设单位对职业病危害控制效果评价报告的真实性和合法性负责。		建设单位在职业病危害控制效果评价报告评审中弄虚作假的。	《“三同时”监督管理暂行办法》第27条第2款。	《“三同时”监督管理暂行办法》第36条。	责令改正，并处5千元以上3万元以下的罚款。
3. 建设项目职业病危害控制效果评价和防护设施竣工验收	职业病危害一般的建设项目竣工验收时，由建设单位自行组织职业病防护设施的竣工验收，并自验收完成之日起30日内按照规定向安全生产监督管理部门申请职业病防护设施竣工备案。提交下列文件、资料：（一）建设项目职业病防护设施竣工备案申请书；（二）建设项目职业病危害预评价报告备案通知书（复印件）；（三）建设项目立项审批文件（复印件）；（四）建设项目职业病防护设施设计专篇；（五）建设项目职业病危害控制效果评价机构的资质证明（影印件）；（六）建设项目职业病危害控制效果评价报告；（七）职业卫生专家对职业病危害控制效果评价报告的评审意见；（八）建设单位对职业病危害控制效果评价报告的评审意见；（九）建设项目职业病防护设施竣工自行验收情况报告；（十）法律、行政法规、规章规定的其他文件、资料。	查看安全生产监督管理部门职业病防护设施竣工备案回执等相关文件。	职业病危害一般的建设项目竣工验收后，未经安全监管部门备案同意，擅自投入使用的。	《职业病防治法》第18条第3款、《有毒作业条例》第13条第1款、《监督管理规定》第14条、《“三同时”监督管理暂行办法》第28条。	《职业病防治法》第70条（四）项、《有毒作业条例》第58条（三）项、《“三同时”监督管理暂行办法》第34条（四）项。	《职业病防治法》《“三同时”监督管理暂行办法》给予警告，责令限期改正；逾期不改正的，处10万元以上50万元以下的罚款；情节严重的，责令停止产生职业病危害的作业，或者提请有关人民政府按照国务院规定的权限责令停建、关闭。《有毒作业条例》给予警告，责令限期改正，处10万元以上50万元以下的罚款；逾期不改正的，提请有关人民政府按照国务院规定的权限责令停建、予以关闭；造成严重职业中毒危害或者导致职业中毒事故发生的，对负有责任的主管人员和其他直接责任人员依照刑法关于重大劳动安全事故罪或者其他罪的规定，依法追究刑事责任。
	职业病危害较重的建设项目竣工验收时，建设单位应当按规定向安全生产监督管理部门申请建设项目职业病防护设施竣工验收，并提交下列文件、资料：（一）建设项目职业病防护设施竣工验收申请书；（二）建设项目职业病危害预评价报告审核批复文件；（三）建设项目职业病危害控制效果评价机构资质证明（影印件）；（四）建设项目立项审批文件（复印件）；（五）建设项目职业病防护设施设计专篇；（六）建设项目职业病危害控制效果评价报告；（七）职业卫生专家对职业病危害控制效果评价报告的审查意见；（八）建设单位对职业病危害控制效果评价报告的评审意见；（九）建设项目职业病防护设施施工单位和监理单位资质证明（影印件）；（十）法律、行政法规、规章规定的其他文件、资料。	查看安全生产监督管理部门职业病防护设施竣工验收批文。	职业病危害较重的建设项目职业病防护设施未经安监部门验收或验收不合格，擅自投入使用的。	《职业病防治法》第18条第3款、《有毒作业条例》第13条第1款、《监督管理规定》第14条、《“三同时”监督管理暂行办法》第29条。	《职业病防治法》第70条（四）项、《有毒作业条例》第58条（三）项、《“三同时”监督管理暂行办法》第34条（四）项。	《职业病防治法》《“三同时”监督管理暂行办法》给予警告，责令限期改正；逾期不改正的，处10万元以上50万元以下的罚款；情节严重的，责令停止产生职业病危害的作业，或者提请有关人民政府按照国务院规定的权限责令停建、关闭。《有毒作业条例》给予警告，责令限期改正，处10万元以上50万元以下的罚款；逾期不改正的，提请有关人民政府按照国务院规定的权限责令停建、予以关闭；造成严重职业中毒危害或者导致职业中毒事故发生的，对负有责任的主管人员和其他直接责任人员依照刑法关于重大劳动安全事故罪或者其他罪的规定，依法追究刑事责任。

续表

检查内容	检查标准	检查方法	违法行为	违法条款	处罚依据	处罚种类和幅度
3. 建设项目职业病危害控制效果评价和防护设施竣工验收	职业病危害严重的建设项目竣工验收时，建设单位应当按照规定向安全生产监督管理部门申请建设项目职业病防护设施竣工验收，并提交下列文件、资料：（一）建设项目职业病防护设施竣工验收申请书；（二）建设项目职业病防护设施设计审查批复文件（复印件）；（三）建设项目职业病危害控制效果评价机构资质证明（影印件）；（四）建设项目职业病危害控制效果评价报告；（五）职业卫生专家对职业病危害控制效果评价报告的审查意见；（六）建设单位对职业病危害控制效果评价报告的评审意见；（七）建设项目职业病防护设施施工单位和监理单位资质证明（影印件）；（八）法律、行政法规、规章规定的其他文件、资料。	查看安全生产监督管理部门职业病防护设施竣工验收批文。	职业病危害严重的建设项目职业病防护设施未经安监部门验收或验收不合格，擅自投入使用的。	《职业病防治法》第18条第3款、《有毒作业条例》第13条第1款、《监督管理规定》第14条、《“三同时”监督管理暂行办法》第30条。	《职业病防治法》第70条（四）项、《有毒作业条例》第58条（三）项、《“三同时”监督管理暂行办法》第34条（四）项。	《职业病防治法》《“三同时”监督管理暂行办法》给予警告，责令限期改正；逾期不改正的，处10万元以上50万元以下的罚款；情节严重的，责令停止产生职业病危害的作业，或者提请有关人民政府按照国务院规定的权限责令停建、关闭。《有毒作业条例》给予警告，责令限期改正，处10万元以上50万元以下的罚款；逾期不改正的，提请有关人民政府按照国务院规定的权限责令停建、予以关闭；造成严重职业中毒危害或者导致职业中毒事故发生的，对负有责任的主管人员和其他直接责任人员依照刑法关于重大劳动安全事故罪或者其他罪的规定，依法追究刑事责任。
（四）工作场所职业卫生条件（B004）						
1. 职业病危害因素强（浓）度	工作场所职业病危害因素强度或者浓度符合国家职业卫生标准和行业标准的要求。	查看职业卫生档案，根据生产工艺流程图、职业病危害因素分布点，查阅工作场所职业病危害因素日常监测结果、检测与评价报告，现场监督检测。	工作场所职业病危害因素强度或浓度超过国家职业卫生标准。	《职业病防治法》第15条（一）项、《监督管理规定》第12条（四）项。	《职业病防治法》第73条第（一）项、《监督管理规定》第51条（一）项。	给予警告，责令限期改正；逾期不改正的，处5万元以上20万元以下罚款；情节严重的，责令停止产生职业病危害的作业，或者提请有关人民政府按照国务院规定的权限责令关闭。
2. 生产布局	生产布局合理，符合有害与无害作业分开的原则。生产布局应按照《工业企业设计卫生标准》（GBZ1）的规定，尽量考虑机械化、自动化和远端操作，加强密闭，避免直接操作，并应结合生产工艺采取相应的防护措施。 车间内生产工艺设备布局应重点考虑达到防尘、防毒、防暑、防寒、防噪声与振动、防电离辐射、防非电离辐射等的要求。	查阅建设项目职业病危害预评价报告、控制效果评价报告、现状评价报告，检查平面布置图、竖向布置图，查看现场。	生产布局不合理，未将有害作业与无害作业分开。	《职业病防治法》第15条（三）项、《有毒作业条例》第11条第2款（二）项、《监督管理规定》第12条（一）项。	《有毒作业条例》第66条（二）项、《监督管理规定》第48条（一）项。	《监督管理规定》给予警告，责令限期改正，可以并处5千元以上2万元以下的罚款。《有毒作业条例》给予警告，责令限期改正，处5000元以上2万元以下的罚款；逾期不改正的，责令停止使用有毒物品作业，或者提请有关人民政府按照国务院规定的权限予以关闭；造成严重职业中毒危害或者导致职业中毒事故发生的，对负有责任的主管人员和其他直接责任人员依照刑法关于重大劳动安全事故罪、危险物品肇事罪或者其他罪的规定，依法追究刑事责任。
3. 工作场所与生活场所分开	工作场所与生活场所分开，工作场所不得住人。依据《工业企业设计卫生标准》（GBZ1），生活场所包括：工作场所办公室、生产卫生室（浴室、存衣室、盥洗室、洗衣房），生活室（休息室、食堂、厕所）、女工卫生室等辅助用室。使用有毒物品工作场所与生活场所分开，工作场所不得住人。	查看职业卫生档案，认定使用有毒物品场所，现场检查。	工作场所未与生活场所分开或者工作场所住人的。	《有毒作业条例》第11条第2款（一）项、《监督管理规定》第12条（二）项。	《有毒作业条例》第66条（一）项、《监督管理规定》第48条（一）项。	

续表

检查内容		检查标准	检查方法	违法行为	违法条款	处罚依据	处罚种类和幅度
4. 高毒作业场所	高毒作业场所隔离	高毒作业场所与其他作业场所隔离，此隔离应当指屏障或距离隔离，不仅仅以标志线或标志隔离。	查阅职业卫生档案、职业病危害项目申报表、原辅材料清单、化学品安全数据说明书（MSDS）、高毒物品作业场所台账，按照《高毒物品目录》，核对其认定的高毒作业场所，现场检查。	高毒作业场所未与其他作业场所有效隔离的。	《有毒作业条例》第11条第2款（二）项。	《有毒作业条例》第66条（三）项。	《有毒作业条例》给予警告，责令限期改正，处5000元以上2万元以下的罚款；逾期不改正的，责令停止使用有毒物品作业，或者提请有关人民政府按照国务院规定的权限予以关闭；造成严重职业中毒危害或者导致职业中毒事故发生的，对负有责任的主管人员和其他直接责任人员依照刑法关于重大劳动安全事故罪、危险物品肇事罪或者其他罪的规定，依法追究刑事责任。
	应设置车间淋浴间	高毒作业应设置车间淋浴间．男女分别设置，淋浴间由更衣间、浴室和管理间组成。淋浴间内部构造应易于使用清扫卫生设备，并采取防水、防潮、排水和排气措施。应设置不断水的供水设备并保证用水卫生。淋浴器的数量应根据高毒作业的人数确定，一般4~8人设1个淋浴器。	查看职业卫生档案、高毒物品作业场所台账、原辅材料清单、化学品安全数据说明书（MSDS），对照有毒有害物质清单，按照《高毒物品目录》，结合高毒作业劳动者名册，现场检查。	未为从事使用高毒物品作业的劳动者设置淋浴间、更衣室或者未设置清洗、存放和处理工作服、工作鞋帽等物品的专用间，或者不能正常使用。	《有毒作业条例》第27条。	《有毒作业条例》第69条（二）项。	《有毒作业条例》给予警告，责令限期改正，处5000元以上2万元以下的罚款；逾期不改正的，责令停止使用有毒物品作业，或者提请有关人民政府按照国务院规定的权限予以关闭。
	应设置更衣室	高毒作业场所应按规定设置更衣室。更衣室应配置闭锁式衣柜。更衣室中便服、工作服应分柜存放以避免工作服污染便服。离开高毒作业场所时，应更换衣服，不可将工作服带出车间。					
	应设置有毒物品存放专用间	有毒物品应实行分类存放。对于高毒物品，应根据生产条件、所使用化学品的理化特性和用量来考虑有毒物品存放专用间设置的位置、大小和选材。 有毒物品存放专用间应在醒目的位置设置明显的警示标识，其内部存放的物品不能相互发生燃烧、爆炸等化学反应。应建立相应的制度，明确相关人员负责有毒物品存放专用间的日常管理，并保证无关人员不能进入物品存放专用间。					

续表

检查内容	检查标准	检查方法	违法行为	违法条款	处罚依据	处罚种类和幅度
5. 自动报警装置和事故通风设施	可能突然泄漏大量有毒物品或者易造成急性中毒的作业场所，设置自动报警装置和事故通风设施，并有效联动。 具体有毒有害物质的确定参考《高毒物品目录》及《工作场所有害因素职业接触限值》（GBZ 2.1、GBZ 2.2）。 通风换气次数不小于12次/h，报警装置依据《工作场所有毒气体检测报警装置设置规范》（GBZ/T 223），必须经相关部门检定通过，并应建立相应的制度，责任到位，有人负责，班前及定期检查，及时维修保证报警装置能够正常运转。	查阅职业卫生档案、职业病危害项目申报表，认定相应的易发生急性中毒作业场所，检查报警装置和通风设施的国家质量监督检验合格证及配备档案，班前、定期检查、维修记录，现场检查。	可能产生急性职业损伤的有毒、有害工作场所，未设置自动报警装置和事故通风设施。	《职业病防治法》第26条第1款、《有毒作业条例》第11条第2款（三）项、《监督管理规定》第17条第1、3、4款。	《职业病防治法》第76条（三）项、《有毒作业条例》第60条（一）项、《监督管理规定》第52条（三）项。	《职业病防治法》《监督管理规定》责令限期治理，并处5万元以上30万元以下的罚款；情节严重的，责令停止产生职业病危害的作业，或者提请有关人民政府按照国务院规定的权限责令关闭。《有毒作业条例》给予警告，责令限期改正，处5万元以上30万元以下的罚款；逾期不改正的，提请有关人民政府按照国务院规定的权限予以关闭；造成严重职业中毒危害或者导致职业中毒事故发生的，对负有责任的主管人员和其他直接责任人员依照刑法关于重大责任事故罪、重大劳动安全事故罪或者其他罪的规定，依法追究刑事责任。
6. 现场急救用品	急性职业损伤的有毒、有害工作场所配置现场急救用品。现场急救用品包括发生事故时急救人员所用的个人职业病防护用品，如携气式呼吸器、全封闭式化学防护服、防护手套、防护鞋靴等，以及对被救者施救所需的急救用品，如做人工呼吸所需单向阀防护口罩、现场止血用品、防暑降温用品、给氧器，有特殊需求的可配备急救车、防护小药箱等。急救用品的配置应根据现场防护的需要，在专业人员的指导下考虑生产条件、化学物质的理化性质和用量。急救用品应存放在车间内或临近车间的地方，一旦发生事故，保证方便获取。急救用品存放地的醒目位置应有警示标识，确保劳动者知晓。应使劳动者掌握如何使用急救用品。现场急救用品应安全有效。	查阅职业卫生档案，确定发生急性职业损伤的有毒、有害工作场，现场检查配备的急救用品是否符合国家质量监督检验合格的正规产品，查阅急救用品配备档案、使用记录、定期检查和维修记录，现场对劳动者抽查能否正确使用急救用品。	可能产生急性职业损伤的有毒、有害工作场所，未配置现场急救用品。	《职业病防治法》第26条第1款、《监督管理规定》第17条第1和2款。	《职业病防治法》第76条（三）项、《监督管理规定》第52条（三）项。	责令限期治理，并处5万元以上30万元以下罚款；情节严重的，责令停止产生职业病危害的作业，或者提请有关人民政府按照国务院规定的权限责令关闭。

续表

检查内容	检查标准	检查方法	违法行为	违法条款	处罚依据	处罚种类和幅度
7. 冲洗设备	急性职业损伤的有毒、有害工作场所配置冲洗设备．冲洗设备主要指冲眼器、流动水龙头以及冲淋设备。在可能发生皮肤粘膜或眼睛灼伤、有腐蚀性、刺激性化学物质的工作场所应配备上述冲洗设备，特别强调冲洗设备应用取方便，且不妨碍工作，保证在发生事故时，劳动者能及时得到冲洗。冲洗用水应安全并保证是流动水。设置冲洗设备的地方应有明显标识，醒目易找。冲洗设备应保证能正常使用，并应建立相应的管理制度，责任到位，有人负责，及时维修。	查阅职业卫生档案，确定发生急性职业损伤的有毒、有害工作场，检查冲洗设备的配备情况，检查定期检查记录、维修记录，现场检查冲洗设备使用是否有效。	可能发生急性职业损伤的有毒、有害工作场所未配置冲洗设备。	《职业病防治法》第26条第1款、《监督管理规定》第17条第1和2款。	《职业病防治法》第76条（三）项、《监督管理规定》第52条（三）项。	责令限期治理，并处5万元以上30万元以下罚款；情节严重的，责令停止产生职业病危害的作业，或者提请有关人民政府按照国务院规定的权限责令关闭。
8. 应急撤离通道	应急通道须保持通畅，设置应急照明设施，并在醒目位置设置明显的警示标识。撤离通道的宽窄应根据需要设置，如需用车辆、担架的，宽度应能保证车辆、担架顺利通过。应建立相应的管理制度，责任到位，有人负责，定期检查，保证应急通道畅通。	查阅职业卫生档案，现场查看应急通道设置有无及是否畅通，醒目位置是否设置应急通道警示标识，应急照明设施设置情况，检查相应的管理文件。	可能产生急性职业损伤的有毒、有害工作场所，未设置撤离通道和泄险区。	《职业病防治法》第26条第1款、《有毒作业条例》第11条第2款（四）项、《监督管理规定》第17条第1款。	《职业病防治法》第76条（三）项、《有毒作业条例》第59条（四）项、《监督管理规定》第52条（三）项。	《职业病防治法》《监督管理规定》责令限期治理，并处5万元以上30万元以下罚款；情节严重的，责令停止产生职业病危害的作业，或者提请有关人民政府按照国务院规定的权限责令关闭。《有毒作业条例》给予警告，责令限期改正，处5万元以上20万元以下的罚款；逾期不改正的，提请有关人民政府按照国务院规定的权限予以关闭；造成严重职业中毒危害或者导致职业中毒事故发生的，对负有责任的主管人员和其他直接责任人员依照刑法关于重大劳动安全事故罪或者其他罪的规定，依法追究刑事责任。
9. 必要的泄险区	根据生产条件、所使用化学品的理化特性和用量考虑泄险区设置的位置、大小和选材。泄险区周围不能存在可能与排放到泄险区的有毒有害物质发生易燃、易爆等化学反应的物质，泄险区四周的选材不应与泄险物发生反应，泄露物质和冲洗水应纳入工业废水处理系统。 应在泄险区周围的醒目位置设置明显的警示标识以及中文警示说明。定期泄险要在中文警示说明中说明定期泄险的时间、泄险的物质和注意事项；事故性泄险应制定泄险预案，明确泄险的条件、泄险命令的发布人、泄险时如何进行人群疏散、泄险物质的无害化处理、消除发生次生事故的危险、泄险后的善后处理工作，还应建立相应的管理制度明确相关人员负责泄险的日常管理，并保证无关人员不能进入泄险区。	查阅职业卫生档案，现场调查认定需设置的场所，检查泄险区管理文件，泄险区设置是否合理、可行，现场查看醒目位置是否设置泄险区警示标识或中文警示说明，中文警示说明内容是否完整。				

续表

检查内容	检查标准	检查方法	违法行为	违法条款	处罚依据	处罚种类和幅度
10. 生产、销售、使用、贮存放射性同位素和射线装置的场所	应设置警示标识，警示标识的设置按照 GBZ 158 使用指南设定。警示标识包括图形标识（禁止、警告、指令和提示标识）、警示线（红、黄、绿）、警示语句和放射工作场所和放射源储存场所职业病危害告知卡。 设置安全和防护设施以及必要的防护安全联锁、报警装置或者工作信号。放射性装置的生产调试和使用场所，应当具有防止误操作、防止工作人员受到意外照射的安全措施。用人单位必须配备与辐射类型和辐射水平相适应的防护用品和监测仪器，包括个人剂量测量报警、固定式和便携式辐射监测、表面污染监测、流出物监测等设备，并保证可能接触放射线的工作人员佩戴个人剂量计。所设的安全连锁和超剂量报警装置应保证有效，并应建立相应的管理制度，责任到位，有人负责，定期检查，及时维修，保证能够正常运转。	查阅职业卫生档案确定生产、销售、使用、贮存放射性同位素和射线装置的场所，按照 GBZ 158 使用指南和 GBZ/T 203 设置进行现场核对，检查工业探伤（γ射线工业、X 射线）报警装置（声光的或剂量的）、亮灯或响铃等方式报警。检查报警装置的国家质量监督检验合格证及配备档案、定期检查、维修记录，现场检查个人剂量计测定值及有效校正期限。	生产、销售、使用、贮存放射性同位素和射线装置的场所，未设置警示标识、防护安全联锁、报警装置、防护用品、监测仪器、个人剂量计。	《职业病防治法》第 26 条第 2 款、《监督管理规定》第 17 条第四款。	《职业病防治法》第 76 条（三）项、《监督管理规定》第 52 条（三）项。	《职业病防治法》《监督管理规定》责令限期治理，并处 5 万元以上 30 万元以下罚款；情节严重的，责令停止产生职业病危害的作业，或者提请有关人民政府按照国务院规定的权限责令关闭。
（五）职业病危害因素日常监测、检测和评价（B005）						
1. 职业病危害因素日常监测	用人单位单位应当实施由专人负责职业病危害因素日常监测，并确保监测系统处于正常运转状态。 按照《工作场所空气中有害物质监测的采样规范》（GBZ 159）设置日常监测装置，按照《工作场所空气中粉尘测定》（GBZ/T 192）、《工作场所空气有毒物质测定》（GBZ/T 160）、《工作场所物理因素测量》（GBZ/T 189）等监测职业病危害因素浓度变化情况，并记录存档。职业病危害因素监测、采样、布点符合国家标准。从事可能发生急性职业中毒的作业人员（岗位）应当配备有毒物质快速检测报警仪。	认定应当进行日常监测的职业病危害因素种类和监测点数，现场检查现有的监测仪器、实际监测的有害因素种类，检查监测人员书面聘用文件，查看有关监测记录。	未实施由专人负责的职业病危害因素日常监测或监测系统不能正常监测。	《职业病防治法》第 27 条第 1 款、《监督管理规定》第 19 条。	《职业病防治法》第 72 条（二）项、《监督管理规定》第 50 条（二）项。	责令限期改正，给予警告，可并处 5 万元以上 10 万元以下罚款。

续表

检查内容	检查标准	检查方法	违法行为	违法条款	处罚依据	处罚种类和幅度
2. 职业病危害因素检测	存在职业病危害的用人单位，应当委托具有相应资质的职业卫生技术服务机构，每年至少进行一次职业病危害因素检测，高毒作业场所每月进行一次检测。职业卫生技术服务机构所作检测应当客观、真实。	检查用人单位检测工作计划，查看服务合同、检测机构资质证明及检测报告，现场核对职业病危害因素检测点选择与报告的符合性。	未对工作场所职业病危害因素进行检测。	《职业病防治法》第27条第2、3款，《有毒作业条例》第26条第1、2款，《监督管理规定》第20条第1款。	《职业病防治法》第73条（四）项、《有毒作业条例》第59条（三）项、《监督管理规定》第51条（四）项。	《职业病防治法》《监督管理规定》：给予警告，责令限期改正；逾期未改正的，处5万元以上20万元以下罚款；情节严重的，责令停止产生职业病危害的作业，或者提请有关人民政府按照国务院规定的权限责令关闭。《有毒作业条例》给予警告，责令限期改正，处5万元以上20万元以下的罚款；逾期不改正的，提请有关人民政府按照国务院规定的权限予以关闭；造成严重职业中毒危害或者导致职业中毒事故发生的，对负有责任的主管人员和其他直接责任人员依照刑法关于重大劳动安全事故罪或者其他罪的规定，依法追究刑事责任。
3. 职业病危害现状评价	职业病危害严重的用人单位每三年至少进行一次职业病危害现状评价。存在职业病危害的用人单位，有下述情形之一的，应当及时委托具有相应资质的职业卫生技术服务机构进行职业病危害现状评价：（一）初次申请职业卫生安全许可证，或者职业卫生安全许可证有效期届满申请换证的；（二）发生职业病危害事故的；（三）国家安全生产监督管理总局规定的其他情形。 高毒作业场所每半年进行一次职业中毒控制效果评价。职业卫生技术服务机构所作评价应当客观真实。	检查用人单位职业病危害评价工作计划，查看服务合同、评价机构资质证明及评价报告，职业卫生专家现场评审。	未对工作场所职业病危害因素进行现状评价。	《职业病防治法》第27条第2、3款，《有毒作业条例》第26条第1、2款，《监督管理规定》第20条第2款、第21条。	《职业病防治法》第73条（四）项、《有毒作业条例》第59条（三）项，《监督管理规定》第51条（四）项。	《职业病防治法》《监督管理规定》给予警告，责令限期改正；逾期未改正的，处5万元以上20万元以下罚款；情节严重的，责令停止产生职业病危害的作业，或者提请有关人民政府按照国务院规定的权限责令关闭。《有毒作业条例》给予警告，责令限期改正，处5万元以上20万元以下的罚款；逾期不改正的，提请有关人民政府按照国务院规定的权限予以关闭；造成严重职业中毒危害或者导致职业中毒事故发生的，对负有责任的主管人员和其他直接责任人员依照刑法关于重大劳动安全事故罪或者其他罪的规定，依法追究刑事责任。
4. 检测、评价结果处理	用人单位应当落实职业病危害检测、现状评价报告中提出的建议和措施，并将检测、评价报告及整改情况存入用人单位的职业卫生档案，定期向所在地安全生产监督管理部门报告并向劳动者公布。	查看职业卫生档案和安监部门的备案记录，检测、评价报告复印件，现场检查公告栏。	1. 工作场所职业病危害因素检测评价结果没有存档、上报、公布。	《职业病防治法》第27条第2款、《有毒作业条例》第26条第1款、《监督管理规定》第15条第1款和第20条第3款。	《职业病防治法》第71条（一）项、《监督管理规定》第49条（八）项。	给予警告，责令限期改正；逾期未改正的，处10万元以下罚款。
			2. 隐瞒、伪造、篡改、毁损工作场所职业病危害因素检测评价结果。		《职业病防治法》第73条（十）项、《监督管理规定》第51条（九）项。	给予警告，责令限期改正；逾期未改正的，处5万元以上20万元以下的罚款；情节严重的，责令停止产生职业病危害的作业，或者提请有关人民政府按照国务院规定的权限责令关闭。

续表

检查内容	检查标准	检查方法	违法行为	违法条款	处罚依据	处罚种类和幅度
5. 职业病危害因素超标处理	用人单位在日常的职业病危害监测或者定期检测、现状评价过程中，发现工作场所职业病危害因素不符合国家职业卫生标准和卫生要求时，应当立即采取相应治理措施，确保其符合职业卫生环境和条件的要求；仍然达不到国家职业卫生标准和卫生要求的，必须停止存在职业病危害因素的作业；职业病危害因素经治理后，符合国家职业卫生标准和卫生要求的，方可重新作业。	查看职业卫生档案，监测、检测和现状评价报告，超标岗位治理建议和计划，有关领导或部门提出的治理批复、治理方案和采取的治理措施，治理后的检测报告。	工作场所职业病危害因素经治理仍不符合国家职业卫生标准和卫生要求而未停止作业。	《职业病防治法》第27条第4款、《有毒作业条例》第26条第3款、《监督管理规定》第22条。	《职业病防治法》第73条（五）项、《有毒作业条例》第61条（一）项、《监督管理规定》第51条（五）项。	《职业病防治法》《监督管理规定》给予警告，责令限期改正；逾期未改正的，处5万元以上20万元以下罚款；情节严重的，责令停止产生职业病危害的作业，或者提请有关人民政府按照国务院规定的权限责令关闭。《有毒作业条例》给予警告，责令限期改正，处5万元以上20万元以下的罚款；逾期不改正的，提请有关人民政府按照国务院规定的权限予以关闭；造成严重职业中毒危害或者导致职业中毒事故发生的，对负有责任的主管人员和其他直接责任人员依照刑法关于重大责任事故罪或者其他罪的规定，依法追究刑事责任。
（六）职业病危害防护设施和个人防护用品（B006）						
1. 防护设施设置	产生粉尘、毒物的生产过程和设备，应尽量机械化和自动化，加强密闭，并结合生产工艺，在所有产生粉尘、毒物的岗位及设备，安装通风排毒除尘装置。放散粉尘的生产过程尽量采用湿式作业。	查阅原辅材料清单及其化学品安全数据说明书（MSDS），查阅主要生产设备、工艺流程图及其说明，查阅职业病危害检测和评价报告、防护设施台账及档案，现场核查应当设置职业病防护设施的岗位及设备。	没有与职业病危害防护相适应的设施。	《职业病防治法》第15条（二）项、《监督管理规定》第12条（三）项。	《职业病防治法》第73条（二）项、《监督管理规定》第51条（二）项。	给予警告，责令限期改正；逾期不改正的处5万元以上20万元以下罚款；情节严重的，责令停止产生职业病危害作业或者提请有关人民政府按照国务院规定的权限关闭。

续表

检查内容	检查标准	检查方法	违法行为	违法条款	处罚依据	处罚种类和幅度
2. 防护设施有效	职业病防护设施有效是指设施符合产品自身的质量标准，应该是经过国家质量监督检验合格的正规产品；设施符合特定使用场所职业病防护要求，能消除或降低职业病危害因素对劳动者健康的影响。职业病防护设施应保证确实有效并应建立相应的保管制度保证责任到位，有人负责，定期检查，及时维修，每天上班之前应有人检查防护设施是否能正常运转。	查阅防护设施产品质量检验合格证、防护设施效果评价报告、防护设施日常运转记录、防护设施定期检查记录和防护设施使用维修记录等，现场检查防护设施。	提供的职业病危害防护设施不符合国家标准、卫生标准。	《职业病防治法》第23条第1款、《有毒作业条例》第11条（三）项、《监督管理规定》第12条（三）项。	《职业病防治法》第73条（二）项、《有毒作业条例》第60条（一）项、《监督管理条例》第51条（二）项。	《职业病防治法》《监督管理规定》给予警告，责令限期改正；逾期不改正的处5万元以上20万元以下罚款；情节严重的，责令停止产生职业病危害作业或者提请有关人民政府按国务院规定的权限关闭。《有毒作业条例》给予警告，责令限期改正，处5万元以上30万元以下的罚款；逾期不改正的，提请人民政府关闭；造成严重职业中毒危害的，对负有责任的主管人员和其他直接责任人员依照刑法关于重大劳动安全事故罪或者其他罪的规定，依法追究刑事责任。
3. 防护设施检修与维护 3.1 维护、检修和检测	职业病危害防护设施、设备应及时维护、检修，定期检测其性能和效果，并保证正常运行。职业病防护设施对于保护劳动者的健康意义重大，如果不能正常运转势必影响防护效果，应建立相应的制度，明确维修的响应时间、责任人、维护周期，保证防护设施能正常运转。	查阅职业病危害防护设施日常运转记录、防护设施定期检查记录和防护设施使用维修记录等，现场检查职业病危害防护设施、设备和应急救援设施并核对防护设施台账。	对职业病危害防护设备、应急救援设施未按照规定进行维护、检修、检测，或不能保持正常运行、使用状态的。	《职业病防治法》第26条第3款、《监督管理规定》第18条。	《职业病防治法》第73条（三）项、《监督管理规定》第51条（三）项。	给予警告，责令限期改正，逾期不改正的，处5万元以上20万元以下的罚款；情节严重的，责令停止产生职业病危害的作业，或者提请人民政府按照国务院规定的权限责令关闭。
3.2 擅自拆除	不得擅自拆除、停止使用职业病防护设备或应急救援设施。		擅自拆除、停止使用职业病危害防护设备或应急救援设施的。		《职业病防治法》第76条（六）项、《监督管理规定》第52条（六）项。	责令限期治理，并处5万元以上30万元以下的罚款；情节严重的，责令停止产生职业病危害的作业，或者提请人民政府按照国务院规定的权限关闭。
4. 防护用品配备	用人单位应根据工作场所的职业病危害因素的种类、危害程度、对人体的影响途径以及现场生产条件、职业病危害因素的接触水平以及个人的生理和健康状况等特点，为劳动者配备适宜的个人职业病防护用品。所使用的个人职业病防护用品应是由有生产个人职业病防护用品资质的厂家生产的符合国家或行业标准的产品。生产特种劳动防护用品（如防尘口罩、防毒面具）必须取得安全标志（LA）。	查阅防护用品的采购合同和计划，查阅发放登记账目、个人职业病防护用品领取记录，现场检查，询问劳动者。	未给劳动者提供个人使用的职业病防护用品、用人单位为劳动者个人提供的职业病防护用品不符合防治职业病的要求。	《职业病防治法》第23条、《有毒作业条例》第21条、《监督管理规定》第16条第1款。	《职业病防治法》第73条（二）项《有毒作业条例》第59条（六）项《监督管理规定》第51条（二）项。	《职业病防治法》《监督管理规定》给予警告，责令限期改正，逾期不改正的，处5万元以上20万元以下的的罚款；情节严重的，责令停止产生职业病危害作业，或者提请人民政府按照国务院规定的权限关闭。《有毒作业条例》给予警告，责令限期改正，处5万元以上20万元以下的罚款；逾期不改正的，提请有关人民政府按照国务院规定的权限予以关闭；造成严重职业中毒危害或者导致职业中毒事故发生的，对负有责任的主管人员和其他直接责任人员依照刑法关于重大劳动安全事故罪或者其他罪的规定，依法追究刑事责任。

续表

检查内容	检查标准	检查方法	违法行为	违法条款	处罚依据	处罚种类和幅度
5. 督促指导劳动者正确佩戴	用人单位应当督促、指导劳动者按照使用规则正确佩戴、使用，不得发放钱财物替代发放职业病防护用品。	查阅培训记录，现场检查及询问劳动者。	未对劳动者个体防护采取有效的指导、督促措施的。	《职业病防治法》第35条第2款、《监督管理规定》第16条第1款。	《职业病防治法》71条（四）项《监督管理规定》第49条（七）项。	给予警告，责令限期改正；逾期不改正的，处10万元以下的罚款。
6. 防护用品检修与维护	个人使用的职业病防护用品应当进行经常性检修、维护，并定期检测防护性能和效果，确保其处于正常状态。	查阅督促使用检查记录及维修检测记录，查阅培训记录，询问劳动者，现场检查。	个人使用的职业病防护用品未按照规定进行经常性维护、检修、检测，或者不能保持正常运行、使用状态的。	《职业病防治法》第26条第3款、《有毒物品条例》第19条第2款、《监督管理规定》第16条第2款。	《职业病防治法》第73条（三）项、《有毒作业条例》第59条（六）项、《监督管理规定》第51条（三）项。	《职业病防治法》《监督管理规定》给予警告，责令限期改正，逾期不改正的，处5万元以上20万元以下的的罚款；情节严重的，责令停止产生职业病危害作业或者提请人民政府按国务院规定的权限关闭。《有毒作业条例》给予警告，责令限期改正，处5万元以上20万元以下的罚款；逾期不改正的，提请有关人民政府按照国务院规定的权限予以关闭；造成严重职业中毒危害或者导致职业中毒事故发生的，对负有责任的主管人员和其他直接责任人员依照刑法关于重大劳动安全事故罪或者其他罪的规定，依法追究刑事责任。
（七）工作场所职业病危害防护（B007）						
1. 粉尘作业的防护	对于逸散粉尘的生产过程，应对产尘设备采取密闭措施；设置适宜的局部排风除尘设施对尘源进行控制；作业场所应配备负压式清扫设备和冲洗地面、墙壁的设施，以防止二次扬尘；生产工艺和粉尘性质可采取湿式作业的，应采取湿法抑尘。当湿式作业仍不能满足卫生要求时，应采取其他通风、除尘方式使劳动者活动的工作场所有害物质浓度符合 GBZ 2.1 要求。	查阅生产工艺流程图、职业病危害检测和评价报告，查阅职业卫生档案和防尘设备台账，现场检查。	未提供职业病防护设施和个人使用的职业病防护用品，或者提供的职业病防护设施和个人使用的职业病防护用品不符合国家职业卫生标准和卫生要求的。	《职业病防治法》第23条、《监督管理规定》第12条（三）项、第16条（一）项。	《职业病防治法》第73条（二）项、《监督管理规定》第51条（二）项。	给予警告，责令限期改正，逾期不改正的，处5万元以上20万元以下罚款；情节严重的，责令停止产生职业病危害作业或者提请人民政府按照国务院规定的权限关闭。

续表

检查内容		检查标准	检查方法	违法行为	违法条款	处罚依据	处罚种类和幅度
2. 有毒作业的防护	2.1 有毒作业的控制	对产生毒物的生产过程和设备，应优先采用机械化和自动化，避免直接人工操作。为防止物料跑、冒、滴、漏，其设备和管道应采取有效的密闭措施，密闭形式应根据工艺流程、设备特点、生产工艺、安全要求及便于操作、维修等因素确定，并应结合生产工艺采取通风和净化措施。应根据生产工艺和毒物特性，参照 GBZ/T 194 的规定设计相应的防毒通风控制措施，使劳动者活动的工作场所有害物质浓度符合 GBZ 2.1 要求。	查阅生产工艺流程图、有害物质清单、防毒设施台账及有关设施设计说明，查阅职业病危害检测和防毒设施评价报告、防护用品的发放和领取记录，现场检查。	未提供职业病防护设施和个人使用的职业病防护用品，或者提供的职业病防护设施和个人使用的职业病防护用品不符合国家职业卫生标准和卫生要求的。	《职业病防治法》第23条、《有毒作业条例》第 11 条（三）项、第21条，《监督管理规定》第 12 条（三）项、第 16 条（一）项。	《职业病防治法》第 73 条（二）项、《有毒作业条例》第 60 条（一）项、第 59 条（六）项、《监督管理规定》第 51 条（二）项。	给予警告，责令限期改正，逾期不改正的，处 5 万元以上 20 万元以下罚款；情节严重的，责令停止产生职业病危害作业或者提请人民政府按照国务院规定的权限关闭。
	2.2 高毒作业维护检修时的防护	维护、检修存在高毒物品的生产装置时必须事先制订维护、检修方案并严格按照维护、检修方案和操作规程进行。维修、检修现场应当有专人监护并设置警示标志。	查阅职业卫生档案和认定的高毒作业场所，查阅用人单位的生产装置维护与检修计划，查阅进入存在高毒物品场所工作方案和操作规程及工作记录，现场检查。	未依照本条例的规定维护、检修存在高毒物品的生产装置的。	《有毒作业条例》第 24 条。	《有毒作业条例》第 61 条（二）项。	责令限期改正，处 5 万元以上 30 万元以下的罚款；逾期不改正的，提请人民政府按照国务院规定的权限关闭；造成严重职业中毒危害事故的，对负有责任的主管人员和其他直接责任人员依照刑法关于重大劳动安全事故罪或者其他罪的规定，依法追究刑事责任。
3. 密闭作业的防护	3.1 泄漏或逸出有毒有害物质密闭作业防护	在可能突然泄漏或者逸出大量有害物质的密闭或者半密闭工作场所，用人单位应当设置报警装置，配置现场急救用品、冲洗设备、应急撤离通道和必要的泄险区。现场急救用品、冲洗设备等应当设在可能发生急性职业损伤的工作场所或者临近地点，并在醒目位置设置清晰的标识。在可能突然泄漏或者逸出大量有害物质的密闭或者半密闭工作场所，用人单位还应当安装事故通风装置以及与事故排风系统相连锁的泄漏报警装置。	查阅职业卫生档案，认定的密闭作业场所、查阅报警装置、应急救援设施和事故通风装置的台账和现场急救用品的清单，现场检查。	可能发生急性职业损伤的有毒、有害工作场所不符合《职业病防治法》第 26 条规定的。	《职业病防治法》第26条第1款、《有毒作业条例》第 11 条（三）项、《监督管理规定》第 17 条第 1、2、3 款。	《职业病防治法》第 76 条（三）项、《有毒作业条例》第 60 条（一）项、《监督管理规定》第 52 条（三）项。	《职业病防治法》《监督管理规定》责令限期治理，并处5万元以上30万元以下的罚款；情节严重的，责令停止产生职业病危害的作业，或者提请人民政府按照国务院规定的权限责令关闭。《有毒作业条例》给予警告，责令限期改正，处 5 万元以上 30 万元以下的罚款；逾期不改正的，提请有关人民政府按照国务院规定的权限予以关闭；造成严重职业中毒危害或者导致职业中毒事故发生的，对负有责任的主管人员和其他直接责任人员依照刑法关于重大责任事故罪、重大劳动安全事故罪或者其他罪的规定，依法追究刑事责任。

续表

检查内容		检查标准	检查方法	违法行为	违法条款	处罚依据	处罚种类和幅度
3. 密闭作业的防护	3.2 高毒物品密闭作业的防护	进入存在高毒物品的设备、容器或者狭窄封闭场所作业时，保持作业场所良好的通风状态，确保职业中毒危害因素浓度符合国家职业卫生标准，配备合格的防护用品，设置现场监护人员和现场救援设备。	查阅职业卫生档案和认定的存在或产生高毒物品的设备、容器及密闭场所清单，查阅进入存在高毒物品场所工作方案和操作规程及相关记录，查阅通风、检测、照明、通讯设备和防护装备、应急救援设施的配备及台账，查阅职业病危害监测、检测和评价报告。	未按照规定采取措施，安排劳动者进入存在高毒物品的设备、容器或者狭窄封闭场所作业的。	《有毒作业条例》第25条。	《有毒作业条例》第61条（三）项。	给予警告，责令限期改正，处5万元以上20万元以下的罚款；逾期不改正的，提请有关人民政府按照国务院规定的权限予以关闭；造成严重职业中毒危害或者导致职业中毒事故发生的，对负有责任的主管人员和其他直接责任人员依照刑法关于重大责任事故罪或者其他罪的规定，依法追究刑事责任。
4. 可能发生急性职业损伤的有毒、有害工作场所的防护		可能发生急性职业损伤的有毒、有害工作场所，是指可能发生毒物、强腐蚀物质、刺激性物质泄漏等对劳动者生命健康造成急性危害的工作场所。劳动者在进入可能发生急性职业损伤的有毒、有害工作场所，应使用个人职业病防护用品，如携气式呼吸器、全封闭式化学防护服、防护手套、防护鞋靴等以及对被救者施救所需的急救用品，在使用可能导致皮肤黏膜或眼睛灼烧、有腐蚀性、刺激性化学物质发生事故时能在10秒内立即使用冲眼器、流动水龙头以及冲淋设备等冲洗设备。有毒、有害物质发生泄漏或腐蚀时应使用应急救援通道和必要的泄险区。	查阅职业卫生档案和可能发生急性职业损伤的作业场所登记表，查阅报警装置、应急救援设施和事故通风装置的台账和现场急救用品的清单，现场检查。	可能发生急性职业损伤的有毒、有害工作场所未设置报警装置，未配置现场急救用品、冲洗设备、应急撤离通道和必要的泄险区的。	《职业病防治法》第26条第1款、《监督管理规定》第17条第1、2款。	《职业病防治法》第76条（三）项、《监督管理规定》第52条（三）项。	责令限期治理，并处5万元以上30万元以下的罚款；情节严重的，责令停止产生职业病危害的作业，或者提请人民政府按照国务院规定的权限责令关闭。
5. 放射工作场所防护		生产、销售、使用放射性同位素和射线装置场所的入口处，应当按照国家有关安全和防护标准的要求，设置安全和防护设施以及必要的防护安全联锁、报警装置或者工作信号。放射性装置的生产调试和使用场所，应当具有防止误操作、防止工作人员受到意外照射的安全措施。用人单位必须配备与辐射类型和辐射水平相适应的防护用品和监测仪器，包括个人剂量测量报警、固定式和便携式辐射监测、表面污染监测、流出物监测等设备，并保证可能接触放射线的工作人员佩带个人剂量计。	查阅职业卫生档案，查阅有关场所的防护设施、报警设施和监测仪器台账，查阅有关工作场所防护用品采购计划和发放、领取记录，查阅辐射检测和个人剂量检测报告，现场检查。	未按照规定在放射工作场所配置防护设备、报警装置和个人剂量计的。	《职业病防治法》第26条第2款、《监督管理规定》第17条第4款。	《职业病防治法》第76条（三）项、《监督管理规定》第52条（三）项。	责令限期治理，并处5万元以上30万元以下罚款；情节严重的，责令停止产生职业病危害作业，或者提请人民政府按照国务院规定的权限关闭。

续表

检查内容	检查标准	检查方法	违法行为	违法条款	处罚依据	处罚种类和幅度
6. 高温作业防护	用人单位应优先采用有利于控制高温的新技术、新工艺、新材料、新设备，使作业人员远离热源。对高温强热辐射作业、高温高气湿作业、夏季露天作业等不同的高温作业类型采取相应的防治措施。向劳动者提供必需的高温防护设备和符合要求的个人防护用品，并加强对高温防护设备的维护和个人防护用品的管理。在高温天气期间应根据生产特点和具体条件，采取合理安排工作时间、轮换作业。	查阅职业卫生档案和认定的高温作业场所，查阅防暑降温设施台账，查阅职业病危害监测、检测、评价报告，现场检查。	没有提供职业病防护设施或提供的职业危害防护设施不符合国家标准、行业标准。	《职业病防治法》第15条（二）项、《监督管理规定》第12条（三）项。	《职业病防治法》第73条（二）项、《监督管理规定》第51条（二）项。	给予警告，责令限期改正，逾期不改正的，处5万元以上20万元以下罚款；情节严重的，责令停止产生职业病危害作业或提请人民政府按照国务院规定的权限关闭。
7. 低温作业防护	低温作业是指在生产劳动过程中，其工作地点平均温度等于或低于5℃的作业。低温作业车间（冷库）应附设工作服干燥室及淋浴室。为劳动者配备防护服和防护手套等防寒的个人防护用品。	查阅职业卫生档案和认定的低温作业场所，现场检查。				
8. 微波与电磁场防护	产生微波或者高频电磁场的设备，应采取有效的防止电磁辐射能泄漏的措施。产生非电离辐射的设备应有良好的屏蔽措施。超高压输电设备，在人通常不去的地方应当用屏蔽网、罩等设备遮挡起来。	查阅职业卫生档案，查阅职业病危害监测、检测及评价报告，现场检查。				
9. 井下采掘作业防护	井下采掘作业必须采用湿式凿岩，并应采取冲帮、洗顶、喷雾、洒水等综合防尘措施。井下气象条件应达到卫生要求。从事井下采掘作业条件达不到国家标准和要求的，应加强劳动者的个体防护。	查阅职业卫生档案、井下巷道与采掘作业面分布图、井下采掘作业面防尘设施台账及防尘操作规程，查阅职业病危害监测、检测和评价报告，现场检查。	没有提供职业病防护设施或提供的职业危害防护设施不符合国家标准、行业标准。	《职业病防治法》第15条（二）项、《监督管理规定》第12条（三）项。	《职业病防治法》第73条（二）项、《监督管理规定》第51条（二）项。	给予警告，责令限期改正，逾期不改正的，处5万元以上20万元以下罚款；情节严重的，责令停止产生职业病危害作业，或提请人民政府按照国务院规定的权限关闭。
10. 噪声与振动防护	产生噪声较大的设备尽量将噪声源与操作人员隔离，工艺允许远距离控制的，设置隔声操作（控制）室。产生强烈振动的车间，设置防止振动传播的措施。	查阅职业卫生档案、认定的产生噪声与振动的设备和工作场所，查阅防噪、降噪减振技术改造计划及其实施情况的工作总结，查阅职业病危害监测、检测和评价报告，现场检查。				

续表

检查内容	检查标准	检查方法	违法行为	违法条款	处罚依据	处罚种类和幅度
（八）生产技术、工艺、设备和材料所产生的职业病危害（B008）						
1. 隐瞒生产技术、工艺、设备和材料所产生的职业病危害	用人单位不得隐瞒生产技术、工艺、设备和材料所产生的职业病危害。用人单位应在醒目位置对有职业病危害的技术、工艺、设备和材料用中文公示，并采取相应的防护措施并告知劳动者，包括以职业卫生培训的方式告知。对有职业病危害的技术、工艺、设备和材料，故意隐瞒其危害而采取的，用人单位对其所造成的职业病危害后果承担责任。	查阅用人单位原材料采购计划和生产设备改造或更新计划，询问有关技术人员，查阅生产工艺流程图及产生职业病危害的设备登记表、有毒有害物质清单、危险化学品管理档案和化学品安全技术说明书（MSDS）。	隐瞒技术、工艺、设备和材料所产生的职业病危害。	《职业病防治法》第33条、《监督管理规定》第28条。	《职业病防治法》第76条（一）项、《监督管理规定》第52条（一）项。	责令限期治理，并处5万元以上30万元以下罚款；情节严重的，责令停止产生职业病危害的作业，或者提请人民政府按照国务院规定的权限责令关闭。
2. 明令禁止使用	任何单位和个人不得生产、经营或者进口国家明令禁止使用的可能产生职业病危害的设备和材料。	查阅生产工艺流程图、原材料采购计划和库存原材料清单、生产设备台账、有毒有害物质清单，查阅危险化学品管理档案和化学品安全数据说明书（MSDS），查阅职业卫生档案，现场检查。	生产、经营或者进口国家明令禁止使用的可能产生职业病危害的设备或材料。	《职业病防治法》第31条。	《职业病防治法》第77条。	生产、经营或者进口国家明令禁止使用的可能产生职业病危害的设备或者材料的，依照有关法律、行政法规的规定给予处罚。
	任何单位和个人不得使用国家明令禁止使用的可能产生职业病危害的设备和材料。		使用国家明令禁止使用的可能产生职业病危害的设备或材料。	《职业病防治法》第31条、《有毒作业条例》第4条、《监督管理规定》第25条。	《职业病防治法》第76条第（四）项、《有毒作业条例》第62条、《监督管理规定》第52条（四）项。	《职业病防治法》《监督管理规定》责令限期治理，并处5万元以上30万元以下罚款；情节严重的，责令停止产生职业病危害的作业，或者提请人民政府按照国务院规定的权限责令关闭。《有毒作业条例》责令立即停止使用，处5万元以上30万元以下的罚款；情节严重的，责令停止使用有毒物品作业，或者提请有关人民政府按照国务院规定的权限予以关闭；造成严重职业中毒危害或者导致职业中毒事故发生的，对负有责任的主管人员和其他直接责任人员依照刑法关于危险物品肇事罪、重大责任事故罪或者其他罪的规定，依法追究刑事责任。

续表

检查内容		检查标准	检查方法	违法行为	违法条款	处罚依据	处罚种类和幅度
3. 职业病危害作业转移	3.1 不得转嫁职业病危害作业	任何单位和个人不得将产生职业病危害的作业转移给不具备职业病危害防护条件的单位和个人。用人单位若将具有职业病危害的作业外包或对外协作时，应告知承包者或协作单位，其承包或协作的作业所存在的职业病危害以及应当采取的防护条件，并要求承包者或协作单位采取措施达到防护要求，如配置通风、除尘、防毒、消（隔）声、防暑、隔离等防护设施，或配备个人职业病防护用品。如承包者或协作单位没有条件或不愿采取措施的，用人单位不能将具有职业病危害的作业外包或外协。	查阅档案，调查生产工艺流程缺失环节和岗位，查阅承包和外协协议书、用人单位职业病危害告知及应当采取防护措施的内容，对外包作业现场检查，对外协单位现场检查。	将产生职业病危害作业转移给没有职业病防护条件的单位和个人，或没有职业病防护条件的单位和个人接受产生职业病危害作业。	《职业病防治法》第32条、《监督管理规定》第26条。	《职业病防治法》第76条（五）项、《监督管理规定》第52条（五）项。	责令限期治理，并处5万元以上30万元以下罚款；情节严重的，责令停止产生职业病危害的作业，或者提请人民政府按照国务院规定的权限责令关闭。
	3.2 不得接受职业病危害作业	不具备职业病危害防护条件的单位和个人不得接受产生职业病危害的作业。用人单位若承包具有职业病危害的作业时应要求发包商书面告知工作场所存在的职业病危害以及相关的防护要求，并采取措施达到防护条件。若达不到相应条件，用人单位不能承包该作业。					
4. 用人单位在关停并转时对高毒物品的管理		使用有毒物品作业的用人单位应按规定在转产、停产、停业或者解散破产时采取有效措施，妥善处理留存或者残留高毒物品的设备、包装物或者容器。	查阅用人单位关停并转的政府批复、用人单位资产清算和对高毒物品的处理方案，对原使用高毒物品作业现场检查。	使用有毒物品作业的单位未按规定在转产、停产、停业或者解散破产时采取有效措施，妥善处理留存或者残留高毒物品的设备、包装物或者容器的。	《有毒作业条例》第29条。	《有毒作业条例》第65条。	责令改正，处2万元以上10万元以下罚款；触犯刑律的，对负有责任的主管人员和其他直接责任人员依照刑法关于重大环境污染事故罪、危险物品肇事罪或者其他罪的规定，依法追究刑事责任。
5. 首次使用的化学材料管理		国内首次使用或者首次进口与职业病危害有关的化学材料，使用单位或进口单位按照国家规定经国务院有关部门批准后，应当向国务院卫生行政部门、安全生产监管部门报送该化学材料的毒性鉴定以及经有关部门登记注册或者批准进口的文件等资料。	查阅生产计划、技改计划和化学材料采购计划，查阅毒性鉴定资料及批准进口批文，对首次使用的化学材料现场检查。	国内首次使用或者首次进口与职业病危害有关的化学材料，未按规定报送毒性鉴定资料以及经有关部门登记注册或者批准进口的文件的。	《职业病防治法》第30条第2款。	《职业病防治法》第71条（五）项。	给予警告，责令限期改正；逾期不改正的，处10万元以下的罚款。

续表

检查内容		检查标准	检查方法	违法行为	违法条款	处罚依据	处罚种类和幅度
6. 供应商义务	6.1 提供设备的	向用人单位提供可能产生职业病危害的设备时，应当提供中文说明书，并在设备醒目位置设置警示标识和中文警示说明。警示说明中应载明设备性能、可能产生的职业病危害、安全操作和维护注意事项、职业病防护以及应急救治措施等内容。	核查用人单位生产、销售和使用可能产生职业病危害的设备的台账，查阅中文说明书、现场检查警示标识设置及中文警示说明。	向用人单位提供可能产生职业病危害的设备，未按照规定提供中文说明书或者设置警示标识和中文警示说明的。	《职业病防治法》第29条、《监督管理规定》第23条。	《职业病防治法》第74条、《监督管理规定》第54项。	责令限期改正，给予警告，并处五万元以上二十万元以下的罚款。
	6.2 提供化学品及放射性材料的	向用人单位提供可能产生职业病危害的化学品、放射性同位素和含放射性物质的材料的，应提供中文说明书。说明书应当载明产品特性、主要成分、存在的有害因素、可能产生的危害后果、安全使用注意事项、职业病防护以及应急救治措施等内容。产品包装应当有醒目的警示标识和中文警示说明。	核查用人单位购进或售出可能产生或存在职业病危害的化学品、放射性同位素和含放射性物质台账、要求用人单位提供采购物质的中文 MSDS（化学品安全技术说明书）、现场检查储存处、产品包装设置的警示标识及中文警示说明。	向用人单位提供可能产生职业病危害的材料，未按照规定提供中文说明书或者设置警示标识和中文警示说明的。	《职业病防治法》第30条第1款、《监督管理规定》第24条。		
（九）职业病危害告知（B009）							
1. 合同告知		用人单位与劳动者订立劳动合同时，应当如实告知工作过程中可能存在或产生职业病危害及其后果、职业病防护措施和待遇等并在劳动合同中写明，不得隐瞒或欺骗。劳动者在已订立劳动合同期间因工作岗位或工作内容变更，劳动者接触的职业病危害变化时，用人单位应如实告知，并协商变更原劳动合同。用人单位违反前款规定，劳动者有权拒绝从事存在职业病危害的作业，用人单位不得因此解除与劳动者所订立的劳动合同。	查阅接害工人名录、劳动合同，现场询问。	订立或变更劳动合同时未告知劳动者职业病危害真实情况的。	《职业病防治法》第34条、《有毒作业条例》第18条、《监督管理规定》第29条。	《职业病防治法》第72条（三）项、《有毒作业条例》第68条（九）项、《监督管理规定》第50条（三）项。	《职业病防治法》《监督管理规定》责令限期改正，给予警告，可并处5万元以上10万元以下罚款。《有毒作业条例》给予警告，责令限期改正，处2万元以上5万元以下罚款；逾期不改正的，责令停止使用有毒物品作业，或者提请人民政府按照国务院规定的权限予以关闭。

续表

检查内容		检查标准	检查方法	违法行为	违法条款	处罚依据	处罚种类和幅度
2. 现场告知	2.1 公告栏	产生职业病危害的用人单位应当在醒目位置设置公告栏，公布职业病危害防治规章制度、操作规程、职业病危害事故应急救援措施。	查阅职业卫生管理制度是否包含应当公示的内容和必须公示的规定，现场检查公告设置及公告内容。	未按照规定公布有关职业病防治的规章制度、操作规程、职业病危害事故应急救援措施的。	《职业病防治法》第25条第1款、《监督管理规定》第15条第1款。	《职业病防治法》第71条（三）项、《监督管理规定》49条（六）项。	给予警告，责令限期改正；逾期不改正的，处10万元以下罚款。
	2.2 警示标识和说明	存在或产生职业病危害的工作场所、作业岗位、设备、设施，应当按照《工作场所职业病危害警示标识》（GBZ 158）规定，在醒目位置设置图形（禁止、警告、指令和提示标识）、警示线（红、黄、蓝）、警示语句等警示标识和中文警示说明。警示说明应当载明产生职业病危害的种类、后果、预防和应急处置措施等内容。	查阅有毒、有害工作场所警示标识设置情况一览表、查阅职业卫生档案与职业病危害项目申报表、现场检查警示标识设置及中文警示说明。	未按照规定在产生严重职业病危害的作业岗位醒目位置设置警示标识和中文警示说明。	《职业病防治法》第25条第2款、《有毒作业条例》第12条、《监督管理规定》第15条第2款。	《职业病防治法》第73条（八）项、《有毒作业条例》第59条（一）、（五）项、《监督管理规定》第51条（七）项。	《职业病防治法》《监督管理规定》给予警告，责令限期改正，逾期未改的，处5万元以上20万元以下罚款；情节严重的，责令停止产生职业病危害的作业，或者提请人民政府按照国务院规定的权限责令关闭。《有毒作业条例》给予警告，责令限期改正，处5万元以上20万元以下的罚款；逾期不改正的，提请有关人民政府按照国务院规定的权限予以关闭；造成严重职业中毒危害或者导致职业中毒事故发生的，对负有责任的主管人员和其他直接责任人员依照刑法关于重大劳动安全事故罪或者其他罪的规定，依法追究刑事责任。
		存在或产生高毒物品的作业岗位，应当按照《高毒物品作业岗位职业病危害告知规范》（GBZ/T 203）的规定，在醒目位置设置高毒物品告知卡，告知卡应当载明高毒物品的名称、理化特性、健康危害、防护措施及应急处理等告知内容与警示标识。	查看使用有毒物品作业场所登记表，按照《高毒物品目录》核实作业岗位存在或产生的职业病危害因素是否为高毒物品，现场检查高毒物质告知卡。	使用高毒物品作业场所未按照规定设置高毒物品告知卡的。	《职业病防治法》第25条第2款、《有毒作业条例》第12条第2款、《监督管理规定》第15条第3款。	《职业病防治法》第73条（八）项、《有毒作业条例》第59条（一）项、（五）项、《监督管理规定》第51条（七）项。	
3. 检测评价结果告知		用人单位应当将职业病危害因素检测、评价结果向劳动者公布。用人单位可通过公告栏、书面通知或其他有效方式告知劳动者工作场所职业病危害因素检测及评价结果。	现场检查公告栏，查阅书面通知书，询问劳动者。	未按照规定向劳动者公布职业病危害因素检测结果的。	《职业病防治法》第25条第1款、第27条第2款，《监督管理规定》第15条第1款、20条第3款。	《职业病防治法》第71条（三）项、《监督管理规定》第49条（八）项。	给予警告，责令限期改正；逾期不改正的，处10万元以下罚款。
4. 职业健康检查结果告知		对从事接触职业病危害作业的劳动者，用人单位应按照国务院安全生产监督管理部门的规定组织上岗前、在岗期间、离岗时和应急职业健康检查，并将检查结果以书面形式如实告知劳动者。	查阅体检报告，查阅书面告知书，查阅职业健康档案，询问劳动者。	未将职业健康检查结果如实告知劳动者。	《职业病防治法》第36条第1款、《监督管理规定》第30条。	《职业病防治法》第72条（四）项、《监督管理规定》第50条（四）项。	责令限期改正，给予警告，可以并处5万元以上10万元以下罚款。

续表

检查内容	检查标准	检查方法	违法行为	违法条款	处罚依据	处罚种类和幅度
（十）职业卫生宣传教育培训（B010）						
1. 主要负责人与管理人员培训	用人单位的主要负责人和职业卫生管理人员应当具备与本单位所从事的生产经营活动相适应的职业卫生知识和管理能力，并接受职业卫生培训。培训的主要内容：（一）、职业卫生相关法律、法规和国家职业卫生标准；（二）职业病危害预防和控制的基本知识；（三）职业卫生管理相关知识；（四）国家安全生产监督管理总局规定的其他内容。	查阅培训证明。	用人单位主要负责人、职业卫生管理人员未接受安全生产监督管理部门职业卫生培训的。	《职业病防治法》第35条第1款、《监督管理规定》第9条。	《监督管理规定》第48条（二）项。	给予警告，责令限期改正，可以并处5千元以上2万元以下罚款。
2. 劳动者培训 2.1 上岗前的职业卫生培训	用人单位应对上岗前或变更工艺、技术、设备或材料，或者岗位调整导致劳动者接触的职业病危害因素发生变化的，应当对劳动者进行上岗前职业卫生培训。培训内容包括职业卫生法律、法规、规章、操作规程、所在岗位的职业病危害及其防护设施、个人职业病防护用品的使用和维护、应急救援知识、劳动者所享有的职业卫生权利等内容。应做好记录及存档工作，存档内容包括培训通知、教材、教员、试卷、考核成绩等，档案资料应有专人负责保管。	查阅人事工作与季度工作计划，核查新招工人、转岗工人人数与去向，查阅培训通知和培训计划，查阅培训签到簿、记录和培训教材、培训教员、考核成绩等培训档案资料，现场询问劳动者。	未按照规定组织劳动者进行职业卫生培训。	《职业病防治法》第35条第2款、《有毒作业条例》第19条第2款、《监督管理规定》第10条第1款、3款。	《职业病防治法》第71条（四）项、《监督管理规定》第49条（七）项。	给予警告，责令限期改正；逾期不改正的，处10万元以下的罚款。
2. 劳动者培训 2.2 在岗期间职业卫生培训	用人单位应定期对在岗期间的劳动者进行职业卫生培训做出明确规定。培训的内容应包括职业卫生法律、法规、规章、操作规程、所在岗位的职业病危害及其防护设施、个人职业病防护用品的使用和维护、应急救援知识、劳动者所享有的职业卫生权利等内容。根据用人单位实际情况制订培训计划，确定培训周期。应做好记录及存档工作，存档内容包括培训通知、教材、教员、试卷、考核成绩等，档案资料应有专人负责保管。					
3. 特殊岗位培训	用人单位应当对职业病危害严重的岗位的劳动者，进行专门的职业卫生培训，经培训合格后方可上岗作业。	查阅培训记录和培训档案资料，查阅考核成绩。	使用未经培训考试合格的劳动者从事高毒等职业病危害严重作业的。	《有毒作业条例》第19条第3款、《监督管理条例》第10条第2款。	《有毒作业条例》第63条（一）项。	给予警告，责令限期改正；逾期不改正的，处5万元以上30万元以下的罚款；造成严重职业中毒危害或者导致职业中毒事故发生的，对负有责任的主管人员和其他直接责任人员依照刑法关于重大责任事故罪或者其他罪的规定，依法追究刑事责任。

续表

检查内容	检查标准	检查方法	违法行为	违法条款	处罚依据	处罚种类和幅度
（十一）职业健康监护（B011）						
1. 职业健康检查	用人单位应当组织劳动者进行职业健康检查。用人单位应委托依法取得相应资质的医疗卫生机构根据劳动者拟从事的工种和工作岗位，按《职业健康监护技术规范》（GBZ 188）、《放射工作人员职业健康监护技术规范》（GBZ 235）等国家职业卫生标准的要求，确定特定的健康检查项目和检查周期，进行职业健康检查。劳动者接受职业健康检查应当视同正常出勤。	检查职业健康监护制度、年度计划、实施方案、职业健康检查机构委托书、职业卫生投入的列支情况，对照劳动者名册，查阅劳动者职业健康监护档案，体检报告。	安排未经职业健康检查的劳动者从事接触职业病危害作业的。	《职业病防治法》第36条第1款、《监督管理规定》第30条、《健康监护监督管理办法》第8条。	《职业病防治法》第72条（四）项、《监督管理规定》第50条（四）项、《健康监护监督管理办法》第27条（一）项。	责令限期改正，给予警告，可以并处5万元以上10万元以下的罚款。
			弄虚作假，指使他人冒名顶替参加职业健康检查的。	《健康监护监督管理办法》第9条。	《健康监护监督管理办法》第26条（三）项。	给予警告，责令限期改正，可以并处3万元以下的罚款。
	用人单位应承担职业健康检查费用。	通过询问当事人，查看生产经营管理或制造费用报表，职业卫生投入的列支情况，查询当地依法取得职业健康检查资质的医疗卫生机构。	不承担职业健康检查费用的。	《监督管理规定》第30条第2款、《健康监护监督管理办法》第8条。	《健康监护监督管理办法》第26条（六）项。	
2. 上岗前的职业健康检查	拟从事接触职业病危害作业的新录用劳动者和拟从事有特殊健康要求作业的劳动者，包括转岗到该作业岗位的劳动者在上岗前，用人单位应委托依法取得相应资质的医疗卫生机构根据劳动者拟从事的工种和工作岗位，按《职业健康监护技术规范》（GBZ 188）等确定特定的健康检查项目，进行职业健康检查。	检查职业健康监护制度，新录用、拟从事有特殊健康要求作业的劳动者、变更工作岗位或工作内容的劳动者名册，查阅上岗前劳动者职业健康检查报告、承担职业健康检查的医疗卫生机构资质证明、委托书。	未按照规定组织上岗前的职业健康检查。	《职业病防治法》第36条第1、2款，《有毒作业条例》第31条第1、2款，《监督管理规定》第30条第1款，《健康监护监督管理办法》第11、12条。	《职业病防治法》第76条（七）项、《有毒作业条例》第68条（一）项、《监督管理规定》第52条第（七）项、《健康监护监督管理办法》第29条（一）项。	《职业病防治法》《监督管理规定》《健康监护监督管理办法》责令限期治理，并处5万元以上30万元以下罚款；情节严重的，责令停止作业或者提请人民政府关闭。《有毒作业条例》给予警告，责令限期改正；逾期不改正的，处2万元以上5万元以下的罚款；造成严重职业中毒危害或者导致职业中毒事故发生的，对负有责任的主管人员和其他直接责任人员依照刑法关于重大责任事故罪或者其他罪的规定，依法追究刑事责任。

续表

检查内容	检查标准	检查方法	违法行为	违法条款	处罚依据	处罚种类和幅度
3. 在岗期间的职业健康检查	用人单位应根据劳动者所从事的工种和工作岗位存在的职业病危害因素及其对人体健康的影响规律，对劳动者进行动态健康观察，按《职业健康监护技术规范》（GBZ 188）等确定接触职业病危害的劳动者的检查项目和检查周期。需要复查的，应当根据复查要求增加相应的检查项目。	检查职业健康监护制度、在岗劳动者名册，查阅在岗劳动者职业健康监护档案、承担职业健康检查的医疗卫生机构资质证明、委托书，职业健康检查体检结果报告。	未按照规定组织在岗期间的职业健康检查。	《职业病防治法》第36条第1款、《有毒作业条例》第32条第1款、《监督管理规定》第30条第1款、《健康监护监督管理办法》第13条。	《职业病防治法》第72条（四）项、《有毒作业条例》第68条（二）项、《监督管理规定》第50条第（四）项、《健康监护监督管理办法》第27条（一）项。	《职业病防治法》《监督管理规定》《健康监护监督管理办法》责令限期改正，给予警告，可并处5万元以上10万元以下罚款。《有毒作业条例》给予警告，责令限期改正，处2万元以上5万元以下的罚款；逾期不改正的，责令停止使用有毒物品作业，或者提请有关人民政府按照国务院规定的权限予以关闭。
4. 离岗时的职业健康检查	对准备脱离所从事的职业病危害作业或者岗位的劳动者，用人单位应当在劳动者离岗前30日内组织劳动者进行离岗时的职业健康检查。劳动者离岗前90日内的在岗期间的职业健康检查可以视为离岗时的职业健康检查。	检查职业健康监护制度、离岗劳动者名册、离岗劳动者职业健康监护档案、承担职业健康检查的医疗卫生机构资质证明、职业健康体检结果报告。	未按照规定组织离岗时的职业健康检查。	《职业病防治法》第36条第1款、《有毒作业条例》第33条第1款、《监督管理规定》第30条第1款、《健康监护监督管理办法》第15条第1款。	《职业病防治法》第72条（四）项、《有毒作业条例》第68条（三）项、《监督管理规定》第50条第（四）项、《健康监护监督管理办法》第27条（一）项。	
5. 职业健康检查报告处理措施	用人单位应当根据职业健康检查报告，采取下列措施：（一）对有职业禁忌的劳动者，调离或者暂时脱离原工作岗位；	检查职业健康检查结果报告，查看职业禁忌调离名单、复查报告，查看调离通知单。	未根据职业健康检查情况采取相应措施的。	《健康监护监督管理办法》第17条（一）项。	《健康监护监督管理办法》第26条（五）项。	给予警告，责令限期改正，可以并处3万元以下的罚款。
	（二）对健康损害可能与所从事的职业相关的劳动者，进行妥善安置；	检查职业健康检查结果报告，查看劳动者职业健康监护档案，查看调离通知单。		《健康监护监督管理办法》第17条（二）项。		
	（三）对需要复查的劳动者，按照职业健康检查机构要求的时间安排复查和医学观察；	检查职业健康检查结果报告，复查报告，查看职业健康监护档案。		《健康监护监督管理办法》第17条（三）项。		

续表

检查内容	检查标准	检查方法	违法行为	违法条款	处罚依据	处罚种类和幅度
5. 职业健康检查报告处理措施	（四）对疑似职业病病人，按照职业健康检查机构的建议安排其进行医学观察或者职业病诊断；	检查职业健康检查结果报告，对照疑似职业病病人名单查看劳动者职业健康监护档案。	未根据职业健康检查情况采取相应措施的。	《健康监护监督管理办法》第17条（四）项。	《健康监护监督管理办法》第26条（五）项。	给予警告，责令限期改正，可以并处3万元以下的罚款。
	（五）对存在职业病危害的岗位，立即改善劳动条件，完善职业病防护设施，为劳动者配备符合国家标准的职业病危害防护用品。	现场检查完善职业病防护设施及职业病危害防护用品配备情况。		《健康监护监督管理办法》第17条（五）项。		
6. 建立职业健康监护档案并妥善保管	用人单位应当为劳动者个人建立符合要求的职业健康监护档案，并按照有关规定妥善保存。职业健康监护档案包括下列内容：（一）劳动者姓名、性别、年龄、籍贯、婚姻、文化程度、嗜好等情况；（二）劳动者职业史、既往病史和职业病危害接触史；（三）历次职业健康检查结果及处理情况；（四）职业病诊疗资料；（五）需要存入职业健康监护档案的其他有关资料。 用人单位同时应建立相应的管理制度，责任到位，有人负责职业健康监护档案保存工作，并根据有关病案的保密原则，保护劳动者的隐私权。劳动者或者其近亲属、劳动者委托的代理人有权查阅、复印劳动者的职业健康监护档案。	检查职业健康监护制度，借阅登记，复印记录，投诉记录。	未建立职业健康监护档案。	《职业病防治法》第37条、《有毒作业条例》第36条、《监督管理规定》第31条、《健康监护监督管理办法》第19条。	《职业病防治法》第72条（四）项、《有毒作业条例》第68条（七）项、《监督管理规定》第50条（四）项、《健康监护监督管理办法》第27条（一）项。	《职业病防治法》《监督管理规定》《健康监护监督管理办法》责令限期改正，给予警告，可并处5万元以上10万元以下罚款。《有毒作业条例》给予警告，责令限期改正，处2万元以上5万元以下的罚款；逾期不改正的，责令停止使用有毒物品作业，或者提请有关人民政府按照国务院规定的权限予以关闭。
			隐瞒、伪造、篡改、毁损职业健康监护档案。		《职业病防治法》第73条（十）项、《监督管理规定》第51条（九）项、《健康监护监督管理办法》第28条（二）项。	给予警告，责令限期改正，逾期不改正的，处5万元以上20万元以下的罚款；情节严重的，责令停止产生职业病危害的作业，或者提请有关人民政府按照国务院规定的权限责令关闭。

续表

检查内容	检查标准	检查方法	违法行为	违法条款	处罚依据	处罚种类和幅度
7. 如实、无偿为劳动者提供职业健康监护档案复印件	用人单位有义务在劳动者离岗时提供职业健康监护档案复印件，并在所提供的复印件上签章，不得弄虚作假，不得向劳动者收取任何费用。	检查职业健康监护制度，借阅登记，复印记录，投诉记录。	劳动者离开用人单位时，用人单位未如实、无偿提供职业健康监护档案复印件的。	《职业病防治法》第37条第3款、《有毒作业条例》第40条、《监督管理规定》第31条第3款、《健康监护监督管理办法》第20条第2款。	《职业病防治法》第72条（五）项、《有毒作业条例》第68条（八）项、《监督管理规定》第50条（五）项、《健康监护监督管理办法》第27条（二）项。	《职业病防治法》《监督管理规定》《健康监护监督管理办法》责令限期改正，给予警告，可并处5万元以上10万元以下罚款。《有毒作业条例》给予警告，责令限期改正，处2万元以上5万元以下的罚款；逾期不改正的，责令停止使用有毒物品作业，或者提请有关人民政府按照国务院规定的权限予以关闭。
8. 应急健康检查	发生急性职业病危害事故后，用人单位应及时组织救治遭受急性职业病危害的劳动者，同时应对遭受或可能遭受急性职业病危害的劳动者进行健康检查和医学观察。可能遭受急性职业病危害的劳动者是指在发生急性职业病危害事故现场工作的、直接或间接接触了职业病危害因素的劳动者，或者是参与急性职业病危害事故应急救援而接触了职业病危害因素但未出现危害后果或危害后果不明显的劳动者。出现下列情况之一的，用人单位应当立即组织有关劳动者进行应急职业健康检查：（一）接触职业病危害因素的劳动者在作业过程中出现与所接触职业病危害因素相关的不适症状的；（二）劳动者受到急性职业中毒危害或者出现职业中毒症状的。所需费用由用人单位承担。 应急检查的结果应存入职业健康监护档案。	检查职业健康监护制度，对照事故台账，检查事故档案、调查报告和劳动者职业健康监护档案。	对受到或者可能受到急性职业病危害的劳动者，未及时组织进行健康检查和医学观察的。	《职业病防治法》第38条第2款、《有毒作业条例》第34条、《监督管理规定》第35条第1款、《健康监护监督管理办法》第14条。	《职业病防治法》第72条（四）项、《有毒作业条例》第68条（六）项、《监督管理规定》第50条（四）项、《健康监护监督管理办法》第27条（一）项。	《职业病防治法》《监督管理规定》《健康监护监督管理办法》责令限期改正，给予警告，可并处5万元以上10万元以下罚款。《有毒作业条例》给予警告，责令限期改正，处2万元以上5万元以下的罚款；逾期不改正的，责令停止使用有毒物品作业，或者提请有关人民政府按照国务院规定的权限予以关闭。
9. 如实提供职业健康检查文件、资料	用人单位在委托职业健康检查机构对从事接触职业病危害作业的劳动者进行职业健康检查时，应当如实提供下列文件、资料：（一）用人单位的基本情况；（二）工作场所职业病危害因素种类及其接触人员名册；（三）职业病危害因素定期检测、评价结果。	检查职业健康监护制度、劳动者职业健康监护档案，与职业健康检查机构核实。	未如实提供职业健康检查文件、资料的。	《健康监护监督管理办法》第10条。	《健康监护监督管理办法》第26条（四）项。	给予警告，责令限期改正，可以并处3万元以下的罚款。

续表

检查内容	检查标准	检查方法	违法行为	违法条款	处罚依据	处罚种类和幅度
10. 未成年工管理	用人单位不得安排未成年工从事接触职业病危害的作业。 注：未成年工指年满十六周岁、未满十八周岁的劳动者。	检查劳动者名册、职业健康监护制度，检查职工档案，询问管理人员，现场核实。	安排未成年人从事接触职业病危害的作业。	《职业病防治法》第39条、《有毒作业条例》第7条、《监督管理规定》第33条、《健康监护监督管理办法》第12条第2款。	《职业病防治法》第76条（七）项、《有毒作业条例》第63条第（四）（五）项、《监督管理规定》第52条（七）项、《健康监护监督管理办法》第29条（二）项。	《职业病防治法》《监督管理规定》《健康监护监督管理办法》责令限期治理，并处5万元以上30万元以下罚款；情节严重的，责令停止作业或者提请人民政府关闭。《有毒作业条例》给予警告，责令限期改正；逾期不改正的，处5万元以上30万元以下的罚款；造成严重职业中毒危害或者导致职业中毒事故发生的，对负有责任的主管人员和其他直接责任人员依照刑法关于重大责任事故罪或者其他罪的规定，依法追究刑事责任。
11. 孕期和哺乳期女职工管理	用人单位不得安排孕期、哺乳期的女职工从事对其本人和胎儿、婴儿有危害的作业。应制定相应的规定，建立女职工档案，包括育龄女职工、孕期女职工或者哺乳期女职工。	检查劳动者名册、职业健康监护制度，检查女职工档案，询问女工委员会或计划生育管理人员，现场核实。	安排孕期、哺乳期女职工从事接触职业病危害的作业。	《职业病防治法》第39条、《有毒作业条例》第7条、《监督管理规定》第33条、《健康监护监督管理办法》第12条第2款。	《职业病防治法》第76条（七）项、《有毒作业条例》第63条第（四）项、《监督管理规定》第52条（七）项、《健康监护监督管理办法》第29条（三）项。	《职业病防治法》《监督管理规定》《健康监护监督管理办法》责令限期治理，并处5万元以上30万元以下罚款；情节严重的，责令停止作业或者提请人民政府关闭。《有毒作业条例》给予警告，责令限期改正；逾期不改正的，处5万元以上30万元以下的罚款；造成严重职业中毒危害或者导致职业中毒事故发生的，对负有责任的主管人员和其他直接责任人员依照刑法关于重大责任事故罪或者其他罪的规定，依法追究刑事责任。
12. 职业禁忌证人员管理	职业健康监护应涵盖对职业禁忌证的处理。应根据职业健康监护结果，按照国家的有关规定，对患有职业禁忌证的劳动者进行妥善处理。如果是在上岗前体检发现的，不能安排患有职业禁忌证的劳动者从事其所禁忌的作业；如果是在岗期间发现的，应从劳动者禁忌的作业岗位调离。	检查职业健康监护制度、体检报告、职业健康监护档案、职业禁忌证名单、职业禁忌证处理记录档案、调离记录、妥善安置记录。	安排有职业禁忌的劳动者从事其所禁忌的作业。	《职业病防治法》第36条第2款、《有毒作业条例》第31条第2款、《监督管理规定》第33条、《健康监护监督管理办法》第12条第1款。	《职业病防治法》第76条（七）项、《有毒作业条例》第63条（二）项、《监督管理规定》第52条（七）项、《健康监护监督管理办法》第29条（四）项。	《职业病防治法》《监督管理规定》《健康监护监督管理办法》责令限期治理，并处5万元以上30万元以下罚款；情节严重的，责令停止作业或者提请人民政府关闭。《有毒作业条例》给予警告，责令限期改正；逾期不改正的，处5万元以上30万元以下的罚款；造成严重职业中毒危害或者导致职业中毒事故发生的，对负有责任的主管人员和其他直接责任人员依照刑法关于重大责任事故罪或者其他罪的规定，依法追究刑事责任。

续表

检查内容	检查标准	检查方法	违法行为	违法条款	处罚依据	处罚种类和幅度
12. 职业禁忌证人员管理（续）	职业健康监护应涵盖对职业禁忌证的处理。应根据职业健康监护结果，按照国家的有关规定，对患有职业禁忌证的劳动者进行妥善处理。如果是在上岗前体检发现的，不能安排患有职业禁忌证的劳动者从事其所禁忌的作业；如果是在岗期间发现的，应从劳动者禁忌的作业岗位调离。	检查职业健康监护制度、体检报告、职业健康监护档案、职业禁忌证名单、职业禁忌证处理记录档案、调离记录、妥善安置记录。	用人单位发现有职业禁忌或者有与所从事职业相关的健康损害的劳动者，未将其调离原工作岗位，并妥善安置的。	《职业病防治法》第36条第2款、《有毒作业条例》第32条第2款。	《有毒作业条例》第63条（三）项。	《有毒作业条例》给予警告，责令限期改正；逾期不改正的，处5万元以上30万元以下的罚款；造成严重职业中毒危害或者导致职业中毒事故发生的，对负有责任的主管人员和其他直接责任人员依照刑法关于重大责任事故罪或者其他罪的规定，依法追究刑事责任。
（十二）职业病诊断与报告（B012）						
1. 职业病及疑似职业病病人报告	用人单位应建立职业病报告制度，责任到位，有人负责，职业健康监护中出现新发生职业病（职业中毒）或者两例以上疑似职业病（职业中毒）的，用人单位应当及时向所在地安全生产监督管理部门报告。不得虚报、漏报、拒报、迟报、伪造和篡改。	检查职业健康监护制度、劳动者职业健康监护档案，对照职业病、疑似职业病病人名单，与所在地职业病诊断机构核对。	未按照规定报告职业病、疑似职业病病人的。	《职业病防治法》第51条、《监督管理规定》第36条、《健康监护监督管理办法》第18条。	《职业病防治法》第75条、《监督管理规定》第55条、《健康监护监督管理办法》第30条。	责令限期改正，给予警告，可以并处1万元以下的罚款；弄虚作假的，并处2万元以上5万元以下的罚款；对直接负责的主管人员和其他直接责任人员，可以依法给予降级或者撤职的处分。
2. 疑似职业病病人诊断	用人单位应及时安排对疑似职业病病人进行诊断，在疑似职业病病人诊断或者医学观察期间，用人单位不得解除或者终止与其订立的劳动合同。	按照劳动者名册检查劳动者体检报告，查看疑似职业病病人诊断书等，询问当事人，查询当地职业病诊断机构。	未及时安排对疑似职业病病人进行诊断的。	《职业病防治法》第56条第2款。	《职业病防治法》第73条（六）项、《健康监护监督管理办法》第28条（一）项。	给予警告，责令限期改正，逾期不改正的，处5万元以上20万元以下的罚款；情节严重的，责令停止产生职业病危害的作业，或者提请有关人民政府按照国务院规定的权限责令关闭。
3. 疑似职业病人诊疗费用	用人单位应承担疑似职业病人在诊断、医学观察期间的费用。	询问当事人，查询当地职业病诊断机构。	未按规定承担职业病诊断、鉴定费用和职业病病人的医疗、生活保障费用的。	《职业病防治法》第56条第3款。	《职业病防治法》第73条（十一）项、《监督管理规定》第51条（十）项。	
4. 职业病病人治疗、康复	用人单位应当按照国家有关规定，安排职业病病人进行治疗、康复和定期检查。	询问当事人，查询当地职业病诊断机构。	未按照国家有关规定，安排职业病病人进行治疗、康复和定期检查。	《职业病防治法》第57条第2款。	《职业病防治法》第73条（六）项。	给予警告，责令限期改正，逾期不改正的，处5万元以上20万元以下的罚款；情节严重的，责令停止产生职业病危害的作业，或者提请有关人民政府按照国务院规定的权限责令关闭。

续表

检查内容	检查标准	检查方法	违法行为	违法条款	处罚依据	处罚种类和幅度
5. 提供职业病诊断、鉴定所需要资料	劳动者健康出现损害需要进行职业病诊断、鉴定的，用人单位应当如实提供职业病诊断、鉴定所需的劳动者职业史和职业病危害接触史、工作场所职业病危害因素检测结果和放射工作人员个人剂量监测结果等资料。	检查职业健康监护档案、职业卫生档案，借阅登记，复印记录，投诉记录。	不提供职业病诊断、鉴定所需要资料的。	《职业病防治法》第48条、《监督管理规定》第32条。	《职业病防治法》第73条（十）项、《监督管理规定》第51条（九）项、《健康监护监督管理办法》第28条（二）项。	给予警告，责令限期改正；逾期未改正的，处5万元以上20万元以下的罚款；情节严重的，责令停止产生职业病危害的作业，或者提请有关人民政府按照国务院规定的权限责令关闭。
（十三）职业病危害事故（B013）						
1. 职业病危害事故报告	用人单位发生职业病危害事故，应当按照有关规定及时向所在地安全生产监督管理部门和有关部门报告。	查看相关记录。	发生或可能发生急性职业病危害事故时，未按照规定及时报告的。	《职业病防治法》第38条、《监督管理规定》第35条。	《职业病防治法》第73条（七）项、《监督管理规定》第51条（六）项。	《职业病防治法》给予警告，责令限期改正；逾期不改的，处5万元以上20万元以下罚款；情节严重的，责令停止产生职业病危害作业，或提请人民政府关闭。
2. 事故控制与人员救治	发生事故后，用人单位立即采取有效措施，减少或者消除职业病危害因素，防止事故扩大。对遭受或可能遭受急性职业病危害的劳动者，应及时组织救治、进行健康检查和医学观察，并承担所需费用。用人单位不得故意破坏事故现场、毁灭有关证据。	调查询问。	发生或可能发生急性职业病危害事故时，未立即采取应急救援和控制措施的。	《职业病防治法》第38条、《监督管理规定》第35条。		
3. 职业病危害事故处理	安全生产监督部门接到报告后，应当及时会同有关部门组织调查处理；必要时，可以采取临时控制措施。事故调查处理应当坚持实事求是、尊重科学的原则，及时、准确地查清事故经过、事故原因和事故损失，查明事故性质，认定事故责任，总结事故教训，提出整改措施，并对事故责任者依法追究责任。	查明事故发生的经过、原因、人员伤亡情况及直接经济损失；认定事故的性质和事故责任；提出对事故责任者的处理建议；总结事故教训，提出防范和整改措施；提交事故调查报告。	违反《职业病防治法》规定，已经对劳动者生命健康造成严重损害的。	《职业病防治法》相关规定。	《职业病防治法》第78条、《监督管理规定》第53条第1款。	责令停止作业，或提请政府关闭，并处10万元以上50万元以下的罚款。
			违反《职业病防治法》规定，造成重大职业病危害事故或者其他严重后果，构成犯罪的。	《职业病防治法》相关规定。	《职业病防治法》第79条、《监督管理规定》第53条第2款。	对直接负责的主管人员和其他直接责任人员，依法追究刑事责任。

续表

检查内容	检查标准	检查方法	违法行为	违法条款	处罚依据	处罚种类和幅度
（十四）职业卫生技术服务机构（B014）						
1. 准入制度	国家对职业卫生技术服务机构实行资质认可制度。职业卫生技术服务机构应当依照《机构监管办法》取得职业卫生技术服务机构资质；未取得职业卫生技术服务机构资质的，不得从事职业卫生检测、评价等技术服务。		未取得职业卫生技术服务资质认可擅自从事职业卫生技术服务的。	《机构监管办法》第4条。	《职业病防治法》第80条、《机构监管办法》第43条。	未取得职业卫生技术服务资质认可擅自从事职业卫生技术服务的，责令立即停止违法行为，没收违法所得；违法所得五千元以上的，并处违法所得二倍以上十倍以下的罚款；没有违法所得或者违法所得不足五千元的，并处五千元以上五万元以下的罚款；情节严重的，对直接负责的主管人员和其他直接责任人员，依法给予降级、撤职或者开除的处分。
2. 专家管理	国家安全生产监督管理总局、省级安全生产监督管理部门和市级安全生产监督管理部门应当分别设立国家级、省级和市级职业卫生专家库，由专家库专家承担相应的职业卫生技术服务机构资质认可的技术评审工作。		专家库专家在职业卫生技术服务机构技术评审工作中徇私舞弊、弄虚作假的。	《机构监管办法》、第12条、13条。	《机构监管办法》第41条第2款。	专家库专家在职业卫生技术服务机构技术评审工作中徇私舞弊、弄虚作假的，撤销其专家库专家资格，终身不得再担任专家库专家。
3. 资质申请	申请人应当依照《机构监管办法》规定的相关程序和要求申请相应级别的资质。 职业卫生技术服务机构申请甲级资质，应当具备下列条件：（一）具有法人资格；（二）注册资金800万元以上，固定资产700万元以上；（三）工作场所面积不少于700平方米；（四）有健全的内部管理制度和质量保证体系；（五）有不少于25名经培训合格的专职技术人员；（六）有专职技术负责人和质量控制负责人，专职技术负责人具有与所申报业务相适应的高级专业技术职称和5年以上工作经验；（七）具有与所申请资质、业务范围相适应的检测、评价能力；（八）法律、行政法规、规章规定的其他条件。 职业卫生技术服务机构申请乙级资质，应当具备下列条件：（一）具有法人资格；（二）注册资金500万元以上，固定资产400万元以上；（三）工作场所面积不少于400平方米；（四）有健全的内部管理制度和质量保证体系；（五）有不少于20名经培训合格的专职技术人员；（六）有专职技术负责人和质量控制负责人，专职技术负责人具有与所申报业务相适应的高级专业技术职称和3年以上工作经验；（七）具有与所申请资质、业务范围相适应的检测、评价能力；（八）法律、行政法规、规章规定的其他条件。 申请职业卫生技术服务机构丙级资质，应当具备下列条件：（一）具有法人资格；（二）注册资金300万元以上，固定资产200万元以上；（三）工作场所面积不少于200平方米；（四）有健全的内部管理制度和质量保证体系；（五）有不少于10名经培训合格的专职技术人员；（六）有专职技术负责人和质量控制负责人，专职技术负责人具有与所申报业务相适应的中级以上专业技术职称和1年以上工作经验；（七）具有与所申请资质、业务范围相适应的检测、评价能力；（八）法律、行政法规、规章规定的其他条件。		职业卫生技术服务机构在申请资质、接受监督检查时，采取弄虚作假等不正当手段的；职业卫生技术服务机构以欺骗等不正当手段取得职业卫生技术服务机构资质证书的。	《机构监管办法》第14条、15、16、17条。	《机构监管办法》第42条第2款、3款，第45条（八）项。	《机构监管办法》第42条第2款 职业卫生技术服务机构在申请资质、接受监督检查时，采取弄虚作假等不正当手段的，给予警告，不予颁发证书；《机构监管办法》第45条 给予警告，并处1万元以下的罚款；情节严重的，处1万元以上3万元以下的罚款，依照法律、行政法规的规定撤销其相应资质；对相关责任人依法给予处理。《机构监管办法》第42条第3款 职业卫生技术服务机构以欺骗等不正当手段取得职业卫生技术服务机构资质证书的，撤销其资质证书，并自发证机关撤销其资质证书之日起3年内不得再次申请职业卫生技术服务机构资质。

续表

检查内容		检查标准	检查方法	违法行为	违法条款	处罚依据	处罚种类和幅度
4. 资质管理	4.1 变更	职业卫生技术服务机构变更名称、法定代表人、注册地址的，应当自变更之日起30日内向原发证机关申请办理资质证书变更手续。		未按照规定办理资质证书变更手续的。	《机构监管办法》第26条第1款。	《机构监管办法》第45条（五）项。	给予警告，并处1万元以下的罚款；情节严重的，处1万元以上3万元以下的罚款，依照法律、行政法规的规定撤销其相应资质；对相关责任人依法给予处理。
	4.2 分立合并	职业卫生技术服务机构分立、合并的，应当申请办理资质证书变更手续或者重新申请职业卫生技术服务机构资质认可。			《机构监管办法》第26条第2款。		
	4.3 转让、租借	职业卫生技术服务机构不得转让或者租借其取得的资质证书。		转让或者租借资质证书的。	《机构监管办法》第28条、《机构监管办法》第35条（二）项。	《机构监管办法》第45条（二）项。	
5. 技术服务	5.1 签订合同	职业卫生技术服务机构开展技术服务时，应当依法与建设单位、用人单位签订职业卫生技术服务合同，明确技术服务内容、范围以及双方的权利、义务和责任。		未依法与建设单位、用人单位签订职业卫生技术服务合同的。	《机构监管办法》第33条。	《机构监管办法》第45条（六）项。	给予警告，并处1万元以下的罚款；情节严重的，处1万元以上3万元以下的罚款，依照法律、行政法规的规定撤销其相应资质；对相关责任人依法给予处理。
	5.2 虚假报告	出具虚假或者失实的职业卫生技术报告。		出具虚假或者失实的职业卫生技术报告的。	《机构监管办法》第35条（四）项。	《机构监管办法》第44条（三）项。	
	5.3 泄密	泄露服务对象的技术秘密和商业秘密。		泄露服务对象的技术秘密和商业秘密的。	《机构监管办法》第35条（一）项。	《机构监管办法》第45条（一）项。	
	5.4 转包	转包职业卫生技术服务项目		转包职业卫生技术服务项目的	《机构监管办法》第35条（五）项。	《机构监管办法》第45条（三）项。	
	5.5 擅自更改	擅自更改、简化职业卫生技术服务程序和相关内容。		擅自更改、简化职业卫生技术服务程序和相关内容的。	《机构监管办法》第35条（六）项。	《机构监管办法》第45条（七）项。	
	5.6 兼职	专职技术人员不得同时在两个以上职业卫生技术机构从业。		职业卫生专职技术人员同时在两个以上职业卫生技术服务机构从业的。	《机构监管办法》第35条第2款。	《机构监管办法》第46条。	责令改正，对职业卫生技术服务机构处3万以下的罚款，对职业卫生专职技术人员处1万以下的罚款。

续表

检查内容	检查标准	检查方法	违法行为	违法条款	处罚依据	处罚种类和幅度
（十五）其他（B015）						
1. 拒绝安全生产监督管理部门依法履行监督检查。				《职业病防治法》第67条、《监督管理规定》第38条。	《职业病防治法》第73条（九）项、《监督管理规定》第51条（八）项。	给予警告，责令限期改正；逾期不改的，处5万元以上20万元以下罚款；情节严重的，责令停止产生职业病危害作业，或提请人民政府关闭。
2. 其他违反有关职业卫生法律、法规的违法行为，依据相关法律进行处理。						
注：《中华人民共和国职业病防治法》简称《职业病防治法》，《使用有毒物品作业场所劳动保护条例》简称《有毒作业条例》，《工作场所职业卫生监督管理规定》简称《监督管理规定》，《职业病危害项目申报办法》简称《申报办法》，《用人单位职业健康监护监督管理办法》简称《健康监护监督管理办法》，《建设项目职业卫生“三同时”监督管理暂行办法》简称《“三同时”监督管理暂行办法》，《职业卫生技术服务机构监督管理暂行办法》简称《机构监管办法》。						

30 关于印发《用人单位职业卫生基础建设主要内容及检查方法》的通知

ZW—JB—2013—002

各省、自治区、直辖市及新疆生产建设兵团安全生产监督管理局，有关中央企业，各有关单位：

近日，国家安全监管总局印发了《关于开展用人单位职业卫生基础建设活动的通知》（安监总安健〔2013〕38 号，以下简称《通知》），决定在全国开展用人单位职业卫生基础建设活动。为做好职业卫生基础建设活动，我们制定了《用人单位职业卫生基础建设主要内容及检查方法》，现印发给你们，请结合总局《通知》精神认真贯彻执行。

附件：用人单位职业卫生基础建设主要内容及检查方法

国家安全生产监督管理总局职业健康司

2013 年 3 月 27 日

用人单位职业卫生基础建设主要内容及检查方法

企业名称：＿＿＿＿＿＿　联系人：＿＿＿＿＿＿　电话：＿＿＿＿＿＿

项目	主要内容	检查方法	检查结果
1 责任 体系 （B001）	建立职业病防治责任制度	查阅书面文件的职业病防治责任制度。责任制度应具体包括主要负责人、分管负责人、管理人员以及劳动者等各类人员的职业病防治职责和义务，还应包括职业卫生领导机构、职业卫生管理部门以及用人单位其他相关管理部门在职业卫生管理方面的职责和要求。	
2 规章 制度 （B002）	建立健全职业卫生管理制度	查阅书面文件的职业卫生管理制度。管理制度包括警示与告知制度、申报制度、宣传教育培训制度、防护设施维护检修制度、防护用品管理制度、监测及评价管理制度、职业卫生“三同时”管理制度、职业健康监护及其档案管理制度、职业病危害事故处置与报告制度、应急救援与管理制度、岗位职业卫生操作规程等《工作场所职业卫生监督管理规定》（国家安全监管总局令第 47 号）要求的管理制度。重点检查制度的针对性和落实情况。	
3 管理 机构 （B003）	3. 1 设置或指定职业卫生管理机构	查阅用人单位相关文件，文件应明确设置或指定职业卫生管理机构或者组织，并检查机构或组织工作开展情况。	
	3. 2 配备专职或兼职职业卫生管理人员	查阅文件，危害严重或劳动者超过 100 人的用人单位应当配备专职的职业卫生管理人员；其他存在职业病危害的用人单位，劳动者在 100 人以下的，应当配备专职或者兼职的职业卫生管理人员。并当面核实管理人员的工作情况。	

续表

项目	主要内容	检查方法	检查结果
3 管理机构（B003）	3.3 建立健全职业卫生档案	档案内容应当包括职业病防治责任制文件；职业卫生管理规章制度与操作规程；工作场所职业病危害因素种类清单；岗位分布以及作业人员接触情况等资料；职业病防护设施、应急救援设施基本信息，以及其配置、使用、维护、检修与更换等记录；工作场所职业病危害因素检测、评价报告与记录；职业病防护用品配备、发放、维护与更换等记录；主要负责人、职业卫生管理人员和职业病危害严重工作岗位的劳动者等相关人员职业卫生培训资料；职业病危害事故报告与应急处置记录；劳动者职业健康检查结果汇总资料，存在职业禁忌、职业健康损害或者职业病的劳动者处理和安置情况记录；建设项目职业卫生“三同时”有关技术资料，以及其备案、审核、审查或者验收等有关回执或者批复文件；职业病危害项目申报等有关回执或者批复文件等《工作场所职业卫生监督管理规定》（国家安全监管总局令第47号）要求的档案。	
4 前期预防（B004）	4.1 职业病危害项目申报	查阅安监部门申报回执，重要事项变更是否及时进行变更申报。	
	4.2 建设项目预评价报告经安监部门审核通过	检查用人单位2012年6月1日后即《建设项目职业卫生“三同时”监督管理暂行办法》（国家安全监管总局令第51号）颁布以来新建、改建、扩建和技术改造、技术引进建设项目（首先查建设项目清单）职业病危害预评价报告及批复。	

续表

项目	主要内容	检查方法	检查结果
4 前期 预防 （B004）	4.3 职业病危害严重的建设项目，其防护设施设计经过安监部门审查	检查用人单位 2012 年 6 月 1 日后即《建设项目职业卫生“三同时”监督管理暂行办法》（国家安全监管总局令第 51 号）颁布以来新建、改建、扩建和技术改造、技术引进建设项目职业病防护设施设计专篇审查及有关批复。	
	4.4 建设项目竣工时，职业病危害控制效果评价报告经安监部门审核通过，职业病防护设施经安监部门验收合格	检查用人单位 2012 年 6 月 1 日后即《建设项目职业卫生“三同时”监督管理暂行办法》（国家安全监管总局令第 51 号）颁布以来新建、改建、扩建和技术改造、技术引进建设项目职业病危害控制效果评价报告及验收批复。	
	4.5 优先采用有利于职业病防治和保护劳动者健康的新技术、新工艺和新材料	综合评估用人单位的工艺、技术、装备和材料的先进水平（与现阶段国内同类用人单位相比，工艺、技术、装备和材料较为先进，主要考虑密闭化、机械化、自动化，低毒或无毒原料等因素）。	
	4.6 不生产、经营、进口和使用国家明令禁止的可能产生职业病危害的设备和材料	监管机构查阅最新国家产业政策文件（国家发改委公布的《产业结构调整指导目录》和工信部相关行业准入条件），并进行核对。	
	4.7 对有危害的技术、工艺和材料隐瞒其危害而采用；主要原材料有 MSDS（物质安全数据表）。	主要检查原辅材料的有毒有害成分是否明确（检查用人单位对供应商有无提出书面要求，且供应商是否提供）。	

续表

项目	主要内容	检查方法	检查结果
4 前期预防（B004）	4.8 可能产生职业病危害设备有中文说明书	现场查看有无中文说明书。	
	4.9 在可能产生职业病危害的设备的醒目位置设置警示标识和中文警示说明	依据《工作场所职业病危害警示标识》（GBZ 158）和《高毒物品作业岗位职业病危害告知规范》（GBZ/T 203）现场查看主要产生粉尘、有毒物质或放射性的设备，有无警示标识、中文警示说明和告知卡（重点检查存在矽尘、石棉粉尘、高毒和放射性物质危害的设备）。	
	4.10 使用、生产、经营产生职业病危害的化学品，有中文说明书	现场查看原料包装，有没有中文说明书。	
	4.11 使用放射性同位素和含有放射性物质材料的，有中文说明书	现场检查［《电离辐射防护与辐射源安全基本标准》（GB 1887）豁免的放射性同位素除外］。	
	4.12 不得转嫁职业病危害的作业给不具备职业病防护条件的单位和个人。	查阅有关用人单位文件和外包合同是否明确职业卫生管理责任，重点检查劳务派遣用工单位职业卫生管理状况，是否落实劳动合同告知、职业健康监护与个体防护用品发放等情况。	
5 工作场所管理（B005）	5.1 工作场所职业病危害因素的强度或者浓度符合国家职业卫生标准	查阅检测报告（关注检测时工况与气象条件），重点检查矽尘、石棉粉尘、高毒物品和放射性物质浓度或强度达标情况。	

续表

项目	主要内容	检查方法	检查结果
5 工作场所管理 （B005）	5.2 有害和无害作业分开	现场检查，主要检查接触矽尘、石棉粉尘、高毒物质岗位是否与其他岗位隔离，接触有毒有害岗位与无危害岗位是否隔开；有毒物品和粉尘的发生源是否布置在操作岗位下风侧。	
	5.3 工作场所与生活场所分开，工作场所不得住人	现场检查。	
	5.4 可能发生急性职业病危害事故的有毒、有害工作场所，设置报警装置	按照《工作场所有毒气体检测报警装置设置规范》（GBZ/T 233）要求的设置要求进行现场检查。	
	5.5 可能发生急性职业病危害事故的有毒、有害工作场所，配置现场急救用品	现场检查（可参考《工业企业设计卫生标准》（GBZ 1）附录A.4，急救箱配置药品应与现场易致中毒物质相匹配，劳动者可及时获取药品）。	
	5.6 可能发生急性职业损伤的有毒、有害工作场所，配置冲洗设备	在酸、碱作业场所必须配备应急喷淋洗眼器，保证一旦发生事故，劳动者及时获得冲洗。	
	5.7 放射工作场所配置安全连锁与报警装置	现场检查。	
	5.8 一般有毒作业场所设置黄色区域警示线、高毒作业场所设置红色区域警示线	现场检查。	

续表

项目	主要内容	检查方法	检查结果
5 工作场所管理（B005）	5.9 专人负责职业病危害因素日常监测	查阅用人单位监测记录或报告，重点检查粉尘与高毒物品日常监测。	
	5.10 按规定每年至少一次对工作场所职业病危害因素检测	查阅用人单位由具有资质机构出具的检测报告，并注重检查检测点是否满足《工作场所空气中有害物质监测的采样规范》（GBZ 159）选点原则与数量要求。	
	5.11 职业病危害严重用人单位每三年至少进行一次职业病危害现状评价	检查重点：职业病危害严重且未开展过职业卫生“三同时”的用人单位在《工作场所职业卫生监督管理规定》（国家安全监管总局令第 47 号）颁布后是否开展现状评价情况。	
	5.12 在醒目位置公布有关职业病防治的规章制度和操作规程	现场检查核实公告栏。	
	5.13 产生严重职业病危害作业岗位，在其醒目位置，设置警示标识和中文警示说明	现场重点检查存在矽尘、石棉粉尘、高毒和放射性物质的岗位。	
	5.14 签订劳动合同，并在合同中载明可能产生的职业病危害及其后果；并载明职业病防护措施和待遇	抽查劳动合同是否有相关条款进行告知，或者有没有补充合同或专项合同。	
	5.15 在醒目位置公布职业病危害事故应急救援措施	仅针对可能产生急性中毒工作场所进行现场检查。	

续表

项目	主要内容	检查方法	检查结果
5 工作场所管理（B005）	5.16 作业场所职业病危害因素监测、评价结果告知	检查通过公告栏、书面通知或其他有效方式告知情况，现场询问3名劳动者。	
	5.17 告知劳动者职业健康检查结果	现场选择劳动者3名，进行询问核实。	
	5.18 对于患职业病或职业禁忌证的劳动者企业应告知本人	如存在职业病或职业禁忌，抽查询问1名存在职业禁忌劳动者。	
6 防护设施（B006）	6.1 职业病防护设施台账齐全	现场查阅台账。	
	6.2 职业病防护设施配备齐全	重点检查矽尘、石棉粉尘、高毒或放射性工作场所的设施配备情况。	
	6.3 职业病防护设施有效	查阅设施设计方案、检测报告，并现场测量。	
	6.4 及时维护、定期检测职业病防护设施	查维修和检测记录。	
7 个人防护（B007）	7.1 有个人职业病防护用品采购计划，并组织实施	查阅个人职业病防护用品采购发票。	
	7.2 按标准配备符合防治职业病要求的个人防护用品	查防护用品的生产许可证、产品合格证和特种劳动防护用品安全标志以及产品说明书。配备标准参照《个体防护装备选用规范》（GB/T 11651）。	

续表

项目	主要内容	检查方法	检查结果
7 个人 防护 （B007）	7.3 有个人职业病防护用品发放登记记录，并及时更换个人职业病防护用品	现场查阅，有无个人领用和更换签字。	
	7.4 劳动者正确佩戴、使用个人防护用品	现场检查，记录未按要求佩戴劳动者数量。	
8 教育 培训 （B008）	8.1 用人单位的主要负责人和职业卫生管理人员接受职业卫生培训	核查培训证书（可对主要负责人和管理人员进行考试）。	
	8.2 对上岗前的劳动者进行职业卫生教育培训	检查培训记录，特别是接触危害岗位劳动者的培训。	
	8.3 定期对在岗期间的劳动者进行职业卫生教育培训	检查培训记录，特别是接触危害岗位劳动者的培训。（现场抽考3名劳动者）	
9 健康 监护 （B009）	9.1 按规定组织上岗前的职业健康检查	检查劳动合同和上岗前职业健康监护档案。	
	9.2 按规定组织在岗期间的职业健康检查	检查在岗劳动者档案和职业健康监护档案，重点检查体检项目与体检周期是否满足《职业健康监护技术规范》（GBZ 188）标准要求。	
	9.3 按规定组织离岗时的职业健康检查	检查离岗劳动者档案和职业健康监护档案。	

续表

项目	主要内容	检查方法	检查结果
9 健康监护（B009）	9.4 禁止有职业禁忌证的劳动者从事其所禁忌的作业；调离并妥善安置有职业健康损害的劳动者	检查有关劳动者调岗记录，抽查 1~3 名有职业健康损害的劳动者，有无调令。	
	9.5 未进行离岗职业健康检查，不得解除或者终止劳动合同	检查离岗劳动者劳动合同，不进行职业健康检查，自愿离岗者应有书面签字。	
	9.6 如实、无偿为劳动者提供职业健康监护档案复印件	查阅劳动合同有关制度，以及现场询问劳动者。	
	9.7 对遭受急性职业病危害的劳动者进行健康检查和医学观察	查阅有关制度、报销单据。	
	9.8 禁止安排未成年工从事接触职业病危害的作业	查阅劳动合同，现场抽查劳动者。	
	9.9 不安排孕期、哺乳期的女职工从事对本人和胎儿、婴儿有危害的作业	依据《女职工劳动保护特殊规定》，现场抽查询问 3 名女职工。	
	9.10 对从事接触职业病危害的作业劳动者，给予适当岗位补贴	查阅发放和领取记录。	

续表

项目	主要内容	检查方法	检查结果
10 应急管理（B010）	10.1 建立健全急性职业病危害事故应急救援预案	本项目针对存在急性中毒风险的用人单位，急性职业病危害事故应急救援预案应明确责任人、组织机构、事故发生后的疏通线路、技术方案、救援设施的维护和启动、救护方案等（检查包括特殊应急救援药品的准备、没有救援条件的单位是否与最近有救援条件的医疗单位签订救援协议等）。	
	10.2 定期维护应急救援设施，并保证其完好	现场查看有关记录。	
	10.3 定期演练职业病危害事故应急救援预案	查演练记录。	
	10.4 发生急性职业病危害事故应及时向所在地安监部门等有关部门报告	查阅报告情况。	
总计（60项）	合格______项，不合格______项，合格率______%。		

检查时间：______年____月____日　检查人签字：______、______　检查单位负责人签字：______

31 国家安全监管总局办公厅关于印发职业卫生技术服务机构丙级资质认可条件及技术评审项目和标准的通知

安监总厅安健〔2013〕112号

各省、自治区、直辖市及新疆生产建设兵团安全生产监督管理局：

根据《职业病防治法》及《职业卫生技术服务机构监督管理暂行办法》（国家安全监管总局令第50号）等规定，为规范有序地做好职业卫生技术服务机构丙级资质（以下简称丙级资质）认可工作，国家安全监管总局制定了丙级资质认可条件、技术评审项目和判定标准，现印发给你们，并就有关事项通知如下：

一、明确职责，科学合理规划丙级机构布局

丙级资质认可工作由各省级安全监管部门统一组织，设区的市级安全监管部门（以下简称地市级安全监管部门）负责具体实施。各省级安全监管部门要按照“先规划，后发展”的原则，在深入调查研究的基础上，制定丙级机构发展规划，坚持做到“三个结合”：一是要与现有职业卫生技术服务机构布局相结合，现有机构（包括甲级、乙级及检测资质机构，下同）分布数量较多的地市，要严格控制丙级机构的发展数量，现有机构数量在5家以上（含5家）的地市，新发展丙级机构数量不超过1家；现有机构数量较少的地市，可优先发展丙级机构。二是要与职业卫生技术服务机构资质证书换发工作相结合，未完成换证工作的省份暂不开展丙级资质认可，鼓励已换证但未达到新标准要求的职业卫生技术服务机构申请丙级资质，原职业卫生检测机构和原职业卫生评价乙级机构自愿放弃乙级资质、申请丙级资质的，可不列入规划控制指标范围内。三是要与本地区的职业病危害特征、主要行业分布和实际工作需要相结合，因地、因时制宜地做好丙级机构的规划布局。

请各省级安全监管部门在本地区丙级资质认可工作实施前，将丙级机构发展规划（包括编制依据、规划机构总数、各地市规划机构具体分布数等信息）报送国家安全监管总局（职业健康司）。国家安全监管总局根据报送的发展规划，预先将空白资质证书发放至各省级安全监管部门。

二、健全规章制度，认真组织推进

各省级安全监管部门要组织地市级安全监管部门认真学习掌握《职业病防治法》《职业卫生技术服务机构监督管理暂行办法》及有关文件规定和丙级资质认可条件、技术评审项目和判定标准，并准确运用到丙级资质认可工作中。各省级安全监管部门要根据本地区实际情况，在实施丙级资质认可前研究制定并印发丙级资质机构应具备的基本检测项目目录。地市级安全监管部门在职业卫生监管职责调整后，要按照依法行政的要求，严格落实行政审批责任，参照甲级和乙级资质认可工作程序，制定丙级资质认可工作程序及配套的实施意见，建立和完善有关规章制度，把丙级资质认可及监督管理工作纳入法制化、制度化、规范化的轨道。尚未调整职业卫生监管职责的省级、地市级安全监管部门，应提前研究丙级资质认可有关事项，做好制度建设等有关准备工作。

三、严格标准，稳步开展丙级资质认可

职业卫生监管职责已经调整、丙级机构发展规划已经核定、资质认可相关规章制度已经建立的地市级安全监管部门，要根据职业卫生技术服务机构资质认可有关法律法规要求，规范程序，严格条件和标准，稳步开展丙级资质认可工作。丙级机构的业务范围按照《国家安全监管总局关于印发职业卫生技术服务机构资质认可条件评审项目标准及认可工作程序的通知》（安监总安健〔2012〕88 号）的有关要求核定。丙级资质认可后，要监督有关机构严格按照批准的业务范围开展建设项目职业病危害评价、用人单位职业病危害现状评价工作，并依据计量认证证书批准的检测项目开展工作场所职业病危害因素检测活动。

四、优化备案、登记程序，保障丙级资质认可工作顺利开展

各省级安全监管部门要对丙级资质机构实行事前规划、事后备案制度，本着“优化程序、提高效率”的原则，制定丙级机构审批备案程序，落实备案管理有关要求。国家安全监管总局对丙级机构实行年度统一登记制度，省级安全监管部门要于每年 12 月 10 日前以省（区、市）为单位一次性向国家安全监管总局（职业健康司）提交丙级机构登记报告和《丙级职业卫生技术服务机构汇总表》（安监总厅安健〔2012〕86 号文件附件 2）。同时，各省级安全监管部门要根据资质认可工作的需要，适时组织职业卫生技术服务机构专业技术人员的培训工作。

附件：1. 职业卫生技术服务机构丙级资质认可条件

2. 职业卫生技术服务机构丙级资质认可技术评审项目和判定标准

国家安全生产监督管理总局办公厅

2013 年 7 月 18 日

附件 1

职业卫生技术服务机构丙级资质认可条件

一、机构条件

（一）具有法人资格；部门、岗位设置合理，职责明确。

（二）注册资金 300 万元以上，固定资产 200 万元以上。

（三）有固定的从事职业卫生技术服务所需的工作场所。工作场所面积不少于 200 平方米，其中，职业卫生检测实验室使用面积不少于 100 平方米，档案室使用面积不少于 20 平方米。

（四）有健全的内部管理制度和质量保证体系；取得省级及以上人民政府计量行政部门颁发的计量认证证书。

二、人员要求

（一）熟悉相关法律、法规、标准和规范以及本单位质量管理体系文件。

（二）专职技术负责人和质量控制负责人应当熟悉本专业业务，具有相关专业中级以上技术职称，从事相关专业工作 1 年以上，并经培训合格，且不得外聘。

（三）应当具有不少于 10 名经培训合格的职业卫生评价与检测专职技术人员，专职技术人员的构成应当满足下列条件：

1. 中级以上技术职称或相关专业大学本科以上学历的专业技术人员不少于专业技术人员总数的 40%。

2. 检测人员不少于 4 名，且中级以上技术职称或相关专业大学本科以上学历的专业技术人员不少于 1 名。

3. 评价人员不少于 4 名，且中级以上技术职称或相关专业大学本科以上学历的专业技术人员不少于 1 名。

4. 职业卫生工程技术人员不少于 1 名。

5. 公共卫生专业人员不少于 1 名。

6. 具有满足所申请业务范围专业要求的工程技术人员，且每项专业不少于 1 名。

三、实验室及仪器设备配置要求

（一）具有附录所要求的基本仪器设备，并具备申报的检测项目所必需的仪器设备。

（二）仪器设备的种类、数量、性能、量程、精度应当满足工作的需要，且运行良好。

（三）仪器设备应当定期进行计量检定或校准，并贴有相应状态标识。无计量检定规程的仪器设备，应当有相应校验方法并进行定期校验。仪器设备应当有完整的操作规程。

（四）标准物质、标准溶液及化学试剂的配制标识与使用记录应当符合要求。

（五）检测实验室应当布局合理，有健全的管理制度。检测仪器放置合理，便于操作。实验室应当配有必要的防污染、防火、控制进入等安全措施。

（六）凡是检测方法或检测仪器有要求的，应当按要求对检测场所的温度、湿度和放射性本底等环境条件进行有效、准确的测量并记录。

（七）应当为检测样品建立唯一识别系统和状态标识。应当编制有关样品采集、接收、流转、保存和安全处置的书面程序。

四、职业病危害因素检测能力

（一）具备与申报项目相关的检测方法和技能，能够独立开展职业病危害因素检测工作，并解决工作过程中发生的技术问题。

（二）具备与所申报业务范围相应的基本检测能力，具体检测项目要求由省级安全生产监督管理部门规定，所有申报的检测项目应通过计量认证。

（三）职业病危害因素检测应当采用国家、行业或地方规定的方法或标准，采用非标方法，应当进行方法比对或验证，编写操作规程（作业指导书），并经技术负责人审批。

（四）样品检测的原始记录和检测报告应当按照各自规定要求书写、打印、审核、签章、发送和保存。

（五）独立完成盲样考核，且考核合格。

（六）原始记录应当规范、清晰、完整、可溯源，并按规定的时间保存。

（七）申报的每个检测项目应当完成至少 1 份模拟检测报告。

五、建设项目职业病危害评价能力

（一）评价报告编制规范、内容全面、结论正确；评价过程管理符合要求；原始记录准确、完整、可溯源。

（二）申请的每项业务范围应当至少独立完成建设项目职业病危害预评价和控制效果评价模拟评价报告各1份。

六、其他要求

（一）职业卫生技术服务机构应当编制职业卫生技术服务质量管理体系文件（包括质量管理手册、程序文件、作业指导书、记录表格），并严格进行质量控制。

（二）应当有与其开展职业卫生技术服务相适应的经费保障措施。

（三）为专业技术人员提供必需的劳动防护用品，并根据所申请的业务范围对专业技术人员进行安全培训。

附录

实验室检验及现场检测设备目录（丙级）

序号	设备名称	数量（台/件）
一	采样设备	
1	5~30L/min 采样器	6
2	1~5L/min 采样器	6
3	0~1L/min 采样器	6
4	各种空气样品收集器（大型气泡吸收管、小型气泡吸收管、多孔玻板吸收管、冲击式吸收管等）	8（每种）
5	压力计	1
6	温、湿度计	1
7	流量计	1
二	现场检测设备	
8	风速计	1
9	辐射热计	/
10	通风干湿球温度计	/
11	黑球、湿球温度计	/
12	个体噪声剂量计	2

续表

序号	设备名称	数量（台/件）
13	积分声级计	1
14	手传振动测定仪	/
15	照度计	/
16	电磁场测定仪（含高频、超高频、工频及微波等频段）	/
17	紫外线测定仪	/
18	烟尘浓度测试仪	/
19	不分光红外线分析仪	/
20	皮托管及压力计	1
三	实验室检测设备	
21	分析天平（1/1000）	1
22	分析天平（1/10000）	1
23	分析天平（1/100000）	1
24	去湿机	1
25	普通冰箱	2
26	低温冰箱（-20℃）	/
27	样品消化装置	/
28	样品混匀装置	/
29	磁力搅拌器	/
30	超声波清洗器	/
31	恒温水浴箱	/
32	离心机	/
33	高温炉	/
34	干燥箱	/
35	红外线干燥箱	/
36	白金坩埚	/
37	普通坩埚	5
38	玛瑙研钵	/

续表

序号	设备名称	数量（台/件）
39	生物显微镜	/
40	相差显微镜	/
41	分散度测定器	/
42	酸度计	/
43	分光光度计	1
44	原子吸收分光光度计	1
45	原子荧光分光光度计	/
46	高效液相色谱仪	/
47	离子色谱仪	/
48	气相色谱-质谱联用仪	/
49	气相色谱仪	1

说明：标“/”的设备可根据工作需要自愿配备。

附件 2

职业卫生技术服务机构丙级资质认可技术评审项目和判定标准

一、技术评审项目

考核项目		考核内容		考核结果
		序号	具体内容	
1. 组织机构	法人资格	1	★具有法人资格	
	注册资金和固定资产	2	★注册资金 300 万元以上，固定资产 200 万元以上	
	计量认证	3	★取得省级及以上人民政府计量行政部门颁发的计量认证证书	
	部门设置	4	质量管理部门	
		5	*评价部门	
		6	*检测检验部门	

续表

<table>
<tr><th colspan="2" rowspan="2">考核项目</th><th colspan="2">考核内容</th><th rowspan="2">考核结果</th></tr>
<tr><th>序号</th><th>具体内容</th></tr>
<tr><td rowspan="6">1. 组织机构</td><td rowspan="4">岗位设置、职责</td><td>7</td><td>＊技术负责人、质量控制负责人</td><td></td></tr>
<tr><td>8</td><td>质量监督员、设备管理员、内审员、样品管理员、档案管理员</td><td></td></tr>
<tr><td>9</td><td>评价人员、检测人员</td><td></td></tr>
<tr><td>10</td><td>授权签发人</td><td></td></tr>
<tr><td>经费保障</td><td>11</td><td>台账及经费保障措施</td><td></td></tr>
<tr><td>依法执业</td><td>12</td><td>★没有违法行为记录</td><td></td></tr>
<tr><td rowspan="10">2. 人员</td><td rowspan="2">技术负责人</td><td>13</td><td>★技术负责人具有与所申报业务相适应的中级以上专业技术职称和 1 年以上工作经验，且不得外聘</td><td></td></tr>
<tr><td>14</td><td>经培训合格</td><td></td></tr>
<tr><td rowspan="8">专业技术人员</td><td>15</td><td>★经培训合格的职业卫生评价与检测专职技术人员不少于 10 名，专业技术人员不得同时在两个以上（含两个）职业卫生技术服务机构从业</td><td></td></tr>
<tr><td>16</td><td>中级以上技术职称或相关专业大学本科以上学历的专业人员不少于专业技术人员总数的 40%</td><td></td></tr>
<tr><td>17</td><td>＊检测人员不少于 4 名，且中级以上技术职称或相关专业大学本科以上学历的不少于 1 名</td><td></td></tr>
<tr><td>18</td><td>＊评价人员不少于 4 名，且中级以上技术职称或相关专业大学本科以上学历的不少于 1 名</td><td></td></tr>
<tr><td>19</td><td>＊职业卫生工程技术人员不少于 1 名</td><td></td></tr>
<tr><td>20</td><td>＊公共卫生专业人员不少于 1 名</td><td></td></tr>
<tr><td>21</td><td>＊具有满足所申请业务范围专业要求的工程技术人员，且每项专业不少于 1 名</td><td></td></tr>
<tr><td>22</td><td>专业技术人员年度培训计划和培训记录</td><td></td></tr>
</table>

续表

考核项目		考核内容		考核结果
		序号	具体内容	
2. 人员	现场笔试考核	23	技术负责人、质量控制负责人必须参加考试，并考试合格	
		24	评价人员参加考试人数不少于 3 人	
		25	检测人员参加考试人数不少于 3 人	
		26	＊现场考试人员合格率达到 90%	
3. 工作场所及实验室	工作场所	27	★有与所从事的评价、检测（检验）、质量管理等工作相适应的工作场所，工作场所面积不少于 200 平方米	
		28	职业卫生检测实验室使用面积不少于 100 平方米	
		29	有独立的档案室，档案室使用面积不少于 20 平方米	
	实验室要求	30	检测实验室应布局合理，整洁有序，有健全的管理制度	
		31	检测工作场所的水、电、气布局符合安全卫生要求，实验室具备有效的防尘防毒设施及相应的警示标识	
		32	实验室应配有必要的防污染、防火、控制进入等安全措施	
		33	凡是检测方法或检测仪器有要求的，应按要求对检测场所的温度、湿度和放射性本底等环境条件进行有效、准确的测量并记录	
4. 仪器设备	仪器设备配备	34	＊具有附件 1 附录所要求的基本仪器设备，并具备申报的检测项目所必需的仪器设备。仪器设备应有购置凭证，停用设备不计入有效设备	
		35	仪器设备的种类、数量、性能、量程、精度应满足工作需要，并运行良好	

续表

考核项目		考核内容		考核结果
		序号	具体内容	
4. 仪器设备	计量检定	36	＊仪器设备应定期进行计量检定或校准，并贴有相应状态标识	
		37	无计量检定规程的仪器设备，应有相应校验方法并进行定期校验	
		38	检定周期内应进行运行核查	
	仪器设备管理	39	＊仪器设备应有完整的操作规程	
		40	主要仪器设备应建有档案，有验收、检定校准、使用和维修等有关资料。进口仪器设备说明书的使用方法部分应当有中文译文	
		41	仪器设备应有固定的放置场所，放置合理，便于操作	
		42	精密仪器和加热设备隔离放置	
5. 职业病危害因素检测能力	检测方法	43	＊职业病危害因素检测应采用国家、行业或地方规定的方法或标准，采用非标方法，应当进行方法比对或验证，编写操作规程（作业指导书），并经技术负责人审批	
	检测样品及耗材管理	44	＊应当为检测样品建立唯一识别系统和状态标识	
		45	应当编制有关样品采集、接收、流转、保存和安全处置的书面程序	
		46	标准物质、标准溶液及化学试剂的配制标识与使用记录应符合有关要求	
	检测能力	47	＊应具备与所申报业务范围相应的基本检测能力	
		48	＊申报的检测项目应通过计量认证	
		49	申报的每个检测项目应当完成至少 1 份模拟检测报告	

续表

考核项目		考核内容		考核结果
		序号	具体内容	
5. 职业病危害因素检测能力	检测报告及原始记录（抽查5份检测报告与原始记录档案）	50	原始记录应按照要求书写、审核、签字	
		51	＊现场采样和检测记录信息规范、清晰、完整	
		52	＊原始记录具有可溯源性	
		53	原始记录数据处理规范	
		54	＊检测报告应按照要求打印、审核、签章、发送	
		55	检测报告检测方法与判定依据正确，内容完整、规范	
		56	检测报告及原始记录应完整归档，并按要求保存	
	实际操作能力考核（参加考核人员不少于2名）	57	＊现场采样、检测操作规范、熟练，记录规范、完整	
		58	实验室分析操作规范、熟练，记录规范、完整	
	盲样考核	59	★盲样检测结果全部符合要求（现场考核3个盲样，根据申报的检测项目具体确定）	
6. 建设项目职业病危害评价能力	评价能力	60	＊申请的每个业务范围应至少独立完成建设项目职业病危害预评价和控制效果评价模拟评价报告各1份	
	评价报告（抽查建设项目职业病危害评价模拟评价报告2份）	61	评价目的、依据、范围、方法正确，评价内容完整	
		62	工程分析全面、到位	
		63	＊职业病危害因素识别与分析全面、准确	
		64	危害程度评价和健康影响评价科学、准确	
		65	职业病危害防护设施评价准确	
		66	职业卫生管理措施建议有效可行、具有针对性	
		67	评价结论完整、准确	

续表

考核项目		考核内容		考核结果
		序号	具体内容	
6. 建设项目职业病危害评价能力	评价过程管理	68	评价工作委托文件	
		69	合同评审记录	
		70	评价方案的制定与审核	
		71	现场调查与实施	
		72	＊评价相关原始资料应准确、完整、可溯源	
		73	评价报告应按照要求打印、审核、签章和发送	
		74	评价报告及原始资料应完整归档，并按要求保存	
	模拟评价	75	＊编制现场模拟评价报告的工程分析、职业病危害因素识别与分析、职业病危害防护措施评价等部分，要求分析全面、准确，防护措施符合法律、法规、标准	
	职业卫生工程考试	76	职业卫生工程测试操作熟练、规范	
7. 质量管理体系	质量管理体系文件	77	＊质量管理手册完整、规范、操作性强	
		78	＊程序性文件完整、规范、操作性强	
		79	＊作业指导书完整、规范、操作性强	
		80	记录表格完整、规范、操作性强	
	文件控制	81	文件受控制度建立健全	
		82	＊文件控制措施落实到位	
	质量管理体系运行情况	83	内部审核全面、有效	
		84	管理评审应有效开展	
		85	纠正和预防措施可行、落实有效	
	监督记录	86	校核人记录	
		87	＊监督员监督记录	
		88	投诉处理记录	

注：有★为否决项，有＊为关键项，其他为一般项。考核结果分为符合、基本符合、不符合。

二、判定标准

技术评审项目共 88 项，其中否决项 8 项，关键项 29 项，一般项 51 项。

判定标准如下：

评审结论	否决项	关键项	一般项
通过	全部符合	全部符合	无不符合项或 基本符合项数≤6 项
整改后通过	全部符合	无不符合项或 基本符合项数≤3 项	不符合项数≤3 项或 6 项<基本符合项数≤10 项
整改后复审	全部符合	不符合项数≤3 项或 基本符合项数≤6 项	不符合项数≤6 项或 10 项<基本符合项数≤12 项
不通过	不符合项数≥1 项	不符合项数>3 项或 基本符合项数>6 项	不符合项数>6 项或 基本符合项数>12 项

32 国家安全监管总局办公厅关于进一步规范职业卫生技术服务机构监管工作的通知

安监总厅安健〔2013〕139 号

各省、自治区、直辖市及新疆生产建设兵团安全生产监督管理局，各省级煤矿安全监察局，有关直属事业单位、社团组织：

新修改的《职业病防治法》和《职业卫生技术服务机构监督管理暂行办法》（国家安全监管总局令第 50 号）颁布实施以来，各级安全监管监察部门依法加强对职业卫生技术服务机构的监管，职业卫生技术服务机构换发证书、资质延续、资质认可及日常监管工作进展顺利，取得了明显成效。但是，部分地区在职业卫生技术服务机构监管工作中仍然存在一些突出问题：一是对技术服务机构跨区域开展技术服务，违规实行审批性备案、设置备案条件、组织对备案机构进行技术考核，随意限制或指定备案机构的业务范围；二是在对甲级机构资质认可及延续的申报材料形式审查环节，组织进行现场考核并由相关机构承担考核费用；三是乙级及其他机构资质证书换发工作，未按照规定开展或工作进展缓慢，机构反映强烈；四是在乙级资质认可工作中，擅自突破核定的机构发展规划数量认可机构，并发放自制的资质证书；五是对机构疏于监管，对已发现的违法违规行为，不依法依规进行处罚。

为进一步规范职业卫生技术服务机构监管工作，现就有关事项通知如下：

一、甲级机构跨省（自治区、直辖市）开展技术服务，只需向省级安全监管局、煤矿安监局提交《职业卫生技术服务甲级机构跨省（自治区、直辖市）服务工作报告表》和《职业卫生技术服务机构专业技术人员名单》（安监总安健〔2012〕137 号文件附件 1 和附件 2）及资质证书复印件进行书面告知，即可按照国家安全监管总局批准的业务范围开展技术服务；2012 年底前由国家安全监管总局参照原卫生部有关规定进行换证、资质延续的甲级机构，其业务范围在资质到期前保持不变，各级安全监管监察部门不得限制甲级机构在其资质业务范围内从业。

严禁各级安全监管监察部门以备案为由实行审批性层层备案。省级安全监管局、煤矿安监局应重点加强对备案机构技术服务活动的事中和事后监管，重点检查是否存在转包职业卫生技术服务项目、转让或租借资质证书、检测数据或技术服务报告弄虚作假等违法违规行为。

二、严禁各级安全监管监察部门在资质认可及监管工作中以任何名义向技术服务机构收取费用，因工作需要组织或聘请专家组所需的劳务、交通、食宿等费用也不得由技术服务机构承担。

三、严禁各级安全监管监察部门违反规定开展资质认可工作。职业卫生监管职责尚未划转、资质证书换发工作尚未完成、机构发展规划未经核定的地区，一律不得进行资质认可工作。不按照机构发展规划控制数量或者违反资质认可条件、工作程序和审定标准等有关规定认可机构，以及不使用国家安全监管总局统一印制的资质证书的，其认可的机构资质、资质证书一律无效。

四、各级安全监管监察部门要把日常监管和资质认可放在同等重要的位置，有计划地开展对机构的日常监督检查，逐步做到监督检查“全覆盖”，监督技术服务机构“依法独立开展职业卫生技术服务活动，科学、客观、真实地反映技术服务事项”。对发现的违法违规行为要做到“零容忍”，依法依规严格实施行政处罚，不得随意降低处罚标准，更不得容忍放纵。

五、为保证职业卫生技术服务机构依法独立开展技术服务活动，具有职业卫生技术服务机构资质的各级安全监管监察部门直属事业单位以及各类协会、学会，须于 2015 年底前单独注册成立企业法人。其他系统从事职业卫生技术服务的同类型机构应积极创造条件，逐步与行政事业活动相分离，争取单独注册成立企业法人。

六、各级安全监管监察部门要严格按照本通知要求，及时清理、整改职业卫生技术服务机构监管工作中存在的突出问题，并结合实际制定有效的管理办法，依法依规加强对机构的监督管理。发现安全监管监察人员存在违法违规违纪行为的，纪检监察部门要对责任人员进行严肃查处，重大事项及时报国家安全监管总局。

国家安全生产监督管理总局办公厅

2013 年 9 月 23 日

33 国家安全监管总局办公厅关于印发职业卫生档案管理规范的通知

安监总厅安健〔2013〕171号

各省、自治区、直辖市及新疆生产建设兵团安全生产监督管理局：

根据《中华人民共和国职业病防治法》《工作场所职业卫生监督管理规定》（国家安全监管总局令第47号）、《用人单位职业健康监护监督管理办法》（国家安全监管总局令第49号）的要求，为加强用人单位职业卫生管理，保证职业卫生档案完整、准确和有效利用，推进用人单位职业病防治主体责任的落实，我局研究制定了《职业卫生档案管理规范》，现印发给你们，请认真抓好贯彻落实。

国家安全生产监督管理总局办公厅

2013年12月31日

职业卫生档案管理规范

为提高用人单位（煤矿除外）的职业卫生管理水平，规范职业卫生档案管理，根据《中华人民共和国职业病防治法》《工作场所职业卫生监督管理规定》（国家安全监管总局令第47号）、《用人单位职业健康监护监督管理办法》（国家安全监管总局令第49号）的要求，制定本规范。

一、用人单位职业卫生档案，是指用人单位在职业病危害防治和职业卫生管理活动中形成的，能够准确、完整反映本单位职业卫生工作全过程的文字、图纸、照片、报表、音像资料、电子文档等文件材料。

二、用人单位应建立健全职业卫生档案，包括以下主要内容：

（一）建设项目职业卫生“三同时”档案（见附件1）；

（二）职业卫生管理档案（见附件2）；

（三）职业卫生宣传培训档案（见附件3）；

（四）职业病危害因素监测与检测评价档案（见附件4）；

（五）用人单位职业健康监护管理档案（见附件5）；

（六）劳动者个人职业健康监护档案（见附件6）；

（七）法律、行政法规、规章要求的其他资料文件。

三、用人单位可根据工作实际对职业卫生档案的样表做适当调整，但主要内容不能删减。涉及项目及人员较多的，可参照样表予以补充。

四、职业卫生档案中某项档案材料较多或者与其他档案交叉的，可在档案中注明其保存地点。

五、用人单位应设立档案室或指定专门的区域存放职业卫生档案，并指定专门机构和专（兼）职人员负责管理。

六、用人单位应做好职业卫生档案的归档工作，按年度或建设项目进行案卷归档，及时编号登记，入库保管。

七、用人单位要严格职业卫生档案的日常管理，防止出现遗失。

八、职业卫生监管部门查阅或者复制职业卫生档案材料时，用人单位必须如实提供。

九、劳动者离开用人单位时，有权索取本人职业健康监护档案复印件，用人单位应如实、无偿提供，并在所提供的复印件上签章。

十、劳动者在申请职业病诊断、鉴定时，用人单位应如实提供职业病诊断、鉴定所需的劳动者职业病危害接触史、工作场所职业病危害因素检测结果等资料。

十一、本规范印发前用人单位已建立职业卫生档案的，应当按本规范要求进行完善，分类归档。

十二、用人单位发生分立、合并、解散、破产等情形的，职业卫生档案应按照国家档案管理的有关规定移交保管。

十三、各地区可以根据工作实际，对本规范的要求进行适当调整。

十四、职业卫生档案管理的其他规定，按照国家现行的法律、行政法规、规章的要求执行。

附件：1. 建设项目职业卫生“三同时”档案
2. 职业卫生管理档案
3. 职业卫生宣传培训档案
4. 职业病危害因素监测与检测评价档案
5. 用人单位职业健康监护管理档案
6. 劳动者个人职业健康监护档案

档案编号：

附件 1

建设项目职业卫生“三同时”档案

用人单位：________________

职业卫生管理负责人：________________

联系电话：________________

电子邮箱：________________

目　　录

1. 建设项目职业卫生“三同时”审查登记表（表1—1）
2. 建设项目批准文件
3. 职业病危害预评价委托书与预评价报告
4. 建设项目职业病防护设施设计专篇
5. 职业病危害控制效果评价委托书与控制效果评价报告
6. 建设单位对职业病危害预评价报告、职业病防护设施设计专篇、职业病防护设施控制效果评价报告的评审意见
7. 安全监管部门审核、审查、验收批文
8. 建设项目职业病危害防治法律责任承诺书
9. 全套竣工图纸、验收报告、竣工总结
10. 工程改建、扩建及维修、使用中变更的图纸及有关材料

表1—1　建设项目职业卫生“三同时”审查登记表

项目名称：____________________

项目类型：____________________

项目投资：____________________

建设工期：　　年　月　日至　　年　月　日

存在的主要职业病危害因素：____________________

审查结论：

预评价审核			设计审查（严重危害项目）			竣工验收		
年月	结论	审核单位	年月	结论	审核单位	年月	结论	审核单位

编制：　　　　　　审核（签名）：　　　　　　编制日期：　　年　月　日

说明：项目类型选择：新建、改建、扩建、技改（技术改造）、引进（技术引进）填报。

档案编号：

附件 2

职业卫生管理档案
（__________年度）

用　　人　　单　　位：__________________
职业卫生管理负责人：__________________
联　　系　　电　　话：__________________
电　　子　　邮　　箱：__________________

目　录

1. 职业病防治法律、行政法规、规章、标准、文件

2. 职业病防治领导机构及职业卫生管理机构成立文件

3. 职业病防治年度计划及实施方案

（附：年度职业病防治计划实施检查表，表 2—1）

4. 职业卫生管理制度及重点岗位职业卫生操作规程

5. 职业病危害项目申报表及回执

（附：职业病危害项目申报基本情况表，表 2—2）

6. 年度职业病防治经费一览表（表 2—3）

7. 职业病防护设施一览表（表 2—4）

8. 职业病防护设施检修、维护记录表（表 2—5）

9. 年度个人防护用品发放使用记录（表 2—6）

10. 警示标识与职业病危害告知

（附：工作场所警示标识一览表，表 2—7；职业病危害告知内容包括规章制度、操作规程、劳动过程中可能产生的职业病危害及其后果、职业病防护措施和待遇、作业场所职业病危害因素检测评价结果、职业健康检查和职业病诊断结果等的告知凭证）

11. 职业病危害事故应急救援预案

12. 用人单位职业卫生检查和处理记录表（表 2—8）

13. 职业卫生监管意见和落实情况记录表（表 2—9）

（包括：现场检查笔录、行政处罚决定书、奖励等资料）

表 2—1 ________年度职业病防治计划实施检查表

序号	日期	职业病防治计划内容	实施情况	实施负责人	备注

编制：　　　　　　　　审核（签名）：　　　　　　　　编制日期：　　年　月　日

职业卫生管理制度目录

（1）职业病危害防治责任制度
（2）职业病危害警示与告知制度
（3）职业病危害项目申报制度
（4）职业病防治宣传教育培训制度
（5）职业病防护设施维护检修制度
（6）职业病防护用品管理制度
（7）职业病危害监测及检测评价管理制度
（8）建设项目职业卫生“三同时”管理制度
（9）劳动者职业健康监护及其档案管理制度
（10）职业病危害事故处置与报告制度
（11）职业病危害应急救援与管理制度
（12）岗位职业卫生操作规程
（13）法律、法规、规章规定的其他职业病防治制度

表 2—2 职业病危害项目申报基本情况表

<table>
<tr><td>单位名称</td><td colspan="2"></td><td colspan="2">联系电话</td><td colspan="2"></td></tr>
<tr><td>单位注册地址</td><td colspan="2"></td><td colspan="2">工作场所地址</td><td colspan="2"></td></tr>
<tr><td>申报类别</td><td colspan="2">初次申报○变更申报○</td><td colspan="2">变更原因</td><td colspan="2"></td></tr>
<tr><td rowspan="2">企业规模</td><td colspan="2" rowspan="2">大○ 中○ 小○ 微○</td><td colspan="2">行业分类</td><td colspan="2"></td></tr>
<tr><td colspan="2">注册类型</td><td colspan="2"></td></tr>
<tr><td>法定代表人</td><td colspan="2"></td><td colspan="2">联系电话</td><td colspan="2"></td></tr>
<tr><td rowspan="2">职业卫生管理机构</td><td colspan="2" rowspan="2">有无</td><td colspan="2" rowspan="2">职业卫生管理人员数</td><td>专职</td><td></td></tr>
<tr><td>兼职</td><td></td></tr>
<tr><td>劳动者总人数</td><td colspan="2"></td><td colspan="2">职业病累计人数</td><td colspan="2"></td></tr>
<tr><td>接触职业病危害因素种类数（个）</td><td colspan="2"></td><td colspan="2">接触职业病危害因素人数（人）</td><td colspan="2"></td></tr>
<tr><td rowspan="11">职业病危害因素分布情况</td><td>作业场所名称</td><td colspan="2">职业病危害因素名称</td><td>接触人数（可重复）</td><td colspan="2">接触人数（不重复）</td></tr>
<tr><td rowspan="3">（作业场所 1）</td><td colspan="2"></td><td></td><td colspan="2" rowspan="3"></td></tr>
<tr><td colspan="2"></td><td></td></tr>
<tr><td colspan="2"></td><td></td></tr>
<tr><td rowspan="3">（作业场所 2）</td><td colspan="2"></td><td></td><td colspan="2" rowspan="3"></td></tr>
<tr><td colspan="2"></td><td></td></tr>
<tr><td colspan="2"></td><td></td></tr>
<tr><td rowspan="3">…</td><td colspan="2"></td><td></td><td colspan="2" rowspan="3"></td></tr>
<tr><td colspan="2"></td><td></td></tr>
<tr><td colspan="2"></td><td></td></tr>
<tr><td colspan="3">合计</td><td></td><td colspan="2"></td></tr>
</table>

编制： 审核（签名）： 编制日期： 年 月 日

表 2—3　_______年度职业病防治经费一览表

用途	工作内容	经费（元）	项目负责人	备注
职业卫生管理机构的组织工作经费				
生产车间改造				
生产工艺改进				
防护设施建设与维护				
个人劳动防护用品				
工作场所职业卫生检测评价				
职业病危害因素监测设备购买				
职业卫生宣传培训				
职工健康监护				
职业病人诊疗				
警示标识				
其他				
合计				

编制：　　　　　　　审核（签名）：　　　　　　　编制日期：　　年　月　日

表 2—4 职业病防护设施一览表

防护设施名称	型号	使用车间和岗位	防护用途	生产及安装单位	验收日期 (年月日)

编制：　　　　　　　审核（签名）：　　　　　　　编制日期：　　年　月　日

表 2—5　职业病防护设施检修、维护记录表

车间名称		车间负责人	
防护设备名称		检修时间	
检修、维护情况（包括检修的原因、检修部门、检修费用、检修效果等）：			
验收意见：	负责人（签名）： 日期：　年　月　日		

表2—6 ________年度个人防护用品发放使用记录

车间名称	接触职业病危害因素	个人防护用品名称	型号	数量	领取人	领取日期

编制： 审核（签名）： 编制日期： 年 月 日

附：个人防护用品的生产、供货单位，使用说明和产品合格证明。

表 2—7　工作场所警示标识一览表

序号	作业区	告知项目	配置地点	警示内容	标识数量	责任人

编制：　　　　审核（签名）：　　　　编制日期：　年　月　日

表 2—8 用人单位职业卫生检查和处理记录表

车间名称		车间负责人	
检查地点			
检查时间	年月日时分—时分		
检查情况记录： 检查人员（签名）： 年 月 日			
整改意见	负责人（签名）： 年 月 日		
整改落实情况	车间负责人（签名）： 年 月 日		

备注：检查内容包括车间总体卫生状况、警示标识、防护设施运行情况、应急救援设施、通信装置运行情况、个人防护用品使用情况、操作规程执行情况等。

表 2—9 职业卫生监管意见和落实情况记录表

<table>
<tr><td>上级检查部门</td><td></td><td>检查日期</td><td></td></tr>
<tr><td colspan="4">发现主要存在的问题（主要内容摘录，后附原件）：</td></tr>
<tr><td colspan="4">要求整改的措施及建议：

年 月 日</td></tr>
<tr><td colspan="4">用人单位领导意审批意见：

年 月 日</td></tr>
<tr><td colspan="4">整改落实情况：

负责人（签名）： 年 月 日</td></tr>
</table>

档案编号：

附件 3

职业卫生宣传培训档案

（__________年度）

用　　人　　单　　位：____________________

职业卫生管理负责人：____________________

联　　系　　电　　话：____________________

电　　子　　邮　　箱：____________________

目　录

1. 用人单位职业卫生培训计划
2. 用人单位负责人、职业卫生管理人员职业卫生培训证明
3. 劳动者职业卫生宣传培训

年度职业卫生宣传培训一览表（表3—1）

（附：培训通知、培训教材、培训记录、考试试卷、宣传图片等纸质和摄录像资料）

4. 年度职业卫生培训工作总结

表 3—1 ______年度职业卫生宣传培训一览表

企业名称：__________________培训类型：____________________培训学时：____________

参加部门：____

____

培训内容：____

____

组织部门：____

授课人：____实施日期：________________________

签到表：

序号	部门	姓名（签字）	成绩

编制： 审核（签名）： 编制日期： 年 月 日

说明：1. 培训类型为劳动者上岗前培训、在岗期间定期培训，用人单位主要负责人、职业卫生管理人员培训；

2. 签到名单可附后。

档案编号：

附件4

职业病危害因素监测与检测评价档案
（__________年度）

用　　人　　单　　位：____________________

职业卫生管理负责人：____________________

联　　系　　电　　话：____________________

电　　子　　邮　　箱：____________________

目　　录

表 4—1 可能产生职业病危害设备、材料（化学品）一览表

设备、材料、化学品名称		可能产生的职业病危害因素名称	使用车间和岗位	生产、供货单位
设备				
材料				
化学品				

编制： 审核（签名）： 编制日期： 年 月 日

说明：化学品毒性资料及预防策略附后。

表4—2 接触职业病危害因素汇总表

序号	岗位	职业病危害因素名称	危害来源	接触方式（定点/巡检）	接触职业病危害		工程防护设施	个体防护用品
					总人数	女工数		

编制：　　　　　　审核（签名）：　　　　　　编制日期：　　年　月　日

表 4—3　职业病危害因素日常监测季报汇总表

车间	职业病危害因素名称	监测周期	监测点数	监测结果范围	合格率（%）	职业接触限值	监测人员

编制：　　　　　　　审核（签名）：　　　　　　　　编制日期：　　年　月　日

职业病危害因素检测与评价结果报告

________安全生产监督管理局：

我单位委托________机构（已取得相应资质的职业卫生技术服务机构名称），于____年____月____日对我单位工作场所进行了职业病危害因素的检测与评价，现将结果上报（见检测评价报告书）。

对工作场所职业病危害因素不符合国家职业卫生标准和卫生要求的岗位，我单位已采取相应的治理措施（应详细列举具体措施），治理后的效果我单位将委托____________机构重新检测评价后上报。

附件：检测评价报告书

单位（盖章）

年　月　日

档案编号：

附件 5

用人单位职业健康监护管理档案

用　　人　　单　　位：________________

职业卫生管理负责人：________________

联　　系　　电　　话：________________

电　　子　　邮　　箱：________________

目　　录

表 5—1　职业健康检查结果汇总表

检查日期	检查机构	体检种类	应检人数	实检人数	检查结果（人数）					备注
					未见异常	复查	疑似	禁忌证	其他疾患	

表 5—2　职业健康检查异常结果登记表

车间：　　　　　　　体检类别：　　　　　体检日期：　年　月　日-　年　月　日

序号	姓名	性别	年龄	岗位	接触职业病危害因素	可能导致的职业病	体检结论与处理意见	落实情况

编制：　　　　　　　审核（签名）：　　　　　　编制日期：　　年　月　日

表 5—3　职业病患者一览表

序号	姓名	性别	出生日期 （年月日）	接害 工龄	车间、 岗位	职业 病名	诊断 机构	诊断日期 （年月日）	处理 情况

编制：　　　　　审核（签名）：　　　　　编制日期：　年　月　日

表 5—4　疑似职业病患者一览表

姓名	性别	年龄	车间、岗位	接害工龄	疑似职业病名	体检机构	体检日期	处理情况

编制：　　　　　审核（签名）：　　　　　编制日期：　年　月　日

职业病和疑似职业病人报告

________安全生产监督管理局，________卫生局、卫生监督所：

我单位于____年____月____日组织从事接触职业病危害作业的工人在________进行了职业健康检查（体检机构具有相应资质），体检结果发现：疑似职业病人________人。经职业病诊断机构诊断后确诊职业病人____人（诊断机构有相应资质），现上报（见名单）。

对发现的疑似职业病人和职业病人，我单位已按照处理意见妥善处理。

附件：1. 疑似职业病人名单及处理情况

2. 职业病人名单及处理情况

单位（盖章）

年 月 日

表 5—5　职业病危害事故报告与处理记录表

<table>
<tr><td>企业名称</td><td></td><td>法定代表人</td><td></td></tr>
<tr><td>事故报告人</td><td></td><td>联系电话</td><td></td></tr>
<tr><td colspan="4">基本情况：
1. 发生时间：________年____月____日____时；
2. 发生场所（车间名称）：________________岗位及工作内容________________；
3. 发病情况：接触人数________________发病人数________________；
送医院治疗人数____________死亡人数____________________；
4. 可能产生职业病的有害因素名称：______________________________。</td></tr>
<tr><td colspan="4">事故经过简述（事件起因、患者主要临床表现、救援过程和处理情况）：</td></tr>
<tr><td colspan="4">对事故原因和性质的初步认定意见：</td></tr>
<tr><td>事件报告情况</td><td colspan="3">1. 报告时间____年____月____日____时
2. 报告单位：
负责人（签名）：
日期：　　年　月　日</td></tr>
</table>

表 5—6　职业健康监护档案汇总表

部门/车间	档案编号	姓名	性别	建档时间	人员调离情况			备注
					调离时间	是否提供档案复印件	劳动者签字	

档案编号：

附件 6

劳动者个人职业健康监护档案

单　　位：________________

姓　　名：________________

性　　别：________________

建档时间：________________

目　录

1. 劳动者个人信息卡（表 6—1）
2. 工作场所职业病危害因素检测结果（表 6—2）
3. 历次职业健康检查结果及处理情况（表 6—3）
4. 历次职业健康体检报告、职业病诊疗等资料
5. 其他职业健康监护资料

表 6—1　劳动者个人信息卡

<table>
<tr><td>姓　名</td><td></td><td>性别</td><td></td><td rowspan="5">相片</td></tr>
<tr><td>籍　贯</td><td></td><td>婚姻</td><td></td></tr>
<tr><td>文化程度</td><td></td><td>嗜好</td><td></td></tr>
<tr><td>参加工作时间</td><td colspan="3"></td></tr>
<tr><td>身份证号</td><td colspan="3"></td></tr>
<tr><td colspan="5">职业史及职业病危害接触史</td></tr>
<tr><td>起止时间</td><td>工作单位</td><td>工种</td><td>接触职业病危害因素</td><td>防护措施</td></tr>
<tr><td>年　月　日至
年　月　日</td><td></td><td></td><td></td><td></td></tr>
<tr><td>年　月　日至
年　月　日</td><td></td><td></td><td></td><td></td></tr>
<tr><td>年　月　日至
年　月　日</td><td></td><td></td><td></td><td></td></tr>
<tr><td>年　月　日至
年　月　日</td><td></td><td></td><td></td><td></td></tr>
<tr><td colspan="5">既往病史</td></tr>
<tr><td>疾病名称</td><td>诊断时间</td><td>诊断医院</td><td>治疗结果</td><td>备注</td></tr>
<tr><td></td><td>年　月　日</td><td></td><td></td><td></td></tr>
<tr><td></td><td>年　月　日</td><td></td><td></td><td></td></tr>
<tr><td></td><td>年　月　日</td><td></td><td></td><td></td></tr>
<tr><td></td><td>年　月　日</td><td></td><td></td><td></td></tr>
<tr><td colspan="5">职业病诊断</td></tr>
<tr><td>职业病名称</td><td>诊断时间</td><td>诊断医院</td><td>诊断级别</td><td>备注</td></tr>
<tr><td></td><td>年　月　日</td><td></td><td></td><td></td></tr>
<tr><td></td><td>年　月　日</td><td></td><td></td><td></td></tr>
<tr><td></td><td>年　月　日</td><td></td><td></td><td></td></tr>
</table>

表6—2 工作场所职业病危害因素检测结果

劳动者姓名： 档案号：

岗位	检测时间	检测机构	职业病危害因素名称	职业病危害因素检测结果	防护措施	备注

表 6—3　历次职业健康检查结果及处理情况

劳动者姓名：　　　　　　　　　　　　　　　　　　　　档案号：

检查日期	检查种类	检查结论	检查机构	岗位	人员处理情况	本人签字	现场处理情况

注：1）检查种类是指上岗前、在岗期间、离岗时、应急、离岗后医学随访、复查、医学观察、职业病诊断等；

2）检查结论是指未见异常、复查、疑似职业病、职业禁忌证、其他疾患、职业病等；

3）人员处理情况是指调离、暂时脱离工作岗位、复查、医学观察、职业病诊断结果等处理、安置情况及检查、诊断结果；检查结论为未见异常或其他疾患的画“—”；

4）现场处理情况是指造成职业损害的作业岗位，现场及个体防护用品整改达标情况，不需整改的可画“—”。

34　国家安全监管总局办公厅关于印发职业卫生技术服务机构工作规范的通知

安监总厅安健〔2014〕39号

各省、自治区、直辖市及新疆生产建设兵团安全生产监督管理局，各省级煤矿安全监察局：

为规范职业卫生技术服务机构从业行为，提高服务水平，保证服务质量，根据《中华人民共和国职业病防治法》《职业卫生技术服务机构监督管理暂行办法》（国家安全监管总局令第50号）等规定，国家安全监管总局研究制定了《职业卫生技术服务机构工作规范》，现印发给你们，请认真贯彻落实。

国家安全监管总局办公厅

2014年4月14日

职业卫生技术服务机构工作规范

第一条　为规范职业卫生技术服务机构（以下简称技术服务机构）从业行为，提高职业卫生技术服务工作水平和质量，根据《中华人民共和国职业病防治法》《职业卫生技术服务机构监督管理暂行办法》（国家安全监管总局令第50号）等规定，制定本规范。

第二条　技术服务机构及其专业技术人员应当遵守以下行为准则：

（一）坚持遵纪守法，认真贯彻落实国家职业卫生法律法规，依法开展职业卫生技术服务，并自觉接受安全监管部门的监督管理；

（二）坚持社会效益第一，强化社会责任，做好职业卫生技术支撑，保障劳动者的健康权益；

（三）坚持诚实守信原则，确保技术结论科学、客观、真实，对出具的职业卫生技术报告承担法律责任；

（四）坚持优质服务理念，强化服务意识，加强自身建设，不断提高职业卫生技术服务能力和水平；

（五）坚持公平竞争的市场规则，自觉维护行业形象和信誉，落实行业自律的要求；

（六）坚持廉洁从业，恪守职业道德，承担保密义务，自觉抵制不正之风。

第三条　专业技术人员应经培训考核合格后方可从事职业卫生技术服务工作。开展采样、检测活动时，每个检测项目应由2名以上专业技术人员（检验人和复核人）完成。职业病危害评价项目组中应包含相应行业工程技术人员、卫生工程人员、公共卫生人员和检测人员（必要时）；项目负责人应具备中级以上专业技术职称，并具有3年以上职业卫生相关工作经验。

第四条　技术服务机构应积极主动开展职业卫生技术服务活动，确保每年取得一定数量的评价、检测服务业绩，不断提高技术服务能力和水平。

第五条 技术服务机构应建立评价报告信息网上公开制度，评价报告经安全生产监督管理部门备案或审核通过后15日内将有关信息在网上公开，自觉接受社会监督（涉及国家秘密、商业秘密、技术秘密及个人隐私的信息和法律、法规规定可不予公开的除外）。网上公开信息应包括以下内容：

（一）建设单位（用人单位）名称、地理位置及联系人；

（二）项目名称及简介；

（三）现场调查、采样、检测的专业技术人员名单、时间，建设单位（用人单位）陪同人；

（四）建设项目（用人单位）存在的职业病危害因素及检测结果；

（五）评价结论与建议；

（六）技术审查专家组评审意见。

第六条 技术服务机构应依法独立完成职业卫生评价、检测等技术服务事项；由于计量认证范围限制或样品保存时限有特殊要求等原因无法自行检测的，可以委托当地具有乙级及以上资质的职业卫生技术服务机构进行检测。委托检测应征得被服务单位书面同意，委托双方应签订委托检测协议书，明确双方承担的法律责任，甲级机构委托检测样品数量不得超过样品总数的30%，乙级、丙级机构委托检测数量不得超过样品总数的20%。

第七条 技术服务机构应建立健全职业卫生技术服务质量管理体系，体系文件应覆盖检测、评价的主要作业活动，满足有效控制职业卫生技术服务质量的要求，并有可操作性。

技术服务机构应建立健全职业卫生技术服务责任制，明确和落实主要负责人、技术负责人、质量控制负责人等人员的责任。

第八条 技术服务机构应做好职业卫生技术服务资质的维护和管理，不断加强组织机构、专业技术人员、工作场所及实验室、仪器设备、职业病危害因素检测和职业病危害评价能力的建设与提高。

第九条 技术服务机构在开展职业卫生技术服务工作时，应与被服务单位签订技术服务合同（或协议），约束各方行为并承担相应责任。

签订技术服务合同前，技术服务机构应组织开展合同评审，合同评审记录应按要求归档保存。合同评审主要内容包括：

（一）被服务单位的要求是否符合国家有关政策、法律及标准要求；

（二）本机构是否具有承担此项技术服务的能力，其资质条件、人员专业能力、仪器设备及环境条件、检测方法及标准物质、技术服务期限等是否满足检测、评价要求；

（三）技术服务报价是否符合有关收费规定或标准。

第十条 技术服务机构应按要求向被服务单位提供以下证明材料：

（一）职业卫生技术服务机构资质证书影印件；

（二）所有参与本项目技术服务的技术人员情况，包括姓名、专业背景、资格证书和在本项目中所承担的工作内容等。

第十一条 建立资料收集与审核管理制度，对收集的资料进行分析确认，确保被服务单位提供的技术资料真实有效。

第十二条 开展技术服务时，应按要求做好职业卫生调查和工作日写实。在正常生产情况下，按照工种（岗位）对从事职业病危害作业人员整个工作日内的各种活动及其时间消耗连续观察、如实记录，并进行整理和分析。现场调查应满足：

（一）现场调查内容和过程依据相关标准规范要求实施；

（二）使用受控的记录表格实时记录，记录信息应全面、完整、填写规范，并经被服务单位陪同人员签字确认；

（三）现场调查人员应包括相关行业工程技术人员；

（四）在被服务单位显著标志物位置前拍照（摄影）留证并归档保存。

第十三条 通过职业卫生调查、工程分析、资料分析、检测检验等方法，对建设项目（用人单位）生产工艺过程、生产环境、劳动过程中可能存在的职业病危害因素的种类、来源、分布及其影响人员进行全面、客观、准确的识别，职业病危害因素应包含：

（一）列入《职业病危害因素分类目录》的；

（二）国家（或国外）已颁布职业接触限值的；

（三）国家已颁布相关职业卫生检测标准方法的；

（四）其他可能危害劳动者身体健康的。

第十四条 开展职业病危害因素检测前，应明确检测任务的目的、性质、内容、方法、质量和经费要求等，评估能力和资源能否满足检测需要，拟订现场采样和检测计划。现场采样和检测计划应包括检测类别、检测范围、检测项目、采样方式、检测方法、检测时间、检测地点、采样对象、采样数量、仪器设备等内容。

第十五条 现场采样除按《工作场所空气中有害物质监测的采样规范》（GBZ 159）要求实施外，还应满足以下要求：

（一）职业接触限值为时间加权平均容许浓度的有害物质的采样，应优先采用个体长时间采样（采样介质为液体的除外）；采用定点、短时间采样方法采样的，应在有害物质不同浓度的时段分别进行采样，不得将在同一时段平行采集的样品记录为不同时段的采集样品；

（二）对于成分不明的粉尘或含游离二氧化硅的粉尘，应进行游离二氧化硅含量测定，确定粉尘性质；

（三）对成分不明的有机物应进行成分分析，确定毒理性质；

（四）如实记录现场采样时的工况条件；

（五）原始记录不得随意涂改，需要对某个数据更正时，应按要求进行划改；

（六）现场采样原始记录应实时填写，并经被检测单位陪同人签字确认。原始记录需要誊写的，原件不得销毁，须与誊写件一并保存；

（七）现场采样应绘制采样点设置示意图，并经采样人、复核人及被检测单位负责人签字确认；

（八）在现场采样点进行拍照或摄影留证。

第十六条 应为检测样品建立唯一识别系统和状态标识，样品运输、接收和流转、保存应符合规定。

（一）样品运输过程中应保证样品性质稳定，避免污染、损失和丢失；

（二）样品接收、流转各环节均应受控；样品交接记录、样品标签及包装应完整。样品有异常或处于损坏状态，应如实记录，采取相关处理措施，必要时重新采样；

（三）对于不稳定的样品，应采取必要的措施妥善保存，样品应在有效保存期限内完成测定。

第十七条 职业病危害因素检测除按《工作场所空气有毒物质测定》（GBZ/T 160）、《工作场所物理因素测量》（GBZ/T 189）、《工作场所空气中粉尘测定》（GBZ/T 192）等标准实施外，还应满足以下要求：

（一）检测方法选用准确；

（二）实验环境、仪器设备及环境条件满足检测要求；

（三）标准物质、标准溶液及化学试剂、试验用水等应满足检测方法要求，使用、配制、标识和记录应符合标准和规范要求；

（四）检测过程中的各种记录信息应全面、清晰、完整，按照要求书写、审核、签字；

（五）应按要求对检测数据进行处理，数据转换过程应有记录，不得随意剔除有关数据，人为干预检测结果。当出现可疑数据需舍弃时，应分析原因并说明理由。

第十八条 除应严格执行检测方法标准中规定的质量控制措施外，应建立和实施充分的内部质量控制计划，采取空白分析、重复检测、比对、加标、控制样品分析、质量控制图编制应用等方法，确保并证明检测过程受控以及检测结果准确可靠；并应尽可能参加实验室间比对或能力验证等外部质量控制措施以验证其能力。

第十九条 职业病危害评价除按照有关法律法规、标准实施外，还应满足以下要求：

（一）对未做检测或未做评价的职业病危害因素，应说明理由，并将其可能对劳动者产生的健康影响告知用人单位。

（二）对于标注致癌性标识、（敏）标识、（皮）标识的化学物质，应重点提示用人单位采取工程控制措施和个体防护措施以有效地减少或消除接触，尽可能保持最低接触水平。

（三）所有进入作业场所的劳动者（包括劳务派遣用工、外协〈外包〉用工）均应纳入评价范围。

（四）开展建设项目职业病危害控制效果评价和用人单位职业病危害现状评价时，检测工作必须由本机构完成。需要委托检测的，应按照本办法第六条执行。

（五）开展建设项目职业病危害控制效果评价、用人单位职业病危害现状评价时，应按有关规范要求对职业病防护设施进行检测，评价其防护效果。

第二十条 除满足本办法第十一条、第十二条的规定外，技术服务机构还应通过下列（不限于）措施对评价过程进行质量控制：

（一）在对所收集资料进行研读与初步现场调查的基础上，按规范要求编制评价方案并对其进行技术审核。评价方案应经项目负责人、技术负责人（或指定审核人）审核并签字。

（二）按照有关法律、法规和标准及作业指导书的要求编制评价报告。报告内容应全面完整、用语规范、表述简洁，报告格式应统一规范，报告有关资料性附件应翔实、准确。

（三）应制定评价报告审核程序文件，明确报告审核的职责与分工、程序与内容，并按要求组织有关人员对评价报告实施审核。

评价报告审核实行分级审核制度，至少包括非项目组成员审核、技术审核（由技术负责人或指定审核人实施）和出版前校核。必要时，质量监督员应对评价报告实施质量监督审核。

评价报告审核所使用的记录表格应当受控，审核记录应按要求填写、签字及确认，所有审核记录和修改痕迹应保留。

（四）评价报告应有唯一性标识，并按要求打印和签发。

（五）评价报告及原始资料应完整归档，并按要求保存。

（六）委托单位对评价报告持有异议的，技术服务机构应认真了解委托单位申述的理由，做好记录，及时对评价报告进行分析和复查，并做好分析和复查记录。

第二十一条　应按照合同期限要求开展职业卫生技术服务活动，并出具技术报告。

（一）职业病危害因素检测报告（评价检测除外）除列出检测结果外，应按照职业接触限值要求汇总检测结果，并给出是否符合职业接触限值要求的结论，分析超标主要原因，提出整改措施建议。检测报告内容应完整、规范、信息全面，至少包含以下信息：

1. 标题（例如“××××检测报告”或“××××检测与分析报告”）；

2. 受检机构的名称和地址，进行检测的地点；

3. 检测报告应有唯一性标识（如系列号）和每一页上的标识，以确保能识别该页是属于检测报告的一部分，以及表明检测报告结束的清晰标识（检测报告硬拷贝应有页码和总页数）；

4. 所用标准或方法的标识；

5. 检测类别；

6. 检测样品的描述、状态和唯一性标识；

7. 采样日期、样品接收日期和检测日期；

8. 检测使用的主要仪器设备的名称及唯一性标识；

9. 检测结果和建议，结果应采用法定计量单位；

10. 检测人员、复/校核人员、授权签字人的签名或等效的标识；

11. 必要时，结果仅与被检测样品有关的声明；

12. 未经检测机构书面批准，不得复制（全文复制除外）检测报告的声明。

（二）职业病危害评价报告的章节、内容组成以及报告书格式应符合有关规定的要求。

第二十二条　建立健全职业卫生技术服务档案，技术服务档案应依法定期限进行保存。技术服务档案应至少包括以下内容：

（一）技术服务委托文件（合同、协议或委托书）；

（二）合同评审记录；

（三）评价、检测的方案、计划及审核记录；

（四）相关原始记录（现场调查记录、采样记录、实验室分析记录及原始谱图等）；

（五）技术服务过程影像资料；

（六）技术服务所需的技术资料（设计文件、类比检测资料等）；

（七）技术报告及审核记录；

（八）其他与职业卫生技术服务相关的记录、资料。

第二十三条 对技术服务过程中发现的问题，技术服务机构应积极帮助被服务单位做好整改工作，指导被服务单位落实各项整改措施。

35 国家安全监管总局办公厅关于印发用人单位职业病危害告知与警示标识管理规范的通知

安监总厅安健〔2014〕111号

各省、自治区、直辖市及新疆生产建设兵团安全生产监督管理局：

为指导和规范用人单位做好职业病危害告知与警示标识管理工作，依照《中华人民共和国职业病防治法》《工作场所职业卫生监督管理规定》（国家安全监管总局令第47号）等法律规章，国家安全监管总局制定了《用人单位职业病危害告知与警示标识管理规范》（以下简称《规范》），现印发给你们，请认真贯彻落实。

职业病危害告知与警示标识管理工作是职业卫生管理的一项基础性工作，对于提高劳动者的自我防护意识、提升用人单位职业病防治水平具有重要作用。各地区要高度重视，认真安排部署，做好《规范》的宣传和落实工作。

各单位要通过多种方式组织用人单位学习《规范》，指导用人单位对职业病危害告知与警示标识管理工作进行一次全面自查，并按照《规范》要求完善职业病危害告知内容及档案材料，设置和维护好警示标识，保障劳动者的职业健康。

要把贯彻落实《规范》要求作为职业卫生监督执法的重要内容，指导用人单位落实职业病危害告知与警示标识管理各项要求，对拒不整改或整改不到位的用人单位，依法予以惩处，确保按期完成《国家职业病防治规划（2009—2015年）》确定的2015年职业病危害告知率和警示标识设置率达到90%以上的目标。

国家安全监管总局办公厅

2014年11月13日

用人单位职业病危害告知与警示标识管理规范

第一章 总 则

第一条 为规范用人单位职业病危害告知与警示标识管理工作，预防和控制职业病危害，保障劳动者职业健康，根据《中华人民共和国职业病防治法》《工作场所职业卫生监督管理规定》（国家安全监管总局令第47号）以及《工作场所职业病危害警示标识》（GBZ 158）、《高毒物品作业岗位职业病危害告知规范》（GBZ/T 203）等法律、规章和标准，制定本规范。

第二条 职业病危害告知是指用人单位通过与劳动者签订劳动合同、公告、培训等方式，使劳动者知晓工作场所产生或存在的职业病危害因素、防护措施、对健康的影响以及健康检查结果等的行为。职业病危害警示标识是指在工作场所中设置的可以提醒劳动者对职业病危害产生警觉并采取相应防护措施的图形标识、警示线、警示语句和文字说明以及组合使用的标识等。

本规范所指的劳动者包括用人单位的合同制、聘用制、劳务派遣等性质的劳动者。

第三条 用人单位应当依法开展工作场所职业病危害因素检测评价，识别分析工作过程中可能产生或存在的职业病危害因素。

第四条 用人单位应将工作场所可能产生的职业病危害如实告知劳动者，在醒目位置设置职业病防治公告栏，并在可能产生严重职业病危害的作业岗位以及产生职业病危害的设备、材料、贮存场所等设置警示标识。

第五条 用人单位应当依法开展职业卫生培训，使劳动者了解警示标识的含义，并针对警示的职业病危害因素采取有效的防护措施。

第二章 职业病危害告知

第六条 产生职业病危害的用人单位应将工作过程中可能接触的职业病危害因素的种类、危害程度、危害后果、提供的职业病防护设施、个人使用的职业病防护用品、职业健康检查和相关待遇等如实告知劳动者，不得隐瞒或者欺骗。

第七条 用人单位与劳动者订立劳动合同（含聘用合同，下同）时，应当在劳动合同中写明工作过程可能产生的职业病危害及其后果、职业病危害防护措施和待遇（岗位津贴、工伤保险等）等内容。同时，以书面形式告知劳务派遣人员。

格式合同文本内容不完善的，应以合同附件形式签署职业病危害告知书（示例见附件1）。

第八条 劳动者在履行劳动合同期间因工作岗位或者工作内容变更，从事与所订立劳动合同中未告知的存在职业病危害的作业时，用人单位应当依照本规范第七条的规定，向劳动者履行如实告知的义务，并协商变更原劳动合同相关条款。

第九条 用人单位应对劳动者进行上岗前的职业卫生培训和在岗期间的定期职业卫生培训，使劳动者知悉工作场所存在的职业病危害，掌握有关职业病防治的规章制度、操作规程、应急救援措施、职业病防护设施和个人防护用品的正确使用维护方法及相关警示标识的含义，并经书面和实际操作考试合格后方可上岗作业。

第十条 产生职业病危害的用人单位应当设置公告栏，公布本单位职业病防治的规章制度等内容。

设置在办公区域的公告栏，主要公布本单位的职业卫生管理制度和操作规程等；设置在工作场所的公告栏，主要公布存在的职业病危害因素及岗位、健康危害、接触限值、应急救援措施，以及工作场所职业病危害因素检测结果、检测日期、检测机构名称等。

第十一条 用人单位要按照规定组织从事接触职业病危害作业的劳动者进行上岗前、在岗期间和离岗时的职业健康检查，并将检查结果书面告知劳动者本人。用人单位书面告知文件要留档备查。

第三章 职业病危害警示标识

第十二条 用人单位应在产生或存在职业病危害因素的工作场所、作业岗位、设备、材料（产品）包装、贮存场所设置相应的警示标识。

第十三条 产生职业病危害的工作场所，应当在工作场所入口处及产生职业病危害的作业岗位或设备附近的醒目位置设置警示标识：

（一）产生粉尘的工作场所设置“注意防尘”“戴防尘口罩”“注意通风”等警示标识，对皮肤有刺激性或经皮肤吸收的粉尘工作场所还应设置“穿防护服”“戴防护手套”“戴防护眼镜”，产生含有有毒物质的混合性粉（烟）尘的工作场所应设置“戴防尘毒口罩”；

（二）放射工作场所设置“当心电离辐射”等警示标识，在开放性同位素工作场所设置“当心裂变物质”；

（三）有毒物品工作场所设置“禁止入内”“当心中毒”“当心有毒气体”“必须洗手”“穿防护服”“戴防毒面具”“戴防护手套”“戴防护眼镜”“注意通风”等警示标识，并标明“紧急出口”“救援电话”等警示标识；

（四）能引起职业性灼伤或腐蚀的化学品工作场所，设置“当心腐蚀”“腐蚀性”“遇湿具有腐蚀性”“当心灼伤”“穿防护服”“戴防护手套”“穿防护鞋”“戴防护眼镜”“戴防毒口罩”等警示标识；

（五）产生噪声的工作场所设置“噪声有害”“戴护耳器”等警示标识；

（六）高温工作场所设置“当心中暑”“注意高温”“注意通风”等警示标识；

（七）能引起电光性眼炎的工作场所设置“当心弧光”“戴防护镜”等警示标识；

（八）生物因素所致职业病的工作场所设置“当心感染”等警示标识；

（九）存在低温作业的工作场所设置“注意低温”“当心冻伤”等警示标识；

（十）密闭空间作业场所出入口设置“密闭空间作业危险”“进入需许可”等警示标识；

（十一）产生手传振动的工作场所设置“振动有害”“使用设备时必须戴防振手套”等警示标识；

（十二）能引起其他职业病危害的工作场所设置“注意××危害”等警示标识。

第十四条 生产、使用有毒物品工作场所应当设置黄色区域警示线。生产、使用高毒、剧毒物品工作场所应当设置红色区域警示线。警示线设在生产、使用有毒物品的车间周围外缘不少于30cm处，警示线宽度不少于10cm。

第十五条　开放性放射工作场所监督区设置黄色区域警示线，控制区设置红色区域警示线；室外、野外放射工作场所及室外、野外放射性同位素及其贮存场所应设置相应警示线。

第十六条　对产生严重职业病危害的作业岗位，除按本规范第十三条的要求设置警示标识外，还应当在其醒目位置设置职业病危害告知卡（以下简称告知卡，示例见附件2）。

告知卡应当标明职业病危害因素名称、理化特性、健康危害、接触限值、防护措施、应急处理及急救电话、职业病危害因素检测结果及检测时间等。

符合以下条件之一，即为产生严重职业病危害的作业岗位：

1. 存在矽尘或石棉粉尘的作业岗位；

2. 存在“致癌”“致畸”等有害物质或者可能导致急性职业性中毒的作业岗位；

3. 放射性危害作业岗位。

第十七条　使用可能产生职业病危害的化学品、放射性同位素和含有放射性物质的材料的，必须在使用岗位设置醒目的警示标识和中文警示说明（示例见附件3），警示说明应当载明产品特性、主要成分、存在的有害因素、可能产生的危害后果、安全使用注意事项、职业病防护以及应急救治措施等内容。

第十八条　贮存可能产生职业病危害的化学品、放射性同位素和含有放射性物质材料的场所，应当在入口处和存放处设置“当心中毒”“当心电离辐射”“非工作人员禁止入内”等警示标识。

第十九条　使用可能产生职业病危害的设备的，除按本规范第十三条的要求设置警示标识外，还应当在设备醒目位置设置中文警示说明。警示说明应当载明设备性能、可能产生的职业病危害、安全操作和维护注意事项、职业病防护以及应急救治措施等内容。

第二十条　为用人单位提供可能产生职业病危害的设备或可能产生职业病危害的化学品、放射性同位素和含有放射性物质的材料的，应当依法在设备或者材料的包装上设置警示标识和中文警示说明。

第二十一条　高毒、剧毒物品工作场所应急撤离通道设置“紧急出口”，泄险区启用时应设置“禁止入内”“禁止停留”等警示标识。

第二十二条　维护和检修装置时产生或可能产生职业病危害的，应在工作区域设置相应的职业病危害警示标识。

第四章　公告栏与警示标识的设置

第二十三条　公告栏应设置在用人单位办公区域、工作场所入口处等方便劳动者观看的醒目位置。告知卡应设置在产生或存在严重职业病危害的作业岗位附近的醒目位置。

第二十四条　公告栏和告知卡应使用坚固材料制成，尺寸大小应满足内容需要，高度应适合劳动者阅读，内容应字迹清楚、颜色醒目。

第二十五条　用人单位多处场所都涉及同一职业病危害因素的，应在各工作场所入口处均设置相应的警示标识。

第二十六条 工作场所内存在多个产生相同职业病危害因素的作业岗位的，临近的作业岗位可以共用警示标识、中文警示说明和告知卡。

第二十七条 警示标识（不包括警示线）采用坚固耐用、不易变形变质、阻燃的材料制作。有触电危险的工作场所使用绝缘材料。可能产生职业病危害的设备及化学品、放射性同位素和含放射性物质的材料（产品）包装上，可直接粘贴、印刷或者喷涂警示标识。

第二十八条 警示标识设置的位置应具有良好的照明条件。井下警示标识应用反光材料制作。

第二十九条 公告栏、告知卡和警示标识不应设在门窗或可移动的物体上，其前面不得放置妨碍认读的障碍物。

第三十条 多个警示标识在一起设置时，应按禁止、警告、指令、提示类型的顺序，先左后右、先上后下排列。

第三十一条 警示标识的规格要求等按照《工作场所职业病危害警示标识》（GBZ 158）执行。

第五章 公告栏与警示标识的维护更换

第三十二条 公告栏中公告内容发生变动后应及时更新，职业病危害因素检测结果应在收到检测报告之日起7日内更新。

生产工艺发生变更时，应在工艺变更完成后7日内补充完善相应的公告内容与警示标识。

第三十三条 告知卡和警示标识应至少每半年检查一次，发现有破损、变形、变色、图形符号脱落、亮度老化等影响使用的问题时应及时修整或更换。

第三十四条 用人单位应按照《国家安全监管总局办公厅关于印发职业卫生档案管理规范的通知》（安监总厅安健〔2013〕171号）的要求，完善职业病危害告知与警示标识档案材料，并将其存放于本单位的职业卫生档案。

第六章 附　　则

第三十五条 用人单位违反本规范的行为，应当依据《中华人民共和国职业病防治法》《工作场所职业卫生监督管理规定》等法律法规及规章的规定予以处罚。

第三十六条 本规范未规定的其他有关事项，依照《中华人民共和国职业病防治法》和其他有关法律法规规章及职业卫生标准的规定执行。

附件：1. 职业病危害告知书示例
2. 职业病危害告知卡示例
3. 中文警示说明示例

附件 1

职业病危害告知书示例

根据《职业病防治法》第三十四条的规定，用人单位（甲方）在与劳动者（乙方）订立劳动合同时应告知工作过程中可能产生的职业病危害及其后果、职业病防护措施和待遇等内容：

（一）所在工作岗位、可能产生的职业病危害、后果及职业病防护措施：

所在部门及岗位名称	职业病危害因素	职业禁忌证	可能导致的职业病危害	职业病防护措施
例：铸造车间铸造工	粉尘	活动性肺结核病 慢性阻塞性肺病 慢性间质性肺病 伴肺功能损害的疾病	尘肺	除尘装置 防尘口罩

（二）甲方应依照《职业病防治法》及《职业健康监护技术规范》（GBZ 188）的要求，做好乙方上岗前、在岗期间、离岗时的职业健康检查和应急检查。一旦发生职业病，甲方必须按照国家有关法律、法规的要求，为乙方如实提供职业病诊断、鉴定所需的劳动者职业史和职业病危害接触史、工作场所职业病危害因素检测结果等资料及相应待遇。

（三）乙方应自觉遵守甲方的职业卫生管理制度和操作规程，正确使用维护职业病防护设施和个人职业病防护用品，积极参加职业卫生知识培训，按要求参加上岗前、在岗期间和离岗时的职业健康检查。若被检查出职业禁忌证或发现与所从事的职业相关的健康损害的，必须服从甲方为保护乙方职业健康而调离原岗位并妥善安置的工作安排。

（四）当乙方工作岗位或者工作内容发生变更，从事告知书中未告知的存在职业病危害的作业时，甲方应与其协商变更告知书相关内容，重新签订职业病危害告知书。

（五）甲方未履行职业病危害告知义务，乙方有权拒绝从事存在职业病危害的作业，甲方不得因此解除与乙方所订立的劳动合同。

（六）职业病危害告知书作为甲方与乙方签订劳动合同的附件，具有同等的法律效力。

甲方（签章）　　　　　　　　　　　　乙方（签名）

年　月　日　　　　　　　　　　　　　年　月　日

附件 2

职业病危害告知卡示例

<table>
<tr><td colspan="3">工作场所存在苯，对人体有损害，请注意防护</td></tr>
<tr><td rowspan="8">苯（皮）
Benzene（skin）</td><td>理化特性</td><td>健康危害</td></tr>
<tr><td>具有特殊芳香气味的无色油状液体，相对分子质量 78，易燃、易挥发。不溶于水，可与乙醚、乙醇、丙酮、汽油和二硫化碳等有机溶剂混溶；遇氧化剂或卤素剧烈反应；苯蒸气与空气形成爆炸性混合物，遇明火、高热极易燃烧爆炸</td><td>可经皮肤、呼吸道进入人体
主要损害神经和造血系统
短时间大量接触可引起头晕、头痛、恶心、呕吐、嗜睡、步态不稳，重者发生抽搐、昏迷。长期过量接触可引起白细胞减少、再生障碍性贫血、白血病</td></tr>
<tr><td colspan="2">应急处理</td></tr>
<tr><td colspan="2">抢救人员穿戴防护用具；立即将患者移至空气新鲜处，去除污染衣物；注意保暖、安静；皮肤污染时用肥皂水清洗，溅入眼内时用流动清水或生理盐水冲洗，各至少 20 分钟；呼吸困难时给予吸氧，必要时用合适的呼吸器进行人工呼吸；立即与医疗急救单位联系抢救</td></tr>
<tr><td colspan="2">防护措施</td></tr>
<tr><td colspan="2">禁止明火、火花，高热，使用防爆电器和照明设备。工作场所禁止饮食、吸烟</td></tr>
<tr><td colspan="2">必须戴防毒面具，注意通风，必须戴防护手套，必须戴防护眼镜，必须穿防护服</td></tr>
<tr><td colspan="2"></td></tr>
<tr><td colspan="3">标准限值：××× 检测数据：××× 检测日期：××××年×月×日</td></tr>
<tr><td colspan="3">急救电话：120 消防电话：119 职业卫生咨询电话：××××××××</td></tr>
</table>

附件 3

中文警示说明示例

甲醛 分子式：HCHO　　分子量 30.03	
理化特性	常温为无色、有刺激性气味的气体，沸点：-19.5℃，能溶于水、醇、醚，水溶液称福尔马林，杀菌能力极强。15℃以下易聚合，置空气中氧化为甲酸
可能产生的危害后果	低浓度甲醛蒸气对眼、上呼吸道黏膜有强烈刺激作用，高浓度甲醛蒸气对中枢神经系统有毒性作用，可引起中毒性肺水肿 主要症状：眼痛流泪、喉痒及胸闷、咳嗽、呼吸困难，口腔糜烂、上腹痛、吐血，眩晕、恐慌不安、步态不稳、甚至昏迷。皮肤接触可引起皮炎，有红斑、丘疹、瘙痒、组织坏死等
职业病危害防护措施	1. 使用甲醛设备应密闭，不能密闭的应加强通风排毒 2. 注意个人防护，穿戴防护用品 3. 严格遵守安全操作规程
应急救治措施	1. 撤离现场，移至新鲜空气处，吸氧 2. 皮肤黏膜损伤，立即用 2%的碳酸氢钠（$NaHCO_3$）溶液或大量清水冲洗 3. 立即与医疗急救单位联系抢救

36 国家安全监管总局办公厅关于进一步做好职业卫生监管相关工作的通知

安监总厅安健函〔2014〕161号

各省、自治区、直辖市及新疆生产建设兵团安全生产监督管理局：

为进一步加强职业卫生监管工作，推动用人单位落实职业病防治主体责任，针对各地区在职业卫生监管工作中遇到的问题，结合职业卫生监管实际，现就做好职业卫生监管相关工作通知如下：

一、解决职业卫生工作的摆位问题

职业卫生工作事关劳动者的身体健康和生命安全，是安全生产工作的重要组成部分。各级安全监管部门要恪守发展决不能以牺牲人的生命为代价这条不可逾越的红线，站在保障劳动者生命安全和身体健康的高度，充分认识做好职业卫生工作的重要意义。要高度重视职业卫生监管机构建设，抓紧协调相关部门加快职能划转，确保2014年年底前市（地）、县（区）全部完成划转工作，尤其要指导市（地）、县（区）两级建立健全职业卫生监管机构和队伍。在积极探索和推进矿山、危险化学品、冶金等领域职业卫生与安全生产工作相融合的同时，要加强职业卫生监管力量，确保与承担的任务相匹配。

二、注重购买职业卫生技术服务

认真贯彻落实国务院关于进一步转变政府职能的要求，逐步试点、推广政府购买职业卫生技术服务。各地区可以通过公开招标、邀请招标、竞争性谈判等方式，确定提供职业卫生技术服务的社会组织或者职业卫生技术服务机构，为企业特别是中小微型企业提供职业卫生检查和技术服务。

三、积极创新职业卫生监管方式

地方各级安全监管局要在摸清辖区内存在职业病危害企业基本情况的基础上，突出重点行业领域和职业病危害严重的用人单位，逐步推行职业卫生分类分级监管，突出执法重点，提高监管效能。督促用人单位开展职业病危害现状评价，对生产工艺、设备、职业病防护设施、个体防护用品以及职业卫生管理情况等做出客观评估，并针对存在的薄弱环节提出改进措施，推动用人单位整改隐患。

四、继续深化职业病危害专项治理

以矿山采选、建筑施工（隧道）、水泥生产、石材加工、陶瓷制造、机械制造、冶金、铸造、石英砂加工、船舶制修造、耐火材料生产、电镀、蓄电池制造、箱包加工、皮革加工、制鞋、家具制造、玩具制造等职业病危害严重的行业领域为重点开展专项治理，抓住职业病危害严重的关键岗位或环节，组织开展科技攻关，通过革新生产技术、改进工艺流程、更新仪器设备、强化工程防护、加强个体防护等措施推进职业病危害治理工作。在国家安全监管总局部署开展专项治理的基础上，各省（区、市）每年要选择2~3个、市（地）选择3~4个职业病危害严重的行业领域进行治理，争取在3~5年内取得明显成效。

五、突出重点地区、重点行业和重点人群

要根据职业病发病状况、职业病危害项目申报信息以及职业卫生监督执法情况，确定辖区内职业卫生监管的重点县（区），实施重点监管。要加大对职业病危害严重企业的监督检查频次，做到年度全覆盖、隐患及时整改。把矿山采选的掘进、支护、筛选，水泥制造的包装、装车，石英砂加工的破碎、筛分，木质家具制造的涂胶、喷漆，建筑施工的隧道施工等环节（岗位）的劳动者作为重点人群，从防护设施、个体防护用品配备以及职业病危害告知、职业健康监护等方面加强监管，保障劳动者的职业健康。

六、改进建设项目职业卫生“三同时”监管工作

进一步简化建设项目职业卫生“三同时”工作程序，减少审批事项。加强与发展改革、工业和信息化、住房城乡建设等部门的合作，建立建设项目审批联动机制。积极探索行业归口监督管理模式，充分发挥行业主管部门的监管作用。严格职业病防护设施竣工验收，确保职业病防护设施符合要求，并与主体工程同时投入生产和使用。加强建设项目施工过程中的职业卫生监管，切实落实建设单位、施工单位的职业病防治责任，控制和减少建设项目施工期职业病危害。

七、严格职业卫生技术服务机构监管

进一步规范职业卫生技术服务机构的从业行为，推动职业卫生技术服务机构依法、有序开展工作。有针对性地开展检测、评价以及报告撰写等方面的业务培训，指导职业卫生技术服务机构提高服务水平。加强日常监督检查，每年随机抽查机构的数量不得少于本地区职业卫生技术服务机构总数的10%，并将检查结果在媒体上公布。强化责任追究，对违法违规、弄虚作假的职业卫生技术服务机构，要依法追究机构、负责人和有关工作人员的法律责任。逐步探索建立行业组织自律管理机制，推进职业卫生技术服务机构的行业自律管理。

八、增强职业卫生培训的针对性与实用性

进一步改进职业卫生监管人员执法业务培训，创新培训方法，以专项培训、以会代训、交叉执法等方式，加大职业卫生监管业务培训的力度。加强对用人单位主要负责人和职业卫生管理人员的培训，强化主要负责人的职业病防治主体责任意识。进一步加强对接触职业病危害从业人员上岗前和在岗期间的职业卫生培训，通过师傅带徒弟、实际操作等有效做法，把职业病防治知识与日常管理措施结合起来，使从业人员熟悉职业病危害及防范措施，提高自我防护能力。

九、推进职业病危害项目申报和职业卫生信息统计

进一步简化和完善职业病危害项目申报工作，注重收集用人单位最基本职业病危害信息，掌握用人单位职业病危害因素种类及接触职业病危害人数，掌握本地区职业病危害的基本情况。贯彻落实《国家职业病防治规划（2009—2015年）》，建立健全职业卫生信息统计制度，对规划提出的各项指标进行全面统计，掌握各地区职业卫生监管工作基本情况，争取在2016年年底前建立起基本完善的职业卫生信息统计体系。各地区既要统筹兼顾又要有所侧重，协调推进职业病危害申报和职业卫生信息统计工作。

十、加强劳务外包和劳务派遣用工管理

用人单位将产生职业病危害的作业外包的，发包单位要对承包单位的职业病危害防护条件和能力进行调查核实，不得将产生职业病危害的作业外包给不具备职业病危害防治条件的单位和个人。用人单位要严格遵守《劳动合同法》等法律法规，禁止在临时性、辅助性或者替代性工作岗位之外的工作岗位上使用劳务派遣工，且劳务派遣工数量不得超过单位用工总量的10%。发现在职业病危害严重的主营业务岗位上使用劳务派遣工的，要通报当地人力资源社会保障部门依法予以处罚。

十一、依法惩处职业卫生违法行为

用人单位违反职业病防治法律、行政法规和规章的规定，致使劳动者罹患职业病或者对劳动者生命健康造成其他严重损害的（急性工业中毒除外），安全监管部门应当依据《职业病防治法》第七十八条的规定依法进行处罚。引发群体性职业病危害事件的，安全监管部门可以参照生产安全事故调查处理的程序组织调查处理。

十二、加强沟通协作，解决实际问题

加强与卫生计生等部门的联系，建立信息共享机制，及时掌握本地区职业病的报告情况、发病规律与特点，实施重点监管。对于职业病诊断、鉴定机构需要了解工作场所职业病危害因素情况，用人单位确有不配合、现场调查无法开展情形的，安全监管部门要根据职业病诊断、鉴定机构的提请组织现场调查。要按照《职业病防治法》的规定，做好群众来信来访工作，认真听取群众诉求，妥善解决职责范围内的问题，加强与相关部门的协调，保障劳动者合法权益，及时化解潜在的矛盾，维护社会稳定。

国家安全监管总局办公厅

2014年11月18日

37 关于职业卫生技术服务机构业务范围划分和认定有关事项的通知

安健函〔2014〕27号

各省、自治区、直辖市及新疆生产建设兵团安全生产监督管理局、省级煤矿安全监察局，各有关单位：

近年来，在开展职业卫生技术服务机构资质认可中，各地和有关专家反映机构业务范围认定难以把握：一是第一类业务范围中的“金属、非金属矿采选业和工程建筑业”和第二类业务范围中的“核电站、大型辐照装置和中、高能加速器”划分比较宽泛；二是进行相关业务范围认定时，对评价能力的评判缺乏具体标准；三是对“模拟评价报告”无规范性定义和要求。为严格贯彻落实《国家安全监管总局关于印发职业卫生技术服务机构资质认可条件评审项目标准及认可工作程序的通知》（安监总安健〔2012〕88 号，以下简称 88 号文件），依法依规开展资质认可工作，现将有关事项通知如下：

一、将部分业务范围进一步细划为子业务范围

1. 第一类业务范围中的“金属、非金属矿采选业和工程建筑业”细划为两个子业务范围，即“（1）金属、非金属矿采选业”和“（2）工程建筑业”。

2. 第二类业务范围中的“核电站、大型辐照装置和中、高能加速器”细划为三个子业务范围，即“（1）核电站”“（2）大型辐照装置”和“（3）中、高能加速器”。

相关业务范围细划后的子业务范围的具体业务领域和工程技术人员专业要求详见附件 1。

3. 具体工作中，对“金属、非金属矿采选业和工程建筑业”或“核电站、大型辐照装置和中、高能加速器”业务范围认定时，如相应各子业务范围均符合认定条件，则仍按一个业务范围进行认定，资质证书上打印业务范围全称；否则，只能按照子业务范围进行认定，资质证书上只打印符合认定条件的子业务范围名称。

二、认定业务范围的具体要求

根据 88 号文件的要求，认定业务范围需同时满足两个条件：一是具有相应行业领域的工程技术人员；二是提交的相应行业建设项目职业病危害评价报告（含模拟评价报告）符合有关要求。

（一）关于工程技术人员的要求。

相应行业工程技术人员条件应满足 88 号文件的有关规定。每项业务范围（包括每个子业务范围）包含有 2 个及以上专业要求的，每个专业应有不少于 1 名工程技术人员。申请甲级资质的业务范围，相应行业工程技术人员应具有中级及以上专业技术职称。

（二）关于建设项目职业病危害评价报告（含模拟评价报告）的要求及审核重点。

1. 申请的每项业务范围，申请单位均应提交由其独立完成的建设项目职业病危害预评价和控制效果评价报告（或模拟评价报告）各 1 份，提交的评价报告所评价的工程建设项目应当是本行业的主业，具有相当规模（规模以上企业）和能体现行业特点的典型工艺，具有行业代表性，否则不予认定为具备该行业的评价能力。

2. 具体行业评价能力的认定应重点对评价报告的工程分析、职业病危害因素识别与分析、职业病危害因素检测及限值应用、职业病防护设施和个体防护用品分析与评价、评价结论与建议等五方面内容进行审核，按照评价报告评分表（详见附件 2）进行综合评判。评分值满 8 分的（不得采用“四舍五入法”计算评分值），判定评价报告符合要求；评分值低于 8 分的，判定评价报告不符合要求。评价报告的其他内容和评价过程管理按照 88 号文件有关规定考核。

三、模拟评价报告的规范性要求

模拟评价是指技术服务机构按照有关评价、检测标准和规范，对建设项目（或用人单位）模拟开展职业病危害预评价或控制效果评价，评价报告仅作为资质认可相关业务范围评价能力的评判依据，不需要向安全生产监督管理部门申请备案、审核。

模拟评价报告应满足以下要求：

1. 按要求编制评价方案并对其进行技术审核。

2. 按要求实施现场调查，现场调查应使用受控的记录表格，记录信息应全面、完整、填写规范，并有调查人和被服务单位陪同人员签字。

3. 按要求开展职业病危害因素采样和测定，采样点、采样对象、采样时间、采样数量等均应满足规范要求，采样和测定过程中的各种记录信息应全面、清晰、完整，并按照要求书写、审核、签字。

4. 按要求对模拟评价报告及原始资料归档和保存，档案材料应至少包括：委托文件，合同评审记录，评价、检测的方案、计划及审核记录，有关原始记录（现场调查记录，采样记录，实验室分析记录及原始谱图等），检测报告，评价所需资料（设计文件、类比检测资料等），评价报告及审核记录等。

附件：1. 相关业务范围细划表

2. 评价报告评分表

国家安全监管总局职业健康司

2014 年 5 月 28 日

附件 1

相关业务范围细划表

业务范围	子业务范围	具体业务领域	工程技术人员专业要求	备注
金属、非金属矿采选业和工程建筑业	•金属、非金属矿采选业	•黑色金属矿采选业（包括铁矿、锰矿、铬矿及其他黑色金属矿） •有色金属矿采选业（包括常用有色金属矿、贵金属矿、稀有稀土金属矿） •非金属矿采选业（包括土砂石矿、化学矿、采盐、石棉及其他非金属矿） •其他采矿业	•地矿类专业	

续表

业务范围	子业务范围	具体业务领域	工程技术人员专业要求	备注
金属、非金属矿采选业和工程建筑业	•工程建筑业	•房屋建筑业 •土木工程建筑业（包括铁路、道路、隧道和桥梁工程建筑，水利和内河港口工程建筑，海洋工程建筑，工矿工程建筑，架线和管道工程建筑，其他土木工程建筑） •建筑安装业 •建筑装饰和其他建筑业	•土建类专业	甲级、乙级、丙级可选
核电站、大型辐照装置和中、高能加速器	•核电站	•核电站	•核工程与核技术 •核物理 •放射医学	甲级可选； 乙级不可选； 丙级不可选
	•大型辐照装置	•大型辐照装置	•核工程与核技术 •核物理	
	•中、高能加速器	•中、高能加速器（大于或等于50MeV）	•核工程与核技术 •核物理	

附件 2

评价报告评分表

序号	审核内容	考核要求	评分值	说明
1	工程分析（2分）	对可能产生职业病危害因素的工作场所、工艺设备、原辅材料等描述完整、准确，突出行业特征		
2	职业病危害因素识别与分析（2分）	应对可能产生的职业病危害因素进行全面、客观、准确的识别与分析。该行业主要职业病危害因素未识别或有重大漏项的，为不符合		
3	职业病危害因素检测及数值应用（2分）	职业病危害因素检测结果计算及接触限值的应用准确		
4	职业病防护设施和个体防护用品分析与评价（2分）	职业病防护设施和个体防护用品分析与评价准确，建议措施具体，并具有针对性		
5	评价结论与建议（2分）	①评价报告结论正确，补充措施和建议合理、可行、实用 ②预评价，建设项目职业病危害类型判定应准确，否则为不符合 ③控制效果评价，正常生产后建设项目职业病防治效果预期分析正确，否则为不符合		
合计				

38　国家安全监管总局办公厅关于印发用人单位职业病危害因素定期检测管理规范的通知

安监总厅安健〔2015〕16号

各省、自治区、直辖市及新疆生产建设兵团安全生产监督管理局，有关中央企业：

为进一步加强和规范用人单位职业病危害因素定期检测工作，依据《中华人民共和国职业病防治法》和《工作场所职业卫生监督管理规定》（国家安全监管总局令第47号），国家安全监管总局研究制定了《用人单位职业病危害因素定期检测管理规范》（以下简称《规范》），现印发给你们，请认真贯彻执行。

一、充分认识做好职业病危害因素定期检测工作的重要意义。职业病危害因素定期检测是用人单位必须履行的法定义务。开展职业病危害因素定期检测，有利于用人单位及时掌握其工作场所职业病危害因素的种类及危害程度，采取有针对性的防控措施保护劳动者职业健康。各级安全监管部门和相关用人单位要高度重视职业病危害因素定期检测工作，采取行之有效的举措，切实抓好《规范》的贯彻落实。

二、认真组织用人单位学习和落实《规范》。各级安全监管部门要把宣传好《规范》作为当前一项重点工作，有计划、有步骤地组织辖区所有存在职业病危害的用人单位认真学习《规范》内容，把握其核心要求。同时要组织辖区内职业病危害严重行业领域的用人单位对照《规范》要求，全面自查职业病危害因素定期检测工作，查找出的问题要认真整改。

三、加强对《规范》落实情况的监督检查。各级安全监管部门要在用人单位自查基础上，结合目前正在开展的用人单位职业卫生基础建设活动组织一次专项检查，督促用人单位落实《规范》各项要求，确保实现《国家职业病防治规划（2009—2015年）》提出的工作场所职业病危害因素监测率达到70%以上的规划目标。国家安全监管总局将适时组织对《规范》落实情况进行检查。

四、严厉查处职业卫生技术服务机构违法违规行为。各地区在对用人单位监督检查过程中，发现职业卫生技术服务机构未按照本《规范》和有关采样检测要求进行采样检测，或出具虚假检测报告的，要依法予以查处；情节严重的，由资质认可机关依法取消其资质。

国家安全生产监督管理总局办公厅

2015年2月28日

用人单位职业病危害因素定期检测管理规范

第一条　为了加强和规范用人单位职业病危害因素定期检测工作，及时有效地预防、控制和消除职业病危害，保护劳动者职业健康权益，依据《中华人民共和国职业病防治法》

（以下简称《职业病防治法》）和《工作场所职业卫生监督管理规定》（国家安全监管总局令第47号），制定本规范。

第二条 产生职业病危害的用人单位对其工作场所进行职业病危害因素定期检测及其管理，适用本规范。

第三条 职业病危害因素定期检测是指用人单位定期委托具备资质的职业卫生技术服务机构对其产生职业病危害的工作场所进行的检测。

本规范所指职业病危害因素是指《职业病危害因素分类目录》中所列危害因素以及国家职业卫生标准中有职业接触限值及检测方法的危害因素。

第四条 用人单位应当建立职业病危害因素定期检测制度，每年至少委托具备资质的职业卫生技术服务机构对其存在职业病危害因素的工作场所进行一次全面检测。法律法规另有规定的，按其规定执行。

第五条 用人单位应当将职业病危害因素定期检测工作纳入年度职业病防治计划和实施方案，明确责任部门或责任人，所需检测费用纳入年度经费预算予以保障。

第六条 用人单位应当建立职业病危害因素定期检测档案，并纳入其职业卫生档案体系。

第七条 用人单位在与职业卫生技术服务机构签订定期检测合同前，应当对职业卫生技术服务机构的资质、计量认证范围等事项进行核对，并将相关资质证书复印存档。

定期检测范围应当包含用人单位产生职业病危害的全部工作场所，用人单位不得要求职业卫生技术服务机构仅对部分职业病危害因素或部分工作场所进行指定检测。

第八条 用人单位与职业卫生技术服务机构签订委托协议后，应将其生产工艺流程、产生职业病危害的原辅材料和设备、职业病防护设施、劳动工作制度等与检测有关的情况告知职业卫生技术服务机构。

用人单位应当在确保正常生产的状况下，配合职业卫生技术服务机构做好采样前的现场调查和工作日写实工作，并由陪同人员在技术服务机构现场记录表上签字确认。

第九条 职业卫生技术服务机构对用人单位工作场所进行现场调查后，结合用人单位提供的相关材料，制订现场采样和检测计划，用人单位主要负责人按照国家有关采样规范确认无误后，应当在现场采样和检测计划上签字。

第十条 职业卫生技术服务机构在进行现场采样检测时，用人单位应当保证生产过程处于正常状态，不得故意减少生产负荷或停产、停机。用人单位因故需要停产、停机或减负运行的，应当及时通知技术服务机构变更现场采样和检测计划。

用人单位应当对技术服务机构现场采样检测过程进行拍照或摄像留证。

第十一条 采样检测结束时，用人单位陪同人员应当对现场采样检测记录进行确认并签字。

第十二条 用人单位与职业卫生技术服务机构应当互相监督，保证采样检测符合以下要求：

（一）采用定点采样时，选择空气中有害物质浓度最高、劳动者接触时间最长的工作地点采样；采用个体采样时，选择接触有害物质浓度最高和接触时间最长的劳动者采样；

（二）空气中有害物质浓度随季节发生变化的工作场所，选择空气中有害物质浓度最高的时节为重点采样时段；同时风速、风向、温度、湿度等气象条件应满足采样要求；

（三）在工作周内，应当将有害物质浓度最高的工作日选择为重点采样日；在工作日内，应当将有害物质浓度最高的时段选择为重点采样时段；

（四）高温测量时，对于常年从事接触高温作业的，测量夏季最热月份湿球黑球温度；不定期接触高温作业的，测量工期内最热月份湿球黑球温度；从事室外作业的，测量夏季最热月份晴天有太阳辐射时湿球黑球温度。

第十三条　用人单位在委托职业卫生技术服务机构进行定期检测过程中不得有下列行为：

（一）委托不具备相应资质的职业卫生技术服务机构检测；

（二）隐瞒生产所使用的原辅材料成分及用量、生产工艺与布局等有关情况；

（三）要求职业卫生技术服务机构在异常气象条件、减少生产负荷、开工时间不足等不能反映真实结果的状态下进行采样检测；

（四）要求职业卫生技术服务机构更改采样检测数据；

（五）要求职业卫生技术服务机构对指定地点或指定职业病危害因素进行采样检测；

（六）以拒付少付检测费用等不正当手段干扰职业卫生技术服务机构正常采样检测工作；

（七）妨碍正常采样检测工作，影响检测结果真实性的其他行为。

第十四条　用人单位应当要求职业卫生技术服务机构及时提供定期检测报告，定期检测报告经用人单位主要负责人审阅签字后归档。

在收到定期检测报告后一个月之内，用人单位应当将定期检测结果向所在地安全生产监督管理部门报告。

第十五条　定期检测结果中职业病危害因素浓度或强度超过职业接触限值的，职业卫生技术服务机构应提出相应整改建议。用人单位应结合本单位的实际情况，制定切实有效的整改方案，立即进行整改。整改落实情况应有明确的记录并存入职业卫生档案备查。

第十六条　用人单位应当及时在工作场所公告栏向劳动者公布定期检测结果和相应的防护措施。

第十七条　安全生产监管部门应当加强对用人单位职业病危害因素定期检测工作的监督检查。发现用人单位违反本规范的，依据《职业病防治法》《工作场所职业卫生监督管理规定》等法律法规及规章的规定予以处罚。

第十八条　本规范未规定的其他有关事项，依照《职业病防治法》和其他有关法律法规规章及职业卫生标准的规定执行。

39 国家安全监管总局办公厅关于印发《职业卫生技术服务档案管理规范》和《职业卫生技术服务机构实验室布局与管理规范》的通知

安监总厅安健〔2015〕93号

各省、自治区、直辖市及新疆生产建设兵团安全生产监督管理局，各省级煤矿安全监察局：

为进一步规范职业卫生技术服务机构档案管理及实验室的布局与管理，保证职业卫生技术服务工作的质量，根据《中华人民共和国职业病防治法》及《职业卫生技术服务机构监督管理暂行办法》（国家安全监管总局令第50号）等有关规定，国家安全监管总局研究制定了《职业卫生技术服务档案管理规范》和《职业卫生技术服务机构实验室布局与管理规范》。现印发给你们，请认真执行。

附件：1. 职业卫生技术服务档案管理规范

2. 职业卫生技术服务机构实验室布局与管理规范

安全监管总局办公厅

2015年9月14日

附件1

职业卫生技术服务档案管理规范

第一条 为进一步规范职业卫生技术服务档案管理，发挥职业卫生技术服务档案在职业卫生监管部门有效履职和保护劳动者职业健康权益方面的支撑作用，根据《中华人民共和国职业病防治法》及《职业卫生技术服务机构监督管理暂行办法》（国家安全监管总局令第50号）等有关规定，制定本规范。

第二条 职业卫生技术服务档案是指职业卫生技术服务机构在技术服务及日常管理过程中形成的具有保存价值的各种文字、图表、声像资料等，主要包括基础档案、评价档案、检测档案三大类。

第三条 基础档案应至少包括以下内容：

（一）法人证书影印件；

（二）职业卫生技术服务机构资质证书影印件；

（三）计量认证证书影印件及附表复印件；

（四）质量手册、程序文件、作业指导书、记录表格；

（五）质量管理体系运行过程中形成的文件和记录（含职业卫生技术服务专业技术人员

培训计划和记录）；

（六）职业卫生技术服务专业技术人员基本信息汇总表（含人员签字）；

（七）职业卫生技术服务专业技术人员培训合格证原件或影印件；

（八）职业卫生技术服务专业技术人员学历证书、技术职称证书影印件；

（九）职业卫生技术服务专业技术人员法定劳动关系证明材料（包括劳动合同，基本养老保险、失业保险、基本医疗保险和工伤保险有效证明或住房公积金有效缴存证明）；

（十）仪器设备基本信息汇总表（类别、仪器编号、名称、规格型号、量程、精度、购置时间、生产厂家、检定或校准证书有效期和证书编号）；

（十一）仪器设备购置凭证复印件；

（十二）其他与职业卫生技术服务相关的基础档案。

第四条　评价档案应至少包括以下内容：

（一）评价服务合同；

（二）合同评审记录；

（三）评价方案及审核记录；

（四）现场调查记录、工作日写实等相关原始记录；

（五）技术服务过程影像资料；

（六）评价所需的技术资料（设计文件、检测资料等）；

（七）评价报告及审核记录；

（八）其他与评价相关的记录、资料。

第五条　检测档案应至少包括以下内容：

（一）检测服务合同；

（二）合同评审记录；

（三）现场调查记录、工作日写实等相关原始记录；

（四）检测方案及审核记录；

（五）现场采样记录、现场检测记录、样品接收流转保存记录、实验室分析记录、原始谱图及计算过程记录等相关原始记录；

（六）技术服务过程影像资料；

（七）检测所需的技术资料；

（八）检测报告及审核记录；

（九）其他与检测相关的记录、资料。

第六条　职业卫生技术服务机构应有专用档案室，满足防盗、防火、防晒、防虫、防尘、防潮等要求，并有控制进入的安全措施。

第七条　档案室应配备必要的设施，包括档案柜、档案盒、门禁、消防报警设备、温度和湿度控制设施及必要的桌椅等相关设备设施。

第八条　职业卫生技术服务机构应设置专（兼）职的档案管理员。档案管理员负责档案室及档案日常管理工作。职业卫生技术服务专业技术人员超过 50 人的，一般应设置专职档案管理岗位。

第九条 基础档案归档材料以年度为单位，由相关管理部门收集齐全并进行整理，在每年6月份之前完成归档。

评价档案、检测档案归档材料，以技术服务项目为单位，由项目组收集齐全并进行整理，在出具技术服务报告后的20个工作日之内应完成归档。

档案形成部门（或负责收集整理的部门，下同）对归档材料的真实性、完整性、可识别性等负责。

第十条 档案管理员与档案形成部门应对相关归档材料进行核对，核对无误后办理归档手续。

第十一条 评价档案、检测档案经核对无误后，由档案管理员按档案内容形成时间先后顺序排列，并按“第几页共几页”的格式统一编写页码，建立索引和目录。

第十二条 编码后的评价档案、检测档案应装订成册，资料较多的可分册装订。

第十三条 评价和检测档案的档案盒面或盒脊应注明年度、项目名称、项目编号、类型（预评价、控制效果评价、现状评价、定期检测、评价检测、监督检测和事故性检测等）、保管期限等信息。

第十四条 职业卫生技术服务机构应建立健全档案管理制度，查阅、借阅、复印档案，应办理相关手续，并做好登记。

第十五条 职业卫生技术服务档案的保存时间不得少于国家规定的有关档案保管期限。

第十六条 职业卫生技术服务机构应建立档案鉴定和销毁制度，档案达到保存期限后经鉴定可以销毁的，按程序进行销毁。销毁档案前，销毁人员应认真清点核对，在销毁清册上签章。

第十七条 职业卫生技术服务机构是档案管理的责任主体，并对本单位的职业卫生档案损坏、散失、失密等承担全部责任。

职业卫生技术服务机构发生解散、破产等情形的，应及时报告资质认可机关，提出处置意见并妥善处置相关档案。

第十八条 涉及保密内容的职业卫生技术服务档案应按照国家有关保密法律法规的规定和要求执行。

第十九条 职业卫生技术服务档案实行电子化管理的，应按照国家法律法规和标准规范的要求，采取有效的档案管理措施，保证档案的真实性、完整性、安全性和可溯源性。

附件2

职业卫生技术服务机构实验室布局与管理规范

第一条 为进一步规范职业卫生技术服务机构实验室的布局与管理，保证职业卫生检测工作的质量，依据《中华人民共和国职业病防治法》及《职业卫生技术服务机构监督管理暂行办法》（国家安全监管总局令第50号）等有关规定，制定本规范。

第二条 本规范所指的实验室是指职业卫生技术服务机构对工作场所职业病危害因素，

按规定的程序实施技术操作，以确定其浓度或强度的实验室。

第三条　实验室的选址、建筑设计、采暖、通风、空调、电气、给排水、室内环境应满足职业卫生检测工作的需要，并符合国家有关安全、卫生的要求。

第四条　实验室各类用房宜集中布置，做到功能分区明确、布局合理、互不干扰。

根据职业卫生检测工作的需要，实验室一般应设置天平室、色谱室、光谱室、高温室、理化室、样品前处理室等专用实验用房，以及样品室、试剂室、洗涤室、气瓶间、现场仪器室等辅助用房。

第五条　天平室的设置应满足以下要求：

（一）远离振源，防止气流和磁场干扰。实验室设在临街建筑物上的，天平室应设置在背向街道一侧。天平室应设置面积不小于 $6m^2$ 的缓冲间，天平操作间与缓冲间之间采用密封的玻璃隔断墙分隔，宜采用推拉门，并与天平室的门错位布置。天平室外窗应为双层密闭窗并设置窗帘；

（二）天平室墙体、地面应平整光滑，不积尘、不起灰。室内应干燥明亮，光线均匀柔和，避免阳光直射在天平上；

（三）天平台台面和台座应做隔振处理。天平台沿墙布置时，应与墙脱开，台面宜采用平整、光洁、有足够刚度的台板，不得采用木制工作台。放置高精度天平的天平台应设独立基座（不宜设在地下室楼板上面）；

（四）应设置室内环境条件控制设施，备有温湿度计，保持称量环境温度、湿度相对恒定；

（五）天平室应设置除静电设备。

第六条　色谱室的设置应满足以下要求：

（一）色谱室应保证分析测定所要求的温度、湿度条件；

（二）气相色谱仪采用氢气发生器作为气源的，应做好设备的维护管理；使用高压钢瓶作为气源的，气瓶布置应符合相关要求，确保安全使用；

（三）色谱室应保证通风良好，气相色谱仪上方应设置局部排风系统，将尾气排至室外；

（四）液相色谱仪与气相色谱仪应分室放置，避免相互干扰。

第七条　光谱室的设置应满足以下要求：

（一）应远离样品前处理室，防止酸、碱、腐蚀性气体等对仪器的损害；

（二）原子吸收分光光度计、原子荧光分光光度计应设局部排风，排风罩宜为耐火、耐腐蚀材质，罩口控制风速为0.5~1.0m/s。

第八条　样品前处理室的设置应满足以下要求：

（一）有机样品和无机样品前处理应分开；

（二）墙体地面应平整光滑、耐腐蚀，易于冲洗清扫。实验台、试剂柜等应耐酸碱腐蚀；

（三）样品前处理室应通风良好，设置独立通风橱，样品消化处理应设置耐酸碱腐蚀的通风橱。

第九条 实验室测定分析中的滴定分析、标准溶液及试剂配制、常规化学分析等应在单独设置的理化室进行。理化室的设置应满足以下要求：

（一）设中央实验台或靠墙布置实验台，中央实验台不宜与外窗平行布置，靠墙布置的实验台端部与走道墙之间的净距不宜小于1200mm；

（二）实验台上方应设置局部排风系统；

（三）实验过程中使用的提取溶剂与其他检测项目相同时，需单独设立分析室进行专项测定或处理，避免相互干扰；

（四）理化室内不得长时间放置药品和试剂，需临时放置的，应设置具有通风功能的药品柜，药品和试剂应按要求分类存放，需冷藏的试剂应放置在冷藏设施内。

第十条 实验室可单独设置洗涤室用于洗刷器皿。洗刷室的设置应满足以下要求：

（一）应确保光线充足，通风良好；

（二）墙体、地面应防水、防滑、耐腐蚀，地面应设置地漏。

第十一条 马弗炉、干燥箱等高温仪器设备应布置在单独设置的高温室内。高温设备应放置在耐高温工作台上，高温设备之间应保持一定间距。

高温室内严禁储存和使用易燃易爆物品及有机化学品，并保持室内通风良好。

第十二条 现场采样和测量仪器设备应统一存放在现场仪器室内。现场仪器室应保持通风干燥，仪器设备应分类存放，摆放整齐，并设置必要的充电设施，满足使用、维护和保养需要。

第十三条 实验室使用高压气瓶作为气源的，气瓶的存放和使用应满足以下要求：

（一）气瓶应分类妥善保管，远离火源、热源，避免阳光直射及强烈振动；

（二）气瓶应直立放置并有明显标记，摆放整齐，并设有栏杆或支架进行固定；

（三）严格按照有关安全使用规定正确使用气瓶。

第十四条 试剂室的设置应满足以下要求：

（一）试剂柜应选用耐腐蚀材料，并安装排风系统；

（二）试剂应分类存放，禁忌试剂不得混存。液体试剂和固体试剂应分柜存放，腐蚀性物品应包装严密，酸、碱试剂应分开存放，氧化剂与还原剂应分开存放，光敏试剂应避光保存，易燃易爆试剂应专柜存放；

（三）剧毒物品（含易制毒试剂）的存放应依照公安部门有关规定，设置联网防盗报警、监控、通风换气等装置，安装防盗门、防盗窗、双锁保险柜等，并依法向当地公安机关申请备案。

第十五条 实验区域应有控制进入的措施，入口处应有限制无关人员进入的标识。色谱室、光谱室、高温室、理化室、样品前处理室、样品室、试剂室、气瓶间等实验用房的醒目位置应设置警示标识。

第十六条 实验室产生的废液、固体废物应设置收集容器，分类收集、分开存储、定点存放，并指定专人负责管理，委托具有相应资质的单位处置，并有相关处置记录。

第十七条 实验室的应急管理应满足以下要求：

（一）制定应急预案，明确组织机构及职责、预防与管理、应急程序、后期处置等相关内容；

（二）凡经常使用强酸、强碱、有化学品烧伤危险的实验室应设置洗眼器，在实验用房出口就近处或在10s内可以快步到达的实验室公共区域设置应急喷淋器，并保证应急冲洗设施能够有效使用；

（三）配备应急药品箱，药品箱内应配备止血带、绷带、创可贴、医用酒精、脱脂棉签、剪刀、镊子等应急用品，且种类、数量满足相关标准要求；

（四）应设置紧急疏散通道及标识，在室内及走廊上安装应急灯，安全出口不宜少于两个。

第十八条 实验室应保持清洁，定期清扫。实验室内物品应摆放整齐、有序，严禁在实验室内堆放杂物，不得在实验室内用餐。

第十九条 实验室应符合《检测实验室安全》（GB/T 27476）的要求，并制定安全管理制度，每个实验用房应明确专人负责安全卫生管理。

第二十条 职业卫生技术服务机构应为现场采样和实验室分析人员配备必要的个体防护用品，并定期更换，保证防护用品的有效性。

40 国家安全监管总局办公厅关于加强用人单位职业卫生培训工作的通知

安监总厅安健〔2015〕121号

各省、自治区、直辖市及新疆生产建设兵团安全生产监督管理局，各省级煤矿安全监管部门，各省级煤矿安全监察局，有关中央企业：

为推动用人单位做好职业卫生培训工作，不断提升用人单位职业卫生管理水平，提高劳动者的职业病危害防治意识和能力，根据《职业病防治法》和《国务院办公厅关于加强安全生产监管执法的通知》（国办发〔2015〕20号）等有关规定，现就加强用人单位职业卫生培训工作有关要求通知如下：

一、进一步增强做好用人单位职业卫生培训工作的紧迫感和责任感

近年来，各地区认真贯彻落实《职业病防治法》等法律法规，积极推进职业卫生培训工作，取得了一定效果。但是，当前用人单位职业卫生培训工作仍然存在着重视不够、责任不落实、投入不足、培训针对性和实效性不强、培训率偏低，劳动者特别是农民工不了解职业病危害对自身健康的损害、自我防护意识和防护能力差等问题，导致大量劳动者职业健康受到严重伤害。

职业安全健康工作的实践表明，进一步加强职业卫生培训工作，是坚守发展决不能以牺牲人的生命为代价这一安全红线的内在要求；是增强用人单位主要负责人和职业卫生管理人员的法律意识，提高用人单位职业病防治水平和劳动者自我防护能力的重要途径；是督促用人单位自觉履行职业病防治主体责任，预防和控制职业病危害，保障劳动者职业安全健康的源头性、基础性举措。用人单位要坚持以人为本、安全发展、绿色发展，牢固树立“培训不到位就是隐患”的观念，把职业卫生培训摆上更加重要的位置，切实把工作谋划好、部署好、落实好。

二、用人单位职业卫生培训工作的总体思路和工作目标

（一）总体思路。以“强化红线意识、促进职业健康”为工作主线，以贯彻落实《职业病防治法》为主要内容，实施分类培训，突出重点行业、重点岗位和重点人群，进一步明确职业卫生培训内容，改进培训方法，提升培训的针对性和实用性，提高用人单位主要负责人、职业卫生管理人员的法治意识和管理水平，提升劳动者的自我防护意识和能力，为防治职业病危害提供保障与支持。

（二）工作目标。力争在“十三五”期间，矿山开采、金属冶炼、化工、建材等职业病危害严重行业领域的用人单位主要负责人、职业卫生管理人员和接触职业病危害的劳动者培训率达到100%。

三、落实用人单位职业卫生培训主体责任

用人单位是职业卫生培训的责任主体。应当建立职业卫生培训制度，保障职业卫生培训所需的资金投入，将职业卫生培训费用在生产成本中据实列支。要把职业卫生培训纳入本单位职业病防治计划、年度工作计划和目标责任体系，制定实施方案，落实责任人员。要建立健全培训考核制度，严格考核管理，严禁形式主义和弄虚作假。要建立健全培训档案，真实记录培训内容、培训时间、训练科目及考核情况等内容，并将本单位年度培训计划、单位主要负责人和职业卫生管理人员职业卫生培训证明，以及接触职业病危害的劳动者、职业病危害监测人员培训情况等，分类进行归档管理。

用人单位应用新工艺、新技术、新材料、新设备或者转岗导致劳动者接触职业病危害因素变化的，应对劳动者重新进行职业卫生培训。用人单位将职业病危害作业整体外包或者使用劳务派遣工从事接触职业病危害作业的，应当将其纳入本单位统一管理，对其进行职业病防治知识、防护技能及岗位操作规程培训。用人单位接收在校学生实习的，应当对实习学生进行相应的职业卫生培训，提供必要的职业病防护用品。

四、逐步推进职业卫生培训与安全生产培训一体化

各地区要根据工作实际，推进安全培训与职业卫生培训一体化，提高培训效率，减轻用人单位负担。有条件的地区，可以在危险物品生产、经营、储存单位和矿山、金属冶炼、建筑施工、道路运输等行业领域实行安全与职业卫生统一培训、统一考核，并保证参加职业卫生培训的时间不少于总学时的30%，继续教育时职业卫生培训不少于20%。经考核合格后，在合格证中注明职业卫生培训内容和培训学时，不再单独进行职业卫生培训。其他行业领域应当按照本通知要求的内容和学时开展职业卫生培训。

五、突出重点，督促重点行业领域开展职业卫生培训工作

各级安全监管部门要督促矿山开采、金属冶炼、化工、建材等职业病危害严重的行业领域积极开展职业卫生培训工作。用人单位要突出存在矽尘、石棉粉尘、高毒物品以及放射性危害等职业病危害严重岗位上的劳动者，对其进行专门的职业卫生培训。要把从事接触职业病危害作业的农民工和派遣用工人员作为职业卫生培训的重点人群，针对其流动性大、文化程度偏低、职业病危害防护意识不强等特点，采取形式多样的培训，提高自我防护意识，并经考核合格后方可上岗。

各级煤矿安全监管部门要指导并监督检查煤矿主要负责人、职业卫生管理人员、职业病危害监测人员和劳动者的职业卫生培训工作。各级煤矿安全监察机构要把煤矿职业卫生培训工作纳入安全生产培训当中，提高培训效果。

六、因材施教，明确培训内容及培训时间

用人单位要根据行业和岗位特点，制订培训计划，确定培训内容和培训学时，确保培训取得实效。没有能力组织职业卫生培训的用人单位，可以委托培训机构开展职业卫生培训。

用人单位主要负责人主要培训内容：国家职业病防治法律、行政法规和规章，职业病危害防治基础知识，结合行业特点的职业卫生管理要求和措施等。初次培训不得少于 16 学时，继续教育不得少于 8 学时。

职业卫生管理人员主要培训内容：国家职业病防治法律、行政法规、规章以及标准，职业病危害防治知识，主要职业病危害因素及防控措施，职业病防护设施的维护与管理，职业卫生管理要求和措施等。初次培训不得少于 16 学时，继续教育不得少于 8 学时。职业病危害监测人员的培训，可以参照职业卫生管理人员的要求执行。

接触职业病危害的劳动者主要培训内容：国家职业病防治法规基本知识，本单位职业卫生管理制度和岗位操作规程，所从事岗位的主要职业病危害因素和防范措施，个人劳动防护用品的使用和维护，劳动者的职业卫生保护权利与义务等。初次培训时间不得少于 8 学时，继续教育不得少于 4 课时。煤矿接触职业病危害劳动者的职业卫生培训，按照有关规定执行。

以上三类人员继续教育的周期为一年。用人单位应用新工艺、新技术、新材料、新设备，或者转岗导致劳动者接触职业病危害因素发生变化时，要对劳动者重新进行职业卫生培训，视作继续教育。

七、切实提高职业卫生培训质量

用人单位要充分利用手机短信、微博、微信等方式宣传职业病防治知识，鼓励劳动者集中参加网络在线职业卫生培训学习，有关内容和学时可按规定纳入考核体系。鼓励用人单位按照“看得懂、记得住、用得上”原则，根据不同类别、不同层次、不同岗位人员需求，组织编写学习读本、知识手册等简易教材。要借鉴安全生产培训的有效做法，在职业病危害严重的用人单位推行交班前职业卫生培训，有针对性地讲述岗位存在的职业病危害因素、岗位操作规程和防护知识等，使交班前职业卫生培训成为职业病危害预防的第一道防线。

八、加强对用人单位职业卫生培训的监督检查

各级安全监管监察部门要加强对用人单位职业卫生培训工作的监督检查，指导用人单位依法开展职业卫生培训，帮助用人单位解决培训工作中的实际困难。要利用行政执法、重点帮扶等方式推动培训工作，把职业卫生培训工作开展情况纳入监督执法的重要内容，重点检查培训计划、培训内容、考核结果等，也可以现场检查劳动者的职业病危害防护技能，检验用人单位职业卫生培训的效果。

对用人单位未按规定组织劳动者进行职业卫生培训的，由安全监管监察部门给予警告，责令限期改正，逾期不改正的，依法予以处罚。对未经培训就上岗作业的劳动者，一律先离岗、培训合格后再上岗。对发生职业病危害事故的，要依法倒查用人单位职业卫生培训的落实情况，凡存在未经培训上岗的，严格依法予以处罚。

安全监管总局办公厅

2015 年 12 月 21 日

41 国家安全监管总局办公厅关于印发用人单位劳动防护用品管理规范的通知

安监总厅安健〔2015〕124 号

各省、自治区、直辖市及新疆生产建设兵团安全生产监督管理局，各省级煤矿安全监察局，有关中央企业：

鉴于《劳动防护用品监督管理规定》（国家安全监管总局令第 1 号）已于 2015 年 7 月 1 日废止，为加强用人单位劳动防护用品的管理，保护劳动者的生命安全和职业健康，依照《安全生产法》《职业病防治法》等法律、行政法规和规章，国家安全监管总局制定了《用人单位劳动防护用品管理规范》（以下简称《规范》），现印发给你们，并就贯彻落实《规范》提出如下要求：

一、要通过多种方式组织用人单位学习《规范》，指导用人单位对劳动防护用品的使用情况进行一次自查，并按照《规范》要求完善工作制度，为劳动者配备符合国家标准或者行业标准的劳动防护用品。

二、要引导劳动防护用品生产企业积极利用市场机制、行业自律等方式，规范行业行为和企业管理，为用人单位提供符合要求的劳动防护用品。

三、要把贯彻落实《规范》要求作为监督执法的重要内容，指导用人单位落实劳动防护用品管理各项要求，对未给劳动者配备劳动防护用品或者配备不符合国家标准或者行业标准劳动防护用品的，依法予以处罚。

国家安全监管总局办公厅

2015 年 12 月 29 日

用人单位劳动防护用品管理规范

第一章　总　　则

第一条　为规范用人单位劳动防护用品的使用和管理，保障劳动者安全健康及相关权益，根据《中华人民共和国安全生产法》《中华人民共和国职业病防治法》等法律、行政法规和规章，制定本规范。

第二条　本规范适用于中华人民共和国境内企业、事业单位和个体经济组织等用人单位的劳动防护用品管理工作。

第三条　本规范所称的劳动防护用品，是指由用人单位为劳动者配备的，使其在劳动过程中免遭或者减轻事故伤害及职业病危害的个体防护装备。

第四条　劳动防护用品是由用人单位提供的，保障劳动者安全与健康的辅助性、预防性措施，不得以劳动防护用品替代工程防护设施和其他技术、管理措施。

第五条　用人单位应当健全管理制度，加强劳动防护用品配备、发放、使用等管理工作。

第六条　用人单位应当安排专项经费用于配备劳动防护用品，不得以货币或者其他物品替代。该项经费计入生产成本，据实列支。

第七条　用人单位应当为劳动者提供符合国家标准或者行业标准的劳动防护用品。使用进口的劳动防护用品，其防护性能不得低于我国相关标准。

鼓励用人单位购买、使用获得安全标志的劳动防护用品。

第八条　劳动者在作业过程中，应当按照规章制度和劳动防护用品使用规则，正确佩戴和使用劳动防护用品。

第九条　用人单位使用的劳务派遣工、接纳的实习学生应当纳入本单位人员统一管理，并配备相应的劳动防护用品。对处于作业地点的其他外来人员，必须按照与进行作业的劳动者相同的标准，正确佩戴和使用劳动防护用品。

第二章　劳动防护用品选择

第十条　劳动防护用品分为以下十大类：

（一）防御物理、化学和生物危险、有害因素对头部伤害的头部防护用品。

（二）防御缺氧空气和空气污染物进入呼吸道的呼吸防护用品。

（三）防御物理和化学危险、有害因素对眼面部伤害的眼面部防护用品。

（四）防噪声危害及防水、防寒等的听力防护用品。

（五）防御物理、化学和生物危险、有害因素对手部伤害的手部防护用品。

（六）防御物理和化学危险、有害因素对足部伤害的足部防护用品。

（七）防御物理、化学和生物危险、有害因素对躯干伤害的躯干防护用品。

（八）防御物理、化学和生物危险、有害因素损伤皮肤或引起皮肤疾病的护肤用品。

（九）防止高处作业劳动者坠落或者高处落物伤害的坠落防护用品。

（十）其他防御危险、有害因素的劳动防护用品。

第十一条 用人单位应按照识别、评价、选择的程序（见附件 1），结合劳动者作业方式和工作条件，并考虑其个人特点及劳动强度，选择防护功能和效果适用的劳动防护用品。

（一）接触粉尘、有毒、有害物质的劳动者应当根据不同粉尘种类、粉尘浓度及游离二氧化硅含量和毒物的种类及浓度配备相应的呼吸器（见附件 2）、防护服、防护手套和防护鞋等。具体可参照《呼吸防护用品自吸过滤式防颗粒物呼吸器》（GB 2626）、《呼吸防护用品的选择、使用及维护》（GB/T 18664）、《防护服装化学防护服的选择、使用和维护》（GB/T 24536）、《手部防护防护手套的选择、使用和维护指南》（GB/T 29512）和《个体防护装备足部防护鞋（靴）的选择、使用和维护指南》（GB/T 28409）等标准。

工作场所存在高毒物品目录中的确定人类致癌物质（见附件 3），当浓度达到其 1/2 职业接触限值（PC-TWA 或 MAC）时，用人单位应为劳动者配备相应的劳动防护用品，并指导劳动者正确佩戴和使用。

（二）接触噪声的劳动者，当暴露于 $80dB \leqslant L_{EX,8h} < 85dB$ 的工作场所时，用人单位应当根据劳动者需求为其配备适用的护听器；当暴露于 $L_{EX,8h} \geqslant 85dB$ 的工作场所时，用人单位必须为劳动者配备适用的护听器，并指导劳动者正确佩戴和使用（见附件 2）。具体可参照《护听器的选择指南》（GB/T 23466）。

（三）工作场所中存在电离辐射危害的，经危害评价确认劳动者需佩戴劳动防护用品的，用人单位可参照电离辐射的相关标准及《个体防护装备配备基本要求》（GB/T 29510）为劳动者配备劳动防护用品，并指导劳动者正确佩戴和使用。

（四）从事存在物体坠落、碎屑飞溅、转动机械和锋利器具等作业的劳动者，用人单位还可参照《个体防护装备选用规范》（GB/T 11651）、《头部防护安全帽选用规范》（GB/T 30041）和《坠落防护装备安全使用规范》（GB/T 23468）等标准，为劳动者配备适用的劳动防护用品。

第十二条 同一工作地点存在不同种类的危险、有害因素的，应当为劳动者同时提供防御各类危害的劳动防护用品。需要同时配备的劳动防护用品，还应考虑其可兼容性。

劳动者在不同地点工作，并接触不同的危险、有害因素，或接触不同的危害程度的有害因素的，为其选配的劳动防护用品应满足不同工作地点的防护需求。

第十三条 劳动防护用品的选择还应当考虑其佩戴的合适性和基本舒适性，根据个人特点和需求选择适合号型、式样。

第十四条 用人单位应当在可能发生急性职业损伤的有毒、有害工作场所配备应急劳动防护用品，放置于现场临近位置并有醒目标识。

用人单位应当为巡检等流动性作业的劳动者配备随身携带的个人应急防护用品。

第三章 劳动防护用品采购、发放、培训及使用

第十五条 用人单位应当根据劳动者工作场所中存在的危险、有害因素种类及危害程

度、劳动环境条件、劳动防护用品有效使用时间制定适合本单位的劳动防护用品配备标准（见附件4）。

第十六条　用人单位应当根据劳动防护用品配备标准制订采购计划，购买符合标准的合格产品。

第十七条　用人单位应当查验并保存劳动防护用品检验报告等质量证明文件的原件或复印件。

第十八条　用人单位应当确保已采购劳动防护用品的存储条件，并保证其在有效期内。

第十九条　用人单位应当按照本单位制定的配备标准发放劳动防护用品，并做好登记（见附件5）。

第二十条　用人单位应当对劳动者进行劳动防护用品的使用、维护等专业知识的培训。

第二十一条　用人单位应当督促劳动者在使用劳动防护用品前，对劳动防护用品进行检查，确保外观完好、部件齐全、功能正常。

第二十二条　用人单位应当定期对劳动防护用品的使用情况进行检查，确保劳动者正确使用。

第四章　劳动防护用品维护、更换及报废

第二十三条　劳动防护用品应当按照要求妥善保存，及时更换。

公用的劳动防护用品应当由车间或班组统一保管，定期维护。

第二十四条　用人单位应当对应急劳动防护用品进行经常性的维护、检修，定期检测劳动防护用品的性能和效果，保证其完好有效。

第二十五条　用人单位应当按照劳动防护用品发放周期定期发放，对工作过程中损坏的，用人单位应及时更换。

第二十六条　安全帽、呼吸器、绝缘手套等安全性能要求高、易损耗的劳动防护用品，应当按照有效防护功能最低指标和有效使用期，到期强制报废。

第五章　附　　则

第二十七条　本规范所称的工作地点，是指劳动者从事职业活动或进行生产管理而经常或定时停留的岗位和作业地点。

第二十八条　煤矿劳动防护用品的管理，按照《煤矿职业安全卫生个体防护用品配备标准》（AQ 1051）规定执行。

附件：1. 劳动防护用品选择程序

2. 呼吸器和护听器的选用

3. 高毒物品目录中确定人类致癌物质

4. 用人单位劳动防护用品配备标准

5. 劳动防护用品发放登记表

附件 1

劳动防护用品选择程序

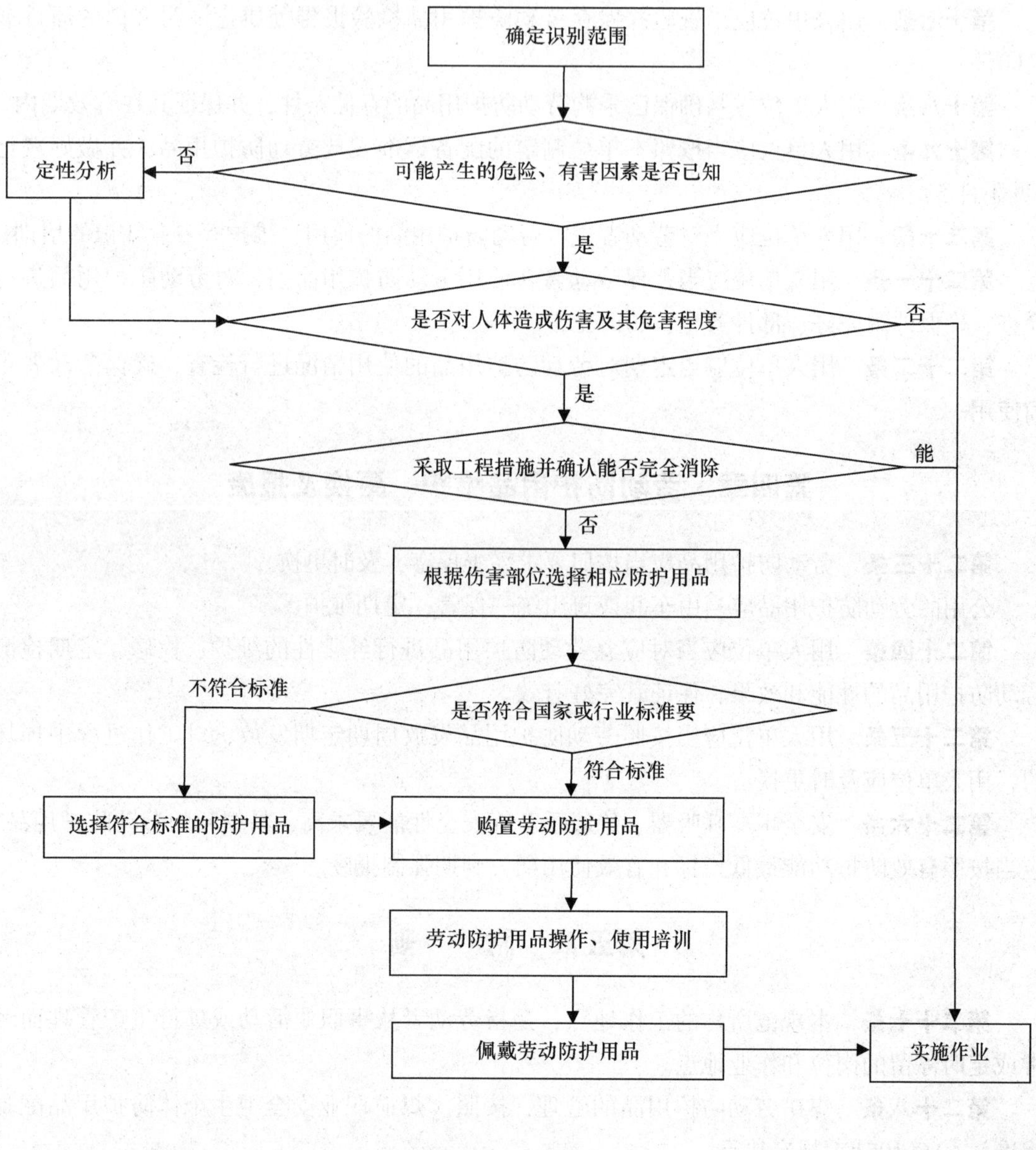

附件 2

呼吸器和护听器的选用

危害因素	分类	要求
颗粒物	一般粉尘，如煤尘、水泥尘、木粉尘你、云母尘、滑石尘及其他粉尘	过滤效率至少满足《呼吸防护用品自吸过滤式防颗粒物呼吸器》（GB 2626）规定的 KN90 级别的防颗粒物呼吸器
	石棉	可更换式防颗粒物半面罩或全面罩，过滤效率至少满足 GB 2626 规定的 KN95 级别的防颗粒物呼吸器
	矽尘、金属粉尘（如铅尘、镉尘）、砷尘、烟（如焊接烟、铸造烟）	过滤效率至少满足 GB 2626 规定的 KN95 级别的防颗粒物呼吸器
	放射性颗粒物	过滤效率至少满足 GB 2626 规定的 KN100 级别的防颗粒物呼吸器
	致癌性油性颗粒物（如焦炉烟、沥青烟等）	过滤效率至少满足 GB 2626 规定的 KP95 级别的防颗粒物呼吸器
化学物质	窒息气体	隔绝式正压呼吸器
	无机气体、有机蒸气	防毒面具 面罩类型： 工作场所毒物浓度超标不大于 10 倍，使用送风或自吸过滤半面罩；工作场所毒物浓度超标不大于 100 倍，使用送风或自吸过滤全面罩；工作场所毒物浓度超标大于 100 倍，使用隔绝式或送风过滤式全面罩
	酸、碱性溶液、蒸气	防酸碱面罩、防酸碱手套、防酸碱服、防酸碱鞋
噪声	劳动者暴露于工作场所 80dB≤$L_{EX,8h}$<85 dB 的	用人单位应根据劳动者需求为其配备适用的护听器

续表

危害因素	分类	要求
噪声	劳动者暴露于工作场所 $L_{EX,8h}$≥85dB 的	用人单位应为劳动者配备适用的护听器，并指导劳动者正确佩戴和使用。劳动者暴露于工作场所 $L_{EX,8h}$ 为 85～95dB 的应选用护听器 SNR 为 17～34dB 的耳塞或耳罩；劳动者暴露于工作场所 $L_{EX,8h}$≥95dB 的应选用护听器 SNR≥34dB 的耳塞、耳罩或者同时佩戴耳塞和耳罩，耳塞和耳罩组合使用时的声衰减值，可按二者中较高的声衰减值增加 5dB 估算

附件3

高毒物品目录中确定人类致癌物质

序号	毒物名称	英文名称	MAC（mg/m^3）	PC-TWA（mg/m^3）
1	苯	benzene	-	6
2	甲醛	formaldehyde	0.5	-
3	铬及其化合物（三氧化铬、铬酸盐、重铬酸盐）	chromic and compounds (chromium trioxide, chromate, dichromate)	-	0.05
4	氯乙烯	vinyl chloride	-	10
5	焦炉逸散物	coke oven emissions	-	0.1
6	镍与难溶性镍化合物	nickel and insoluble compounds	-	1
7	可溶性镍化合物	soluble nickel compounds	-	0.5
8	铍及其化合物	beryllium and compounds	-	0.0005
9	砷及其无机化合物	arsenic and inorganic compounds	-	0.01
10	砷化（三）氢；胂	arsine	0.03	-
11	（四）羰基镍	nickel carbonyli	0.002	-
12	氯甲基醚	chloromethyl methyl ether	0.005	-
13	镉及其化合物	cadmium and compounds	-	0.01
14	石棉总尘/纤维	asbestos	-	0.8 0.8f/ml

注：根据最新发布的《高毒物品目录》和确定人类致癌物质随时调整。

附件4

用人单位劳动防护用品配备标准

岗位/工种	作业者数量	危险、有害因素类别	危险、有害因素浓度/强度	配备的防护用品种类	防护用品型号/级别	防护用品发放周期	呼吸器过滤元件更换周期

附件 5

劳动防护用品发放登记表

单位/车间：

序号	岗位/工种	员工姓名	防护用品名称	型号	数量	领用人签字	备注

发放人：　　　　日期：　年　月　日

42　国家安全监管总局办公厅关于印发《职业卫生技术服务机构检测工作规范》的通知

安监总厅安健〔2016〕9号

各省、自治区、直辖市及新疆生产建设兵团安全生产监督管理局，各省级煤矿安全监察局：

为规范职业卫生技术服务机构检测工作，保证检测活动客观公正、检测数据真实准确，根据《中华人民共和国职业病防治法》及《职业卫生技术服务机构监督管理暂行办法》（国家安全监管总局令第50号）等有关规定，国家安全监管总局研究制定了《职业卫生技术服务机构检测工作规范》。现印发给你们，请认真遵照执行。

国家安全监管总局办公厅

2016年2月6日

职业卫生技术服务机构检测工作规范

第一条　为规范职业卫生技术服务机构检测工作，保证检测活动客观公正、检测数据真实准确，根据《中华人民共和国职业病防治法》及《职业卫生技术服务机构监督管理暂行办法》（国家安全监管总局令第50号）等有关规定，制定本规范。

第二条　本规范所称检测，是指职业卫生技术服务机构（以下简称技术服务机构）为用人单位进行的职业病危害因素定期检测，为建设项目职业病危害评价和用人单位职业病危害现状评价进行的检测。

第三条　技术服务机构应当加强专业技术人员管理，建立专业技术人员签名识别档案及其管理制度，定期组织业务培训，保证其业务能力满足职业卫生技术服务需要。

第四条　职业卫生检测工作应当按照国家职业卫生法律法规、标准规范要求的程序和内容开展（检测工作流程见附件1），不得更改、简化程序和相关内容。

第五条　技术服务机构从事检测活动前，应当与用人单位（或委托单位）签订技术服务合同（或协议），明确检测类别、检测范围、收费标准或合同价格、完成时间及双方的权利和义务等内容。

签订技术服务合同（或协议）前，技术服务机构应当根据检测工作的来源、性质、范围和内容等，结合自身资质条件和技术能力，按要求组织开展合同评审。

第六条　技术服务机构应当依法独立开展职业卫生检测工作，因计量认证范围限制或样品保存时限有特殊要求等原因需委托其他技术服务机构进行检测的，委托检测样品数量应当满足《职业卫生技术服务机构工作规范》（安监总厅安健〔2014〕39号，以下简称《工作规范》）的要求，且委托检测项目种类数不得超过检测项目种类总数的30%。

第七条　技术服务机构应当按照程序和以下要求开展现场调查（包括工作日写实）：

（一）现场调查应当覆盖检测范围内全部工作场所。

（二）现场调查应当至少包括以下内容：

1. 用人单位基本情况，包括单位名称、地址、劳动定员、岗位划分、工作班制。

2. 生产过程中使用的原辅材料，生产的产品、副产品和中间产物等的种类、数量、纯度、杂质及其理化性质。

3. 生产工艺和设备，包括设备类型、数量及其布局；主要工艺参数、生产方式、生产状态。

4. 各岗位（工种）作业人员的工作状况，包括作业人数、工作地点及停留时间、工作内容和工作方式；接触职业病危害的程度、频度及持续时间。

5. 工作场所空气中有害物质的产生和扩散规律、存在状态、估计浓度。

6. 工作场所卫生状况和环境条件、职业病防护设施及运行情况、个人防护用品及使用情况。

（三）现场调查应当至少由 2 名专业技术人员完成，且应当包括相关行业工程技术人员。

（四）现场调查应当在正常生产情况下进行，且现场调查的时间应至少覆盖 1 个工作日。

（五）现场调查应当实时记录（现场调查记录表参照附件 2），并经用人单位陪同人员签字确认。

（六）在用人单位显著标志物位置前拍照（摄影）留证并归档保存。

（七）根据实际情况，可在现场调查时开展预采样，预采样不能代替现场采样。

第八条 技术服务机构应当在现场调查的基础上，制订现场采样和检测计划。按照《工作场所空气中有害物质监测的采样规范》（GBZ 159）、《工作场所物理因素测量》（GBZ/T 189）和《工作场所空气中粉尘测定》（GBZ/T 192）等标准要求，确定有代表性的采样点和采样对象、采样数量、采样时段，根据职业病危害因素的职业接触限值类型确定采样方法，绘制现场采样点设置示意图。

现场采样和检测计划应当至少包括用人单位名称、检测类别、检测任务编号、检测项目名称（职业病危害因素名称）、岗位（工种）、采样点或采样对象、采样方式（个体采样或定点采样）、采样时段、采样时间、样品数量、采样日期、仪器设备、空气收集器、采样流量、样品保存期限和保存条件、编制人、审核人、批准人、编制日期等信息（现场采样和检测计划表参照附件 3）。

现场采样和检测计划应当经技术服务机构技术负责人批准。

第九条 技术服务机构在开展现场采样前，应当根据现场采样和检测计划做好以下准备工作：

（一）下达现场采样任务，做好任务分工。

（二）准备好符合采样要求的仪器设备，检查其性能规格（包括防爆性能）、电池电量、计量检定或校准有效期等情况，按要求领用仪器设备并做好记录。

（三）做好仪器设备的充电、流量校准等工作。校准流量时，必须串联与采样相同的空气收集器，并做好记录。

（四）准备好现场采样所需的空气收集器、相关滤料和试剂，确保其质量完好、数量充足。

（五）备齐现场采样记录表格。

（六）为现场采样人员配备适宜的个人防护用品。

第十条 技术服务机构应当按照以下要求开展现场采样（包括利用便携式仪器设备对危害因素进行现场测量）：

（一）按照 GBZ 159、GBZ/T 189、GBZ/T 192 及《工作规范》等标准规范的要求，在正常生产状况下进行现场采样。

（二）每个采样点现场采样应当由至少 2 名以上专业技术人员完成。采样人员应当遵守用人单位工作场所安全卫生要求，正确佩戴个人防护用品。采样前应当观察和了解工作场所卫生状况和环境条件，核实确认采样点、采样对象、采样时段、检测项目等信息。

（三）现场采样应当选定有代表性的采样对象或采样点、采样时段，应当包括职业病危害因素浓度（强度）最高的工作日和时段、接触职业病危害因素浓度（强度）最高和接触时间最长的劳动者。采样点和采样对象的数量必须满足标准要求。

（四）有害物质样品的采集应当优先采用个体采样方式。职业接触限值为时间加权平均容许浓度的有害物质的采样，应优先采用长时间采样，采样时间尽可能覆盖整个工作班；采用定点短时间方式采样的，应当在有害物质浓度不同时段分别进行采样，且同一采样点至少采集 3 个不同时段的样品。作业人员在不同工作地点工作或移动工作时，应当根据工作情况在每个工作地点或移动范围内分别设置采样点。

职业接触限值为最高容许浓度、短时间接触容许浓度或超限倍数的有害物质的采样，应当选择接触有害物质浓度最高的作业人员或有害物质浓度最高的工作地点，在有害物质浓度最高的时段进行采样，不得随机选取采样对象或采样点。当现场浓度波动情况难以确定时，应当在 1 个工作班内不同时段进行多次采样。

（五）化学因素现场采样的频次应当满足 GBZ 159 要求，物理因素现场应当至少测量 1 个工作日。

（六）现场环境条件应当满足采样条件及仪器设备使用要求。采样时，应当观察仪器设备的运行状态，保持流量稳定，在空气收集器的采集容量饱和前及时更换收集器。采样时，不得在采样点处理样品（如打开滤膜夹或倒出吸收液），防止样品污染。

（七）采样时，应当按要求采集空白对照样品，同一检测项目同一批次样品至少采集 3 个空白对照样品。

（八）采集样品应有唯一性标识。

（九）现场采样记录应当实时填写，并经用人单位陪同人逐页签字确认。记录信息应当至少包括检测任务编号、样品名称、样品编号、采样点或采样对象、采样设备名称及编号、生产状况、职业病防护设施运行情况、个人防护用品使用情况、采样起止时间、采样流量、环境气象条件参数（温度、湿度、气压）、采样人、陪同人等相关信息（现场采样记录表和现场测量记录表参照附件 4 和附件 5）。

（十）除涉及国家秘密、商业秘密、技术秘密及特殊要求的项目外，技术服务机构应当对现场采样情况进行拍照（摄影）留证。因故不能拍照（摄影）留证的，需用人单位书面确认。

第十一条　样品运输应当保证样品性质稳定，避免污染、损失和丢失。对于不稳定的样品，应采取必要措施妥善保存。

空白对照样品应当独立包装，与采集样品一并放置、运输、储存。

第十二条　技术服务机构应当加强样品接收、流转管理，保证各环节受控。样品接收人员检查并确认样品标签、包装完整后，填写样品交接记录。样品有异常或处于损坏状态，应如实记录，采取相关处理措施，必要时应重新采样。

样品交接记录至少应当包括检测任务编号、样品名称、样品编号、样品状态、样品数量、样品保存条件、交接日期、交接时刻、交接人员等信息。

第十三条　技术服务机构应当根据检测方法的要求，对采集样品、空白对照样品进行预处理。样品应在检测方法要求的有效保存期限内完成预处理和测定。

第十四条　技术服务机构应当按照以下要求进行样品测定：

（一）按照实验室资质认定批准的检测方法进行样品测定。

（二）仪器设备性能应当满足检测方法的要求，且通过计量检定或校准，并在有效期内。

（三）实验室环境条件应当满足仪器设备使用和检测方法要求。对环境条件有特殊要求的天平室、理化分析室、热解吸室等，应当按要求对环境条件进行控制并实时记录相关参数。

（四）按照操作规程进行仪器设备操作，记录仪器使用时状态、使用日期、样品名称、样品编号、使用人等信息。

（五）标准物质及化学试剂、试验用水等应当满足检测方法要求，并保证其质量。标准物质及化学试剂使用、配制应当实时记录，记录应当完整、清晰，记录内容应当至少包括标准物质或化学试剂的名称、批号、生产单位、配制时的环境条件、配制浓度、配制方法、配制日期、配制人等信息。标准溶液优先采用国家认可的标准物质进行配制，低浓度的标准溶液宜当日配制和使用。

（六）按照检测方法的要求配制相应的标准系列，制作标准曲线；标准系列应现用现制，不得使用过期的标准曲线进行分析。对同一天分析的不同检测任务的样品，使用相同标准曲线时，应当有可溯源的标准曲线使用记录。

（七）在样品测定前，应进行质控样品测定，测定结果满足质控要求后，方可进行样品测定。样品测定过程中，应根据仪器设备的稳定性，同一检测项目每分析 10~30 个样品应进行质控样品分析，检查分析条件的变动。质控样品测定结果应在质控标准值范围内，或在质控图控制线范围内。质控样品可直接外购或单独配制。如无质控样品，可采用加标回收率进行质量控制，加标回收率应保证在 75%~105%。

（八）根据样品、空白对照样品的实验室分析结果和采样体积计算待测物浓度。

（九）对保存时限有要求需进行现场测定的样品，应按实验室资质认定的检测方法进行测定，使用的便携式仪器应在计量检定有效期内，仪器设备的技术指标应满足检测方法的要求。现场测定应在对样品无污染的场所进行，环境条件应满足仪器设备使用要求和检测方法要求，并做好记录。

（十）实验室分析（包括现场测定）记录应当至少包括检测任务编号、检测项目、样品编号、检测依据、检测参数、检测日期、环境条件参数（温度、湿度、气压）、样品处理、仪器设备（名称、型号及编号）、仪器设备条件参数、标准物质、标准曲线、质控样品、检测结果等信息（实验室分析记录表参照附件6）。

第十五条 检测结果处理应当满足以下要求：

（一）应当按照标准规范进行数值转换，并记录转换过程。

（二）应当采用法定计量单位，按照标准规范进行数值修约。

（三）检测结果按照以下原则表示：

1. 职业接触限值为整数的，检测结果原则上应保留到小数点后1位；职业接触限值为非整数的，检测结果应比职业接触限值数值小数点后多保留1位。

2. 当样品未检出时，检测结果表示为小于最低检出浓度，最低检出浓度至少保留1位有效数字。

3. 当空白对照样品未检出时，检测结果表示为未检出。

（四）不得随意剔除有关数据，人为干预检测结果。当出现可疑数据需舍弃时，应分析原因并说明理由。

第十六条 检测工作中的各种原始记录应当使用受控的记录表格，及时、如实记录。记录信息应当全面、清晰、完整，按要求书写、复核、签字。记录划改应当规范，采用杠改方式，并由划改人签字或盖章。

第十七条 技术服务机构应当按照以下要求向用人单位（或委托单位）出具检测报告（检测报告样式见附件7）：

（一）检测报告应有唯一性标识、页码和总页数标识、表明检测报告结束的标识。

（二）检测报告应当有资质认定标识、技术服务机构公章或检测专用章，并加盖骑缝章。

（三）检测报告应注明检测类别。分次完成的定期检测项目，应当注明当次检测范围。

（四）检测报告内容应当完整、规范、信息全面，至少包括用人单位名称和地址、技术服务机构名称、检测任务编号、采样点或采样对象、采样日期、采样时间、采样方式、仪器设备名称及编号、检测依据、检测日期、检测结果、审核人、授权签字人等信息。

（五）定期检测报告除列出检测结果外，应按照职业接触限值要求汇总检测结果，并给出是否符合职业接触限值要求的结论，分析超标主要原因，提出整改措施建议。

第十八条 技术服务机构应当通过以下措施加强检测工作全过程的质量管理和控制：

（一）建立质量管理体系，体系文件应涵盖检测工作的全部程序和内容，满足检测工作的质量要求，具有可操作性。

（二）仪器设备应当按要求进行计量检定或校准，定期实施期间核查，并做好维护、保养。

（三）制订和实施内部质量控制计划，通过空白对照、比对、样品复测、加标、质控样品分析等方法加强内部质量控制。

（四）定期参加实验室间比对、能力验证等外部质量控制活动。

（五）制订人员培训、监督检查、仪器设备计量检定或校准、仪器设备维护保养、期间核查、内审、管理评审、质量控制等年度计划，并严格实施。

（六）检测工作各环节原始记录和检测报告均应当按要求进行审核，并有质量监督记录。审核人需经授权并具有中级以上技术职称。

第十九条　检测工作结束后，应将检测过程中产生的资料按要求归档保存，保证检测过程可溯源。检测档案应当至少包括以下内容：

（一）技术服务合同（或协议）。

（二）合同评审记录。

（三）现场调查、工作日写实等相关原始记录。

（四）现场采样和检测计划及审核记录。

（五）现场采样记录、现场测量记录、样品接收流转保存记录、实验室分析记录、原始谱图及计算过程记录等相关原始记录。

（六）技术服务过程影像资料。

（七）检测所需的技术资料。

（八）检测报告及审核记录。

（九）其他与检测相关的记录、资料。

附件：1. 检测工作流程

2. 现场调查记录表

3. 现场采样和检测计划

4. 现场采样记录表

5. 现场测量记录表

6. 实验室分析记录表

7. 检测报告样式

附件 1

检测工作流程

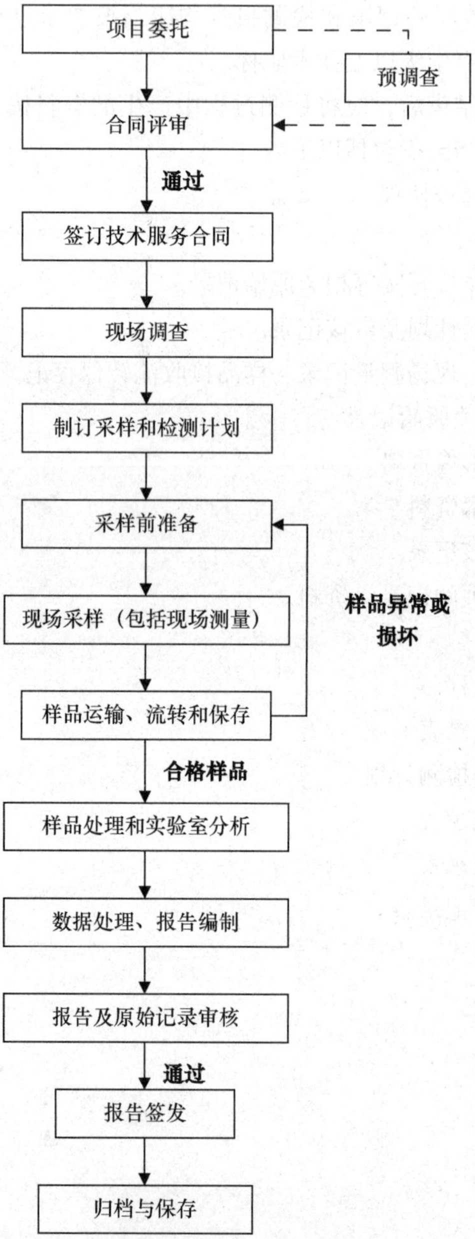
项目委托
预调查
合同评审
通过
签订技术服务合同
现场调查
制订采样和检测计划
采样前准备
现场采样（包括现场测量）
样品异常或损坏
样品运输、流转和保存
合格样品
样品处理和实验室分析
数据处理、报告编制
报告及原始记录审核
通过
报告签发
归档与保存

附件 2

现场调查记录表

表 2—1 劳动者工作日写实调查表

第 页/共 页

<table>
<tr><td>用人单位</td><td colspan="2"></td><td colspan="2">检测任务编号</td><td colspan="3"></td></tr>
<tr><td>车间/工作场所</td><td colspan="7"></td></tr>
<tr><td>岗位（工种）</td><td></td><td>岗位总人数</td><td colspan="2"></td><td>最大班人数</td><td colspan="2"></td></tr>
<tr><td>工作制度</td><td></td><td>写实人数</td><td></td><td>姓名</td><td></td><td>工龄</td><td></td></tr>
<tr><td>工作场所及工作内容描述</td><td colspan="7"></td></tr>
</table>

工作时间	工作地点	工作内容	耗费工时	接触职业病危害因素	备注
~					
~					
~					
~					
~					
~					
~					
~					
~					
~					
~					
~					
~					
~					
~					

调查人： 陪同人： 调查日期： 年 月 日

表 2—2　劳动者作业情况调查表

检测任务编号：　　　　　　　　　　　　　　　　　　　　　　　　第　页/共　页

用人单位：			车间名称：		工作制度：		
岗位（工种）	人数		工作内容、过程和工作方式、作业地点	接触职业病危害因素	接触时间（小时/日或周）	职业病防护设施	个人防护用品
	总数	数/班					

调查人：　　　　　　　　陪同人：　　　　　　　　调查日期：　年　月　日

表 2—3　设备设施及测点布局情况调查表

检测任务编号：　　　　　　　　　　　　　　　　　　　　第　页/共　页

<table>
<tr><td colspan="4">用人单位：</td><td colspan="2">车间名称：</td></tr>
<tr><td rowspan="2">设备名称</td><td colspan="2">数量</td><td rowspan="2">型号</td><td rowspan="10">场所布局、设备布局、测点布置图：</td><td rowspan="10">测点标注及编号：</td></tr>
<tr><td>总数</td><td>运行</td></tr>
<tr><td></td><td></td><td></td><td></td></tr>
<tr><td></td><td></td><td></td><td></td></tr>
<tr><td></td><td></td><td></td><td></td></tr>
<tr><td></td><td></td><td></td><td></td></tr>
<tr><td></td><td></td><td></td><td></td></tr>
<tr><td></td><td></td><td></td><td></td></tr>
<tr><td></td><td></td><td></td><td></td></tr>
<tr><td></td><td></td><td></td><td></td></tr>
</table>

调查人：　　　　　　陪同人：　　　　　　调查日期：　年　月　日

表 2—4　物料及工艺情况调查表

检测任务编号：　　　　　　　　　　　　　　　　　　　　　　　　　第　页/共　页

用人单位：				车间名称：
物料名称	用量	主要成分	使用岗位（或场所）	生产工艺情况描述：

调查人：　　　　　　陪同人：　　　　　　　　　　调查日期：　年　月　日

附件 3

现场采样和检测计划

用人单位：　　　　　　　　　　采样日期：　　　年　月　日

检测类别：　　　　　　　　　　检测任务编号：　　　　　　　　　　第　页/共　页

岗位（工种）	采样点/对象	检测项目	样品数量（点数×样品数×天数）	采样方式	采样时机/时段	采样流量（L/min）	空气收集器	采样设备	样品保存期限和保存条件	备注

编制人：　　　　　　　　　　审核人：　　　　　　　　　　批准人：

年　月　日　　　　　　　　　年　月　日　　　　　　　　　年　月　日

附件 4

现场采样记录表

表 4—1　工作场所空气中有害物质定点采样记录

检测任务编号：　　　　　　　　　　　　　　　　　　　　气压：　　kPa　　第　页/共　页

用人单位		检测类别	□评价　□定期　□其他
仪器名称、型号		校准仪器名称、编号	
检测项目		采样方法	□活性碳管 □硅胶管 □吸收液 □滤膜□其他____
采样依据			

膜/管号	样品编号	仪器编号	采样点	生产状况、职业病防护设施运行情况及个人防护用品使用情况	采样流量（L/min）		采样时间		温度 ℃	备注
					采样前	采样后	开始	结束		
							:	:		
							:	:		
							:	:		
							:	:		
							:	:		

采样人：　　　　　　年　月　日　　　　　　陪同人：　　　　　　年　月　日

表 4—2　工作场所空气中有害物质个体采样记录

检测任务编号：　　　　　　　　　　　　　　　　　　气压：　　kPa　　第　页/共　页

用人单位		检测类别	□评价　□定期　□其他
仪器名称、型号		校准仪器名称、编号	
检测项目		采样方法	□活性碳管 □硅胶管 □吸收液 □滤膜□其他____
检测依据			

现场编号	样品编号	仪器编号	采样对象（车间名称及岗位/工种）	佩戴人姓名	生产状况、职业病防护设施运行情况及个人防护用品使用情况	采样流量（L/min）		采样时间		温度 ℃	备注
						采样前	采样后	开始	结束		
								:	:		
								:	:		
								:	:		
								:	:		
								:	:		
								:	:		
								:	:		

采样人：　　　　　　　　年　月　日　　　　　　陪同人：　　　　　　　　年　月　日

附件 5

现场测量记录表

表 5—1　噪声测量记录

用人单位：　　　　测量依据：　　　　检测任务编号：

仪器名称/型号/编号：　　　　温度：__℃　　　　相对湿度：__%RH

声校准器型号/编号：　　　　校准值：__ dB（A）　　　　第　页/共　页

测量编号	测量时间	测量位置	生产状况、个人防护用品使用情况	接触时间（小时/日）	测量结果［dB（A）］			$L_{Aeq,Te}$［dB（A）］	$L_{EX,8h}$［dB（A）］
					第 1 次	第 2 次	第 3 次		
	:								
	:								
	:								
	:								
	:								
	:								
	:								
	:								
备注	$L_{Aeq,Te}$：时间段 Te 内等效声级；$L_{EX,8h}=L_{Aeq,Te}+10\lg\frac{T_e}{T_0}$								

测量人：　　　　复核人：　　　　陪同人：　　　　年　月　日

表 5—2 脉冲噪声测量记录

用人单位： 测量依据： 检测任务编号：

仪器名称/型号/编号： 温度：__℃ 相对湿度：__%RH

声校准器型号/编号： 校准值：__ dB（A） 第 页/共 页

测量编号	测量时间	测量位置	生产状况、个人防护用品使用情况	测量结果				备注
				脉冲峰值［dB（A）］	脉冲次数（次/分钟）	接触时间（小时/日）	接触总次数	
	:							
	:							
	:							
	:							
	:							
	:							
	:							
备注								

测量人： 复核人： 陪同人： 年 月 日

表 5—3　个体噪声测量记录

用人单位：　　　　　测量依据：　　　　　温度：__℃　　相对湿度：__%RH　　检测任务编号：

仪器名称/型号：　　　　　低阈值：__ dB（A）　　声校准器型号/编号：　　　　校准值：__ dB（A）　　　第　页/共　页

测量编号	测量仪器编号	车间名称及岗位（工种）	佩戴人姓名	生产状况、个人防护用品使用情况	接触时间（小时/日）	测量时段		测量时间（h）	$L_{Aeq,T}$ [dB（A）]	$L_{EX,8h}$ [dB（A）]
						开始	结束			
						:	:			
						:	:			
						:	:			
						:	:			
						:	:			
						:	:			
						:	:			
						:	:			
						:	:			
						:	:			
						:	:			
备注										

测量人：　　　　　　复核人：　　　　　　陪同人：　　　　　　年　月　日

表 5—4　噪声倍频程测量记录

用人单位：　　　　　　测量依据：　　　　　　检测任务编号：

仪器名称/型号/编号：　　　　　　温度：__℃　　　　　　相对湿度：__%RH

声校准器型号/编号：　　　　　　校准值：__ dB（A）　　　　　　第　页/共　页

测量编号	测量时间	测量位置	生产状况、个人防护用品使用情况	频段	1/1（1/3）倍频程测量值［dB（A）］							备注
	：											
	：											
	：											
	：											
	：											
	：											
	：											
	：											
备注												

测量人：　　　　　　复核人：　　　　　　陪同人：　　　　　　年　月　日

表 5—5　高温（热源稳定）测量记录

用人单位：　　　　　　测量依据：　　　　　　检测任务编号：

仪器名称/型号/编号：　　　　　　室外温度：__℃　　　　　　相对湿度：__%RH　　　　　　第　页/共　页

测量编号	测量时间	测量位置	WBGT 指数（℃）		WBGT 指数平均值（℃）	接触时间 t（min）	$\overline{WBGT}$（℃）	备注
	:		$WBGT_{头}$					
	:		$WBGT_{腹}$					
	:		$WBGT_{踝}$					
	:		$WBGT_{头}$					
	:		$WBGT_{腹}$					
	:		$WBGT_{踝}$					
	:		$WBGT_{头}$					
	:		$WBGT_{腹}$					
	:		$WBGT_{踝}$					
	:		$WBGT_{头}$					
	:		$WBGT_{腹}$					
	:		$WBGT_{踝}$					
	:		$WBGT_{头}$					
	:		$WBGT_{腹}$					
	:		$WBGT_{踝}$					
	:		$WBGT_{头}$					
	:		$WBGT_{腹}$					
	:		$WBGT_{踝}$					
备注	WBGT 指数平均值（℃）：$WBGT = \frac{WBGT_{头} + 2 \times WBGT_{腹} + WBGT_{踝}}{4}$							

测量人：　　　　　　复核人：　　　　　　陪同人：　　　　　　年　月　日

表 5—6 高温（热源不稳定）测量记录

用人单位： 测量依据： 检测任务编号：

仪器名称/型号/编号： 室外温度：__℃ 相对湿度：__%RH 第 页/共 页

测量编号	测量时间	测量位置	WBGT 指数（℃）		WBGT 指数平均值（℃）	接触时间 t（min）	$\overline{WBGT}$（℃）	备注
	:		$WBGT_{头}$					
	:		$WBGT_{腹}$					
	:		$WBGT_{踝}$					
	:		$WBGT_{头}$					
	:		$WBGT_{腹}$					
	:		$WBGT_{踝}$					
	:		$WBGT_{头}$					
	:		$WBGT_{腹}$					
	:		$WBGT_{踝}$					
	:		$WBGT_{头}$					
	:		$WBGT_{腹}$					
	:		$WBGT_{踝}$					
	:		$WBGT_{头}$					
	:		$WBGT_{腹}$					
	:		$WBGT_{踝}$					
	:		$WBGT_{头}$					
	:		$WBGT_{腹}$					
	:		$WBGT_{踝}$					
备注	1. WBGT 指数平均值（℃）：$WBGT = \frac{WBGT_{头} + 2 \times WBGT_{腹} + WBGT_{踝}}{4}$； 2. 时间加权平均 WBGT 指数：$\overline{WBGT} = \frac{WBGT_1 \times t_1 + WBGT_2 \times t_2 + \cdots + WBGT_n \times t_n}{t_1 + t_2 + \cdots + t_n}$。							

测量人： 复核人： 陪同人： 年 月 日

表 5—7 手传振动测量记录

用人单位：　　　　　　　　　　　　　　　　　　检测任务编号：

车间名称：　　　　　　　　　　　　　　　　　　测量依据：

仪器名称/型号/编号：　　　　　　　　　　　　　　　　　　第　页/共　页

测量编号	姓名	工作内容	使用工具及型号	检测位置（被测仪器/振动工件）	持续时间（h）	测量结果（a_i）（m/s^2）			4h 等能量频率计权振动加速度 a_{hw}（4）（m/s^2）
						X	Y	Z	

注：$a_{hw}(4)=\sqrt{\frac{\sum t_i}{4}}\times\sqrt{\frac{\sum(a_i^2\times t_i)}{\sum t_i}}$，其中 a_i 为检测值的最大值。

测量人：　　　　　　　复核人：　　　　　　　陪同人：　　　　　　　年　月　日

表 5—8 超高频辐射测量记录

用人单位：　　　　测量依据：　　　　检测任务编号：

仪器名称/型号/编号/探头号：　　　　温度：__℃　　相对湿度：__%RH　　第　页/共　页

测量编号	测量时间	测量位置	设备名称及频率范围	接触时间	生产状况、个人防护用品使用情况	脉冲波	连续波	测量结果（　）							
								头		胸		腹		局部	
								测量值	修正结果	测量值	修正结果	测量值	修正结果	测量值	修正结果
	:														
	:														
	:														
	:														
	:														
	:														
	:														
	:														
	:														
	:														
备注	修正结果=测量值×修正系数														

测量人：　　　　复核人：　　　　陪同人：　　　　年　月　日

表 5—9　高频电磁场测量记录

用人单位：　　　　测量依据：　　　　检测任务编号：

仪器名称/型号/编号/探头号：　　　　温度：__℃　相对湿度：__%RH　　　　第　页/共　页

测量编号	测量时间	测量位置	设备名称及频率范围	接触时间	生产状况、个人防护用品使用情况	检测部位	测量结果						
							类型	测量值1	修正结果	测量值2	修正结果	测量值3	修正结果
	:						磁场强度（A/m）						
							电场强度（V/m）						
	:						磁场强度（A/m）						
							电场强度（V/m）						
	:						磁场强度（A/m）						
							电场强度（V/m）						
	:						磁场强度（A/m）						
							电场强度（V/m）						
	:						磁场强度（A/m）						
							电场强度（V/m）						
备注	修正结果=测量值×修正系数												

测量人：　　　　复核人：　　　　陪同人：　　　　年　月　日

表 5—10 工频电场测量记录

用人单位： 测量依据： 检测任务编号：

仪器名称/型号/编号/探头号： 温度：__℃ 相对湿度：__%RH 第 页/共 页

测量编号	测量时间	测量位置	设备名称及频率范围	接触时间	生产状况、个人防护用品使用情况	测量结果（ ）					
						测量值 1	修正结果	测量值 2	修正结果	测量值 3	修正结果
	:										
	:										
	:										
	:										
	:										
	:										
	:										
	:										
	:										
	:										
	:										
	:										
	:										
备注	修正结果=测量值×修正系数										

测量人： 复核人： 陪同人： 年 月 日

表 5—11　微波辐射测量记录

用人单位：　　　　测量依据：　　　　检测任务编号：

仪器名称/型号/编号/探头号：　　　　温度：__℃　　相对湿度：__%RH　　　　第　页/共　页

测量编号	测量时间	测量位置	设备名称及频率范围	接触时间	生产状况、个人防护用品使用情况	脉冲	连续	测量结果（__ W/cm²）							
								头		胸		腹		局部	
								测量值	修正结果	测量值	修正结果	测量值	修正结果	测量值	修正结果
	:														
	:														
	:														
	:														
	:														
	:														
	:														
	:														
	:														
	:														
	:														
备注	修正结果=测量值×修正系数														

测量人：　　　　复核人：　　　　陪同人：　　　　年　月　日

表 5—12　紫外辐射测量记录

用人单位：　　　　　　　　　　　测量依据：　　　　　　　　　　检测任务编号：

仪器名称/型号/编号：　　　　　　温度：__℃　　相对湿度：__%RH　　　　第　页/共　页

测量编号	测量时间	测量位置/人员		波段（nm）	生产状况	接触时间	辐照度（$\mu W/cm^2$）												个人防护用品使用情况
							眼部			面部			肢体			其他（　　）			
							测量值	修正结果	有效辐照度 E_{eff}	测量值	修正结果	有效辐照度 E_{eff}	测量值	修正结果	有效辐照度 E_{eff}	测量值	修正结果	有效辐照度 E_{eff}	
	:		罩（内、外）	A_{365}															
				B_{297}															
				C_{254}															
	:		罩（内、外）	A_{365}															
				B_{297}															
				C_{254}															
备注	修正结果=测量值×修正系数；$E_{eff}=0.00011\times E_A+0.64\times E_B+0.5\times E_C$。																		

测量人：　　　　　　　　复核人：　　　　　　　　陪同人：　　　　　　　　年　月　日

表 5—13　照度测量记录

用人单位：　　　　测量依据：　　　　检测任务编号：

仪器名称/型号/编号/量程：　　　　测量时间：　　温度：__℃　相对湿度：__%RH　　　第　页/共　页

测量编号	测量位置	测量结果（lx）												E_{av}	E_{min}/E_{av}
		测量值 1	修正结果	测量值 2	修正结果	测量值 3	修正结果	测量值 4	修正结果	测量值 5	修正结果	测量值 6	修正结果		
备注	修正结果=测量值×修正系数														

测量人：　　　　复核人：　　　　陪同人：　　　　年　月　日

附件 6

实验室分析记录表

表 6—1　分光光度法原始记录（1）

检测任务编号：　　　　　　　　　　　　　　　　　　　　　　　　第　页/共　页

曲线名称	标准曲线	制作日期					
制作地点		温度	℃	相对湿度	%RH		
制作依据		检测方法					
仪器型号及编号		状态		比色皿尺寸	cm	波长	nm
标准贮备液	mg/mL						
标准使用液	μg/mL						
标准曲线制作							

标准曲线表								
标准序号	0	1	2	3	4	5	6	7
标准溶液 mL								
含量μg								
吸光度 A								
减空白吸光值								
标准曲线结果	相关系数 γ=			a=			b=	
标准曲线方程								

检测人：　　　　　　年　　月　　日　　　　　复核人：　　　　　　年　　月　　日

表 6—1　分光光度法原始记录（2）

检测任务编号：　　　　　　　　　　　　　　　　　　　　　　第　页/共　页

标准曲线制作、测定样品所需溶液的配制记录	
一、吸收液	
二、其他溶液	
三、标准溶液	

检测人：　　　　年　　月　　日　　　　复核人：　　　　年　　月　　日

表 6—1　分光光度法原始记录（3）

检测任务编号：　　　　　　　　　　　　　　　　　　　　　　第　页/共　页

样品名称		空气收集器		用人单位	
送检日期		检测日期		检测项目	
样品处理					

样品测定表（标准曲线见原始记录项目编号　　　　）							
样品编号	采样体积（L）	测样					备注
		样总量（mL）	检测用量（mL）	吸光度 A	相对含量（μg）	结果（mg/m^3）	

质量控制样品的制备：

质量控制样品测定结论：

采样体积： （1）采样体积=采样流量×采样时间 （2）$V_0=V_T\times293/(273+T)\times P/101.3$ 注：当 $T<5℃$ 或 $T>35℃$；$P<98.8kPa$ 或 $P>103.4kPa$ 时，使用公式（2）计算采样体积	相对含量计算公式	检测结果计算公式	相对含量计算修正值
		mg/m^3 =［稀释倍数×（相对含量-空白）］/采样体积	
备注			

检测人：　　　　　　年　　月　　日　　　　　复核人：　　　　　　年　　月　日

表 6—2　目视比色法原始记录（1）

检测任务编号：　　　　　　　　　　　　　　　　第　页/共　页

色阶名称		制作日期	
制作地点			
温度	℃	相对湿度	%RH
制作依据		检测方法	
标准贮备液	mg/mL		
标准使用液	μg/mL		
标准曲线制作			

标准色阶表								
标准序号	0	1	2	3	4	5	6	7
标准溶液 mL								
含量μg								

检测人：　　　　年　　月　　日　　　　复核人：　　　　年　　月　日

表 6—2 目视比色法原始记录（2）

检测任务编号： 第 页/共 页

标准色阶制作、测定样品所需溶液的配制记录	
一、吸收液	
二、其他溶液	
三、标准溶液	

检测人： 年 月 日 复核人： 年 月 日

表 6—2 目视比色法原始记录（3）

检测任务编号： 第 页/共 页

样品名称		空气收集器		用人单位	
送检日期		检测日期		检测项目	
样品处理					
样品测定表（标准色阶见原始记录项目编号 ）					

样品编号	采样体积（L）	测样				备注
		样总量（mL）	检测用量（mL）	相对色阶含量（μg）	结果（mg/m^3）	

采样体积：	检测结果计算公式
（1）采样体积=采样流量×采样时间 （2）$V_0=V_T\times293/(273+T)\times P/101.3$ 注：当 $T<5℃$ 或 $T>35℃$；$P<98.8kPa$ 或 $P>103.4kPa$ 时，使用公式（2）计算采样体积	mg/m^3=（稀释倍数×相对色阶含量）/采样体积
备注	

检测人： 年 月 日 复核人： 年 月 日

表6—3　电化学法原始记录（1）

检测任务编号：　　　　　　　　　　　　　　　　　　　　第　页/共　页

曲线名称		制作日期	
制作地点			
温度	℃	相对湿度	%RH
制作依据		检测方法	
仪器型号及编号		状态	
标准贮备液	mg/mL		
标准使用液	μg/mL		
标准曲线制作			

标准曲线表

标准序号	0	1	2	3	4	5	6	7
标准溶液 mL								
含量μg								
lg*C*								
电位值 mV								

检测人：　　　　　年　　月　　日　　　　　复核人：　　　　　年　　月　日

表 6—3　电化学法原始记录（2）

检测任务编号：　　　　　　　　　　　　　　　　　　　　第　页/共　页

标准曲线制作、测定样品所需溶液的配制记录	
一、吸收液	
二、其他溶液	
三、标准溶液	

检测人：　　　　　年　月　日　　　　复核人：　　　　　年　月　日

表 6—3 电化学法原始记录（3）

检测任务编号：　　　　　　　　　　　　　　　　　　　　　　第　页/共　页

样品名称		空气收集器		用人单位	
送检日期		检测日期		检测项目	
样品处理					

样品测定表（标准曲线见原始记录项目编号　　　　　）

样品编号	采样体积（L）	稀释倍数	电位值（mV）	lg$C$	相对含量（μg）	计算结果（mg/m^3）	备注

质量控制样品的制备：

质量控制样品测定结论：

采样体积： （1）采样体积=采样流量×采样时间 （2）$V_0=V_T\times293/(273+T)\times P/101.3$ 注：当 $T<5$℃ 或 $T>35$℃；$P<98.8$kPa 或 $P>103.4$kPa 时，使用公式（2）计算采样体积	相对含量 $=10^{\lg C}$	$\lg C_{待}=[(E_{待}-E_{标})/S_{斜}]+\lg C$
	$S_{斜率}=(E_1-E_2)/(\lg C_1-\lg C_2)$	计算结果(mg/m^3)=(C×稀释倍数)/V_0
备注		

检测人：　　　　　年　　月　　日　　复核人：　　　　　年　　月　　日

表 6—4 色谱原始记录（1）

检测任务编号： 第 页/共 页

<table>
<tr><td>用人单位</td><td colspan="2"></td><td>样品名称</td><td></td></tr>
<tr><td>检测项目</td><td colspan="4"></td></tr>
<tr><td>检测依据</td><td></td><td>送检日期</td><td></td><td>检测日期</td></tr>
<tr><td>实验室环境条件</td><td colspan="4">气压______（kPa） 温度______（℃） 相对湿度______%RH</td></tr>
<tr><td>实验用仪器</td><td colspan="4">__________色谱仪 型号：__________ 编号：__________</td></tr>
<tr><td rowspan="3">色谱条件</td><td colspan="4">色谱柱名称：____ 柱长：____ m 内径：____ mm 膜厚：____ μm
检测器：______________________</td></tr>
<tr><td colspan="2">气相色谱</td><td colspan="2">液相/离子色谱</td></tr>
<tr><td colspan="2">柱温：______________℃
汽化室温度：______________℃
检测器温度：______________℃
载气流速：______________ mL/min
分流比：______________</td><td colspan="2">流动相：______________
流量：______________
柱头压：______________</td></tr>
<tr><td rowspan="6">色谱图参数</td><td>化合物名称</td><td>保留时间</td><td>化合物名称</td><td>保留时间</td></tr>
<tr><td></td><td></td><td></td><td></td></tr>
<tr><td></td><td></td><td></td><td></td></tr>
<tr><td></td><td></td><td></td><td></td></tr>
<tr><td></td><td></td><td></td><td></td></tr>
<tr><td></td><td></td><td></td><td></td></tr>
<tr><td>样品预处理</td><td colspan="4"></td></tr>
</table>

检测人： 年 月 日 复核人： 年 月 日

表6—4 色谱原始记录（2）

检测任务编号： 第 页/共 页

曲线名称	标准曲线
标物名称：______ 标物编号：______ 标物批号：______ 生产厂家：______ 溶剂/解吸液名称：____________ 批号：____________ 生产厂家：____________ 电子天平：_______________ 型号：________________ 编号：________________	
标准储备液（气）配制： 取____________色标物____ μL，称重后质量____________ g 于________ mL（容量瓶□/注射器□）中，用________定容至________ mL，标准储备液（气）浓度为________ μg/mL 外购标准储备液（气）浓度：____________ μg/mL	
标准应用液（气）配制： 取标准储备（液□气□）体积______，于______ mL（容量瓶□/注射器□）中，用__________定容至______ mL，其浓度为____________ μg/mL	

标准曲线制作（定容体积： mL）							
管号		0	1	2	3	4	5
取应用液（气）体积							
浓度μg/mL							
峰面积□/峰高□	1						
	2						
	3						
	平均值						
标准曲线方程		*Y*= *X*					
相关系数					检出限	μg/mL	

检测人： 年 月 日 复核人： 年 月 日

表 6—4 色谱原始记录（3）

检测任务编号：　　　　　　　　　　　　　　　　　　　　　　　　第　页/共　页

检测项目						
质量控制样品的制备： 质量控制样品测定结论：						
样品测定结果（标准曲线见检测任务编号：　　　　）						
样品编号	采样体积（L）	稀释体积数（mL）	结果			备注
			峰面积□/峰高□	测量浓度 C（μg/mL）	检测结果（mg/m^3）	
计算公式	$C=\frac{C-C_{空}}{V_0D}\times V$		采样体积： （1）采样体积=采样流量×采样时间 （2）$V_0=V_T\times293/(273+T)\times P/101.3$ 注：当 $T<5℃$ 或 $T>35℃$；$P<98.8kPa$ 或 $P>103.4kPa$ 时，使用公式（2）计算采样体积			
解吸效率制作见解吸效率原始记录表（编号：　　　　） 解吸效率 $D=$　　　　%						
采集　　　　L 空气样品，本方法的最低检出浓度为　　　　　　　　mg/m^3						

检测人：　　　　　　年　　月　　日　复核人：　　　　　　年　　月　　日

表 6—5　气质联用定性分析原始记录（1）

检测任务编号：　　　　　　　　　　　　　　　　　　　　　　第　页/共　页

<table>
<tr><td>用人单位</td><td></td><td>样品名称</td><td colspan="2"></td></tr>
<tr><td>检测项目</td><td colspan="4"></td></tr>
<tr><td>送检日期</td><td></td><td>检测日期</td><td colspan="2"></td></tr>
<tr><td colspan="5"></td></tr>
<tr><td>实验室环境条件</td><td colspan="4">气压：_______（kPa）　温度：_______（℃）　湿度：_______%RH</td></tr>
<tr><td>实验用仪器</td><td colspan="4">________质谱仪　型号：________　编号：________</td></tr>
<tr><td rowspan="2">质谱条件</td><td colspan="4">色谱柱名称：____　柱长：____ m 内径：____ mm　膜厚：____ μm
检测器：______________________________
质谱</td></tr>
<tr><td colspan="4">柱温：________________℃　扫描方式：________________
汽化室温度：________________℃　离子源温度：________________℃
检测室温度：________________℃　溶剂切除时间：________________min
载气流速：________________mL/min　扫描范围：________________m/z
分流比：________________</td></tr>
<tr><td rowspan="6">质谱图参数</td><td>化合物名称</td><td>保留时间</td><td>化合物名称</td><td>保留时间</td></tr>
<tr><td></td><td></td><td></td><td></td></tr>
<tr><td></td><td></td><td></td><td></td></tr>
<tr><td></td><td></td><td></td><td></td></tr>
<tr><td></td><td></td><td></td><td></td></tr>
<tr><td></td><td></td><td></td><td></td></tr>
<tr><td>样品预处理</td><td colspan="4"></td></tr>
</table>

检测人：　　　　　　年　　月　　日　复核人：　　　　　　年　　月　　日

表 6—5　气质联用定性分析原始记录（2）

检测任务编号：　　　　　　　　　　　　　　　　　　　　第　页/共　页

样品编号	保留时间（min）	定性结果	与标准谱库匹配度	相对百分含量（%）	备注

检测人：　　　　　年　　月　　日　　复核人：　　　　　年　　月　　日

表 6—6　火焰原子吸收光谱分析原始记录（1）

检测任务编号：　　　　　　　　　　　　　　　　　　　　　　第　页/共　页

样品名称		空气收集器		用人单位			
送检日期		检测日期		检测项目			
检测依据		检测方法					
检测地点		室温	℃	湿度	%		
仪器名称型号及编号				仪器状态			
波长	nm	狭缝	nm	灯电流	mA	负高压	V
试剂名称	批号（浓度）	生产厂家					
试剂配制：							

检测人：　　　　　年　月　日　复核人：　　　　　年　月　日

表 6—6　火焰原子吸收光谱分析原始记录（2）

检测任务编号：　　　　　　　　　　　　　　　　　　　　　　　第　页/共　页

<table>
<tr><td colspan="8">标准使用液配制：</td></tr>
<tr><td colspan="8">标准曲线系列</td></tr>
<tr><td>管号</td><td>1</td><td>2</td><td>3</td><td>4</td><td>5</td><td>6</td><td>7</td></tr>
<tr><td>应用液加入量 mL</td><td></td><td></td><td></td><td></td><td></td><td></td><td></td></tr>
<tr><td>定容量 mL</td><td></td><td></td><td></td><td></td><td></td><td></td><td></td></tr>
<tr><td>标准液浓度 μg/mL</td><td></td><td></td><td></td><td></td><td></td><td></td><td></td></tr>
<tr><td>吸光度值 A</td><td></td><td></td><td></td><td></td><td></td><td></td><td></td></tr>
<tr><td>相关系数</td><td colspan="3">$r=$</td><td colspan="2">标准曲线方程</td><td colspan="2">$A=$　　　　C</td></tr>
<tr><td>标准曲线绘制</td><td colspan="7"></td></tr>
<tr><td>样品处理与测定</td><td colspan="7"></td></tr>
<tr><td>质量控制</td><td colspan="7"></td></tr>
<tr><td>样品编号</td><td>采样体积
V_0
（L）</td><td>样品溶液
体积 V
（mL）</td><td>稀释倍数
k</td><td>吸光度值
A</td><td>测出量
C
（μg/mL）</td><td>检测结果
C
（mg/m³）</td><td>备注</td></tr>
<tr><td></td><td></td><td></td><td></td><td></td><td></td><td></td><td></td></tr>
<tr><td></td><td></td><td></td><td></td><td></td><td></td><td></td><td></td></tr>
<tr><td></td><td></td><td></td><td></td><td></td><td></td><td></td><td></td></tr>
<tr><td></td><td></td><td></td><td></td><td></td><td></td><td></td><td></td></tr>
<tr><td></td><td></td><td></td><td></td><td></td><td></td><td></td><td></td></tr>
<tr><td>计算公式</td><td colspan="3">$C=\frac{(C-C_0)\times V}{V_0}\times k$
C_0：样品空白</td><td colspan="4">采样体积：
（1）采样体积=采样流量×采样时间
（2）$V_0=V_T\times 293/(273+T)\times P/101.3$
注：当 $T<5$℃ 或 $T>35$℃；$P<98.8$kPa 或 $P>103.4$kPa 时，使用公式（2）计算采样体积</td></tr>
<tr><td>备注</td><td colspan="7">本方法最低检出限　　　　　　　　μg/mL
本方法最低检出浓度　　　　　　mg/m³（以采集　　L 空气样品计）</td></tr>
</table>

检测人：　　　　　　　年　　月　　日　　　复核人：　　　　　　年　　月　　日

表 6—7 石墨炉原子光谱分析原始记录（1）

检测任务编号： 第 页/共 页

样品名称		用人单位					
送检日期		检测日期		检测项目			
检测依据			检测方法				
检测地点		室温	℃	湿度	%		
仪器名称型号及编号				仪器状态			
波长	nm	狭缝	nm	灯电流	mA	负高压	V

试剂名称	批号（浓度）	生产厂家

试剂配制：

检测人： 年 月 日 复核人： 年 月 日

表 6—7 石墨炉原子光谱分析原始记录（2）

检测任务编号：　　　　　　　　　　　　　　　　　　第　页/共　页

标准液配制：							
标准曲线系列							
管号	1	2	3	4	5	6	7
应用液加入量 mL							
定容量 mL							
标准系列浓度 μg/L							
相应吸光度值 A							
相关系数	$r=$		标准曲线方程	$A=$　　　　C			
标准曲线绘制							
样品处理与测定							
质量控制							

样品编号	采样体积 V_0（L）	样品溶液体积 V（mL）	稀释倍数 k	测定值 A	测出量 C（μg/L）	检测结果 C（mg/m^3）	备注

计算公式	$C=\dfrac{(C-C_0)\times V}{V_0}\times k$ C_0：样品空白	采样体积： （1）采样体积=采样流量×采样时间 （2）$V_0=V_T\times 293/(273+T)\times P/101.3$ 注：当 $T<5$℃或 $T>35$℃；$P<98.8$kPa 或 $P>103.4$kPa 时，使用公式（2）计算采样体积
备注	本方法最低检出限　　　　　　μg/mL 本方法最低检出浓度　　　　　mg/m^3（以采集　　L空气样品计）	

检测人：　　　　　　　年　　月　　日　　复核人：　　　　　　年　　月　　日

表 6—8　原子荧光光谱分析原始记录（1）

检测任务编号：　　　　　　　　　　　　　　　　　　　　　　第　页/共　页

<table>
<tr><td>样品名称</td><td colspan="2"></td><td colspan="2">空气收集器</td><td colspan="2"></td><td>用人单位</td><td colspan="2"></td></tr>
<tr><td>送检日期</td><td colspan="2"></td><td colspan="2">检测日期</td><td colspan="2"></td><td>检测项目</td><td colspan="2"></td></tr>
<tr><td>检测依据</td><td colspan="4"></td><td colspan="2">检测方法</td><td colspan="3"></td></tr>
<tr><td>检测地点</td><td colspan="2"></td><td colspan="2">室温</td><td colspan="2">℃</td><td>湿度</td><td colspan="2">%</td></tr>
<tr><td colspan="3">仪器名称型号及编号</td><td colspan="4"></td><td>仪器状态</td><td colspan="2"></td></tr>
<tr><td>波长</td><td>nm</td><td colspan="2">灯电流</td><td>mA</td><td>辅电流</td><td>mA</td><td>mA</td><td>负高压</td><td>V</td></tr>
</table>

试剂名称	批号（浓度）	生产厂家

试剂配制：

检测人：　　　　　　年　　月　　日　复核人：　　　　　年　　月　　日

表 6—8　原子荧光光谱分析原始记录（2）

检测任务编号：　　　　　　　　　　　　　　　　　　　　　第　页/共　页

<table>
<tr><td colspan="8">标准使用液配制：</td></tr>
<tr><td colspan="8">标准曲线</td></tr>
<tr><td>管号</td><td>1</td><td>2</td><td>3</td><td>4</td><td>5</td><td>6</td><td>7</td></tr>
<tr><td>应用液加入量 mL</td><td></td><td></td><td></td><td></td><td></td><td></td><td></td></tr>
<tr><td>定容量 mL</td><td></td><td></td><td></td><td></td><td></td><td></td><td></td></tr>
<tr><td>标准液浓度 μg/mL</td><td></td><td></td><td></td><td></td><td></td><td></td><td></td></tr>
<tr><td>相应荧光强度值 If</td><td></td><td></td><td></td><td></td><td></td><td></td><td></td></tr>
<tr><td>相关系数</td><td colspan="3"></td><td colspan="2">标准曲线方程</td><td colspan="2">If=　　　　C</td></tr>
<tr><td>标准曲线绘制</td><td colspan="7"></td></tr>
<tr><td>样品处理与测定</td><td colspan="7"></td></tr>
<tr><td>质量控制</td><td colspan="7"></td></tr>
<tr><td>样品编号</td><td>采样体积 V_0 （L）</td><td>样品溶液体积 V （mL）</td><td>稀释倍数 k</td><td>测定值 If</td><td>测出量 C （μg/L）</td><td>检测结果 C （mg/m^3）</td><td>备注</td></tr>
<tr><td></td><td></td><td></td><td></td><td></td><td></td><td></td><td></td></tr>
<tr><td></td><td></td><td></td><td></td><td></td><td></td><td></td><td></td></tr>
<tr><td></td><td></td><td></td><td></td><td></td><td></td><td></td><td></td></tr>
<tr><td></td><td></td><td></td><td></td><td></td><td></td><td></td><td></td></tr>
<tr><td></td><td></td><td></td><td></td><td></td><td></td><td></td><td></td></tr>
<tr><td>计算公式</td><td colspan="3">$C = \frac{(C - C_0) \times V}{V_0} \times k$
C_0：样品空白</td><td colspan="4">采样体积：
（1）采样体积=采样流量×采样时间
（2）$V_0 = V_T \times 293/(273 + T) \times P/101.3$
注：当 $T<5℃$ 或 $T>35℃$；$P<98.8kPa$ 或 $P>103.4kPa$ 时，使用公式（2）计算采样体积</td></tr>
<tr><td>备注</td><td colspan="7">本方法最低检出限　　　　　　　μg/mL
本方法最低检出浓度　　　　　mg/m^3（以采集　　　L 空气样品计）</td></tr>
</table>

检测人：　　　　　年　　月　　日　　复核人：　　　　年　　月　　日

表 6—9　标准溶液配制与标定原始记录

记录编号：　　　　　　　　　　　　　　　　　　　　第　页/共　页

溶液名称			配制日期		标定日期	
执行标准			基准物质			
配制地点	温度	℃	相对湿度	%RH	溶液温度	℃
溶液的配制及标定						
一、溶液配制：						
二、标定：						
计算公式			标准溶液浓度			

检测人：　　　　　年　　月　　日　　复核人：　　　　　年　　月　　日

表 6—10 粉尘浓度测定原始记录

检测任务编号：　　　　　　　　　　　　　　　　　　第　页/共　页

样品名称		空气收集器		用人单位			
送检日期		检测日期		检测项目		粉尘类型	
检测依据			检测方法		滤膜质量法		
天平型号及编号				仪器状态			
天平室初称温度	℃	湿度	%	天平室称样温度	℃	湿度	%

样品编号	采样体积（m^3）	滤膜初称质量（mg）	采样后滤膜称重 1（mg）	采样后滤膜称重 2（mg）	滤膜增重（mg）	计算结果（mg/m^3）	备注

计算公式	空气中粉尘浓度（mg/m^3）$C = \frac{m_2 - m_1}{V}$
备注	

检测人：　　　　　　年　　月　　日　　复核人：　　　　　　年　　月　　日

表 6—11　游离二氧化硅含量测定原始记录

检测任务编号：　　　　　　　　　　　　　　　　　　　　　　　　第　页/共　页

用人单位				采样方法				检测依据		
送检日期				检测日期				检测方法		
样品称量		坩埚恒重		焦磷酸处理后坩埚恒重		氢氟酸处理后坩埚恒重		天平型号及编号		
温度　℃	湿度　%RH	温度　℃	湿度　%RH	温度　℃	湿度　%RH	温度　℃	湿度　%RH	天平状态		
样品编号	样品质量 m（g）	质量 m_1（g）		质量 m_2（g）		质量 m_3（g）		检测结果（%）	报出结果（%）	备注
		1	2	1	2	1	2			

计算公式：$W = \frac{m(\quad) - m(\quad)}{m} \times 100$　　　　备注：

样品处理：

检测人：　　　　年　　月　　日　　　　　　　　复核人：　　　　年　　月　　日

表 6—12　石棉纤维浓度测定原始记录

检测任务编号：　　　　　　　　　　　　　　　　　　　　　　　　　　　　第　页/共　页

样品名称				样品编号				检测日期				用人单位		
视野	纤维根数	序号	检测根数	序号	检测根数	序号	检测根数	序号	检测根数	序号	检测根数	序号	检测根数	计算公式
1		17		33		49		65		81		97		$A=\pi r^2=3.14\times$滤膜半径$^2=3.14\times$____$^2\approx$____ mm^2
2		18		34		50		66		82		98		
3		19		35		51		67		83		99		$a=\pi r^2=3.14\times$视野半径$^2=3.14\times$____$^2\approx$____ mm^2
4		20		36		52		68		84		100		
5		21		37		53		69		85		101		$D=$（a 物镜测微尺刻度/b 目镜测微尺刻度）$\times 10=$（____/____）10=______ μm
6		22		38		54		70		86		102		
7		23		39		55		71		87		103		$C=(A\times N\times 400)/(a\times n\times F\times t\times 1000)=$________ f/cm^3
8		24		40		56		72		88		104		
9		25		41		57		73		89		105		C—空气中石棉纤维的数量浓度数值（f/cm^3）
10		26		42		58		74		90		106		A—滤膜的采尘面积数值（mm^2）
11		27		43		59		75		91		107		N—计数测定的纤维总根数（f）
12		28		44		60		76		92		108		a—目镜测微尺的计数视野面积数值（mm^2）
13		29		45		61		77		93		109		n—计数测定的视野总数（个）
14		30		46		62		78		94		110		F—采样流量数值（L/min）
15		31		47		63		79		95		111		t—采样时间数值（min）
16		32		48		64		80		96		112		D—目镜测微尺刻度间距数值（μm） 400—显微镜放大倍数

（第 1 次）视野个数：________；石棉纤维根数：________；$C=$________ f/cm^3；

（第 2 次）视野个数：________；石棉纤维根数：________；$C=$________ f/cm^3；

（第 3 次）视野个数：________；石棉纤维根数：________；$C=$________ f/cm^3；　石棉纤维的数量平均浓度 $C=$________ f/cm^3。

检测人：　　　　　年　　月　　日　　　　　　　　　　　　复核人：　　　　　年　　月　　日

表 6—13　粉尘分散度测定原始记录

检测任务编号：　　　　　　　　　　　　　　　　　　　第　页/共　页

<table>
<tr><td>样品名称</td><td></td><td>空气收集器</td><td colspan="2"></td><td colspan="2">用人单位</td><td colspan="2"></td></tr>
<tr><td>送检日期</td><td></td><td>检测日期</td><td colspan="2"></td><td colspan="2">检测项目</td><td colspan="2">粉尘分散度</td></tr>
<tr><td>检测依据</td><td colspan="4"></td><td colspan="2">检测方法</td><td colspan="2">滤膜溶解涂片法</td></tr>
<tr><td>检测仪器型号及编号</td><td colspan="4"></td><td colspan="2">仪器使用状态</td><td colspan="2"></td></tr>
<tr><td>检测地点</td><td></td><td colspan="2">室温：　　℃</td><td colspan="3">相对湿度：　　%RH</td><td colspan="2">$D=a/b\times10=$</td></tr>
<tr><td>样品编号</td><td>粒径（μm）</td><td>尘粒数一次（个）</td><td>尘粒数二次（个）</td><td>尘粒数三次（个）</td><td>平均数（个）</td><td colspan="2">测量结果（%）</td><td>备注</td></tr>
<tr><td rowspan="5"></td><td><2</td><td></td><td></td><td></td><td></td><td colspan="2"></td><td></td></tr>
<tr><td>2～</td><td></td><td></td><td></td><td></td><td colspan="2"></td><td></td></tr>
<tr><td>5～</td><td></td><td></td><td></td><td></td><td colspan="2"></td><td></td></tr>
<tr><td>≥10</td><td></td><td></td><td></td><td></td><td colspan="2"></td><td></td></tr>
<tr><td>总计</td><td></td><td></td><td></td><td></td><td colspan="2"></td><td></td></tr>
<tr><td rowspan="5"></td><td><2</td><td></td><td></td><td></td><td></td><td colspan="2"></td><td></td></tr>
<tr><td>2～</td><td></td><td></td><td></td><td></td><td colspan="2"></td><td></td></tr>
<tr><td>5～</td><td></td><td></td><td></td><td></td><td colspan="2"></td><td></td></tr>
<tr><td>≥10</td><td></td><td></td><td></td><td></td><td colspan="2"></td><td></td></tr>
<tr><td>总计</td><td></td><td></td><td></td><td></td><td colspan="2"></td><td></td></tr>
<tr><td colspan="9">目镜测微尺刻度间距计算：$D=a/b\times10$
a：物镜测微尺刻度；10：物镜测微尺每刻度间距数值 μm；b：目镜测微尺刻度</td></tr>
<tr><td colspan="9">备注</td></tr>
</table>

检测人：　　　　　　年　　月　　日　复核人：　　　年　　月　　日

附件 7

检测报告样式

检测任务编号：

检测报告

（宋体初号居中）

用人单位（委托单位）：（宋体三号）

检测类别：（宋体三号）

职业卫生技术服务机构名称

（加盖公章，宋体二号）

年　月　日

（宋体三号）

扉一：职业卫生技术服务机构资质证书影印件

扉二：声明与签字页

声　明

××××（技术服务机构名称）遵守国家有关法律法规和标准规范，在为××××（用人单位名称）提供职业病危害因素检测服务过程中，坚持客观、真实、公正的原则，并对出具的《检测报告》承担法律责任。

技术服务机构名称（加盖公章）

年　月　日

编写人	资质证书编号	签名
审核人	资质证书编号	签名
签发人	资质证书编号	签名

目录：各类标题与页码之间均用“……”连接，页码不加括号。

正文：按照目录内容编写，纸型规格 A4 纸，字体为国标仿宋，标准 4 号，30 行/页，30 字/行。

检测报告主要内容见附录 1。

页眉：××××职业病危害因素检测报告、报告编号，字体为国标宋体，标准 5 号。

页脚：职业卫生技术服务机构名称，页码（第×页共×页），字体为国标宋体，标准 5 号。

附件：检测结果报告单。

检测结果报告单样式见附录 2。

附录 1

检 测 报 告

1. 检测依据

列出本次检测工作中现场采样、现场测量、实验室分析和结果判定所依据的法规、标准名称。

2. 用人单位情况介绍

用人单位基本情况介绍，包括单位地址、单位性质、行业类型、主要生产产品及产量等。

3. 检测类别及范围

（1）说明任务来源、检测类别、检测范围。

（2）应当对检测范围内的主要生产工艺及设备、使用原辅材料、产品及副产品、岗位（工种）设置及作业人员数量、职业病防护设施及运行情况、个人防护用品及使用情况等内容简要描述，汇总岗位（工种）作业人员接触职业病危害因素等情况（见表 7—1）。

表 7—1　岗位设置及接触职业病危害因素情况

岗位/工种	作业人数	工作地点	作业时间	接触职业病危害因素	个人防护用品及使用情况	职业病防护设施及运行情况

4. 现场采样和测量情况

对检测范围内各检测项目现场采样或测量的情况进行简要描述，包括采样方式、采样时间、采样频次、生产状况、环境条件等信息。

5. 检测结果

按照职业接触限值要求汇总检测结果（见表 7—2），给出是否符合职业接触限值要求的判定结果。

表 7—2　职业病危害因素检测结果与分析

岗位/工种	采样对象/采样点	检测项目	检测结果（单位）	职业接触限值（单位）	判定结果

6. 结论

对检测结果进行概括性的总结，列出结果超标的岗位（工种）或检测地点，分析超标的主要原因。

7. 建议

根据结论，提出整改措施建议。

附录 2：检测结果报告单

检测结果报告单（1）

检测任务编号： 第 页/共 页

用人单位：

样品来源： 检测类别：评价/定期/… 检测

检测项目：化学有害因素

采样日期： 检验日期：

采样及检测依据：

采样仪器名称及型号：

检测仪器名称、型号及编号：

样品编号	采样点/采样对象	采样时段	检测结果（mg/m^3）

最低检出浓度： mg/m^3（采样 L 空气）

（以下空白）

检测结果报告单（2）

检测任务编号：　　　　　　　　　　　　　　　　　　　　　第　页/共　页

用人单位：

检测方式：现场测量　　　　　　　　　　检测类别：评价/定期/... 检测

测量日期：　　　　　　　　　　　　　　测量依据：

测量项目：噪声

测量仪器名称、型号及编号：

测量编号	测量位置/对象	测量时间	测量结果［dB（A）］		
			第 1 次	第 2 次	第 3 次

（以下空白）

检测结果报告单（3）

检测任务编号：　　　　　　　　　　　　　　　　　　　　　　　　　第　页/共　页

用人单位：

检测方式：现场测量　　　　　　　　　　　　　　检测类别：评价/定期/... 检测

测量日期：　　　　　　　　　　　　　　　　　　测量依据：

测量项目：高温

测量仪器名称、型号及编号：

测量编号	测量位置/对象	测量时间	测量高度	*WBGT* 指数（℃）	$\overline{WBGT}$ 指数（℃）

（以下空白）

检测结果报告单（4）

检测任务编号：　　　　　　　　　　　　　　　　　　　　　　第　页/共　页

用人单位：

检测方式：现场测量　　　　　　　　　检测类别：评价/定期/… 检测

测量日期：　　　　　　　　　　　　　测量依据：

检测项目：超高频

测量仪器名称、型号及编号：

测量编号	测量位置/对象	测量时间	测量结果（V/m）		
			头	胸	腹

（以下空白）

检测结果报告单（5）

检测任务编号：　　　　　　　　　　　　　　　　　　　　　　　　　第　页/共　页

用人单位：

检测方式：现场测量　　　　　　　　　　　　检测类别：评价/定期/… 检测

测量日期：　　　　　　　　　　　　　　　　测量依据：

测量项目：高频电磁场

测量仪器名称、型号及编号：

测量编号	测量位置/对象	测量时间	电场强度测量结果（V/m）			磁场强度测量结果（A/m）		
			第 1 次	第 2 次	第 3 次	第 1 次	第 2 次	第 3 次

（以下空白）

检测结果报告单（6）

检测任务编号： 第 页/共 页

用人单位：

检测方式：现场测量 检测类别：评价/定期/... 检测

测量日期： 测量依据：

测量项目：工频电场

测量仪器名称、型号及编号：

测量编号	测量位置/对象	测量时间	测量结果（kV/m）		
			第 1 次	第 2 次	第 3 次

（以下空白）

检测结果报告单（7）

检测任务编号：　　　　　　　　　　　　　　　　　　　　第　页/共　页

用人单位：

检测方式：现场测量　　　　　　　　检测类别：评价/定期/... 检测

测量日期：　　　　　　　　　　　　测量依据：

测量项目：微波辐射

测量仪器名称、型号及编号：

测量编号	测量位置/对象	测量时间	测量结果（mW/cm²）			
			头	胸	腹	局部

（以下空白）

检测结果报告单（8）

检测任务编号：　　　　　　　　　　　　　　　　　　　　　　　　　　第　页/共　页

用人单位：

检测方式：现场测量　　　　　　　　　　　　检测类别：评价/定期/… 检测

测量日期：　　　　　　　　　　　　　　　　测量依据：

测量项目：紫外辐射

测量仪器名称、型号及编号：

测量编号	测量点/对象	测量时间	波段	测量结果（$\mu W/cm^2$）					
				眼部		面部		肢体	
				测量值	E_{eff} *	测量值	E_{eff} *	测量值	E_{eff} *
			A_{365}						
			B_{297}						
			C_{254}						

（以下空白）

检测结果报告单（9）

检测任务编号：　　　　　　　　　　　　　　　　　　　　　　第　页/共　页

用人单位：

检测方式：现场测量　　　　　　　　　　检测类别：评价/定期/… 检测

测量日期：　　　　　　　　　　　　　　测量依据：

测量项目：手传振动

测量仪器名称、型号及编号：

测量编号	测量位置/对象	测量结果（a_{hw}）（m/s^2）		
		X	*Y*	*Z*

（以下空白）

43　国家安全监管总局关于推进安全生产与职业健康一体化监管执法的指导意见

安监总安健〔2017〕74号

各省、自治区、直辖市及新疆生产建设兵团安全生产监督管理局：

为贯彻落实《中共中央国务院关于推进安全生产领域改革发展的意见》和《国务院办公厅关于加强安全生产监管执法的通知》（国办发〔2015〕20号）精神，建立安全生产与职业健康一体化监管执法制度，进一步强化职业健康监管，提高监管实效，现就推进安全生产与职业健康一体化监管执法工作（以下简称一体化监管执法）提出如下意见：

一、重要意义

（一）推进一体化监管执法是强化职业健康监管、保护劳动者职业安全健康的现实需要。职业健康工作事关劳动者身体健康和家庭幸福，事关经济社会和劳动力资源持续健康发展，事关全面建成小康社会和“健康中国”宏伟目标的实现，既是重大的民生问题，也是重大的社会问题。实施一体化监管执法，是现阶段解决职业健康监管任务量大面广、监管力量严重不足等突出问题的有效途径，是保护劳动者职业安全健康的现实需要。

（二）推进一体化监管执法是优化资源配置、落实简政放权的必然要求。通过一体化监管执法，可以进一步优化安全监管部门的资源配置，实现同类事项综合执法，避免对企业的重复执法、多头监管，减轻企业负担，是落实简政放权、放管结合、优化服务改革目标的必然要求。

（三）推进一体化监管执法是深化安全生产领域改革发展的重大举措。职业健康与安全生产工作相辅相成，相互促进。强化职业健康监管是安全生产管理体制机制改革创新的重要内容，是解决安全生产工作深层次问题的重要举措。推进一体化监管执法，能够进一步理顺职业健康监管体制机制，推动政府监管责任和企业主体责任有效落实，提升职业健康监管效能，有效遏制职业病高发态势。

二、总体要求

（一）指导思想

牢固树立红线意识和安全发展理念，以强化安全生产和职业健康监管为目标，建立完善一体化监管执法制度和职责明晰、协调有序、执法规范、运行高效的工作机制，实现对同类事项综合执法，提高监管实效，全面履行安全生产和职业健康监管职责，切实维护劳动者的安全健康权益，保障经济社会持续健康发展。

（二）基本原则

1. 积极稳妥，有序推进。一体化监管执法是一个长期渐进过程，涉及法制、体制、机制等深层次问题，要坚持“科学、合理、高效”原则，根据各地实际，积极稳妥，有序推进，不搞“一刀切”，对强化职业健康监管工作有利的要先行先试，条件不成熟的可以分步实施。

2. 问题导向，务求实效。要着力解决职业健康监管量大面广、监管力量严重不足等问题，突出重点，科学统筹安全生产和职业健康监管力量，避免多头监管、重复执法，讲究实际，注重实效。

3. 坚持底线，强化监管。把强化职业健康监管作为一体化监管执法改革的基本出发点，不断完善一体化监管执法的方式方法，加强职业健康监管机构和队伍建设，确保职业健康监管执法工作只能加强不能削弱。

三、主要任务

（一）推进执法检查一体化。在安全生产大检查、日常监督检查和建设项目“三同时”检查等工作中，将职业健康作为一项必要内容，同时部署、同时检查、同时总结。

（二）推进风险管控一体化。树立“职业病危害因素浓度（强度）超标就是隐患”的理念，将职业病危害因素分析和治理纳入风险分级管控和隐患排查治理双重预防机制中，做到职业病危害风险与安全生产风险管控一体化。

（三）推进标准化建设一体化。将职业健康相关指标纳入企业安全生产标准化建设，职业健康达标方可通过标准化评审，实行安全生产和职业健康“双达标”。

（四）推进宣传教育培训一体化。将职业健康作为宣传教育培训工作的重要内容，在宣传安全生产时一并宣传职业健康；整合生产经营单位法定代表人、管理人员及从业人员安全生产和职业健康教育培训教材、大纲，实施同步培训考核。

（五）推进技术服务一体化。支持、鼓励现有的安全生产评价、检测检验机构和职业健康技术服务机构通过专业人才引进、设备设施购置、资源整合等措施，拓展服务范围，开展安全生产和职业健康一体化检测、评价等技术服务。

（六）推进巡查考核一体化。将职业健康监管工作纳入安全生产巡查和责任考核内容，建立和完善激励约束机制，强化对各地区职业健康工作的巡查和考核，推动职业健康监管责任的有效落实。

四、组织实施

（一）加强组织领导。一体化监管执法涉及监管体制机制创新、工作分工调整以及工作方式的转变，各级安全监管部门要进一步增强责任意识和大局意识，统一思想，提高认识，把职业健康监管工作摆到更加重要的位置，积极推进一体化监管执法，主要负责人要亲自研究部署，加强指导协调，确保一体化监管执法工作顺利推进。

（二）认真组织实施。各级安全监管部门要结合本地区实际，积极探索，研究制定本地区一体化监管执法实施方案，明确目标、任务和要求，并认真抓好落实。要对一体化监管执法工作及时总结分析，对在推进过程中遇到的问题，要加强调查研究，并及时向上级监管部门请示汇报。

（三）做好业务培训。职业健康监管工作政策性、专业性强，各级安全监管部门要以法律法规、执法程序、专业知识以及执法实务为重点，加强对监管人员的职业健康监管业务培训，使其做到依法监管、科学监管。

（四）强化监督检查。国家安全监管总局将适时对本指导意见落实情况进行监督检查，对一体化监管执法工作推进情况进行通报，总结推广各地区在一体化监管执法工作中好的经验和做法。

国家安全监管总局
2017 年 6 月 22 日

44　国家安全监管总局关于印发《职业病危害治理“十三五”规划》的通知

安监总安健〔2017〕82 号

各省、自治区、直辖市及新疆生产建设兵团安全生产监督管理局，各省级煤矿安全监察局：

《职业病危害治理“十三五”规划》已经国家安全监管总局 2017 年第 8 次局长办公会议审议通过，现印发给你们，请认真贯彻执行。

国家安全监管总局
2017 年 7 月 11 日

职业病危害治理“十三五”规划

为切实做好“十三五”期间的职业病危害治理工作，保护劳动者的健康，根据《中华人民共和国安全生产法》《中华人民共和国职业病防治法》《国家职业病防治规划（2016—2020 年）》《安全生产“十三五”规划》，制定本规划。

一、职业病危害治理工作现状

党中央、国务院高度重视职业病防治工作。“十二五”期间，我国职业病防治法制、体制和机制不断完善，职业病危害防治工作取得积极进展。各级安全监管监察机构依法履行职责，加强职业健康监管监察法规标准体系和技术支撑体系建设，组织开展企业职业健康基础建设和职业病危害专项治理，强化监督执法，严肃查处危害劳动者健康的违法行为，企业的职业健康条件进一步改善，全社会关注职业病危害防治工作的氛围初步形成。

但是，我国职业病危害防治形势依然严峻，职业病危害广泛分布于煤矿、非煤矿山、金属冶炼、建材、化工等 30 余个行业领域，“十二五”期间新发职业病特别是新发尘肺病报告数仍呈上升趋势，职业病危害治理工作面临一系列挑战。一是职业病危害治理工作基础薄弱。职业病危害底数不清，法规标准、信息监测、科学研究和技术支撑体系尚不完善，职业健康专业技术人才匮乏，监管监察力量严重不足与职业病危害量大面广的矛盾依然突出。二是全社会职业病防治意识不强。一些地方政府和企业对做好职业病防治工作的重要性和紧迫性认识不到位，职业病防治工作的投入不足。一些劳动者尤其是农民工的职业病防治知识匮乏，自我防护能力和依法维权意识差。三是企业职业病危害防治主体责任落实不到位。一些企业未依法开展建设项目职业病防护设施“三同时”工作，职业病危害项目申报、工作场所职业病危害因素定期检测、职业健康监护和职业健康培训等措施落实不力。四是随着生物、高端装备制造、新能源、新材料等新兴产业的快速发展，新的职业病危害不断涌现，职业病危害辨识和治理工作难度进一步加大。五是职业健康监管体制不顺。行业管理部门的职业健康监管责任未落实，安全生产监管部门内部也存在“两张皮”现象，监管执法“宽松软”问题突出。六是职业健康科研创新能力和技术支撑力量不足。职业健康技术服务机构发展布局不平衡，亟需提高服务能力和服务质量。

加强职业病危害治理工作是全面建成小康社会的重要任务和必然要求。各级安全监管监察机构要进一步增强大局意识和责任意识，充分认识职业病危害治理工作面临的新问题和新要求，加强源头控制，建立职业病危害分级分类管控和定期检测等预防机制，大力推进依法治理，着力构建职业病危害治理体系。

二、指导思想、基本原则和规划目标

（一）指导思想

认真贯彻落实《中共中央国务院关于推进安全生产领域改革发展的意见》精神，牢固树立红线意识和安全发展理念，强化职业病危害源头治理，进一步完善职业病危害防治法规和标准体系，强化监管监察执法，推动企业落实主体责任，提升职业病危害治理能力，有效遏制尘肺和化学中毒等职业病高发势头，切实保护广大劳动者的职业健康。

（二）基本原则

1. 明确职责，齐抓共管。坚持党政同责、社会共治，建立完善齐抓共管的工作机制，按照管行业、管业务、管生产经营必须管职业健康的原则，将职业病危害治理纳入地方各级政府民生工程和安全生产工作考核体系。

2. 突出重点，源头控制。坚持预防为主、防治结合，针对重点行业、重点职业病危害因素和重点人群，引导企业开展技术改造和转型升级，淘汰职业病危害严重的落后工艺、技术，改善工作场所条件，从源头预防控制职业病危害。

3. 严格执法，落实责任。规范执法程序，建立安全生产和职业健康一体化监管监察执法体制，提高执法实效。严格落实企业主体责任，完善企业职业健康管理责任制度，强化企业法定代表人、实际控制人第一责任人的责任，做到责任、管理、投入、培训和专项治理“五到位”。

4. 夯实基础，提升能力。加强职业健康法规标准、技术支撑、信息监测体系建设，实施职业健康科技创新和人才培养战略，全面提升政府职业健康监管和企业职业病危害治理能力。

（三）规划目标

到 2020 年，企业职业病危害治理水平和政府职业健康监管能力明显提升。县级以上安全监管部门建立专业化和一体化的监管执法队伍，健全完善职业病防治目标和责任考核体系。煤矿、非煤矿山、化工、金属冶炼、陶瓷、耐火材料、水泥等重点行业企业职业病危害防治主体责任得到全面落实，基本实现粉尘和化学毒物等重点职业病危害因素的有效遏制。具体工作目标：

——重点行业企业职业健康监督检查覆盖率达到80%以上。

——重点行业企业职业病危害项目申报率达到95%以上。

——重点行业企业工作场所职业病危害因素定期检测率达到80%以上。

——重点行业企业接触职业病危害的劳动者在岗期间职业健康检查率达到90%以上。

——重点行业企业主要负责人和职业健康管理人员职业健康培训率均达到95%以上。

三、主要任务

（一）完善职业健康法规标准体系。积极推动安全生产与职业健康法律法规衔接融合，建立生产经营单位职业病危害预防治理国家标准制定发布工作机制。积极推动公布实施《高危粉尘作业与高毒作业职业病危害防治条例》，落实《中华人民共和国职业病防治法》中高危粉尘、高毒作业特殊管理的要求。修订《职业卫生技术服务机构监督管理暂行办法》《职业病危害项目申报管理办法》《煤矿作业场所职业病危害防治规定》等部门规章，研究起草《放射性作业管理规定》等部门规章，进一步加强对重点行业、重点职业病危害因素和重点人群的管理。进一步完善职业健康强制性标准体系，对现有职业健康技术标准进行逐项评估和精简整合，提高标准的针对性和适用性。发挥地方立法优势，鼓励有条件的地区先行先试，推进地方性法规标准制修订工作。

（二）健全职业健康监管监察机制。坚持管安全生产必须管职业健康，明确并推动各有关部门落实职业健康监管监察职责。推动职业健康监管队伍尤其是基层监管队伍建设，进一步充实市、县等基层职业健康监管力量。积极稳妥、有序推进职业健康与安全生产一体化监管监察执法，在执法检查、风险管控、标准化建设、宣传教育培训、技术服务、巡查考核等方面实现同类事项综合执法，提高监管监察实效。探索建立基于职业病危害风险管理的分级分类监管模式，建立企业职业病危害风险类别和等级数据库，对企业实施差异化、动态化监管。进一步完善职业病防治协调工作机制，加强与卫生计生、人力资源社会保障等部门的协调配合，形成工作合力。

（三）加强职业健康监管执法能力建设。制定职业健康监管监察执法基本装备指导意见，指导各地为职业健康监管监察执法人员配备必需的执法装备、快速检测仪器设备和个人防护用品，提升职业健康监管监察执法的科学性。规范职业健康监管监察执法，强化公开、公正和公平执法，全面推行“双随机、一公开”监管监察。建立职业健康监管监察人员上岗培训与考核管理制度，“十三五”期间对职业健康监管人员进行一次系统的“轮训”，提高职业健康监管监察执法队伍的专业能力和执法水平。建立日常信息统计与定期调查相结合的职业健康信息管理机制，完善职业健康监管的信息报告与统计分析制度。依托安全生产综合信息平台，统筹推进职业健康监管信息化工作，构建职业健康信息化全国“一张网”，实现职业病危害项目申报、职业病危害因素检测与评价、职业健康检查、职业病报告、监督执法、职业病危害事件查处以及大数据分析预警等信息共建共享。

（四）推进科技创新和技术服务支撑体系建设。建设国家级职业病危害综合防治平台，开展粉尘和毒物等重点职业病危害因素防治关键技术攻关。加强职业病防治技术成果推广应用，建设一批职业病危害治理示范企业。完善国家、省、市、县四级社会化专业技术服务网络体系，每个设区的市（地、州、盟）至少设立1家职业健康技术服务机构，积极支持各类技术服务机构开展安全生产和职业健康一体化检测、评价等技术服务。改革职业健康技术服务机构资质管理和审批制度，建立职业健康技术服务机构公示制度和由第三方实施的信用评定制度，推动职业健康技术服务行业规模化、产业化发展，健全服务公开、质量和信誉评估、奖惩机制，推动职业健康技术服务诚信体系建设。

（五）强化重点行业专项治理。开展职业病危害基本情况调查，掌握企业职业病危害基本情况以及地区、行业、岗位、接触人群分布等基础信息。深入开展煤矿、非煤矿山、化工、金属冶炼、陶瓷、耐火材料、水泥等重点行业专项治理。以采掘、粉碎、打磨、焊接、喷涂、刷胶、电镀等作业环节和煤（岩）尘、石棉尘、矽尘、苯、正己烷、二氯乙烷等职业病危害因素为重点，通过示范创建、经验推广等方式，引导推动企业改进生产工艺、完善防护设施，有效遏制尘肺和化学中毒等职业病的发生。探索建立中小微企业帮扶机制，采取政府购买服务等方式，推动帮助中小微企业改善作业环境，提高职业病危害防治水平。

（六）推动企业落实主体责任。督促企业建立职业病危害防治责任制，健全岗位责任体系，层层落实职业病危害防治责任。推动企业依法设立职业健康管理机构，配备专兼职职业健康管理人员和技术人员。通过经验推广、示范创建等方式，引导企业把职业健康基础建设纳入安全生产标准化建设范畴，提高职业健康管理水平。督促企业落实职业病防护设施“三同时”制度，做好工作场所职业病危害项目申报，建立并完善职业病危害因素日常监测和定期检测制度，加强个体防护用品管理，严格执行工作场所职业病危害因素检测结果和防护措施公告制度，在产生严重危害的作业岗位设置警示标识和说明。指导企业建立健全职业健康监护及档案管理工作制度，进一步规范职业健康监护工作，积极主动配合职业病诊断与鉴定等工作的开展。

（七）加强职业健康宣传、教育和培训。通过《中华人民共和国职业病防治法》宣传周以及影视、报刊、网络、微信等方式，大力开展职业健康宣传，在全社会营造关心、关注职业健康的文化氛围，提高全社会的职业病防治意识。突出需求导向，推动高等院校加强职业卫生工程学科建设和人才培养。按照政府指导、分级管理、资源共享、社会参与的思路，加快互联网+职业健康培训信息化建设，形成兼容、开放、共享、规范的职业健康网络培训体系。推动社会培训机构与中小微企业签订培训合作协议，开展帮扶式培训，扩大教育培训覆盖面。建立企业职业健康专业人才队伍，推动重点行业企业建立职业健康监督员制度。加强国际交流合作，学习借鉴国外职业健康先进经验。

四、重大工程

（一）职业病危害基础信息摸底调查。在全国开展工业企业职业病危害调查，建立职业病危害因素基础信息数据库，摸清工业企业存在的主要尘毒危害因素及其在不同行业、不同规模企业中的分布情况。掌握工业企业接触尘毒危害因素的职业人群及其在不同行业、不同规模企业以及不同作业岗位（工种）等的分布情况，了解工业企业职业病危害因素检测与职业健康检查等职业病危害防治措施的落实情况。

（二）职业安全健康监管执法培训工程。按照推进安全生产与职业健康一体化监管监察执法要求，着力解决职业安全健康监管监察人员职业健康知识缺乏、执法能力不足、不会执法等突出问题。按照分级组织实施的原则，通过网络教育、集中研讨和现场实训等方式，对各级职业安全健康监管监察人员进行轮训，切实做好职业安全健康监管监察人员执法资格培训和职业健康专题业务培训。

（三）尘毒危害治理示范企业创建工程。以典型尘毒危害治理为主要内容开展示范企业创建工作，指导推动各省（区、市）结合自身实际，针对重点行业选择一批粉尘和化学因素危害严重的企业进行尘毒危害治理示范创建，帮助企业在源头防范、工程措施和管理方面达到相应标准。通过示范创建工作，在全国形成一批工艺先进、防护到位、管理规范的示范企业，为其他企业开展尘毒危害治理工作提供借鉴，推动尘毒危害治理水平提升。

（四）煤矿粉尘综合治理工程。组织研发典型职业病危害作业预防控制关键技术与装备，以采掘工作面为防治重点，大力推广粉尘浓度在线监测、高压喷雾、高效除尘器等先进适用技术装备，推动淘汰煤矿职业病危害防治落后工艺、材料和设备。

（五）劳动密集型工业企业职业病危害防护技术与装备研发项目。选择抛光打磨、服装鞋帽、木制家具加工车间等典型劳动密集型作业场所，开展职业病危害风险评估、监测预警及尘毒等危害防控技术与装备研发，提升我国职业病危害防治技术和装备水平。

（六）国家级职业病危害综合防治平台建设工程。努力推进国家级职业病危害综合防治平台建设，提高粉尘、化学毒物、噪声、放射性等典型职业病危害治理技术实验能力和装备研发水平。培养和引进优秀专业人才，建立专业结构合理的人才队伍，为国家职业健康监管监察、应急处置、科技研发等提供有力的技术支撑。

五、保障措施

（一）加强领导，落实责任。各级安全监管监察机构要把职业病危害治理工作摆上更加重要的位置，充分发挥安委会和职业病防治联席会议的作用，研究解决职业病危害治理工作中的重大问题，合理统筹、协调推进职业病防治工作。要推动各级政府进一步明确有关部门的责任，建立“党政同责、一岗双责、齐抓共管、失职追责”责任体系和“管安全生产必须管职业健康”工作机制。

（二）严格执法，失信惩戒。各级安全监管监察机构要勇于担当，敢于执法，树立职业健康监管监察的法治权威。要依据执法检查、群众举报等情况，建立企业职业病危害治理“黑名单”制度，将工作场所职业病危害因素严重超标、拒绝整改或整改不到位、对劳动者职业健康造成重大损害的企业纳入“黑名单”，定期向社会公布，并向发展改革、央行、工业和信息化、工商、税务等部门通报。

（三）多措并举，保障投入。各级安全监管监察机构要根据实际情况，合理安排职业病危害治理工作所需经费，鼓励和引导社会资本进入职业病危害治理领域。用人单位要加大投入，保障职业病防护设施“三同时”、职业病危害因素检测和评价、职业病危害治理、职业健康监护、职业健康培训等费用。

（四）适时督导，终期评估。各级安全监管监察机构要结合工作实际，研究确定“十三五”期间本地区职业病危害治理任务，明确阶段性目标和工作分工，加大督导检查力度，确保目标任务圆满完成。国家安全监管总局将适时组织开展规划实施的督导检查，2020 年组织规划实施的终期评估。

45 国家安全监管总局办公厅关于贯彻落实《建设项目职业病防护设施“三同时”监督管理办法》的通知

安监总厅安健〔2017〕37号

各省、自治区、直辖市及新疆生产建设兵团安全生产监督管理局，各中央企业：

《建设项目职业病防护设施“三同时”监督管理办法》（国家安全监管总局令第90号，以下简称《办法》）已公布，自2017年5月1日起施行。为做好《办法》的贯彻落实工作，现就有关事项通知如下：

一、统一思想认识，加强组织领导

建设项目职业病防护设施“三同时”是从源头上预防、控制和消除职业病危害的一项重要法律制度，也是贯彻落实“预防为主、防治结合”方针、保障劳动者职业健康权益的有效手段。依据2016年7月2日修改实施的《职业病防治法》，《办法》在取消安全监管部门有关行政审批事项的同时，围绕充分发挥“三同时”制度对职业病危害的前期预防作用的总体目标，细化了建设单位主体责任和安全监管部门监督检查责任，进一步规范了职业病危害预评价、职业病防护设施设计、职业病危害控制效果评价及职业病防护设施验收工作。《办法》的出台是贯彻落实党中央、国务院进一步深化行政审批制度改革，推进简政放权、放管结合、优化服务改革重要部署的具体体现，有利于减轻企业负担，落实主体责任，提高安全监管部门执法效能，提升“三同时”的实施率和覆盖面。

各省级安全监管部门要按照《中共中央国务院关于推进安全生产领域改革发展的意见》的有关精神以及《办法》中有关分类分级监管要求，尽快制定本地区分类分级监管办法，厘清省、市、县三级安全监管部门属地监管职责，清理与《办法》不一致的规章制度和工作措施。地方各级安全监管部门要转变工作思路与监管方式，按照突出重点与“双随机”（随机抽取检查对象、随机选派执法检查人员）相结合的原则依法履行事中事后监管职责，推动建设单位落实主体责任，进一步提升监管执法的科学化、规范化水平，确保建设项目职业病防护设施“三同时”制度得到有效落实。

二、突出主体责任，细化工作流程

地方各级安全监管部门要督促建设单位依法依规开展职业病危害预评价、职业病防护设施设计和职业病危害控制效果评价，以及组织职业病防护设施验收，建立健全建设项目职业病防护设施“三同时”管理制度和档案，明确各管理环节的负责人、工作责任和要求，确保各项责任落实到位。要督促建设单位按照《办法》要求做好“三同时”各环节的工作，严把评审和职业病防护设施验收关，落实评审意见和验收意见的整改，确保各项管理措施实施到位，实现职业病防护设施科学设置、有效运行，切实保护劳动者的职业健康。建设项目职业病防护设施“三同时”有关工作流程、工作程序、验收方案、工作过程报告以及公示信息表式样见附件1-7。

三、加强监督检查，依法履行职责

地方各级安全监管部门要与有关投资主管部门建立建设项目立项信息共享机制，进一步加强协调配合，及时掌握本地区建设项目的基本情况。要以职业病危害严重行业领域的建设单位为重点监管对象，以职业病防护设施的验收活动和验收结果为重点监督核查环节，进一步加大建设项目职业病防护设施“三同时”监管执法力度。要按照《办法》要求，将建设单位组织开展建设项目职业病防护设施“三同时”工作情况纳入年度监督检查计划，创新监管方式和手段，督促指导建设单位依法依规开展“三同时”工作。要建立健全执法全过程记录和信息公开制度，公开执法检查内容、过程和结果。对违反“三同时”有关规定的建设单位和提供评价、设计服务的单位，要严格查处、严厉处罚、严格追责，情节严重的，要按照规定实施联合惩戒，并纳入安全生产“黑名单”。

地方各级安全监管部门和中央企业要建立“三同时”工作通报制度，每年 12 月 10 日前由省级安全监管部门和中央企业总部分别将本地区监督检查情况（见附件 8）和中央企业“三同时”工作情况（见附件 9）汇总后以纸质和电子版形式报送至国家安全监管总局职业健康司。

四、强化宣传培训，提升守法意识

地方各级安全监管部门要加强对监管执法人员的业务培训，正确领会和把握《办法》的主要内容，并将《办法》纳入安全生产和职业健康宣传培训工作总体部署，切实落实“谁执法谁普法”普法责任制。要推动建设单位严格落实职业健康培训制度，以建设单位主要负责人和职业健康管理人员为重点，确保“三同时”工作流程和程序理解到位，工作落实不留死角。要结合“《职业病防治法》宣传周”、全国“安全生产月”和“安全生产万里行”等活动，广泛利用报纸、电视、网络、微信等宣传阵地，充分发挥主流媒体的权威性和新媒体的便捷性，多渠道、多形式开展宣传普及活动，深化全社会对职业病危害源头预防工作的认识，切实保护劳动者的职业健康。

附件：1. 建设项目职业病防护设施“三同时”工作流程图
2. 建设项目职业病防护设施“三同时”评审（验收）工作程序
3. 建设项目职业病防护设施验收方案（式样）
4. 建设项目职业病危害预评价工作过程报告（式样）
5. 建设项目职业病防护设施设计工作过程报告（式样）
6. 建设项目职业病危害控制效果评价和职业病防护设施验收工作过程报告（式样）
7. 建设项目职业病防护设施“三同时”工作公示信息表（式样）
8. 建设项目职业病防护设施“三同时”监督检查情况汇总表
9. 中央企业建设项目职业病防护设施“三同时”工作汇总表

国家安全监管总局办公厅

2017 年 4 月 27 日

附件 1

建设项目职业病防护设施“三同时”工作流程图

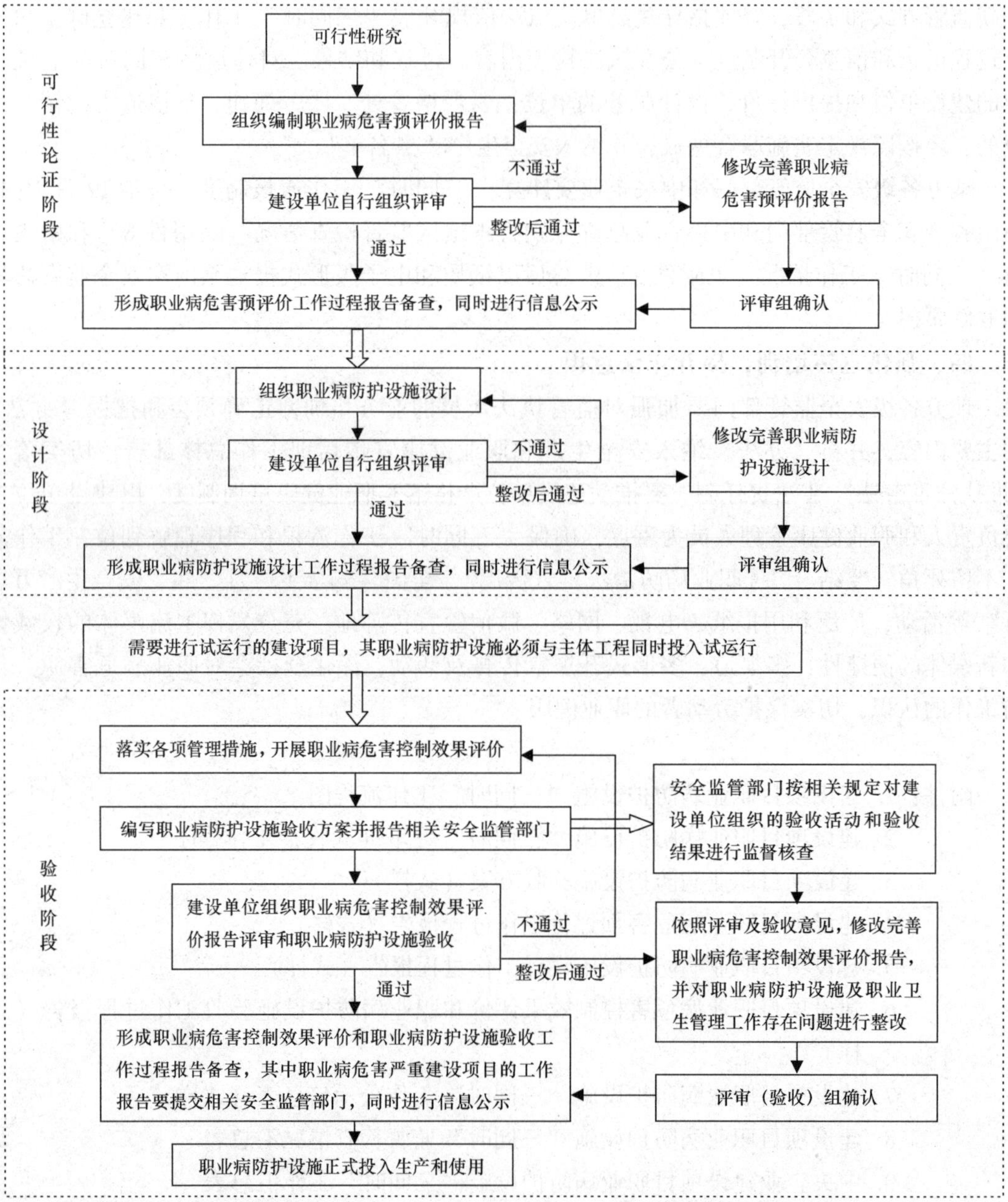

附件 2

建设项目职业病防护设施“三同时”评审（验收）工作程序

建设单位组织建设项目职业病危害预评价、职业病防护设施设计、职业病危害控制效果评价的评审和职业病防护设施验收，适用本程序。

一、准备阶段

（一）在有关评价、设计已完成或职业病防护设施验收条件成熟的情况下，建设单位应当组织制定相关评审（验收）工作方案，明确主持评审（验收）相关负责人以及任务分工。建设单位主要负责人应当主持评审（验收）工作，如因特殊情况无法参加的，由其书面授权指定有关负责人主持评审（验收）工作。建设单位应提前邀请参与评审（验收）的人员，并根据不同阶段要求通知有关评价、设计、施工和监理单位参会。

建设单位应当在职业病防护设施验收前 20 日将验收方案（见附件 3）向管辖该建设项目的安全生产监督管理部门进行书面报告。

（二）建设单位邀请参与评审（验收）的职业卫生专业技术人员主要是指以下三类人员：各级安全生产监督管理部门专家库的职业卫生专家；熟悉职业卫生法律、法规、技术标准和相关工艺、防护设施，从事职业卫生管理、有关工程、技术工作且具有中级及中级以上专业技术职称的人员；具有职业病危害检测与评价、职业健康监护等相关专业经验的注册安全工程师。属于职业病危害严重的建设项目，其建设单位主要负责人或其指定的负责人应当组织外单位（即不属于本建设单位）的职业卫生专业技术人员参加评审（验收）工作。

建设单位应当由 3 名以上（总人数为单数）职业卫生专业技术人员组成评审（验收）组。与建设项目建设单位、评价单位、设计单位、施工单位或者监理单位等相关单位存在直接利害关系的人员不能作为评审（验收）组成员。

建设单位组织职业病防护设施“三同时”与安全设施“三同时”一并评审（验收）时，评审（验收）组成员中职业卫生专业技术人员不得少于 3 人。

（三）按拟定时间、地点召开评审（验收）会议，参会人员在签到表上签字，建设单位负责人致辞，介绍参加会议人员以及评审（验收）工作的议程；

（四）主持人宣布评审（验收）组成员，并推选出评审（验收）组组长。

二、评审（验收）阶段

（一）评审（验收）的技术工作交由评审（验收）组组长主持，评审（验收）实行组长负责制。

（二）建设、评价及设计等单位介绍有关情况：

1. 建设单位负责人介绍建设项目概况；防护设施验收时，建设单位负责人还应当介绍职业病防护设施建设及试运行、落实各项职业病危害防治管理措施等情况。

2. 报告编制单位或设计单位有关人员汇报本建设项目评价报告的编制情况或职业病防

护设施设计情况及主要内容。

3. 评审（验收）组成员应当根据《建设项目职业病防护设施“三同时”监督管理办法》（国家安全监管总局令第90号，以下简称《办法》）及相关标准要求对评价报告或设计进行逐项评审；验收时，组织评审（验收）组成员查看现场、审阅防护设施验收资料，并逐项核查。

4. 评审（验收）组成员根据《办法》及相关标准要求、查阅相关资料或者现场查看等情况进行质询，有关单位人员针对质询内容进行说明。

5. 评审（验收）组进行充分讨论，组长综合统筹各成员的个人意见和结论最终形成评审组评审（验收）意见。

三、总结阶段

（一）再次召集全体会议，由评审（验收）组组长宣布评审（验收）意见和结论。

（二）建设项目相关各方对评审（验收）意见和结论进行确认。

（三）建设单位负责人对下一步整改工作进行部署。

依照评审意见和验收意见，建设单位组织开展建设项目评价报告、设计的修改完善以及职业病防护设施整改，并请评审（验收）组成员进行复核和签字确认。

建设单位应当将职业病危害评价、设计和职业病防护设施验收工作过程形成书面报告（见附件4-6）备查，其中职业病危害严重的建设项目应当在验收完成之日起20日内向管辖该建设项目的安全生产监督管理部门提交书面报告。

四、信息公示

除国家保密的建设项目外，产生职业病危害的建设单位应当通过公告栏、网站等方式及时公布建设项目职业病危害预评价、职业病防护设施设计、职业病危害控制效果评价的承担单位、评价结论、评审时间及评审意见，以及职业病防护设施验收时间、验收方案和验收意见等信息（见附件7），供本单位劳动者和安全生产监督管理部门查询。

附件3

建设项目职业病防护设施验收方案

（式样）

项目名称：________________

建设单位：________________

联系人：________________

联系电话：________________

编制日期：________________

国家安全生产监督管理总局制样

填 写 说 明

一、本验收方案可以用钢笔、签字笔填写，字迹要清晰、工整；也可以用打印机打印四号字文本，但“主要负责人签名”必须由本人用钢笔、签字笔签署姓名。

二、本验收方案“项目名称”栏，填写建设项目名称。

三、本验收方案“建设单位”是指建设项目投资、管理的单位。

四、本验收方案中“建设项目职业病危害风险分类”根据职业病危害控制效果评价报告结论填写。

五、本验收方案设置的栏目尺寸，不能满足填写内容的需要时，可自行设置栏目尺寸，但不能改变表格外边距的尺寸；本验收方案设置的栏目中的表格数量不能满足填写内容的需要时，可自行设置续表，格式和内容要求应与本验收方案的表格一致。

<table>
<tr><td>建设项目地址</td><td colspan="4"></td></tr>
<tr><td>建设项目性质</td><td colspan="4">新建□　改建□　扩建□　技术改造□　技术引进□</td></tr>
<tr><td>建设单位法人</td><td colspan="2"></td><td>项目负责人</td><td></td></tr>
<tr><td>总投资情况</td><td colspan="4">总投资　　万元，其中职业病防护设施实际投资　　万元</td></tr>
<tr><td rowspan="2">职业病危害预评价执行情况</td><td>报告编制单位</td><td></td><td>联系人及联系电话</td><td></td></tr>
<tr><td>评审时间</td><td></td><td></td><td></td></tr>
<tr><td rowspan="2">职业病防护设施设计执行情况</td><td>设计单位</td><td></td><td>联系人及联系电话</td><td></td></tr>
<tr><td>评审时间</td><td></td><td></td><td></td></tr>
<tr><td colspan="5">职业病危害控制效果评价报告情况</td></tr>
<tr><td>职业病危害控制效果评价报告编制单位</td><td colspan="2"></td><td>联系人及联系电话</td><td></td></tr>
<tr><td>建设项目职业病危害风险分类</td><td colspan="4">一般□　较重□　严重□</td></tr>
<tr><td>建设项目概况（包括建设内容、主要原材料与工艺、工作制度、劳动定员、试运行情况，以及控制效果评价报告描述的产生职业病危害因素种类、接触人数、检测超标等情况）</td><td colspan="4">1. 建设内容：
2. 主要原辅材料：
3. 主要工艺：
4. 工作制度与劳动定员：
5. 试运行情况简介：
6. 产生的职业病危害因素种类以及接触人数：
7. 职业病危害因素检测超标情况：</td></tr>
<tr><td colspan="5">职业病防护设施验收安排</td></tr>
<tr><td>验收具体时间</td><td></td><td>验收地点</td><td colspan="2"></td></tr>
<tr><td colspan="5">拟定参加职业病防护设施验收人员与职责分工</td></tr>
<tr><td>类别</td><td>姓名</td><td>单位</td><td>职务/职称</td><td>工作内容、责任</td></tr>
<tr><td rowspan="5">评审、验收组成员</td><td></td><td></td><td></td><td rowspan="5">负责评价报告评审和职业病防护设施验收；审核职业病危害控制效果评价报告，审阅相关资料，现场检查职业病防护设施和措施落实情况，并形成评审和验收意见</td></tr>
<tr><td></td><td></td><td></td></tr>
<tr><td></td><td></td><td></td></tr>
<tr><td></td><td></td><td></td></tr>
<tr><td></td><td></td><td></td></tr>
</table>

<table>
<tr><td rowspan="5">建设
单位
人员</td><td></td><td></td><td></td><td rowspan="5">由建设单位主要负责人或指定的负责人组织评审与验收总体工作：介绍建设项目基本情况及试生产情况；资料档案的准备；职业病防护设施现场核查的陪同；并负责按评审和验收意见组织落实整改</td></tr>
<tr><td></td><td></td><td></td></tr>
<tr><td></td><td></td><td></td></tr>
<tr><td></td><td></td><td></td></tr>
<tr><td></td><td></td><td></td></tr>
<tr><td rowspan="3">设计
单位
人员</td><td></td><td></td><td></td><td rowspan="3">负责建设项目职业病防护设施设计情况的汇报和答疑。并按评审意见对设计进行修改</td></tr>
<tr><td></td><td></td><td></td></tr>
<tr><td></td><td></td><td></td></tr>
<tr><td rowspan="3">施工
单位
人员</td><td></td><td></td><td></td><td rowspan="3">负责建设项目职业病防护设施施工情况的汇报和答疑</td></tr>
<tr><td></td><td></td><td></td></tr>
<tr><td></td><td></td><td></td></tr>
<tr><td rowspan="3">监理
单位
人员</td><td></td><td></td><td></td><td rowspan="3">负责建设项目职业病防护设施施工监理过程的汇报和答疑</td></tr>
<tr><td></td><td></td><td></td></tr>
<tr><td></td><td></td><td></td></tr>
<tr><td rowspan="3">评价
单位
人员</td><td></td><td></td><td></td><td rowspan="3">负责职业病危害控制效果评价报告的汇报、答疑，并按评审意见进行报告修改</td></tr>
<tr><td></td><td></td><td></td></tr>
<tr><td></td><td></td><td></td></tr>
<tr><td colspan="5">建设单位意见：

同意本验收方案向安全生产监督管理部门上报。

建设单位主要负责人（签名）：（单位公章）
年 月 日</td></tr>
</table>

附件 4

建设项目职业病危害预评价工作过程报告

（式样）

项目名称：______________________________

建设单位：______________________________

联系人：________________________________

联系电话：______________________________

日期：__________________________________

国家安全生产监督管理总局制样

填 写 说 明

一、本工作报告可以用钢笔、签字笔填写，字迹要清晰、工整；也可以用打印机打印四号字文本，但“主要负责人签名”必须由本人用钢笔、签字笔签署姓名。

二、本工作报告“项目名称”栏，填写建设项目名称。

三、本工作报告“建设单位”是指建设项目投资、管理的单位。

四、本工作报告中“建设项目职业病危害风险分类”栏根据职业病危害预评价报告评价结论填写。

五、本工作报告设置的栏目尺寸，不能满足填写内容的需要时，可自行设置栏目尺寸，但不能改变表格外边距的尺寸；本工作报告设置的栏目中的表格数量不能满足填写内容的需要时，可自行设置续表，格式和内容要求应与本工作报告的表格一致。

<table>
<tr><td>建设项目地址</td><td colspan="5"></td></tr>
<tr><td>建设项目性质</td><td colspan="5">新建□　改建□　扩建□　技术改造□　技术引进□</td></tr>
<tr><td>建设单位法人</td><td colspan="2"></td><td>项目负责人</td><td colspan="2"></td></tr>
<tr><td rowspan="2">职业病危害
预评价报告</td><td>编制单位</td><td colspan="4"></td></tr>
<tr><td>评审时间</td><td></td><td>联系人及
联系电话</td><td colspan="2"></td></tr>
<tr><td>建设项目职业病
危害风险分类</td><td colspan="5">一般□　较重□　严重□</td></tr>
<tr><td colspan="6">建设项目职业病危害预评价主要内容</td></tr>
<tr><td>车间</td><td>岗位</td><td>主要职业病危害因素种类</td><td>预期接触人数</td><td>预期接触水平范围以及是否超标</td><td>拟采取的工程控制措施</td></tr>
<tr><td></td><td></td><td></td><td></td><td></td><td></td></tr>
<tr><td></td><td></td><td></td><td></td><td></td><td></td></tr>
<tr><td></td><td></td><td></td><td></td><td></td><td></td></tr>
<tr><td></td><td></td><td></td><td></td><td></td><td></td></tr>
<tr><td></td><td></td><td></td><td></td><td></td><td></td></tr>
<tr><td colspan="6">建设单位承诺

我单位对本建设项目职业病危害预评报告的真实性、客观性和合规性负责，并承担相应的法律责任。我单位已按照相关法规要求对职业病危害预评价报告进行评审，并按评审意见对预评价报告进行修改、完善，确保建设项目投入生产后能满足职业病防治方面法律、法规、标准的要求。按要求对职业病危害预评价信息进行了公示。

建设单位主要负责人：（签名）　　　　　　（加盖公章处）
年　　月　　日</td></tr>
</table>

报告编制人：　　　　　编制时间：　　　　　　　联系电话：

（★注：建设单位可按实际情况增加相关内容，另需要附上职业病危害预评价报告评审参加人员签名表、预评价报告评审意见、评审意见修改说明）

附件5

建设项目职业病防护设施设计工作过程报告

（式样）

项目名称：______________________

建设单位：______________________

联系人：______________________

联系电话：______________________

日期：______________________

国家安全生产监督管理总局制样

填 写 说 明

一、本工作报告可以用钢笔、签字笔填写，字迹要清晰、工整；也可以用打印机打印四号字文本，但“主要负责人签名”必须由本人用钢笔、签字笔签署姓名。

二、本工作报告“项目名称”栏，填写建设项目名称。

三、本工作报告“建设单位”是指建设项目投资、管理的单位。

四、本工作报告设置的栏目尺寸，不能满足填写内容的需要时，可自行设置栏目尺寸，但不能改变表格外边距的尺寸；本工作报告设置的栏目中的表格数量不能满足填写内容的需要时，可自行设置续表，格式和内容要求应与本工作报告的表格一致。

<table>
<tr><td>建设项目地址</td><td colspan="4"></td></tr>
<tr><td>建设项目性质</td><td colspan="4">新建□　改建□　扩建□　技术改造□　技术引进□</td></tr>
<tr><td>建设单位法人</td><td colspan="2"></td><td>项目负责人</td><td></td></tr>
<tr><td>投资情况</td><td colspan="4">总投资　　　万元，其中职业病防护设施投资预算　　　万元</td></tr>
<tr><td rowspan="2">职业病防护设施设计</td><td>设计单位</td><td colspan="3"></td></tr>
<tr><td>评审时间</td><td></td><td>联系人及
联系电话</td><td></td></tr>
<tr><td colspan="5">职业病防护设施设计情况一览表</td></tr>
</table>

车间	设施名称	设施型号	设计参数	数量	安装位置

建设单位承诺

我单位对本建设项目职业病防护设施设计的真实性、客观性和合规性负责，并承担相应的法律责任。我单位已按照相关法规要求对职业病防护设施设计进行评审，并按评审意见对设计进行修改、完善。我单位将严格按照评审通过的设计和有关规定组织职业病防护设施的采购和施工，确保投产后能满足职业病防治相关法律、法规、标准的要求。按要求对职业病防护设施设计信息进行了公示。

建设单位主要负责人：（签名）　　　　（加盖公章处）

年　　月　　日

报告编制人：　　　　编制时间：　　　　联系电话：

（★注：建设单位可按实际情况增加相关内容，另需要附上职业病防护设施设计评审参加人员签名表、职业病防护设施设计评审意见、评审意见修改说明）

附件 6

建设项目职业病危害控制效果评价和职业病防护设施验收工作过程报告

（式样）

项目名称：____________________

建设单位：____________________

联系人：____________________

联系电话：____________________

日期：____________________

国家安全生产监督管理总局制样

填 写 说 明

一、本工作报告可以用钢笔、签字笔填写，字迹要清晰、工整；也可以用打印机打印四号字文本，但“主要负责人签名”必须由本人用钢笔、签字笔签署姓名。

二、本工作报告“项目名称”栏，填写建设项目名称。

三、本工作报告“建设单位”是指建设项目投资、管理的单位。

四、本工作报告中“职业病危害风险分类”栏根据建设项目职业病危害控制效果评价报告结论填写。

五、本工作报告设置的栏目尺寸，不能满足填写内容的需要时，可自行设置栏目尺寸，但不能改变表格外边距的尺寸；本工作报告设置的栏目中的表格数量不能满足填写内容的需要时，可自行设置续表，格式和内容要求应与本工作报告的表格一致。

<table>
<tr><td>建设项目地址</td><td colspan="5"></td></tr>
<tr><td>建设项目性质</td><td colspan="5">新建□　改建□　扩建□　技术改造□　技术引进□</td></tr>
<tr><td>建设单位法人</td><td colspan="2"></td><td>项目负责人</td><td colspan="2"></td></tr>
<tr><td>投资情况</td><td colspan="5">实际总投资　万元，其中职业病防护设施投资　　万元</td></tr>
<tr><td rowspan="2">职业病危害控制效果评价报告</td><td>编制单位</td><td colspan="4"></td></tr>
<tr><td>评审时间</td><td></td><td>联系人及联系电话</td><td colspan="2"></td></tr>
<tr><td>职业病防护设施验收</td><td>验收时间</td><td colspan="4"></td></tr>
<tr><td>建设项目职业病危害风险分类</td><td colspan="5">一般□　　较重□　　严重□</td></tr>
<tr><td>12 项管理措施落实情况</td><td>已落实项</td><td></td><td>未落实项</td><td colspan="2"></td></tr>
<tr><td>建设项目接触职业病危害人数</td><td></td><td>上岗前职业健康检查人数</td><td></td><td>发现职业禁忌人数</td><td></td></tr>
<tr><td colspan="6">职业病危害因素检测超标情况</td></tr>
</table>

序号	岗位名称	职业病危害因素名称	检测结果	限值标准

职业病防护设施设置情况					
序号	设施名称	设施型号	性能参数	数量	设置位置

建设单位承诺

我单位组织了本项目职业病危害控制效果评价报告的评审和职业病防护设施的验收，结果真实有效，符合相关法律、法规和标准的要求。并按要求对职业病危害控制效果评价和职业病防护设施验收信息进行了公示。

同时，我单位已按评审、验收意见整改完毕，并承诺确保职业病防护设施、职业卫生管理措施的有效性，确保本项目职业病危害防治工作符合相关法律、法规和标准的要求。

建设单位主要负责人：(签名)　　　　　　(加盖公章处)

年　　月　　日

报告编制人：　　　　编制时间：　　　　联系电话：

(注：建设单位可按实际情况增加相关内容，另需附上控制效果评价报告评审及职业病防护设施竣工验收人员签名表影印件、职业病危害控制效果评价报告评审意见影印件、职业病防护设施竣工验收意见影印件、评审和验收意见整改情况说明影印件)

附件 7

建设项目职业病防护设施“三同时”工作公示信息表（式样）

<table>
<tr><td>项目名称</td><td colspan="3"></td></tr>
<tr><td>项目地址</td><td colspan="3"></td></tr>
<tr><td>项目性质</td><td colspan="3">新建□ 改建□ 扩建□ 技术改造□　技术引进□</td></tr>
<tr><td>项目负责人</td><td></td><td>联系电话</td><td></td></tr>
<tr><td>公示信息类别</td><td colspan="3">职业病危害预评价□
职业病防护设施设计□
控制效果评价与职业病防护设施验收□</td></tr>
<tr><td>评价报告编制单位或职业病防护设施设计单位</td><td></td><td>联系人及
联系电话</td><td></td></tr>
<tr><td colspan="4">评审（验收）情况（包括评审验收时间、主持人、评审验收人员、评价结论、评审及验收意见等）：</td></tr>
<tr><td colspan="4">评审（验收）意见的整改落实情况：</td></tr>
</table>

制表人：　　　　　　　　制表日期：　　　　　　　　　　联系电话：

附件 8

建设项目职业病防护设施“三同时”监督检查情况汇总表

填报单位：　　　　联系人及电话：　　　　填报日期：　　年　月　日

	验收方案上报数（份）	职业病危害严重建设项目控制效果评价和防护设施验收工作过程报告数（份）	监督检查建设单位数（家）	下达执法文书数量（份）	给予警告责令限期整改单位数（家）	责令停止产生职业病危害作业单位数（家）	依法提请有关人民政府责令停建或关闭单位数（家）	经济处罚情况	
								建设单位数（家）	金额（万元）
省级安全监管局									
市级安全监管局									
县级安全监管局									
合计									
本地区建设项目职业病防护设施“三同时”监督检查典型案件信息：建设单位名称、主要违法行为、执法单位名称，处罚措施，以及列入黑名单等情况，请附上详细文字说明。									

汇总范围：上年 12 月 1 日至本年度 11 月 30 日内地方各级安全生产监督管理部门进行建设项目职业病防护设施“三同时”监督检查情况。

附件 9

中央企业建设项目职业病防护设施“三同时”工作汇总表

填报单位[1]：__________　　填报人及联系方式：__________　　填报时间：__________

序号	建设项目名称[2]	项目来源[3]	项目所处阶段[4]	职业病危害预评价工作开展情况		职业病防护设施设计工作开展情况		职业病防护设施竣工验收开展情况		
				预评价报告确定的项目风险分类[5]	完成评审意见修改，并形成工作报告时间	设计评审时间	完成设计修改，并形成工作报告时间	控制效果评价报告确定的项目风险分类[5]	评审及验收时间	完成整改，并形成工作报告时间

备注：1. 填报单位为各中央企业总部。

2. 建设项目范围为上年 12 月 1 日至本年度 11 月 30 日期间存在职业病危害的建设项目，如建设项目名称涉密，请做脱密处理后填写。

3. 项目来源为国务院及其投资主管部门核准（备案）、地方政府核准（备案），以及企业自建三类。如核准（备案）文号涉密，请做脱密处理后填写。

4. 项目现所处阶段包括可行性研究、初步设计、施工建设和投入生产或运行等 4 个阶段。

5. 依据国家安全监管总局建设项目职业病危害风险分类目录，分为一般、较重、严重三类。

46 国家安全监管总局办公厅关于贯彻落实国务院审改办等九部门《关于取消25项中央指定地方实施行政审批中介服务等事项的通知》的通知

安监总厅安健〔2017〕44号

各省、自治区、直辖市及新疆生产建设兵团安全生产监督管理局，各有关单位：

2017年3月15日，国务院审改办等九部门联合下发《关于取消25项中央指定地方实施行政审批中介服务等事项的通知》（审改办发〔2017〕1号，以下简称《通知》），取消了国家安全监管总局指定地方实施的“职业卫生技术服务机构专职技术人员、专职技术负责人、质量控制技术负责人的培训合格证书”的行政审批中介服务事项。为贯彻落实《通知》要求，加快推进配套改革和相关制度建设，切实加强事中事后监管，现就有关事项通知如下：

一、设区的市级以上地方人民政府安全生产监督管理部门（以下称资质认可机关）不得再以任何形式指定有关机构承担职业卫生技术服务机构专业技术人员培训考核工作。申请职业卫生技术服务机构乙级或丙级资质的，申请单位可按要求自行组织专业技术人员培训，也可委托有条件的其他社会机构对专业技术人员进行培训。

二、自《通知》发布之日起，职业卫生技术服务机构专职技术人员、专职技术负责人、质量控制技术负责人的培训合格证书不再作为行政审批的受理条件。

三、国家安全监管总局将依程序删除《职业卫生技术服务机构监督管理暂行办法》（国家安全监管总局令第50号）第十七条第五项中“专职技术人员、专职技术负责人、质量控制技术负责人的培训合格证书”的内容，修订现行有关职业卫生技术服务机构专业技术人员培训考核管理的规范性文件，废止《关于印发〈职业卫生技术服务机构专业技术人员培训考核管理办法〉的通知》（安健函〔2012〕76号）。各省级安全监管部门要按照《通知》精神，清理修订本部门有关专业技术人员培训工作的文件。

四、取消“职业卫生技术服务机构专职技术人员、专职技术负责人、质量控制技术负责人的培训合格证书”的行政审批中介服务事项后，资质认可机关应当加强对专业技术人员的能力考核。申请单位向资质认可机关提交职业卫生技术服务机构资质认可申请后，资质认可机关组织对申请单位专业技术人员进行能力考核；专业技术人员能力考核合格的，方可独立从事职业卫生技术服务。《通知》实施前，已经国家安全监管总局或省级安全监管部门指定培训机构培训合格的专业技术人员，可视为能力考核合格。

自本通知印发之日起，资质认可机关暂停职业卫生技术服务机构新资质的认可工作，资质延续和资质变更仍按现行规定执行。

国家安全监管总局办公厅

2017年5月8日

47　国家安全监管总局办公厅关于在汽车制造和铅蓄电池生产行业开展尘毒危害专项治理工作的通知

安监总厅安健〔2017〕46号

各省、自治区、直辖市及新疆生产建设兵团安全生产监督管理局：

为贯彻落实《国家职业病防治规划（2016—2020年）》要求，深入开展重点行业职业病危害治理工作，控制和消除职业病危害，保护劳动者职业健康，国家安全监管总局决定开展汽车制造（含汽车维修保养）企业和铅蓄电池生产企业（以下统称两类企业）尘毒危害专项治理工作。现就有关事项通知如下：

一、总体要求和工作目标

（一）总体要求。认真落实《职业病防治法》等法律法规要求，以保障劳动者身体健康为根本出发点，以改善工作场所作业环境为主要任务，以有效防范尘肺病和职业中毒为核心目标，突出重点，强化监管，推动企业加强工程防护设施改造，落实职业健康管理措施，努力提高职业病危害防治水平。

（二）工作目标。通过专项治理，使两类企业职业病危害防治相关指标达到以下目标：

1. 职业病危害项目申报率达到85%以上；
2. 职业病危害因素定期检测率达到80%以上；
3. 接触职业病危害的劳动者在岗期间职业健康检查率达到90%以上；
4. 企业主要负责人和职业健康管理人员培训率均达到95%以上。

二、治理时间和步骤

2017年6月开始至2019年6月结束，分四个阶段进行。

（一）动员部署阶段（2017年6—9月）。各地区要深入开展调查，摸实摸细两类企业有关情况，建立治理工作基础台账（见附件1、附件2）。要制定治理工作方案，组织对两类企业职业健康管理人员开展一次集中培训，明确治理重点、治理标准和治理要求等内容。请各省级安全监管部门将治理工作方案连同附件1和附件2于2017年9月30日前报送国家安全监管总局职业健康司。

（二）治理整改阶段（2017年10月—2018年12月）。各级安全监管部门要加强对两类企业治理工作的指导帮扶和督促检查，督促两类企业对照治理要求（见附件3、附件4、附件5）认真查找问题，制定整改方案，按期整改到位。企业整改方案应包括存在的问题、整改措施、整改时限和资金投入等，经企业主要负责人签字确认后留存备查。

（三）集中执法阶段（2019年1—4月）。各级安全监管部门要在两类企业治理整改工作结束后，开展一次集中执法行动（重点事项检查表见附件6），全面检查治理成效。对治理态度积极、成效显著的企业，要鼓励其持续改进提高；对治理工作不认真、尘毒危害防治措施不落实、工作场所无防尘防毒设施或达不到防尘防毒要求、不为劳动者配备符合国家标准要求的防尘防毒用品等违法违规行为，要坚决依法从严处罚；对于治理后尘毒危害浓度仍严重超标且整改无望的企业，要提请地方政府依法予以关闭。

（四）全面总结阶段（2019 年 5—6 月）。各地区要对两年专项治理工作进行总结分析，结合集中监督执法阶段的监督检查结果，对企业进行分类并纳入后续日常监管范围，对不同类别企业采取相应的监管措施。请各省级安全监管部门将治理总结报告连同附件 7 和附件 8，于 2019 年 6 月 30 日前报送至国家安全监管总局职业健康司。

三、工作要求

（一）加强组织领导，强化责任落实。各地区要高度重视专项治理工作，将国家安全监管总局统一部署的专项治理与本地区实际结合起来，做好统筹安排，加强组织领导，明确责任分工，强化过程监督，确保治理工作取得实效。没有两类企业的地区，可自行开展其他行业领域的治理工作，治理工作参照本通知执行。

（二）强化源头控制，夯实管理基础。治理工作要以落实工程防护措施为核心，紧紧围绕重点环节、重点岗位，大力推进新技术、新工艺、新设备、新材料的应用，加大对现有设备设施改造力度，优先从工程防护上控制职业病危害。同时要依法落实各项管理措施，不断提升职业健康管理水平。

（三）突出重点，分类指导。要按照分类监管原则，对治理行业的企业实施分类指导。对于职业病危害严重的中小型企业进行重点监督、重点指导，对于职业病危害防治基础好的大型企业以企业自主改进提高为主。

（四）标本兼治，着力治本。在强化对现有企业进行治理的同时，要加强对新建企业职业病防护设施“三同时”监管，做好源头防范，避免不符合职业健康条件的企业投入运营生产。同时，要结合地区经济社会发展实际，着力加强地方性法规、标准和制度建设，促进职业健康工作不断迈上规范化、法制化轨道。

附件：1. 治理前两类企业基本情况登记表
2. 治理前两类企业基本情况汇总表
3. 两类企业尘毒危害治理主要工程技术措施
4. 两类企业尘毒危害情况及防护设施自查表
5. 两类企业职业健康管理措施自查表
6. 两类企业尘毒危害治理监督检查重点事项表
7. 治理后两类企业尘毒危害防治状况汇总表
8. 安全监管部门监督检查情况统计表

国家安全监管总局办公厅

2017 年 5 月 18 日

附件 1

治理前两类企业基本情况登记表

填报单位：　　　　　　填表人：　　　　　　联系电话：

一、汽车制造企业												
序号	企业名称	所在地级市	企业规模[1]	注册类型[2]	从业人员总数	接触尘毒危害人数	是否接受职业健康培训		是否进行职业病危害申报	2016 年是否进行职业病危害定期检测	2016 年职业病危害定期检测超标岗位数	2016 年接触尘毒危害劳动者职业健康检查人数
							主要负责人	职业健康管理人员				
1												
…												

二、铅蓄电池生产企业												
序号	企业名称	所在地级市	企业规模[1]	注册类型[2]	从业人员总数	接触尘毒危害人数	是否接受职业健康培训		是否进行职业病危害申报	2016 年是否进行职业病危害定期检测	2016 年职业病危害定期检测超标岗位数	2016 年接触尘毒危害劳动者职业健康检查人数
							主要负责人	职业健康管理人员				
1												
…												

说明：1. 企业规模按照以下分类填写：大型（从业人员≥1000 人，营业收入≥40000 万元）、中型（300 人≤从业人员<1000 人，2000 万元≤营业收入<40000 万元）、小型（20 人≤从业人员<300 人，300 万元≤营业收入<2000 万元）。微型（从业人员<20 人或营业收入<300 万元）企业不纳入本次统计范围。

2. 注册类型按照以下分类填写：央企、地方国有、集体、私营、港澳台、外资、其他。

3. 此表应逐级报送，省级安全监管部门于 2017 年 9 月 30 日前报送至国家安全监管总局职业健康司。

附件 2

治理前两类企业基本情况汇总表

填报单位：　　　　填表人：　　　　联系电话：

序号	行业领域	企业数量	从业人员数量	接触尘毒危害人数	主要负责人接受职业健康培训企业数	职业健康管理人员接受培训企业数	进行职业病危害申报企业数	进行职业病危害定期检测企业数	存在超标岗位企业数	进行职业健康检查企业数
1	汽车制造									
	其中：汽车生产									
	汽车维修保养									
2	铅蓄电池生产									
合计										

说明：此表应逐级报送，省级安全监管部门于 2017 年 9 月 30 日前报送至国家安全监管总局职业健康司。

附件3

两类企业尘毒危害治理主要工程技术措施

一、汽车制造企业

汽车制造企业存在的尘毒危害主要有矽尘、铝尘、其他粉尘、电焊烟尘、锰及其化合物、苯、甲苯、二甲苯、甲醛、苯酚、氨、一氧化碳、金属烟等。

（一）汽车生产企业

汽车生产企业尘毒危害主要来源于焊接、涂装、总装、发动机铸造工序。各重点工序尘毒危害治理主要工程技术措施要求如下：

1. 焊接

（1）优先使用自动化程度高的自动焊接设备。

（2）使用不含或少含锰、铅等有毒物质的焊料。

（3）焊接车间或焊接量大、焊机集中的工作地点，应实施全面机械通风。

（4）对半自动焊和自动焊，应集中布置并设置局部送排风装置。

（5）二氧化碳保护焊应集中布置在独立的焊房内，出入口宜设软帘遮挡，室内采用全面通风方式并保持负压。

（6）人工焊接作业点应设置局部排风设施，排风罩对准焊烟产生的位置，并对焊烟进行净化处理。

（7）打磨和焊接同室存在时，应采取上送下排的通风方式，室内保持负压。

2. 涂装

（1）前处理及电泳

①前处理线及电泳生产线车间地面、墙面应进行防腐处理，设置排水地沟，易放散粉尘和毒物的加料点、卸料点应设置密闭罩或外部排风罩。

②前处理线和电泳生产线设备应密闭、自动运行。

③各类酸、碱等前处理和电泳所需的化学物料应使用自动控制流量设备进行添加。

④输送各类物料的管道应严格密闭，杜绝跑、冒、滴、漏。

⑤使用和储存酸、碱等物料的场所应设置洗眼淋浴器。

（2）喷PVC胶及检查

①喷胶房、检查间、补漆间分开设置，喷胶房和补漆间设置上送风、下回风的全面通风设施；宜采取机器人自动喷胶设备。

②打磨应采用湿式或半干式作业；半干式打磨时，应设置排风罩。

（3）喷涂和调漆

①应遵循无毒物质代替有毒物质，低毒物质代替高毒物质的原则，使用无毒或低毒涂料。

②应选择自动化程度高的自动调漆设备和喷漆生产线。

③喷漆、油漆储存和调配应在专用的房间中，喷漆、调漆作业区应与休息区分开布置。

④输送涂料、溶剂、稀释剂等各类物料的管道应严格密闭。

⑤无气喷涂的喷枪应配置自锁安全装置，喷涂间歇时应能将喷枪自锁。

⑥喷漆间、调漆间应采取上送风、下回风的通风方式。

⑦人工调漆作业点应设置局部排风罩；喷漆间墙壁表面易清洗、不应吸收或粘附漆雾。

（4）烘干工序

①应选用自动化运行、密闭性好的烘干系统。

②烘干炉应设置排风系统，将废气处理达标后高空排放。

3. 总装

（1）整车装配

①车间设通排风系统，保持车间内通风良好。

②液体介质宜自动化加注并在加注点设置局部排风设施，其中，燃油加注工位局部排风设施应为防爆型。

③挡风玻璃涂胶采用自动涂胶机，设置局部排风设施，在挡风玻璃人工清洗工位处设局部排风设施。

（2）整车检测

①检测、调试工艺设备设置尾气收集装置并排出室外。

②检测区域设送排风系统，气流组织采用上送下排形式，如采用屋顶式送风机，地沟排风。

③四轮定位仪、车底检查地沟，以及转鼓试验台工位应设置排风系统，同时，车底检查地沟还应设置送风系统。

4. 铸造

（1）熔炼

①熔炼炉上部应设置排气罩及通风排气系统，炉内排烟方式的通风除尘系统应设置冷却装置。

②熔炼控制室应密闭隔离，设置通风空调系统。

③熔炼炉操作区宜采取局部送风。

④铝液转运天车、单轨车应设置空调通风装置；转水包处应设置抽风罩。

（2）砂处理系统——原料储存及砂输送

①原料或旧砂应分类堆放。

②砂堆放应用防水油布或塑料布遮盖，设置隔离装置防止粉尘在仓库扩散。

③原料储存及砂输送应采用密闭化、管道化、机械化和自动化措施，不应采用人工装卸或抓斗。

④原料或旧砂的给料、磁选、输送等设备应设密闭罩或外部排风罩。

⑤带式输送机及头尾应设置排气除尘装置，开口端设置软帘挡尘，输送带两侧设置防护板，易放散粉尘的卸料点及物料转运点应设置密闭罩或外部排风罩，并减少物料的落差高度。

（3）砂处理系统——配砂、混砂、烘砂、造型

①混料、加料和卸料应采用密闭系统。

②混砂机应设置密封围罩。

③控制室应密闭隔离。

④出砂口应设置机械排风除尘装置。

⑤烘砂烘干炉应密闭并设置局部通风系统。

（4）砂处理系统——砂再生

①破碎机和振动筛应进行整体密闭。

②破碎机进料口与加料装置尽可能采用软管连接，排气罩应接近并覆盖出料口。

③振动筛进料口和出料口应设置局部通风排气设施，进料斗设置通风设施。

④冷却提升机和旧砂再生应采用袋式除尘器。

（5）制芯、施涂料和烘芯

①采用冷芯盒制芯时应将气体发生器密闭，并设置尾气收集和净化装置。

②射芯机、冷盒制芯、热盒制芯机等应设置排风罩。

③砂芯修磨应设置通风除尘系统。

④施涂料后的存放处应设置局部通风。烘干炉应密闭、隔热，出入口应设置局部送风。

（6）浇注

①浇注段应设置局部排风罩，屋顶应设置顶排风器或排风天窗。

②浇注车应密闭，采取隔热措施，并安装空调和送风装置。强冷设施应密闭，设置上送下抽的排风设施。

③操作岗位应设置岗位送风。

（7）落砂

①落砂区应单独设置。固定落砂区应设置除砂间或防尘帘屏，并设排风罩；就地开箱落砂时，设喷水雾降尘；落砂地沟内设置通风除尘装置。

②落砂机应密闭，工作时不应敞开观察门。

（8）热处理及清理

①热处理炉、抛丸机、浸渗系统等设备应密闭，并设置排风除尘装置。

②喷砂作业应密闭，采用手套式喷砂箱，设置除尘设施。

③砂轮切割机、抛光机、磨样机应设置局部通风除尘设施。

④砂轮打磨时应采用湿式作业，采用适宜的密闭罩，并设置局部通风除尘装置。

（9）通风系统

风量和风速应满足要求，排风罩在不妨碍操作前提下应尽量靠近尘、毒源。通风系统的设置应便于管理，符合节能和安全生产的要求，不同性质、湿度、温度的含尘、毒气体，不宜合用一个通风系统。通风系统应定期维护、检修和调整，管道应定期清理、检查和维护，避免积尘与破损。

（二）汽车维修保养企业

汽车维修保养企业尘毒危害主要来源于机修、钣金、喷漆工序。各重点工序尘毒危害治理主要工程技术措施要求如下：

1. 机修

整车测试区应设置局部排风装置，如尾气收集装置，经吸气罩收集处理后排放。

2. 钣金

（1）使用不含或少含锰、铅等有毒物质的焊条。

（2）焊接量大、焊机集中的作业场所，应实施全面机械通风。

（3）焊接作业点应设置局部排风装置，排风罩对准焊烟产生的位置，并对焊烟进行净化处理。

（4）打磨应采取湿式作业，减少粉尘的产生；干式打磨时，应设置局部通风除尘装置。

3. 喷漆

（1）应遵循无毒物质代替有毒物质，低毒物质代替高毒物质的原则，使用无毒或低毒涂料。

（2）调漆、喷漆、烤漆等易产生毒物的工序应设有单独的隔间，将有毒作业与无毒作业进行隔离。

（3）调漆、喷漆和烤漆间应采用上送风、下排风的通风防毒设施，室内保持负压。

二、铅蓄电池生产企业

铅蓄电池生产企业存在的尘毒危害主要有铅及其化合物（铅尘、铅烟）、硫酸、石墨粉尘、有机溶剂、二氧化锡等；主要来源于铅粉制造、板栅铸造、极板制造、组装、化成充电等工序。各重点工序尘毒危害治理主要工程技术措施要求如下：

（一）铅粉制造

1. 铸条、铸球应采用封闭式熔铅炉，并设置有效的除尘设施（铅烟静电除尘或布袋除尘加湿法等除尘方法）（下同）；熔铅炉带自动温控措施，加料口不加料时应处于关闭状态。

2. 铅粉制造使用全自动密封式铅粉机，铅粉系统（包括贮粉、输粉）应密封，设置有效的除尘设施。

3. 禁止使用开放式熔铅炉（锅）。

4. 禁止使用开口式铅粉机。

（二）板栅和零部件铸造

1. 铸板及铅零件工序应设在封闭的车间内，熔铅、熔铅锅应保持封闭，并带有自动温控措施，加料口不加料时应处于关闭状态。

2. 熔铅锅、铸板机中产生铅烟的部位，设置铅烟静电除尘或布袋除尘加湿法（水幕或湿式旋风）除尘；

3. 禁止使用开放式熔铅锅和手工铸板、手工铸铅零件、手工铸铅焊条等落后工艺；

4. 所有重力浇铸板栅工艺，均应实现集中供铅。

（三）和膏和涂板制造

1. 铅粉进料采取密闭自动化设备，和膏工序应在密封状态下生产，并设置二级除尘设施；生产管式极板采用自动挤膏工艺或封闭式全自动负压灌粉，灌粉机设置二级除尘设施。

2. 禁止使用人工输粉工艺。

3. 禁止使用开口式和膏机。

4. 供酸工序采用自动配酸系统、密闭式酸液输送系统和自动灌酸设备。淋酸、洗板、浸渍、灌酸、电池清洗工序应设置酸液自动收集系统和酸雾净化系统（加碱液吸收的逆流洗涤技术）。

5. 作业区设置应急冲淋装置。

6. 禁止采用手工涂板工艺。

7. 禁止采用人工配酸和灌酸工艺。

（四）分板、刷板

1. 分板、刷板（耳）工序应设在封闭的车间内，使用整体密闭的机械化分板、刷板（耳）设备，设备配置二级除尘设施，保持作业在局部负压环境下生产。

2. 禁止采用手工分板、刷板（耳）的操作工艺。

（五）称板、叠板

1. 叠板包板、称板应采用自动化程度高的生产设备，尽可能设置下吸或者侧吸式铅尘收集装置，保持合适的吸气压力，并与铅尘处理设施连接，确保工位在局部负压环境下。

2. 控制和减少采用手工操作工艺。

（六）组装

1. 采用全自动机器焊机、手工焊接工序，应配备含铅烟收集装置，并根据烟、尘特点采用符合设计规范的吸气方式，保持合适的吸气压力，并与铅烟处理设施连接，确保工位在局部负压环境下。

2. 禁止采用手工焊接工艺。

（七）化成和充放电

1. 化成、充电工序应设在封闭的车间内，配备与产能相适应的硫酸雾收集装置和处理设施（加碱液吸收的逆流洗涤技术），保持在微负压环境下生产；采用外化成工艺的，化成槽应封闭，并保持在局部负压环境下生产，禁止采用手工焊接外化成工艺。

2. 供酸工序应采用自动配酸系统、密闭式酸液输送系统和自动灌酸设备。

3. 浸渍、灌酸、电池清洗工序应配备废液自动收集系统，通过废水管线送至相应处理装置进行处理。

4. 禁止采用人工配酸和灌酸工艺。

5. 禁止采用外化成工艺。

（八）防尘防毒系统维护和二次扬尘控制设施

1. 防尘防毒设施风量和捕捉效率应满足要求，烟尘收集装置应靠近产生铅烟、铅尘的位置，配备必要的集气罩；集气罩的设计应达到有效引导铅烟、铅尘向收集装置流动的效果，并将操作工的口、鼻与烟尘产生部位分隔；烟尘收集装置应尽可能实现封闭，减小进风口；应根据烟、尘特点采用符合设计规范的吸气方式，其中对于铅烟应采用上吸或侧上吸，对于铅尘应采用下吸或侧下吸，并保持较高的吸气压力，实现有效收集；应定期清理铅尘收集装置内部沉积的铅尘。

2. 不同生产岗位不宜合用一个通风除尘系统。除尘系统应定期维护、检修和调整，除尘管道应定期清理、检查和维护，避免积尘与破损。

3. 铅粉制备工序、板栅和零部件铸造、和膏和涂板、分板、刷磨板、称板、叠板间应配备水管、真空吸尘器等防止二次扬尘的清扫设施。

4. 含铅工业废弃物按照有关规定处置。

5. 禁止采用干式清扫（含吹扫）去除地面、设备表面铅尘。

（九）送新风系统

1. 铅蓄电池企业应配备送新风系统，向工作岗位输送新鲜空气。送新风系统的设计应考虑整体性，对铸板、涂板、灌粉、包板、称板、装配焊接等固定工位，应保证每个工位均能覆盖，并保持适宜的风速，其换气量应满足稀释铅烟、铅尘的需要。

2. 送新风系统进风口应设在室外空气洁净处，不得设在车间内。

3. 禁止使用工业电风扇代替送新风系统或进行降温。

附件 4

两类企业尘毒危害情况及防护设施自查表

一、汽车制造企业尘毒危害情况及防护设施自查表

场所/环节	重点职业病危害因素	职业病危害因素检测	个体防护用品配备	警示标识设置	主要职业病防护设施	存在问题
一、焊接						
焊接	□电焊烟尘 □锰及其化合物 □其他______	□未进行检测 □已检测： □无超标 □有超标 超标因素种类/岗位： ____/____、 ____/____、 ____/____	□未配备个体防护用品 □已配备： □个体防护用品满足防护要求 □个体防护用品不满足防护要求 □劳动者正确佩戴 □劳动者未正确佩戴或未佩戴	□未设置警示标识（包括工作场所入口及岗位附近，下同） □已设置： □当心中毒 □注意防尘 □戴防尘口罩 □注意通风 □锰及其化合物危害告知卡	□使用机械化、自动化程度高的焊接设备 □使用无毒、低毒的焊接材料 □焊接车间自然通风、机械通风良好 □产生电焊烟尘较多的人工焊接工位设置局部抽风除尘设备 □二氧化碳保护焊集中布置，设置独立焊房，出入口设软帘遮挡，室内采取全面通风方式，并保持负压 □打磨和焊接同室存在时，应采取上送下排的通风方式，室内保持负压	

续表

场所/环节	重点职业病危害因素	职业病危害因素检测	个体防护用品配备	警示标识设置	主要职业病防护设施	存在问题
二、涂装						
前处理及电泳	□磷酸 □硫酸 □盐酸 □氢氧化钾 □氢氧化钠 □其他______	□未进行检测 □已检测： □无超标 □有超标 超标因素种类/岗位： ____/____、 ____/____、 ____/____	□未配备个体防护用品 □已配备： □个体防护用品满足防护要求 □个体防护用品不满足防护要求 □劳动者正确佩戴 □劳动者未正确佩戴或未佩戴	□未设置警示标识 □已设置： □当心腐蚀 □戴防护手套 □戴防护镜 □注意通风 □磷酸、硫酸、盐酸、氢氧化钾、氢氧化钠危害告知卡	□前处理线和电泳生产线密闭、自动运行 □各种酸、碱等物料的添加为程序自动控制 □前处理线及电泳生产线车间地面应进行防腐处理，设置排水地沟，前处理线和电泳生产线设置局部排风系统 □使用和储存酸、碱等物料的场所设置洗眼淋浴器	
喷 PVC 胶及检查	□聚氯乙烯粉尘 □其他______	□未进行检测 □已检测： □无超标 □有超标 超标因素种类/岗位： ____/____、 ____/____、 ____/____	□未配备个体防护用品 □已配备： □个体防护用品满足防护要求 □个体防护用品不满足防护要求 □劳动者正确佩戴 □劳动者未正确佩戴或未佩戴	□未设置警示标识 □已设置： □注意防尘 □戴防护镜 □戴防护手套 □注意通风	□宜采取机器人自动喷胶设备，减少人员接触 □检查间、补漆间分开设置 □打磨采取湿式作业，减少粉尘的产生 □半干式打磨时，应设置排风罩 □喷胶房采取上送风、下回风的通风系统	

续表

场所/环节	重点职业病危害因素	职业病危害因素检测	个体防护用品配备	警示标识设置	主要职业病防护设施	存在问题
喷涂和调漆	□苯、甲苯、二甲苯 □甲醛 □其他______	□未进行检测 □已检测： □无超标 □有超标 超标因素种类/岗位： ___/___、 ___/___、 ___/___	□未配备个体防护用品 □已配备： □个体防护用品满足防护要求 □个体防护用品不满足防护要求 □劳动者正确佩戴 □劳动者未正确佩戴或未佩戴	□未设置警示标识 □已设置： □当心中毒 □当心有毒气体 □戴防毒面具 □戴防护镜 □戴防护手套 □注意通风 □苯危害告知卡 □甲醛危害告知卡	□使用职业病危害程度低的涂料 □使用密闭化、自动化程度高的调漆、喷漆生产线 □喷漆、油漆储存和调配应在专用的房间中，喷漆、调漆作业区应与休息区分开布置 □输送涂料、溶剂、稀释剂等各类物料的管道应严格密闭 □无气喷涂的喷枪应配置自锁安全装置，喷涂间歇时应能将喷枪自锁 □喷漆间、调漆间应采取上送风、下回风的通风方式 □人工调漆作业点应设置局部排风罩 □喷漆间墙壁表面易清洗、不应吸收或粘附漆雾	

续表

场所/环节	重点职业病危害因素	职业病危害因素检测	个体防护用品配备	警示标识设置	主要职业病防护设施	存在问题
烘干	□苯、甲苯、二甲苯 □甲醛 □其他______	□未进行检测 □已检测： □无超标 □有超标 超标因素种类/岗位： ____/____、 ____/____、 ____/____	□未配备个体防护用品 □已配备： □个体防护用品满足防护要求 □个体防护用品不满足防护要求 □劳动者正确佩戴 □劳动者未正确佩戴或未佩戴	□未设置警示标识 □已设置： □当心中毒 □当心有毒气体 □戴防毒面具 □戴防护镜 □注意通风 □苯危害告知卡 □甲醛危害告知卡	□烘干炉、自动化运行设备、管道应密闭良好，杜绝烘干废气泄漏 □设置废气处理装置，将废气处理达标后高空排放	
三、总装						
装配	□二苯基甲烷二异氰酸酯 □苯、甲苯、二甲苯 □其他______	□未进行检测 □已检测： □无超标 □有超标 超标因素种类/岗位： ____/____、 ____/____、 ____/____	□未配备个体防护用品 □已配备： □个体防护用品满足防护要求 □个体防护用品不满足防护要求 □劳动者正确佩戴 □劳动者未正确佩戴或未佩戴	□未设置警示标识 □已设置： □当心中毒 □当心有毒气体 □戴防毒面具 □戴防护手套 □戴防护眼镜 □注意通风 □苯危害告知卡	□车间设通排风系统，保持车间内通风良好 □液体介质宜自动化加注并在加注点设置局部排风设施，其中，燃油加注工位应为防爆型 □挡风玻璃涂胶采用自动涂胶机，设置局部排风设施，在挡风玻璃人工清洗工位处设局部排风设施	

续表

场所/环节	重点职业病危害因素	职业病危害因素检测	个体防护用品配备	警示标识设置	主要职业病防护设施	存在问题
检测	□一氧化碳 □二氧化碳 □一氧化氮 □二氧化氮	□未进行检测 □已检测： □无超标 □有超标 超标因素种类/岗位： ___/___、 ___/___、 ___/___	□未配备个体防护用品 □已配备： □个体防护用品满足防护要求 □个体防护用品不满足防护要求 □劳动者正确佩戴 □劳动者未正确佩戴或未佩戴	□未设置警示标识 □已设置： □当心中毒 □当心有毒气体 □注意通风 □一氧化碳危害告知卡 □二氧化氮危害告知卡	□检测、调试工艺设备设置尾气收集装置并排出室外 □检测区域设送排风系统，气流组织采用上送下排形式，如采用屋顶式送风机，地沟排风 □四轮定位仪、车底检查等地沟，以及转鼓试验台工位应设置排风系统，同时，车底检查地沟还应设置送风系统	
四、铸造						
熔炼	□氧化锌 □氧化铝 □一氧化碳 □其他____	□未进行检测 □已检测： □无超标 □有超标 超标因素种类/岗位： ___/___、 ___/___、 ___/___	□未配备个体防护用品 □已配备： □个体防护用品满足防护要求 □个体防护用品不满足防护要求 □劳动者正确佩戴 □劳动者未正确佩戴或未佩戴	□未设置警示标识 □已设置： □注意防尘 □戴防尘口罩 □穿防护服 □注意通风 □一氧化碳危害告知卡	□熔炼炉应设置排气罩及通风排气系统 □设置岗位送风 □控制室密闭隔离，设置空调系统 □铝液转运天车、单轨车应良好隔热，并采取空调通风装置，降温送风 □转水包设置抽风罩 □定期维护职业病防护设施	

续表

场所/环节	重点职业病危害因素	职业病危害因素检测	个体防护用品配备	警示标识设置	主要职业病防护设施	存在问题
砂处理系统-原料储存、输送	□矽尘	□未进行检测 □已检测： □无超标 □有超标 超标因素种类/岗位： ___/___、 ___/___、 ___/___	□未配备个体防护用品 □已配备： □个体防护用品满足防护要求 □个体防护用品不满足防护要求 □劳动者正确佩戴 □劳动者未正确佩戴或未佩戴	□未设置警示标识 □已设置： □注意防尘 □戴防尘口罩 □注意通风 □矽尘危害告知卡	□原料或旧砂应分类堆放 □砂堆放应用防水油布或塑料布遮盖，设置隔离装置 □配置密闭排风罩的带式输送机运送；带式输送机开口端设置软帘挡尘，输送带两侧设置防护板 □采用密闭化、管道化、机械化和自动化措施，不应采用人工装卸或抓斗 □在输送的胶带机及头尾设置排气除尘装置，转载点设置排风除尘装置 □定期维护职业病防护设施	
砂处理系统-配砂、混砂、烘砂	□矽尘 □一氧化碳 □二氧化氮 □苯酚 □甲醛	□未进行检测 □已检测： □无超标 □有超标 超标因素种类/岗位： ___/___、 ___/___、 ___/___	□未配备个体防护用品 □已配备： □个体防护用品满足防护要求 □个体防护用品不满足防护要求 □劳动者正确佩戴 □劳动者未正确佩戴或未佩戴	□未设置警示标识 □已设置： □注意防尘 □戴防尘口罩 □注意通风 □矽尘危害告知卡 □一氧化碳危害告知卡 □二氧化氮危害告知卡 □甲醛危害告知卡	□混砂机设置密封围罩 □出砂口设置机械排风除尘装置 □混料机、加料和卸料传输系统应尽量密闭 □烘砂烘干炉应密闭并设置局部通风系统 □定期维护职业病防护设施	

续表

场所/环节	重点职业病危害因素	职业病危害因素检测	个体防护用品配备	警示标识设置	主要职业病防护设施	存在问题
砂处理系统-造型	□矽尘	□未进行检测 □已检测： □无超标 □有超标 超标因素种类/岗位： ___/___、 ___/___、 ___/___	□未配备个体防护用品 □已配备： □个体防护用品满足防护要求 □个体防护用品不满足防护要求 □劳动者正确佩戴 □劳动者未正确佩戴或未佩戴	□未设置警示标识 □已设置： □注意防尘 □戴防尘口罩 □注意通风 □矽尘危害告知卡	□密闭原料传输系统 □置型砂回收装置 □安装局部通风除尘设施 □控制室密闭隔离 □定期维护职业病防护设施	
砂处理系统-砂再生	□矽尘 □苯酚 □甲醛	□未进行检测 □已检测： □无超标 □有超标 超标因素种类/岗位： ___/___、 ___/___、 ___/___	□未配备个体防护用品 □已配备： □个体防护用品满足防护要求 □个体防护用品不满足防护要求 □劳动者正确佩戴 □劳动者未正确佩戴或未佩戴	□未设置警示标识 □已设置： □当心有毒气体 □注意防尘 □戴防尘口罩 □注意通风 □矽尘危害告知卡 □甲醛危害告知卡	□破碎机安装整体密闭罩，进料口与加料装置尽可能采用软管连接 □振动筛整体密闭；进料口和出料口密闭，设置局部通风排气设施，进料斗设置通风设施 □冷却提升机应采用袋式除尘器，有防堵措施 □旧砂再生采用袋式除尘装置，并密闭 □定期维护职业病防护设施	

续表

场所/环节	重点职业病危害因素	职业病危害因素检测	个体防护用品配备	警示标识设置	主要职业病防护设施	存在问题
制芯	□矽尘 □一氧化碳 □甲醛 □苯酚	□未进行检测 □已检测： □无超标 □有超标 超标因素种类/岗位： ___/___、 ___/___、 ___/___	□未配备个体防护用品 □已配备： □个体防护用品满足防护要求 □个体防护用品不满足防护要求 □劳动者正确佩戴 □劳动者未正确佩戴或未佩戴	□未设置警示标识 □已设置： □注意防尘 □当心有毒气体 □戴防尘口罩 □戴防护手套 □注意通风 □矽尘危害告知卡 □一氧化碳危害告知卡 □甲醛危害告知卡	□射芯机、制芯机等均应设置排风罩 □采用冷芯盒制芯时应将气体发生器密闭，并设置尾气收集和净化装置 □清理芯盒型腔时，不得用手直接清理 □定期维护职业病防护设施	
修芯	□矽尘 □甲醛 □苯酚	□未进行检测 □已检测： □无超标 □有超标 超标因素种类/岗位： ___/___、 ___/___、 ___/___	□未配备个体防护用品 □已配备： □个体防护用品满足防护要求 □个体防护用品不满足防护要求 □劳动者正确佩戴 □劳动者未正确佩戴或未佩戴	□未设置警示标识 □已设置： □注意防尘 □当心有毒气体 □戴防尘口罩 □戴防护手套 □注意通风 □矽尘危害告知卡 □甲醛危害告知卡	□砂芯修磨应设置通风除尘系统 □定期维护职业病防护设施	

续表

场所/环节	重点职业病危害因素	职业病危害因素检测	个体防护用品配备	警示标识设置	主要职业病防护设施	存在问题
施涂料和烘芯	□其他粉尘 □一氧化碳 □甲醛 □苯酚	□未进行检测 □已检测： □无超标 □有超标 超标因素种类/岗位： ___/___、 ___/___、 ___/___	□未配备个体防护用品 □已配备： □个体防护用品满足防护要求 □个体防护用品不满足防护要求 □劳动者正确佩戴 □劳动者未正确佩戴或未佩戴	□未设置警示标识 □已设置： □注意防尘 □当心有毒气体 □戴防尘口罩 □戴防护手套 □注意通风 □一氧化碳危害告知卡 □甲醛危害告知卡	□施涂料设置通风排气系统，净化后排出 □施涂料后的存放处应干燥，应设置通风 □烘干炉密闭、隔热，出入口设置局部送风 □定期维护职业病防护设施	
浇注	□矽尘 □一氧化碳 □甲醛 □苯酚	□未进行检测 □已检测： □无超标 □有超标 超标因素种类/岗位： ___/___、 ___/___、 ___/___	□未配备个体防护用品 □已配备： □个体防护用品满足防护要求 □个体防护用品不满足防护要求 □劳动者正确佩戴 □劳动者未正确佩戴或未佩戴	□未设置警示标识 □已设置： □注意防尘 □当心有毒气体 □戴防尘口罩 □戴防护手套 □注意通风 □一氧化碳危害告知卡 □甲醛危害告知卡	□浇注应自动化 □浇注段设置局部排风罩，设置屋顶排风器或排风天窗 □设置岗位送风 □浇注车应密闭，采取隔热措施，并安装空调和送风装置 □定期维护职业病防护设施	

续表

场所/环节	重点职业病危害因素	职业病危害因素检测	个体防护用品配备	警示标识设置	主要职业病防护设施	存在问题
落砂	□矽尘	□未进行检测 □已检测： □无超标 □有超标 超标因素种类/岗位： ___/___、 ___/___、 ___/___	□未配备个体防护用品 □已配备： □个体防护用品满足防护要求 □个体防护用品不满足防护要求 □劳动者正确佩戴 □劳动者未正确佩戴或未佩戴	□未设置警示标识 □已设置： □注意防尘 □戴防尘口罩 □注意通风 □矽尘危害告知卡	□落砂区单独设置 □固定落砂区应设置除砂间或防尘帘屏，并设排风罩 □就地开箱落砂时，可设喷水雾降尘 □落砂机密闭，工作时不应敞开观察门，落砂地沟设置通风除尘设施 □定期维护职业病防护设施	
热处理	□一氧化碳 □二氧化氮	□未进行检测 □已检测： □无超标 □有超标 超标因素种类/岗位： ___/___、 ___/___、 ___/___	□未配备个体防护用品 □已配备： □个体防护用品满足防护要求 □个体防护用品不满足防护要求 □劳动者正确佩戴 □劳动者未正确佩戴或未佩戴	□未设置警示标识 □已设置： □当心有毒气体 □注意通风 □一氧化碳危害告知卡 □二氧化氮危害告知卡	□热处理炉密闭、隔热 □设置排风装置 □作业岗位安装局部送风降温装置 □定期维护职业病防护设施	

续表

场所/环节	重点职业病危害因素	职业病危害因素检测	个体防护用品配备	警示标识设置	主要职业病防护设施	存在问题
清理	□砂轮磨尘 □矽尘	□未进行检测 □已检测： □无超标 □有超标 超标因素种类/岗位： ___/___、 ___/___、 ___/___	□未配备个体防护用品 □已配备： □个体防护用品满足防护要求 □个体防护用品不满足防护要求 □劳动者正确佩戴 □劳动者未正确佩戴或未佩戴	□未设置警示标识 □已设置： □注意防尘 □戴防尘口罩 □注意通风	□采用抛丸机进行清理时，抛丸机应密闭，采取通风除尘、减振降噪措施 □喷砂作业应密闭，应采用手套式喷砂箱，设置除尘设施 □砂轮打磨时应考虑湿式作业，采用适应的密闭罩，并设置局部通风除尘装置 □定期维护职业病防护设施	
其他（天车）	□粉尘 □一氧化碳	□未进行检测 □已检测： □无超标 □有超标 超标因素种类/岗位： ___/___、 ___/___、 ___/___	□未配备个体防护用品 □已配备： □个体防护用品满足防护要求 □个体防护用品不满足防护要求 □劳动者正确佩戴 □劳动者未正确佩戴或未佩戴	□未设置警示标识 □已设置： □注意防尘 □戴防尘口罩 □注意通风	□天车驾驶室密闭 □配备通风空调设施 □双层门窗隔声设施	

续表

场所/环节	重点职业病危害因素	职业病危害因素检测	个体防护用品配备	警示标识设置	主要职业病防护设施	存在问题
其他（浸渗）	□丙烯酸甲酯 □铬及其化合物	□未进行检测 □已检测： □无超标 □有超标 超标因素种类/岗位： ___/___、 ___/___、 ___/___	□未配备个体防护用品 □已配备： □个体防护用品满足防护要求 □个体防护用品不满足防护要求 □劳动者正确佩戴 □劳动者未正确佩戴或未佩戴	□未设置警示标识 □已设置： □注意通风 □当心有毒气体 □戴防护手套 □铬及其化合物危害告知卡	□浸渗系统应密闭 □设置抽风净化装置	
五、机修和维修保养						
机修	□一氧化碳 □二氧化碳 □一氧化氮 □二氧化氮	□未进行检测 □已检测： □无超标 □有超标 超标因素种类/岗位： ___/___、 ___/___、 ___/___	□未配备个体防护用品 □已配备： □个体防护用品满足防护要求 □个体防护用品不满足防护要求 □劳动者正确佩戴 □劳动者未正确佩戴或未佩戴	□未设置警示标识 □已设置： □当心中毒 □当心有毒气体 □注意通风 □一氧化碳危害告知卡 □二氧化氮危害告知卡	□整车测试区应设置局部排风装置，如尾气收集装置，经吸气罩收集处理后排放	

续表

场所/环节	重点职业病危害因素	职业病危害因素检测	个体防护用品配备	警示标识设置	主要职业病防护设施	存在问题
钣金、焊接	□电焊烟尘 □锰及其化合物 □其他______	□未进行检测 □已检测： □无超标 □有超标 超标因素种类/岗位： ____/____、 ____/____、 ____/____	□未配备个体防护用品 □已配备： □个体防护用品满足防护要求 □个体防护用品不满足防护要求 □劳动者正确佩戴 □劳动者未正确佩戴或未佩戴	□未设置警示标识 □已设置： □注意防尘 □当心中毒 □戴防毒面具 □注意通风 □锰及其化合物危害告知卡	□使用不含或少含锰、铅等有毒物质的焊条 □焊接量大、焊机集中的作业场所，应实施全面机械通风 □焊接作业点应设置移动式局部排风装置，排风罩对准焊烟产生的位置，并对焊烟进行净化处理 □打磨应采取湿式作业，减少粉尘的产生；干式打磨时，应设置局部通风除尘装置	
喷漆	□苯、甲苯、二甲苯 □甲醛 □其他______	□未进行检测 □已检测： □无超标 □有超标 超标因素种类/岗位： ____/____、 ____/____、 ____/____	□未配备个体防护用品 □已配备： □个体防护用品满足防护要求 □个体防护用品不满足防护要求 □劳动者正确佩戴 □劳动者未正确佩戴或未佩戴	□未设置警示标识 □已设置： □当心中毒 □穿防护服 □戴防毒面具 □戴防护手套 □注意通风 □苯危害告知卡 □甲醛危害告知卡	□遵循无毒物质代替有毒物质，低毒物质代替高毒物质的原则，使用水性涂料、溶剂和稀释剂 □调漆、喷漆、烤漆等易产生毒物的工序应设有单独的隔间 □调漆、喷漆和烤漆间应采用上送风、下排风的通风防毒设施；室内保持负压	

二、铅蓄电池生产企业尘毒危害情况及防护设施自查表

场所/环节	重点职业病危害因素	危害因素检测	个体防护用品配备	警示标识设置	主要职业病防护设施	存在问题
铅粉制造	□铅尘 □铅烟	□未进行检测 □已检测： □无超标 □有超标 超标因素种类/岗位： ___/___、 ___/___、 ___/___	□未配备个体防护用品 □已配备： □个体防护用品满足防护要求 □个体防护用品不满足防护要求 □劳动者正确佩戴 □劳动者未正确佩戴或未佩戴	□未设置警示标识（包括工作场所入口及岗位附近，下同） □已设置： □当心中毒 □注意防尘 □戴防尘口罩 □戴防护手套 □注意通风 □铅及其化合物危害告知卡	□自动温控的封闭式熔铅炉 □密闭式铅粉机 □设置除尘设施 □定期维护职业病防护设施 □采取湿式清扫或真空吸扫措施	
板栅铸造	□铅烟	□未进行检测 □已检测： □无超标 □有超标 超标因素种类/岗位： ___/___、 ___/___、 ___/___	□未配备个体防护用品 □已配备： □个体防护用品满足防护要求 □个体防护用品不满足防护要求 □劳动者正确佩戴 □劳动者未正确佩戴或未佩戴	□未设置警示标识 □已设置： □当心中毒 □注意防尘 □戴防尘口罩 □戴防护手套 □注意通风 □铅及其化合物危害告知卡	□工序设在封闭的车间内 □采用自动温控的封闭式熔铅炉，熔铅炉实现集中供铅 □设置除尘设施 □作业点送新风设施 □定期维护职业病防护设施 □采取湿式清扫或真空吸扫措施	

续表

场所/环节	重点职业病危害因素	危害因素检测	个体防护用品配备	警示标识设置	主要职业病防护设施	存在问题
零部件铸造	□铅烟	□未进行检测 □已检测： □无超标 □有超标 超标因素种类/岗位： ____/____、 ____/____、 ____/____	□未配备个体防护用品 □已配备： □个体防护用品满足防护要求 □个体防护用品不满足防护要求 □劳动者正确佩戴 □劳动者未正确佩戴或未佩戴	□未设置警示标识 □已设置： □当心中毒 □注意防尘 □戴防尘口罩 □戴防护手套 □注意通风 □铅及其化合物危害告知卡	□工序设在封闭的车间内 □采用自动温控的封闭式熔铅路，熔铅路实现集中供铅 □设置除尘设施 □作业点送新风设施 □定期维护职业病防护设施 □采取湿式清扫或真空吸扫措施	
和膏	□铅尘	□未进行检测 □已检测： □无超标 □有超标 超标因素种类/岗位： ____/____、 ____/____、 ____/____	□未配备个体防护用品 □已配备： □个体防护用品满足防护要求 □个体防护用品不满足防护要求 □劳动者正确佩戴 □劳动者未正确佩戴或未佩戴	□未设置警示标识 □已设置： □当心中毒 □注意防尘 □戴防尘口罩 □戴防护手套 □注意通风 □铅及其化合物危害告知卡	□铅粉自动输送 □自动化封闭式和膏机 □设置除尘设施 □定期维护职业病防护设施 □采取湿式清扫或真空吸扫措施 □生产管式极板采用自动挤膏工艺或封闭式全自动负压灌粉，灌粉间单独设置，灌粉机设置二级除尘设施	

续表

场所/环节	重点职业病危害因素	危害因素检测	个体防护用品配备	警示标识设置	主要职业病防护设施	存在问题
涂板淋酸	□铅尘 □硫酸	□未进行检测 □已检测： □无超标 □有超标 超标因素种类/岗位： ___/___、 ___/___、 ___/___	□未配备个体防护用品 □已配备： □个体防护用品满足防护要求 □个体防护用品不满足防护要求 □劳动者正确佩戴 □劳动者未正确佩戴或未佩戴	□未设置警示标识 □已设置： □当心中毒 □当心腐蚀 □注意防尘 □戴防尘口罩 □穿防护服 □戴防护手套 □穿防护鞋 □戴防酸口罩 □戴防护手套 □注意通风 □铅及其化合物危害告知卡	□封闭式涂板机 □采用自动配酸系统、密闭式酸液输送系统和自动灌酸设备 □设置酸液自动收集系统和酸雾净化系统（加碱液吸收的逆流洗涤技术） □定期维护职业病防护设施 □采取水冲式地面清扫措施 □配酸、淋酸作业区设置应急冲淋装置	

续表

场所/环节	重点职业病危害因素	危害因素检测	个体防护用品配备	警示标识设置	主要职业病防护设施	存在问题
固化干燥	□铅尘 □硫酸	□未进行检测 □已检测： □无超标 □有超标 超标因素种类/岗位： ___/___、 ___/___、 ___/___	□未配备个体防护用品 □已配备： □个体防护用品满足防护要求 □个体防护用品不满足防护要求 □劳动者正确佩戴 □劳动者未正确佩戴或未佩戴	□未设置警示标识 □已设置： □当心中毒 □当心腐蚀 □注意防尘 □戴防尘口罩 □穿防护服 □戴防护手套 □穿防护鞋 □戴防酸口罩 □戴防护手套 □注意通风 □铅及其化合物危害告知卡	□封闭式固化房 □采用自动送风加温系统 □采用温控和高温保护、断气缺水报警系统 □定期维护职业病防护设施 □定期对地面采取水冲式清扫	
极板分板、刷板	□铅尘	□未进行检测 □已检测： □无超标 □有超标 超标因素种类/岗位： ___/___、 ___/___、 ___/___	□未配备个体防护用品 □已配备： □个体防护用品满足防护要求 □个体防护用品不满足防护要求 □劳动者正确佩戴 □劳动者未正确佩戴或未佩戴	□未设置警示标识 □已设置： □当心中毒 □注意防尘 □戴防尘口罩 □戴防护手套 □注意通风 □铅及其化合物危害告知卡	□自动封闭式分板机、刷板机 □分板、刷板设置除尘设施 □定期维护职业病防护设施 □废极板、废极耳回收容器 □采取湿式清扫或真空吸扫措施	

续表

场所/环节	重点职业病危害因素	危害因素检测	个体防护用品配备	警示标识设置	主要职业病防护设施	存在问题
极板称板、叠板	□铅尘	□未进行检测 □已检测： □无超标 □有超标 超标因素种类/岗位： ____/____、 ____/____、 ____/____	□未配备个体防护用品 □已配备： □个体防护用品满足防护要求 □个体防护用品不满足防护要求 □劳动者正确佩戴 □劳动者未正确佩戴或未佩戴	□未设置警示标识 □已设置： □当心中毒 □注意防尘 □戴防尘口罩 □戴防护手套 □注意通风 □铅及其化合物危害告知卡	□自动封闭式称板机、叠板机 □称板、叠板设置除尘设施 □定期维护职业病防护设施 □采取湿式清扫或真空吸扫措施	
组装	□铅烟 □塑料裂解气	□未进行检测 □已检测： □无超标 □有超标 超标因素种类/岗位： ____/____、 ____/____、 ____/____	□未配备个体防护用品 □已配备： □个体防护用品满足防护要求 □个体防护用品不满足防护要求 □劳动者正确佩戴 □劳动者未正确佩戴或未佩戴	□未设置警示标识 □已设置： □当心中毒 □注意防尘 □戴防尘口罩 □戴防护手套 □注意通风 □铅及其化合物危害告知卡	□采用自动化生产线 □铸焊机、穿壁焊机、热封机、端子焊接设有集气罩对铅烟、塑料裂解气收集 □设置铅烟净化设施 □作业点送新风设施 □定期维护职业病防护设施 □采取湿式清扫或真空吸扫措施	

续表

场所/环节	重点职业病危害因素	危害因素检测	个体防护用品配备	警示标识设置	主要职业病防护设施	存在问题
化成	□硫酸	□未进行检测 □已检测： □无超标 □有超标 超标因素种类/岗位： ____/____、 ____/____、 ____/____	□未配备个体防护用品 □已配备： □个体防护用品满足防护要求 □个体防护用品不满足防护要求 □劳动者正确佩戴 □劳动者未正确佩戴或未佩戴	□未设置警示标识 □已设置： □当心中毒 □当心腐蚀 □穿防护服 □戴防护手套 □穿防护鞋 □戴防酸口罩 □戴防护手套 □注意通风	□设置封闭式化成槽，槽内保持负压 □采用自动配酸系统、密闭式酸液输送系统和自动灌酸设备 □设置酸液自动收集系统和酸雾净化系统（加碱液吸收的逆流洗涤技术） □定期维护职业病防护设施 □采取水冲式地面清扫措施 □配酸、淋酸作业区设置应急冲淋装置	

附件 5

两类企业职业健康管理措施自查表

序号	检查内容			结果判定		存在问题
1	职业健康管理机构和管理人员	设置或者指定职业健康管理机构或者组织，负责本单位的职业病防治工作		是□	否□	
		配备专职或兼职职业健康管理人员（职业病危害严重的企业应配备专职职业健康管理人员，其他存在职业病危害的生产企业，劳动者超过 100 人的，应当配备专职职业健康管理人员，劳动者在 100 人以下的，应当配备专职或者兼职的职业健康管理人员）		是□	否□	
2	规章制度及岗位规程	建立有健全的职业病危害防治相关规章制度		是□	否□	
		接触粉尘、化学毒物的岗位制定有岗位操作规程		是□	否□	
3	主要负责人培训情况	参加人员为企业主要负责人		是□	否□	
		参加的培训为专门职业健康培训，或所参加的培训包含职业健康内容		是□	否□	
		培训合格证书或其他有效证明材料		有□	无□	
		培训合格证书或其他证明材料在有效期之内		是□	否□	
4	职业健康管理人员培训情况	参加人员为在职的职业健康管理人员		是□	否□	
		参加的培训为专门职业健康培训，或所参加的培训包含职业健康内容		是□	否□	
		培训合格证书或其他有效证明材料		有□	无□	
		培训合格证书或其他证明材料在有效期之内		是□	否□	
5	劳动者职业健康培训情况	培训材料	有完整的培训签到表（签到表中应包含所有接触粉尘、化学毒物等职业病危害的劳动者）	有□	无□	
			有完整的培训记录（培训记录应包括时间、地点、参加培训人数以及反映详细培训内容的材料）	有□	无□	

续表

序号	检查内容			结果判定		存在问题
5	劳动者职业健康培训情况	培训内容	有劳动者日常接触的职业病危害因素	有□	无□	
			有接触职业病危害因素可能导致的健康影响（应说明可能导致的职业病）	有□	无□	
			有与职业病危害对应的防护措施（工程防护和个体防护）	有□	无□	
			培训的职业病危害种类、后果以及防护措施与日常接触的职业病危害因素相对应	是□	否□	
6	个体防护用品配备	接触粉尘、铅及其化合物岗位应配备符合《呼吸防护用品-自吸式过滤式防颗粒呼吸器》（GB 2626）的防尘口罩。接触矽尘、铅及其化合物的劳动者应配备过滤效率至少为KN95 级别的防尘口罩		是□	否□	
		根据作业场所存在化学物的种类、接触方式，按照《个体防护装备选用规范》（GB/T 11651—2008）、《国家安全监管总局办公厅关于印发用人单位劳动防护用品管理规范的通知》（安监总厅安健〔2015〕124 号）要求，为劳动者配备合适的防毒面具。接触硫酸岗位应配备防酸口罩、防护眼镜、防酸工作服、防护帽、防酸手套、防酸鞋		是□	否□	
		建立个体防护用品管理制度		是□	否□	
		有完整的个体防护用品采购发票、发放标准及领取记录等台账		是□	否□	
		对劳动者进行个体防护用品佩戴培训		是□	否□	
		个体防护用品更换周期满足要求		是□	否□	
7	定期检测	委托职业卫生技术服务机构每年至少开展一次职业病危害因素检测		是□	否□	
		所委托的检测机构应具有国家认可的检测资质		是□	否□	
		有职业卫生技术服务机构出具的职业病危害因素检测报告		有□	无□	
		检测报告包括接触职业病危害的所有岗位		是□	否□	

续表

序号	检查内容			结果判定		存在问题
7	定期检测	粉尘检测结果包括总尘、呼吸性粉尘浓度以及游离二氧化硅含量		是□	否□	
		通过公告栏、书面通知或其他有效方式告知劳动者工作场所职业病危害因素检测及评价结果		是□	否□	
8	职业健康检查	职业健康检查报告中，包括所有接触职业病危害的劳动者		是□	否□	
		实施职业病危害检查周期满足《职业健康监护技术规范》（GBZ 188—2014）的要求		是□	否□	
		所委托体检机构为具有相应资质的职业健康检查机构		是□	否□	
		建立劳动者职业健康监护档案		是□	否□	
		将职业健康检查结果告知劳动者（需有劳动者确认签字）		是□	否□	
		需复查人员按照规定复查		是□	否□	
		有职业禁忌证的人员必须调离接害岗位		是□	否□	
		发现职业病病人或者疑似职业病病人时，应当及时向所在地卫生行政部门和安全生产监督管理部门报告		是□	否□	
		及时安排对疑似职业病病人进行诊断		是□	否□	
		按照国家有关规定妥善安置职业病病人		是□	否□	
9	职业病危害合同告知	劳动合同或其附件等，有企业签章与劳动者确认的签字		是□	否□	
		合同内容	有劳动者工作中可能接触到的职业病危害因素	有□	无□	
			有接触职业病危害因素可能产生的后果	有□	无□	
			有职业病危害因素的防护措施	有□	无□	
			所告知的职业病危害后果、防护措施与所告知的职业病危害因素相对应	是□	否□	
10	现场告知	在醒目位置设置公告栏，公布职业病危害防治规章制度、操作规程、职业病危害事故应急救援措施		是□	否□	

续表

序号	检查内容		结果判定		存在问题
10	现场告知	存在或产生职业病危害的工作场所、作业岗位、设备、设施，应当按照《工作场所职业病危害警示标识》（GBZ 158—2003）等相关规定，在醒目位置设置图形、警示线、警示语句等警示标识和中文警示说明	是□	否□	
11	辅助卫生用室设置与管理（铅蓄电池生产）	设置专用工作服与便服分开的更衣室	是□	否□	
		涉铅车间出入口设置去除铅尘的风铃或风幕	是□	否□	
		涉铅车间出入口设置盥洗水龙头	是□	否□	
		生产区域设置专用淋浴房	是□	否□	
		设置专用洗衣房	是□	否□	

附件 6

两类企业尘毒危害治理监督检查重点事项表

企业名称：

重点事项	具体检查内容	检查方法	违法行为	违法条款	处罚依据	存在问题
1. 职业病危害防护设施设置、运行情况	见《两类企业尘毒危害情况及防护设施自查表》（附件 4）	查阅职业病危害因素定期检测报告、防护设施台账及维护保养记录等。重点对照《两类企业尘毒危害情况及防护设施自查表》（附件 4）随机抽查重点工序是否按要求设置了职业病防护设施，以及防护设施是否满足防尘防毒要求，是否正常运行	没有与职业病危害防护相适应的的防护设施；未按规定对职业病危害防护设施进行维护、检修，或职业病防护设施不能正常运行；擅自拆除或停止使用职业病危害防护设施	《职业病防治法》第十五条第二项，第二十二条第一款，第二十五条	《职业病防治法》第七十二条第二、三项，第七十五条第六项	
2. 职业健康培训情况	企业主要负责人、职业健康管理人员接受职业健康培训，并取得职业健康培训合格证明，初次培训不得少于 16 学时，继续教育不得少于 8 学时。对接触职业病危害劳动者进行上岗前和在岗期间的职业健康培训，上岗前培训时间不得少于 8 学时，在岗期间每年不得少于 4 学时	检查主要负责人、职业健康管理人员培训证书、培训签到表、培训记录、培训教材等。重点检查主要负责人、管理人员是否有培训合格证书或其他证明材料，是否在有效期之内。劳动者职业健康培训内容中是否有劳动者日常接触的职业病危害因素、可能的健康影响及防护措施等内容。询问劳动者对接触职业病危害后果、操作规程、防护用品佩戴等知识和技能掌握情况	企业主要负责人、职业健康管理人员未接受职业健康培训；企业未按照规定组织劳动者进行职业健康培训	《职业病防治法》第三十四条，《工作场所职业卫生监督管理规定》第九、十条	《职业病防治法》第七十条第四项，《监督管理规定》第四十八条第二项	

续表

重点事项	具体检查内容	检查方法	违法行为	违法条款	处罚依据	存在问题
3. 职业病危害因素定期检测情况	（1）委托职业卫生技术服务机构一年至少进行一次职业病危害定期检测。接触粉尘危害的岗位均应按规定检测粉尘时间加权平均浓度（C_{TWA}，包括总尘和呼尘），性质不明的粉尘应按规定检测粉尘中游离二氧化硅含量。对于粉尘和未制定 PC-STEL 的化学物质，应按要求计算超限倍数值 （2）按规定公布职业病危害因素检测结果	查阅职业病危害定期检测报告，重点检查：（1）粉尘作业岗位是否进行了全面检测，接触粉尘危害的岗位是否按规定全部检测 C_{TWA}，含二氧化硅的粉尘是否进行了游离二氧化硅含量测定；（2）存在铅及其化合物、苯、甲苯、二甲苯、甲醛、苯酚、氨、一氧化碳、二氧化氮等化学物质的岗位是否进行了全面检测。现场检查职业病危害因素检测结果公布情况	未对工作场所职业病危害因素进行定期检测；未公布职业病危害因素检测结果。	《职业病防治法》第二十四条第一款，第二十六条第二、三、四款	《职业病防治法》第七十条第一项，第七十二条第四、五项	
4. 劳动者职业健康监护情况	建立职业健康检查制度，按规定组织接触职业病危害的劳动者进行岗前、在岗期间和离岗前的职业健康检查，检查结果书面告知劳动者	查阅由职业健康检查机构出具的职业健康检查报告和劳动者健康监护档案。重点检查体检机构是否具有职业健康检查资质，企业是否为所有接害人员建立了职业健康监护档案，是否所有接害人员按规定进行了岗前、在岗和离岗时的职业健康检查。对职业病人、疑似职业病以及有职业禁忌的劳动者是否按规定进行了妥善处置。现场询问接触职业病危害的劳动者职业健康检查情况，并核实其职业健康监护档案	未按照规定组织上岗前、在岗期间和离岗时的职业健康检查；没有为劳动者建立职业健康监护档案；没有将检查结果书面告知劳动者	《职业病防治法》第三十五条，第三十六条	《职业病防治法》第七十一条第四项，第七十五条第七项，《用人单位职业健康监护监督管理办法》第二十六条	

重点事项	具体检查内容	检查方法	违法行为	违法条款	处罚依据	存在问题
5. 个体防护用品配备情况	（1）企业应健全管理制度，加强个体防护用品配备、发放、使用等管理工作，指导劳动者正确佩戴和使用 （2）防尘：应为接尘岗位劳动者提供符合《呼吸防护用品——自吸过滤式防颗粒物呼吸器》（GB2626）要求的防尘口罩。接触矽尘、铅及其化合物的劳动者应配备过滤效率至少为 KN95 级别的防尘口罩，其他应配备过滤效率至少为 KN90 级别的防尘口罩。（3）防化学毒物：根据作业场所存在化学物的种类、接触方式，按照《个体防护装备选用规范》（GB/T 11651—2008）、《国家安全监管总局办公厅关于印发用人单位劳动防护用品管理规范的通知》（安监总厅安健〔2015〕124 号）要求，为劳动者配备相应的防毒面具、防护服、防护手套、工作帽和防护鞋等	查阅个体防护用品采购发票、发放标准和领取记录等，现场检查劳动者佩戴情况。重点检查和询问劳动者防护用品是否按周期发放，是否正确佩戴，企业是否采取措施监督劳动者佩戴等	未给劳动者提供个人使用的职业病防护用品；为劳动者个人提供的职业病防护用品不符合防治职业病的要求；未对劳动者个体防护采取有效的指导、督促措施	《职业病防治法》第二十二条，第二十五条，第三十四条第二款	《职业病防治法》第七十条第四项，第七十二条第二、三项	

续表

重点事项	具体检查内容	检查方法	违法行为	违法条款	处罚依据	存在问题
6. 职业病危害告知情况	（1）存在或产生职业病危害的工作场所、作业岗位、设备、设施，应当按照《工作场所职业病危害警示标识》（GBZ 158—2003）等相关规定，在醒目位置设置图形、警示线、警示语句等警示标识和中文警示说明 （2）用人单位与劳动者订立劳动合同时，应当将工作过程中可能产生的职业病危害及其后果、职业病防护措施和待遇等如实告知劳动者，并在劳动合同中写明，不得隐瞒或者欺骗	现场检查警示标识和中文警示说明情况。查阅接触职业病危害的劳动者合同，现场询问劳动者	未按照规定在产生严重职业病危害的作业岗位醒目位置设置警示标识和中文警示说明；订立或者变更劳动合同时，未告知劳动者职业病危害真实情况	《职业病防治法》第二十四条第二款，第三十三条，《工作场所职业卫生监督管理规定》第十五条第二、三款	《职业病防治法》第七十一条第三项、第七十二条第八项	

监督检查意见

□企业自主持续改进提高。

□限期整改，整改期限________。

□停止________、________、________、________车间（岗位）作业。

□实施行政处罚________万元。

□加大执法频次，下次检查执法时间为________年________月________日。

□提请地方人民政府予以关闭。

□其他监管措施：

检查人员：

________年________月________日

附件 7

治理后两类企业尘毒危害防治状况汇总表

填报单位： 填表时间：

序号	行业领域	企业数量	主要负责人接受职业健康培训企业数	职业健康管理人员接受培训企业数	进行职业病危害申报企业数	2018 年进行职业病危害定期检测企业数	2018 年定期检测结果中存在超标岗位企业数	2018 年进行职业健康检查企业数
1	汽车制造							
	其中：汽车生产							
	汽车维修保养							
2	铅蓄电池生产							
合计								

填表人： 联系电话：

说明：此表应逐级报送，省级安全监管部门于 2019 年 6 月 30 日前报送至国家安全监管总局职业健康司。

附件 8

安全监管部门监督检查情况统计表

填报单位：　　　　　　　　　　　　　　　　　　填表时间：

序号	行业领域	企业数量（家）	实际监督检查企业数量（家）	实际监督检查次数（次）	下达执法文书（份）	立案（起）	执法检查情况				
							发现问题（项）	责令限期改正（项）	罚款（万元）	责令停止作业（家）	提请关闭（家）
1	汽车制造										
	其中：汽车生产										
	汽车维修保养										
2	铅蓄电池生产										
合计											

填表人：　　　　　　　　　　　　　　　　　　联系电话：

说明：1. 执法检查情况包括企业治理整改阶段以及集中执法阶段安全监管部门对企业进行的检查。

2. 此表应逐级报送，省级安全监管部门于 2019 年 6 月 30 日前报送至国家安全监管总局职业健康司。

48 关于印发加强农民工尘肺病防治工作的意见的通知

国卫疾控发〔2016〕2号

各省、自治区、直辖市卫生计生委、发展改革委、科技厅（委、局）、工业和信息化主管部门、民政厅（局）、财政厅（局）、人力资源社会保障厅（局）、国资委、安全生产监督管理局、总工会，新疆生产建设兵团卫生局、发展改革委、科技局、工业和信息化主管部门、民政局、财务局、人力资源社会保障局、国资委、安全生产监督管理局、工会：

为贯彻落实《职业病防治法》，切实保障劳动者健康权益，根据农民工尘肺病防治工作需要，国家卫生计生委、国家发展改革委、科技部、工业和信息化部、民政部、财政部、人力资源社会保障部、国务院国资委、安全监管总局和全国总工会联合制定了《关于加强农民工尘肺病防治工作的意见》。经国务院同意，现印发给你们，请认真贯彻落实。

国家卫生计生委　国家发展改革委
科技部　工业和信息化部
民政部　财政部
人力资源社会保障部　国务院国资委
安全监管总局　全国总工会
2016年1月8日

关于加强农民工尘肺病防治工作的意见

农民工已成为我国产业工人的主体，截至2014年年底，我国农民工人数达2.74亿，是推动国家现代化建设的重要力量，为经济社会发展做出了巨大贡献。党中央、国务院高度重视农民工的职业健康。近年来，我国先后公布了《职业病防治法》等一系列法律法规、规划和职业卫生标准，监管力度逐步加大，职业病防治能力和服务体系持续加强，诊断服务的可及性和诊断水平不断提高。但是，由于一些用人单位不履行防治主体责任，健康监护不到位，加上部分农民工缺乏职业防护和维权意识，农民工罹患尘肺病的势头并没有得到有效控制，病后得不到及时诊断、救治和赔偿的问题也没有得到有效解决。为进一步深入贯彻党的十八大和十八届三中、四中、五中全会精神，落实《国务院关于进一步做好为农民工服务工作的意见》（国发〔2014〕40号）有关要求，预防、控制和消除尘肺病危害，切实保护农民工职业健康和相关权益，提出以下意见：

一、着力加强农民工尘肺病源头治理

用人单位要建立健全粉尘防治规章制度和责任制，落实粉尘防治主体责任。要建立健全粉尘防治管理机构，配备专职管理人员，负责粉尘防治日常管理工作。严格执行建设项目防尘设施“三同时”，确保新建设项目粉尘防护设施齐全有效。按照要求开展工作场所粉尘日常监测和定期检测，加强防尘设施设备维护管理，配备合格有效的个人粉尘防护用品。强化职业病危害告知和职业卫生宣教培训，提高农民工的粉尘防范能力和自我防护意识。各地要抓住国家经济转型和产业结构调整契机，强化新技术、新工艺、新设备和新材料的推广应用，淘汰粉尘危害严重的落后产能，主动关闭粉尘危害严重、不具备防治条件的小矿山、小水泥、小冶金、小陶瓷、小石材加工等企业。各级安全监管部门要会同能源等行业管理部门，深入开展矿山开采、建材生产等粉尘危害严重行业领域的专项治理。加大对用人单位粉尘防治工作的监督检查力度，依法查处违法违规行为，对工艺落后、粉尘危害严重且整改无望的企业，要提请地方政府依法予以关闭。要建立粉尘危害企业黑名单制度，对违法违规企业坚决予以曝光。加大尘肺病事件的查处力度，对出现群体性尘肺病的用人单位，依法从严从重查处并追究相关责任人的责任。

二、大力推进农民工职业健康检查工作

用人单位要为农民工建立个人职业健康监护档案，依法对农民工进行上岗前、在岗期间和离岗时职业健康检查，书面告知检查结果，并为离开本单位的农民工提供档案复印件。不得安排未经上岗前职业健康检查或有职业禁忌的农民工从事粉尘作业，在岗期间职业健康检查发现有职业健康禁忌的，应当调离有健康损害的工作岗位。对疑似尘肺病农民工应当及时安排进行诊断，离岗前未进行职业健康检查的农民工不得与其解除或终止劳动合同。地方各级卫生计生行政部门要根据工作需要，统一规划、科学布局、合理设置职业健康检查机构。职业健康检查机构要优化检查流程，加强质量控制，为用人单位和农民工提供方便高效的服务，并可根据需要，在登记机关管辖区域范围内开展外出职业健康检查。发现疑似尘肺病和职业禁忌的应当及时书面告知农民工和用人单位，并将疑似尘肺病报告用人单位所在地的卫生计生行政部门和安全监管部门。

三、认真做好尘肺病诊断鉴定和医疗救治工作

劳动者有粉尘接触史且临床表现以及辅助检查结果符合尘肺病特征的，医疗机构应当及时做出尘肺病相关临床诊断。符合职业性尘肺病相关诊断标准的，职业病诊断机构应当加强有关部门协调，提高效率，尽快做出职业性尘肺病诊断。没有证据否定职业病危害因素与病人临床表现之间的必然联系的，应当诊断为职业性尘肺病。各级卫生计生、人力资源社会保障、安全监管等部门和工会组织要针对当前农民工尘肺病诊断过程中存在的实际问题，研究制定具体办法，简化诊断程序，缩短诊断时间，切实解决农民工尘肺病诊断的实际困难。对诊断有争议的，按照有关规定进行鉴定。要按照“方便治疗、疗效可靠、价格合理、服务周到”的原则，优化尘肺病定点医疗机构设置。有关科技行政部门要将尘肺病防治技术和产品的研发列入有关科研计划，组织产学研医等方面的优势力量，加大科研攻关力度。各级人力资源社会保障和卫生计生行政部门要及时按规定将疗效可靠的尘肺病治疗药品列入各类基本医疗保险药品目录。各级卫生计生行政部门要加强医务人员培训，规范尘肺病救治工作，提高尘肺病治疗技术水平。

四、有效保障符合条件的尘肺病农民工工伤保险待遇

要大力推进《劳动合同法》和《工伤保险条例》的贯彻落实，规范用人单位劳动用工管理，督促其依法与农民工签订劳动合同，按时足额为农民工缴纳工伤保险费。对于不依法签订劳动合同、不按规定缴纳工伤保险费的，各级人力资源社会保障行政部门要及时查处。各级人力资源社会保障行政部门要按规定及时进行工伤认定和劳动能力鉴定，依法落实其各项工伤保险待遇。对于未参保尘肺病农民工，由用人单位依法支付其各项工伤保险待遇。用人单位不支付的，工伤保险基金按规定先行支付，并由社会保险经办机构依法向用人单位追偿。

五、切实解决特困尘肺病农民工医疗和生活问题

未参加工伤保险，且用人单位已经不存在或无法确认劳动关系的尘肺病病人，参加基本医疗保险的，按规定享受基本医疗保险相应待遇，并可向地方人民政府民政部门申请医疗救助和生活等方面的救助。各地要落实大病保险和医疗救助制度，及时将符合条件的尘肺病农民工纳入大病保险和城乡医疗救助体系。上述保障制度仍不能解决医疗救治问题的，要采取多种措施，使其获得医疗救治。各级民政部门要将符合条件的尘肺病农民工纳入最低生活保障、临时救助等社会救助范围。对尘肺病农民工遭受突发性、紧迫性、临时性基本生活困难的，应当按规定给予临时救助。各地要出台优惠政策，鼓励企业、社会团体和个人弘扬中华民族“扶危济困”的传统美德，为尘肺病农民工献爱心、送温暖，逐步形成政府救助与社会关爱相结合的工作格局，共同解决尘肺病农民工的生活困难。

六、全力维护尘肺病农民工职业健康权益

各级工会组织要加强基层组织建设，努力把农民工组织到工会中，依法对农民工尘肺病防治工作进行监督。通过政府与工会联席会议、协调劳动关系三方机制、集体协商、职代会等途径，反映农民工尘肺病防治诉求，推动解决农民工尘肺病防治突出问题。加强平等协商和签订劳动安全卫生专项集体合同工作，督促用人单位保障农民工职业卫生保护权利，对用人单位尘肺病防治工作提出意见和建议。在农民工相对聚集的行业企业，深入开展群众性职业危害隐患排查活动。

七、全面强化政府落实责任

各地要高度重视农民工尘肺病防治工作，将其纳入本地国民经济和社会发展计划以及职业病防治规划，纳入本地健康城市的创建工作，加强领导协调，研究落实解决农民工尘肺病防治的重大问题，加强尘肺病防治能力建设，保证尘肺病防治工作的经费。各级卫生计生、安全监管、发展改革、科技、工业和信息化、民政、财政、人力资源社会保障、国资、能源等有关部门和工会组织按照职责分工，密切配合，落实防治监管、医疗服务、经费保障等责任，确保各项防治措施落实到位。

49　关于印发《职业病危害因素分类目录》的通知

国卫疾控发〔2015〕92号

各省、自治区、直辖市卫生计生委、安全生产监督管理局、人力资源社会保障厅（局）、总工会，新疆生产建设兵团卫生局、安全生产监督管理局、人力资源社会保障局、工会，中国疾病预防控制中心：

为贯彻落实《职业病防治法》，切实保障劳动者健康权益，根据职业病防治工作需要，国家卫生计生委、安全监管总局、人力资源社会保障部和全国总工会联合组织对职业病危害因素分类目录进行了修订。现将《职业病危害因素分类目录》印发给你们（可从国家卫生计生委网站下载），从即日起施行。2002年3月11日原卫生部印发的《职业病危害因素分类目录》同时废止。

国家卫生计生委　人力资源社会保障部
安全监管总局　全国总工会
2015年11月17日

职业病危害因素分类目录

一、粉尘

序号	名　称	CAS号
1	矽尘（游离 SiO_2 含量≥10%）	14808-60-7
2	煤尘	
3	石墨粉尘	7782-42-5
4	炭黑粉尘	1333-86-4
5	石棉粉尘	1332-21-4
6	滑石粉尘	14807-96-6
7	水泥粉尘	
8	云母粉尘	12001-26-2
9	陶土粉尘	
10	铝尘	7429-90-5
11	电焊烟尘	

续表

序号	名　称	CAS 号
12	铸造粉尘	
13	白炭黑粉尘	112926-00-8
14	白云石粉尘	
15	玻璃钢粉尘	
16	玻璃棉粉尘	65997-17-3
17	茶尘	
18	大理石粉尘	1317-65-3
19	二氧化钛粉尘	13463-67-7
20	沸石粉尘	
21	谷物粉尘（游离 SiO_2 含量<10%）	
22	硅灰石粉尘	13983-17-0
23	硅藻土粉尘（游离 SiO_2 含量<10%）	61790-53-2
24	活性炭粉尘	64365-11-3
25	聚丙烯粉尘	9003-07-0
26	聚丙烯腈纤维粉尘	
27	聚氯乙烯粉尘	9002-86-2
28	聚乙烯粉尘	9002-88-4
29	矿渣棉粉尘	
30	麻尘（亚麻、黄麻和苎麻）（游离 SiO_2 含量<10%）	
31	棉尘	
32	木粉尘	
33	膨润土粉尘	1302-78-9
34	皮毛粉尘	
35	桑蚕丝尘	
36	砂轮磨尘	
37	石膏粉尘（硫酸钙）	10101-41-4
38	石灰石粉尘	1317-65-3

续表

序号	名　　称	CAS 号
39	碳化硅粉尘	409-21-2
40	碳纤维粉尘	
41	稀土粉尘（游离 SiO_2含量<10%）	
42	烟草尘	
43	岩棉粉尘	
44	萤石混合性粉尘	
45	珍珠岩粉尘	93763-70-3
46	蛭石粉尘	
47	重晶石粉尘（硫酸钡）	7727-43-7
48	锡及其化合物粉尘	7440-31-5（锡）
49	铁及其化合物粉尘	7439-89-6（铁）
50	锑及其化合物粉尘	7440-36-0（锑）
51	硬质合金粉尘	
52	以上未提及的可导致职业病的其他粉尘	

二、**化学因素**

序号	名　　称	CAS 号
1	铅及其化合物（不包括四乙基铅）	7439-92-1（铅）
2	汞及其化合物	7439-97-6（汞）
3	锰及其化合物	7439-96-5（锰）
4	镉及其化合物	7440-43-9（镉）
5	铍及其化合物	7440-41-7（铍）
6	铊及其化合物	7440-28-0（铊）
7	钡及其化合物	7440-39-3（钡）
8	钒及其化合物	7440-62-6（钒）
9	磷及其化合物（磷化氢、磷化锌、磷化铝、有机磷单列）	7723-14-0（磷）

续表

序号	名　　称	CAS 号
10	砷及其化合物（砷化氢单列）	7440-38-2（砷）
11	铀及其化合物	7440-61-1（铀）
12	砷化氢	7784-42-1
13	氯气	7782-50-5
14	二氧化硫	7446-9-5
15	光气（碳酰氯）	75-44-5
16	氨	7664-41-7
17	偏二甲基肼（1，1-二甲基肼）	57-14-7
18	氮氧化合物	
19	一氧化碳	630-08-0
20	二硫化碳	75-15-0
21	硫化氢	7783-6-4
22	磷化氢、磷化锌、磷化铝	7803-51-2、1314-84-7、20859-73-8
23	氟及其无机化合物	7782-41-4（氟）
24	氰及其腈类化合物	460-19-5（氰）
25	四乙基铅	78-00-2
26	有机锡	
27	羰基镍	13463-39-3
28	苯	71-43-2
29	甲苯	108-88-3
30	二甲苯	1330-20-7
31	正己烷	110-54-3
32	汽油	
33	一甲胺	74-89-5
34	有机氟聚合物单体及其热裂解物	
35	二氯乙烷	1300-21-6

续表

序号	名　　称	CAS 号
36	四氯化碳	56-23-5
37	氯乙烯	1975-1-4
38	三氯乙烯	1979-1-6
39	氯丙烯	107-05-1
40	氯丁二烯	126-99-8
41	苯的氨基及硝基化合物（不含三硝基甲苯）	
42	三硝基甲苯	118-96-7
43	甲醇	67-56-1
44	酚	108-95-2
45	五氯酚及其钠盐	87-86-5（五氯酚）
46	甲醛	50-00-0
47	硫酸二甲酯	77-78-1
48	丙烯酰胺	1979-6-1
49	二甲基甲酰胺	1968-12-2
50	有机磷	
51	氨基甲酸酯类	
52	杀虫脒	19750-95-9
53	溴甲烷	74-83-9
54	拟除虫菊酯	
55	铟及其化合物	7440-74-6（铟）
56	溴丙烷（1-溴丙烷；2-溴丙烷）	106-94-5；75-26-3
57	碘甲烷	74-88-4
58	氯乙酸	1979-11-8
59	环氧乙烷	75-21-8
60	氨基磺酸铵	7773-06-0
61	氯化铵烟	12125-02-9（氯化铵）

续表

序号	名　称	CAS 号
62	氯磺酸	7790-94-5
63	氢氧化铵	1336-21-6
64	碳酸铵	506-87-6
65	α-氯乙酰苯	532-27-4
66	对特丁基甲苯	98-51-1
67	二乙烯基苯	1321-74-0
68	过氧化苯甲酰	94-36-0
69	乙苯	100-41-4
70	碲化铋	1304-82-1
71	铂化物	
72	1，3-丁二烯	106-99-0
73	苯乙烯	100-42-5
74	丁烯	25167-67-3
75	二聚环戊二烯	77-73-6
76	邻氯苯乙烯（氯乙烯苯）	2039-87-4
77	乙炔	74-86-2
78	1，1-二甲基-4，4′-联吡啶鎓盐二氯化物（百草枯）	1910-42-5
79	2-N-二丁氨基乙醇	102-81-8
80	2-二乙氨基乙醇	100-37-8
81	乙醇胺（氨基乙醇）	141-43-5
82	异丙醇胺（1-氨基-2-二丙醇）	78-96-6
83	1，3-二氯-2-丙醇	96-23-1
84	苯乙醇	60-12-18
85	丙醇	71-23-8
86	丙烯醇	107-18-6
87	丁醇	71-36-3
88	环己醇	108-93-0

续表

序号	名　　称	CAS 号
89	己二醇	107-41-5
90	糠醇	98-00-0
91	氯乙醇	107-07-3
92	乙二醇	107-21-1
93	异丙醇	67-63-0
94	正戊醇	71-41-0
95	重氮甲烷	334-88-3
96	多氯萘	70776-03-3
97	蒽	120-12-7
98	六氯萘	1335-87-1
99	氯萘	90-13-1
100	萘	91-20-3
101	萘烷	91-17-8
102	硝基萘	86-57-7
103	蒽醌及其染料	84-65-1（蒽醌）
104	二苯胍	102-06-7
105	对苯二胺	106-50-3
106	对溴苯胺	106-40-1
107	卤化水杨酰苯胺（N-水杨酰苯胺）	
108	硝基萘胺	776-34-1
109	对苯二甲酸二甲酯	120-61-6
110	邻苯二甲酸二丁酯	84-74-2
111	邻苯二甲酸二甲酯	131-11-3
112	磷酸二丁基苯酯	2528-36-1
113	磷酸三邻甲苯酯	78-30-8
114	三甲苯磷酸酯	1330-78-5
115	1，2，3-苯三酚（焦棓酚）	87-66-1

续表

序号	名　　称	CAS 号
116	4，6-二硝基邻苯甲酚	534-52-1
117	N，N-二甲基-3-氨基苯酚	99-07-0
118	对氨基酚	123-30-8
119	多氯酚	
120	二甲苯酚	108-68-9
121	二氯酚	120-83-2
122	二硝基苯酚	51-28-5
123	甲酚	1319-77-3
124	甲基氨基酚	55-55-0
125	间苯二酚	108-46-3
126	邻仲丁基苯酚	89-72-5
127	萘酚	1321-67-1
128	氢醌（对苯二酚）	123-31-9
129	三硝基酚（苦味酸）	88-89-1
130	氰氨化钙	156-62-7
131	碳酸钙	471-34-1
132	氧化钙	1305-78-8
133	锆及其化合物	7440-67-7（锆）
134	铬及其化合物	7440-47-3（铬）
135	钴及其氧化物	7440-48-4
136	二甲基二氯硅烷	75-78-5
137	三氯氢硅	10025-78-2
138	四氯化硅	10026-04-7
139	环氧丙烷	75-56-9
140	环氧氯丙烷	106-89-8
141	柴油	
142	焦炉逸散物	

续表

序号	名　称	CAS 号
143	煤焦油	8007-45-2
144	煤焦油沥青	65996-93-2
145	木馏油（焦油）	8001-58-9
146	石蜡烟	
147	石油沥青	8052-42-4
148	苯肼	100-63-0
149	甲基肼	60-34-4
150	肼	302-01-2
151	聚氯乙烯热解物	7647-01-0
152	锂及其化合物	7439-93-2（锂）
153	联苯胺（4，4′-二氨基联苯）	92-87-5
154	3，3-二甲基联苯胺	119-93-7
155	多氯联苯	1336-36-3
156	多溴联苯	59536-65-1
157	联苯	92-52-4
158	氯联苯（54%氯）	11097-69-1
159	甲硫醇	74-93-1
160	乙硫醇	75-08-1
161	正丁基硫醇	109-79-5
162	二甲基亚砜	67-68-5
163	二氯化砜（磺酰氯）	7791-25-5
164	过硫酸盐（过硫酸钾、过硫酸钠、过硫酸铵等）	
165	硫酸及三氧化硫	7664-93-9
166	六氟化硫	2551-62-4
167	亚硫酸钠	7757-83-7
168	2-溴乙氧基苯	589-10-6
169	苄基氯	100-44-7

续表

序号	名　　称	CAS 号
170	苄基溴（溴甲苯）	100-39-0
171	多氯苯	
172	二氯苯	106-46-7
173	氯苯	108-90-7
174	溴苯	108-86-1
175	1，1-二氯乙烯	75-35-4
176	1，2-二氯乙烯（顺式）	540-59-0
177	1，3-二氯丙烯	542-75-6
178	二氯乙炔	7572-29-4
179	六氯丁二烯	87-68-3
180	六氯环戊二烯	77-47-4
181	四氯乙烯	127-18-4
182	1，1，1-三氯乙烷	71-55-6
183	1，2，3-三氯丙烷	96-18-4
184	1，2-二氯丙烷	78-87-5
185	1，3-二氯丙烷	142-28-9
186	二氯二氟甲烷	75-71-8
187	二氯甲烷	75-09-2
188	二溴氯丙烷	35407
189	六氯乙烷	67-72-1
190	氯仿（三氯甲烷）	67-66-3
191	氯甲烷	74-87-3
192	氯乙烷	75-00-3
193	氯乙酰氯	79-40-9
194	三氯一氟甲烷	75-69-4
195	四氯乙烷	79-34-5
196	四溴化碳	558-13-4

续表

序号	名　　称	CAS 号
197	五氟氯乙烷	76-15-3
198	溴乙烷	74-96-4
199	铝酸钠	1302-42-7
200	二氧化氯	10049-04-4
201	氯化氢及盐酸	7647-01-0
202	氯酸钾	3811-04-9
203	氯酸钠	7775-09-9
204	三氟化氯	7790-91-2
205	氯甲醚	107-30-2
206	苯基醚（二苯醚）	101-84-8
207	二丙二醇甲醚	34590-94-8
208	二氯乙醚	111-44-4
209	二缩水甘油醚	
210	邻茴香胺	90-04-0
211	双氯甲醚	542-88-1
212	乙醚	60-29-7
213	正丁基缩水甘油醚	2426-08-6
214	钼酸	13462-95-8
215	钼酸铵	13106-76-8
216	钼酸钠	7631-95-0
217	三氧化钼	1313-27-5
218	氢氧化钠	1310-73-2
219	碳酸钠（纯碱）	3313-92-6
220	镍及其化合物（羰基镍单列）	
221	癸硼烷	17702-41-9
222	硼烷	
223	三氟化硼	7637-07-2

续表

序号	名　称	CAS 号
224	三氯化硼	10294-34-5
225	乙硼烷	19287-45-7
226	2-氯苯基羟胺	10468-16-3
227	3-氯苯基羟胺	10468-17-4
228	4-氯苯基羟胺	823-86-9
229	苯基羟胺（苯胲）	100-65-2
230	巴豆醛（丁烯醛）	4170-30-3
231	丙酮醛（甲基乙二醛）	78-98-8
232	丙烯醛	107-02-8
233	丁醛	123-72-8
234	糠醛	98-01-1
235	氯乙醛	107-20-0
236	羟基香茅醛	107-75-5
237	三氯乙醛	75-87-6
238	乙醛	75-07-0
239	氢氧化铯	21351-79-1
240	氯化苄烷胺（洁尔灭）	8001-54-5
241	双-（二甲基硫代氨基甲酰基）二硫化物（秋兰姆、福美双）	137-26-8
242	α-萘硫脲（安妥）	86-88-4
243	3-（1-丙酮基苄基）-4-羟基香豆素（杀鼠灵）	81-81-2
244	酚醛树脂	9003-35-4
245	环氧树脂	38891-59-7
246	脲醛树脂	25104-55-6
247	三聚氰胺甲醛树脂	9003-08-1
248	1，2，4-苯三酸酐	552-30-7
249	邻苯二甲酸酐	85-44-9

续表

序号	名　　称	CAS 号
250	马来酸酐	108-31-6
251	乙酸酐	108-24-7
252	丙酸	79-09-4
253	对苯二甲酸	100-21-0
254	氟乙酸钠	62-74-8
255	甲基丙烯酸	79-41-4
256	甲酸	64-18-6
257	羟基乙酸	79-14-1
258	巯基乙酸	68-11-1
259	三甲基己二酸	3937-59-5
260	三氯乙酸	76-03-9
261	乙酸	64-19-7
262	正香草酸（高香草酸）	306-08-1
263	四氯化钛	7550-45-0
264	钽及其化合物	7440-25-7（钽）
265	锑及其化合物	7440-36-0（锑）
266	五羰基铁	13463-40-6
267	2-己酮	591-78-6
268	3，5，5-三甲基-2-环己烯-1-酮（异佛尔酮）	78-59-1
269	丙酮	67-64-1
270	丁酮	78-93-3
271	二乙基甲酮	96-22-0
272	二异丁基甲酮	108-83-8
273	环己酮	108-94-1
274	环戊酮	120-92-3
275	六氟丙酮	684-16-2
276	氯丙酮	78-95-5

续表

序号	名　　称	CAS 号
277	双丙酮醇	123-42-2
278	乙基另戊基甲酮（5-甲基-3-庚酮）	541-85-5
279	乙基戊基甲酮	106-68-3
280	乙烯酮	463-51-4
281	异亚丙基丙酮	141-79-7
282	铜及其化合物	
283	丙烷	74-98-6
284	环已烷	110-82-7
285	甲烷	74-82-8
286	壬烷	111-84-2
287	辛烷	111-65-9
288	正庚烷	142-82-5
289	正戊烷	109-66-0
290	2-乙氧基乙醇	110-80-5
291	甲氧基乙醇	109-86-4
292	围涎树碱	
293	二硫化硒	56093-45-9
294	硒化氢	7783-07-5
295	钨及其不溶性化合物	7740-33-7（钨）
296	硒及其化合物（六氟化硒、硒化氢单列）	7782-49-2（硒）
297	二氧化锡	1332-29-2
298	N，N-二甲基乙酰胺	127-19-5
299	N-3，4 二氯苯基丙酰胺（敌稗）	709-98-8
300	氟乙酰胺	640-19-7
301	己内酰胺	105-60-2
302	环四次甲基四硝胺（奥克托今）	2691-41-0
303	环三次甲基三硝铵（黑索今）	121-82-4

续表

序号	名　　称	CAS 号
304	硝化甘油	55-63-0
305	氯化锌烟	7646-85-7（氯化锌）
306	氧化锌	1314-13-2
307	氢溴酸（溴化氢）	10035-10-6
308	臭氧	10028-15-6
309	过氧化氢	7722-84-1
310	钾盐镁矾	
311	丙烯基芥子油	
312	多次甲基多苯基异氰酸酯	57029-46-6
313	二苯基甲烷二异氰酸酯	101-68-8
314	甲苯-2，4-二异氰酸酯（TDI）	584-84-9
315	六亚甲基二异氰酸酯（HDI）（1，6-己二异氰酸酯）	822-06-0
316	萘二异氰酸酯	3173-72-6
317	异佛尔酮二异氰酸酯	4098-71-9
318	异氰酸甲酯	624-83-9
319	氧化银	20667-12-3
320	甲氧氯	72-43-5
321	2-氨基吡啶	504-29-0
322	N-乙基吗啉	100-74-3
323	吖啶	260-94-6
324	苯绕蒽酮	82-05-3
325	吡啶	110-86-1
326	二噁烷	123-91-1
327	呋喃	110-00-9
328	吗啉	110-91-8
329	四氢呋喃	109-99-9
330	茚	95-13-6

续表

序号	名　　称	CAS 号
331	四氢化锗	7782-65-2
332	二乙烯二胺（哌嗪）	110-85-0
333	1，6-己二胺	124-09-4
334	二甲胺	124-40-3
335	二乙烯三胺	111-40-0
336	二异丙胺基氯乙烷	96-79-7
337	环己胺	108-91-8
338	氯乙基胺	689-98-5
339	三乙烯四胺	112-24-3
340	烯丙胺	107-11-9
341	乙胺	75-04-7
342	乙二胺	107-15-3
343	异丙胺	75-31-0
344	正丁胺	109-73-9
345	1，1-二氯-1-硝基乙烷	594-72-9
346	硝基丙烷	25322-01-4
347	三氯硝基甲烷（氯化苦）	76-06-2
348	硝基甲烷	75-52-5
349	硝基乙烷	79-24-3
350	1，3-二甲基丁基乙酸酯（乙酸仲己酯）	108-84-9
351	2-甲氧基乙基乙酸酯	110-49-6
352	2-乙氧基乙基乙酸酯	111-15-9
353	n-乳酸正丁酯	138-22-7
354	丙烯酸甲酯	96-33-3
355	丙烯酸正丁酯	141-32-2
356	甲基丙烯酸甲酯（异丁烯酸甲酯）	80-62-6
357	甲基丙烯酸缩水甘油酯	106-91-2

续表

序号	名　　称	CAS 号
358	甲酸丁酯	592-84-7
359	甲酸甲酯	107-31-3
360	甲酸乙酯	109-94-4
361	氯甲酸甲酯	79-22-1
362	氯甲酸三氯甲酯（双光气）	503-38-8
363	三氟甲基次氟酸酯	
364	亚硝酸乙酯	109-95-5
365	乙二醇二硝酸酯	628-96-6
366	乙基硫代磺酸乙酯	682-91-7
367	乙酸苄酯	140-11-4
368	乙酸丙酯	109-60-4
369	乙酸丁酯	123-86-4
370	乙酸甲酯	79-20-9
371	乙酸戊酯	628-63-7
372	乙酸乙烯酯	108-05-4
373	乙酸乙酯	141-78-6
374	乙酸异丙酯	108-21-4
375	以上未提及的可导致职业病的其他化学因素	

三、物理因素

序号	名　　称
1	噪声
2	高温
3	低气压
4	高气压
5	高原低氧
6	振动

续表

序号	名　称
7	激光
8	低温
9	微波
10	紫外线
11	红外线
12	工频电磁场
13	高频电磁场
14	超高频电磁场
15	以上未提及的可导致职业病的其他物理因素

四、放射性因素

序号	名称	备注
1	密封放射源产生的电离辐射	主要产生γ、中子等射线
2	非密封放射性物质	可产生α、β、γ射线或中子
3	X射线装置（含CT机）产生的电离辐射	X射线
4	加速器产生的电离辐射	可产生电子射线、X射线、质子、重离子、中子以及感生放射性等
5	中子发生器产生的电离辐射	主要是中子、γ射线等
6	氡及其短寿命子体	限于矿工高氡暴露
7	铀及其化合物	
8	以上未提及的可导致职业病的其他放射性因素	

五、生物因素

序号	名称	备注
1	艾滋病病毒	限于医疗卫生人员及人民警察
2	布鲁氏菌	
3	伯氏疏螺旋体	

续表

序号	名称	备注
4	森林脑炎病毒	
5	炭疽芽孢杆菌	
6	以上未提及的可导致职业病的其他生物因素	

六、其他因素

序号	名称	备注
1	金属烟	
2	井下不良作业条件	限于井下工人
3	刮研作业	限于手工刮研作业人员

50　国家卫生计生委　人力资源社会保障部　国家安全监管总局　全国总工会关于印发《职业病分类和目录》的通知

国卫疾控发〔2013〕48号

各省、自治区、直辖市卫生计生委（卫生厅局）、安全生产监督管理局、人力资源社会保障厅（局）、总工会，新疆生产建设兵团卫生局、安全生产监督管理局、人力资源社会保障局、工会，中国疾病预防控制中心：

根据《中华人民共和国职业病防治法》有关规定，国家卫生计生委、安全监管总局、人力资源社会保障部和全国总工会联合组织对职业病的分类和目录进行了调整。现将《职业病分类和目录》印发给你们，从即日起施行。2002年4月18日原卫生部和原劳动保障部联合印发的《职业病目录》同时废止。

国家卫生计生委　人力资源社会保障部

安全监管总局　全国总工会

2013年12月23日

职业病分类和目录

一、职业性尘肺病及其他呼吸系统疾病

（一）尘肺病

1. 矽肺
2. 煤工尘肺
3. 石墨尘肺
4. 炭黑尘肺
5. 石棉肺
6. 滑石尘肺
7. 水泥尘肺
8. 云母尘肺
9. 陶工尘肺
10. 铝尘肺
11. 电焊工尘肺
12. 铸工尘肺
13. 根据《尘肺病诊断标准》和《尘肺病理诊断标准》可以诊断的其他尘肺病

（二）其他呼吸系统疾病

1. 过敏性肺炎
2. 棉尘病
3. 哮喘
4. 金属及其化合物粉尘肺沉着病（锡、铁、锑、钡及其化合物等）
5. 刺激性化学物所致慢性阻塞性肺疾病
6. 硬金属肺病

二、职业性皮肤病

1. 接触性皮炎
2. 光接触性皮炎
3. 电光性皮炎
4. 黑变病
5. 痤疮
6. 溃疡
7. 化学性皮肤灼伤
8. 白斑
9. 根据《职业性皮肤病的诊断总则》可以诊断的其他职业性皮肤病

三、职业性眼病

1. 化学性眼部灼伤

2. 电光性眼炎
3. 白内障（含放射性白内障、三硝基甲苯白内障）

四、职业性耳鼻喉口腔疾病

1. 噪声聋
2. 铬鼻病
3. 牙酸蚀病
4. 爆震聋

五、职业性化学中毒

1. 铅及其化合物中毒（不包括四乙基铅）
2. 汞及其化合物中毒
3. 锰及其化合物中毒
4. 镉及其化合物中毒
5. 铍病
6. 铊及其化合物中毒
7. 钡及其化合物中毒
8. 钒及其化合物中毒
9. 磷及其化合物中毒
10. 砷及其化合物中毒
11. 铀及其化合物中毒
12. 砷化氢中毒
13. 氯气中毒
14. 二氧化硫中毒
15. 光气中毒
16. 氨中毒
17. 偏二甲基肼中毒
18. 氮氧化合物中毒
19. 一氧化碳中毒
20. 二硫化碳中毒
21. 硫化氢中毒
22. 磷化氢、磷化锌、磷化铝中毒
23. 氟及其无机化合物中毒
24. 氰及腈类化合物中毒
25. 四乙基铅中毒
26. 有机锡中毒
27. 羰基镍中毒
28. 苯中毒
29. 甲苯中毒

30. 二甲苯中毒
31. 正己烷中毒
32. 汽油中毒
33. 一甲胺中毒
34. 有机氟聚合物单体及其热裂解物中毒
35. 二氯乙烷中毒
36. 四氯化碳中毒
37. 氯乙烯中毒
38. 三氯乙烯中毒
39. 氯丙烯中毒
40. 氯丁二烯中毒
41. 苯的氨基及硝基化合物（不包括三硝基甲苯）中毒
42. 三硝基甲苯中毒
43. 甲醇中毒
44. 酚中毒
45. 五氯酚（钠）中毒
46. 甲醛中毒
47. 硫酸二甲酯中毒
48. 丙烯酰胺中毒
49. 二甲基甲酰胺中毒
50. 有机磷中毒
51. 氨基甲酸酯类中毒
52. 杀虫脒中毒
53. 溴甲烷中毒
54. 拟除虫菊酯类中毒
55. 铟及其化合物中毒
56. 溴丙烷中毒
57. 碘甲烷中毒
58. 氯乙酸中毒
59. 环氧乙烷中毒
60. 上述条目未提及的与职业有害因素接触之间存在直接因果联系的其他化学中毒

六、物理因素所致职业病

1. 中暑
2. 减压病
3. 高原病
4. 航空病
5. 手臂振动病

6. 激光所致眼（角膜、晶状体、视网膜）损伤
7. 冻伤

七、职业性放射性疾病

1. 外照射急性放射病
2. 外照射亚急性放射病
3. 外照射慢性放射病
4. 内照射放射病
5. 放射性皮肤疾病
6. 放射性肿瘤（含矿工高氡暴露所致肺癌）
7. 放射性骨损伤
8. 放射性甲状腺疾病
9. 放射性性腺疾病
10. 放射复合伤
11. 根据《职业性放射性疾病诊断标准（总则）》可以诊断的其他放射性损伤

八、职业性传染病

1. 炭疽
2. 森林脑炎
3. 布鲁氏菌病
4. 艾滋病（限于医疗卫生人员及人民警察）
5. 莱姆病

九、职业性肿瘤

1. 石棉所致肺癌、间皮瘤
2. 联苯胺所致膀胱癌
3. 苯所致白血病
4. 氯甲醚、双氯甲醚所致肺癌
5. 砷及其化合物所致肺癌、皮肤癌
6. 氯乙烯所致肝血管肉瘤
7. 焦炉逸散物所致肺癌
8. 六价铬化合物所致肺癌
9. 毛沸石所致肺癌、胸膜间皮瘤
10. 煤焦油、煤焦油沥青、石油沥青所致皮肤癌
11. β-萘胺所致膀胱癌

十、其他职业病

1. 金属烟热
2. 滑囊炎（限于井下工人）
3. 股静脉血栓综合征、股动脉闭塞症或淋巴管闭塞症（限于刮研作业人员）

51　卫生部关于切实履行职责　进一步加强职业病防治工作的通知

卫监督发〔2011〕20号

各省、自治区、直辖市卫生厅局，新疆生产建设兵团卫生局，中国疾病预防控制中心、卫生部卫生监督中心：

为贯彻落实《职业病防治法》《国家职业病防治规划（2009—2015年）》和中央编办《关于职业卫生监管部门职责分工的通知》（中央编办发〔2010〕104号，以下简称《通知》）精神，认真履行卫生部门职责，现就进一步加强职业病防治工作通知如下：

一、认清形势，进一步加强对职业病防治工作的领导

我国正处在职业病的高发期和矛盾凸显期，职业病防治形势严峻，防治任务极其繁重。为进一步加强职业病防治工作，遏制职业病高发的势头，《通知》对我部和安全监管总局等有关部门的职业卫生监管职责进行了调整，其中明确我部负责以下职责：一是负责会同安全监管总局、人力资源社会保障部等有关部门拟订职业病防治法律法规、职业病防治规划，组织制定发布国家职业卫生标准。二是负责监督管理职业病诊断与鉴定工作。三是组织开展重点职业病监测和专项调查，开展职业健康风险评估，研究提出职业病防治对策。四是负责化学品毒性鉴定、个人剂量监测、放射防护器材和含放射性产品检测等技术服务机构的资质认定和监督管理；审批承担职业健康检查、职业病诊断的医疗卫生机构并进行监督管理，规范职业病的检查和救治；会同相关部门加强职业病防治机构建设。五是负责医疗机构放射性危害控制的监督管理。六是负责职业病报告的管理和发布，组织开展职业病防治科学研究。七是组织开展职业病防治法律法规和防治知识的宣传教育，开展职业人群健康促进工作。

这次职业卫生监管职责调整是党中央、国务院为进一步加强职业卫生监管、切实保障劳动者健康权益所做出的重大决策。各级卫生行政部门要增强紧迫感和责任感，把做好职业病防治工作作为保障和改善民生的重要举措，以对劳动者高度负责的态度，切实加强领导，认真履行各项职责。要及时向当地党委、政府汇报职业病防治工作情况，当好参谋和助手，按照当地政府确定的职责分工，进一步集中力量，针对薄弱环节，采取有力措施，扎实推进职业病防治工作。同时，要积极协商有关部门，健全职业病防治工作协调机制，形成部门监管合力，建立完善职业病防治工作长效机制。

二、以深化医药卫生体制改革为契机，进一步加强职业病防治机构建设

目前我国有独立的职业病防治院所60余家（其中省级12家）、职业健康检查机构2272家、职业病诊断机构492家，远不能满足职业病防治工作的需要。各地要以深化医药卫生体制改革为契机，以落实职业病防治项目为抓手，继续加强职业病防治机构建设。当前首先要加强省级职业病防治专业机构建设。没有省级职业病防治专业机构的省份，要尽快恢复重建或指定具备条件的医疗卫生机构作为全省（区、市）职业病防治工作的技术支持和指导中心，加强对辖区内职业病防治的技术指导。要继续认真贯彻《卫生部关于进一步加强职业病诊断与鉴定管理工作的通知》（卫监督发〔2009〕82 号）的要求，尽快全面实现每个市（地）具有职业病诊断机构、每个县（区）有承担职业健康检查机构的工作目标。各地要以国家临床重点专科职业病科建设为契机，提高职业病医疗救治和教学科研水平。

为加强职业病防治机构建设和管理，我部正在组织制定《职业病防治机构设置规划和建设指导意见》《职业病防治机构功能定位、职责任务和绩效考核标准》。各地要结合实际，研究制定当地职业病防治机构设置规划和绩效考核的具体实施方案，加大经费投入和政策支持力度，确保机构到位、人员到位、设备到位，满足职业病防治工作的需要。

三、加强管理，进一步规范职业健康检查和职业病诊断与鉴定工作

职业健康检查、职业病诊断与鉴定是一项政策性和技术性都很强的工作，直接关系到劳动者的切身利益。随着用人单位职业病防治主体责任的落实，劳动者职业健康权益保护意识的提高，对职业健康检查、职业病诊断、鉴定与治疗的能力和水平要求也将越来越高。各地卫生行政部门在不断加强机构建设、规范审批行为的同时，要切实加强对职业健康检查、职业病诊断与鉴定工作的监督管理。要加强与安全监管部门的沟通，根据当地职业健康检查工作需求，有针对性地制订年度工作计划，统筹规划，合理安排，确保职业健康检查工作的顺利开展。

职业健康检查机构和职业病诊断机构要进一步提高认识，加强领导，牢固树立依法执业意识、服务意识和责任意识。进一步建立完善管理制度，公开办事程序，建立健全内部监督制约机制，严格管理和考核，不断提升专业技术人员和管理人员的政策水平、职业道德和业务素质。严格依法开展工作，确保职业健康检查、职业病诊断质量和水平，认真履行职业病报告义务，落实劳动者个人权益保护措施，为用人单位和劳动者提供充足、优质、便捷的服务。

四、发挥专业优势，认真组织开展重点职业病监测等技术工作

组织开展重点职业病监测和专项调查，开展职业健康风险评估工作，对及时掌握职业病发生情况，预测预警职业病危害程度及趋势，指导和实施职业病危害干预措施，研究提出职业病防治对策具有重要意义。2009 年以来，我部在全国设立了 72 个监测哨点，并争取中央财政支持探索开展对煤工尘肺、矽肺、石棉肺、铅中毒、苯中毒、镉中毒、锰中毒、汞中毒、放射性肿瘤等重点职业病的监测工作。各地要根据当地实际，尽快建立重点职业病监测网络，合理制订监测计划，争取经费支持，认真组织实施。

各级职业病防治机构要充分发挥专业技术优势，通过系统收集、汇总当地职业病危害因素分布和检测、职业健康监护、职业病报告等资料，及时综合分析评价当地职业病防治工作状况和职业健康风险，研究提出职业病防治工作对策和建议，为国家制定职业病防治政策提供基础和技术依据。

五、突出重点，加强职业卫生和放射卫生监督工作

各地要继续调整、充实、加强职业卫生和放射卫生监督执法力量，改善工作条件，保障工作经费，加强专业知识和技能培训，不断提高监管能力和水平。各级卫生监督机构要继续加大职业卫生监督执法力度，重点做好对职业健康检查、职业病诊断与鉴定工作的日常监督管理，依法查处违法行为。

各地要进一步加强放射卫生监督管理，重点做好医疗机构放射性危害控制。加强放射工作人员个人剂量监测机构、医疗机构放射性危害评价机构、放射防护器材和含放射性产品检测技术机构的资质认定和监督管理，依法开展放射诊疗建设项目的职业卫生审查工作。按照2011年公共卫生重点监督检查计划，组织开展全国医疗机构放射诊疗防护情况调查。结合“医疗质量万里行”活动，切实加强医疗机构放射诊疗防护情况的日常监督管理，规范医疗机构放射诊疗行为，切实做好患者和从事放射工作医务人员的防护。

六、加强职业病防治宣传教育，开展职业人群健康促进

继续开展《职业病防治法》宣传活动，以存在粉尘、噪声、有机溶剂、放射性物质等职业病危害的行业、企业为重点，通过制作职业病防治知识宣传册、海报、音像制品、公益广告、举办讲座和播放广播电视节目等多种方式，广泛开展职业病防治法律、法规、标准和防治知识的宣传教育活动，不断提高用人单位的职业病防治法律意识和劳动者的自我保护意识，形成全社会关心和保护劳动者健康的良好氛围。积极探索在重点职业病危害行业、企业和人群开展职业健康促进工作，倡导有益健康的行为方式并指导实施，促进劳动者健康。

请各级卫生行政部门于2011年11月底前将职业病防治专业机构、职业病诊断机构和职业健康检查机构建设情况报我部。

附件：职业健康检查和职业病诊断机构情况表

卫生部

2011年3月14日

附件

职业健康检查和职业病诊断机构情况表

___________________________省（自治区、直辖市）

所在市（地）、县	职业健康检查机构名称	职业病诊断机构	备注

填表人： 填表日期： 联系电话：

52 卫生部关于进一步落实责任 切实做好职业病防治工作的通知

卫监督发〔2009〕31号

各省、自治区、直辖市卫生厅局，新疆生产建设兵团卫生局，中国疾病预防控制中心、卫生部卫生监督中心：

近年来，群发性职业病危害事件时有发生，如安徽省无为县昆山乡小煤窑186名农民工患尘肺病事件，广西壮族自治区河池市86人、梧州市131人患慢性铅中毒事件，以及近日发生的云南省水富县返乡农民工30余人患矽肺病事件等。这些事件严重损害了劳动者健康，给国家造成重大损失，社会影响极其恶劣。为切实维护劳动者的健康及其相关权益，现就进一步落实责任，切实加强职业病防治工作通知如下：

一、充分认识做好职业病防治工作的重要性和紧迫性

在党中央、国务院的领导下，经过各地和各部门的共同努力，几十年来我国职业病防治工作取得了较大进展，并逐步走上了规范化、法制化的轨道。但是，在经济发展的过程中，由于一些用人单位没有履行职业病防治责任，作业场所环境恶劣，卫生防护设施差，职业病危害问题日渐突出，在一些地方，尘肺、职业中毒等职业病危害严重，不仅损害劳动者身体健康和生命安全，也影响经济发展和社会的和谐与稳定。各级卫生行政部门要充分认识做好职业病防治工作的重要性和紧迫性，将职业病防治作为深入学习实践科学发展观、落实以人为本、促进经济又好又快发展的一项重要工作，以高度认真负责的态度，切实加强对职业病防治工作的领导。各级卫生行政部门一把手要亲自部署职业病防治工作，主管领导要具体抓落实，认真履行职业病防治职责。

二、进一步明确职责，落实职业病防治责任

按照“三定”规定，卫生部负责职业卫生技术服务机构和建设项目职业病危害评价的监督管理，负责对用人单位职业健康监护制度落实情况的监督管理，规范职业病的诊断与鉴定等工作。各级卫生行政部门要按照职责分工，建立完善职业病防治工作管理责任制和责任追究制，全面认真履行职责，落实到人，定期考核。要建立完善职业病防治部门协调工作机制，加强信息沟通，加大联合执法力度，形成部门协同配合、齐抓共管的良好局面。对于因领导不力、疏于管理、有令不行、纵容包庇导致严重职业病危害事故发生的，要按照有关规定，严肃追究单位负责人、直接负责的主管人员和其他直接责任人员的责任；构成犯罪的，移送司法机关处理。

三、建立完善职业病防治体系，提高服务能力和水平

各地要以深化医药卫生体制改革为契机，积极争取地方财政支持，加强职业病防治体系建设，确保每个省（区、市）都有省级职业病防治专业机构，每个县（区）都要有具有职业健康检查能力的机构，每个地市都要有具有职业病诊断能力的机构。同时，进一步调整、充实职业卫生监督管理力量，不断改善工作条件，保障其工作经费，不断提高职业卫生监督能力和水平。

四、加大执法力度，严肃查处危害劳动者健康的行为

各地要根据2009年国家职业卫生重点监督检查计划，结合当地重点职业病危害、重点行业企业、重点人群，加强对存在粉尘、铅、镉和有机溶剂职业病危害的中小企业的监督检查工作，严肃查处危害劳动者健康的违法行为。积极做好职业病危害案件投诉举报受理工作，高度重视重大案件线索，按照职责分工及时组织查处，并向社会通报。

五、加强建设项目职业卫生审查工作

各级卫生行政部门要依照《职业病防治法》的规定，进一步完善审批程序和制度，明确责任，健全职业卫生专家库建设，规范职业卫生技术服务行为，提高建设项目职业卫生审查工作效率和水平。要按照属地管理原则，组织开展对职业卫生技术服务机构的监督检查，严肃查处违法行为。

六、进一步规范职业健康监护和职业病诊断、鉴定工作

要进一步完善管理制度，加强职业病诊断与鉴定机构、职业健康检查机构的建设和管理。要不断提高职业健康监护覆盖率，实现职业健康检查下乡镇、进社区，使劳动者享有基本职业卫生服务。要不断提高职业病诊断和治疗水平，妥善处理职业病诊断纠纷，保证诊断与鉴定工作的科学、公正、及时、便民。

七、加强宣传，营造全社会关爱农民工健康的良好氛围

各地要认真组织开展今年《职业病防治法》宣传周活动，围绕“保护农民工健康是全社会的共同责任”主题，采取多种宣传形式，以农民工和中小企业主为重点，大力宣传《职业病防治法》，普及职业病防治法律法规和职业病防治知识，形成全社会关心和保护劳动者健康的良好氛围。

卫生部

2009 年 4 月 9 日

53　卫生部关于建设项目职业卫生审查有关问题的通知

卫监督发〔2009〕24 号

各省、自治区、直辖市卫生厅局，新疆生产建设兵团卫生局：

为进一步提高建设项目职业卫生审查效率，规范审查行为，经研究，将卫生部负责备案、审核、审查和竣工验收的建设项目范围调整如下：

一、由国务院投资主管部门和国务院授权的有关部门审批、核准或备案，总投资在 500 亿元人民币以上的建设项目；

二、核电站建设项目；

三、跨省、自治区、直辖市行政区域的建设项目。

其他建设项目的备案、审核、审查和竣工验收，由省级卫生行政部门根据本地区的实际情况确定。

请各省级卫生行政部门进一步完善制度，规范程序，切实做好建设项目职业卫生审查工作。

本规定自 2009 年 6 月 1 日起施行，《卫生部关于修订〈建设项目职业病危害分类管理办法〉第四条规定的通知》（卫政法发〔2007〕97 号）同时废止。

卫生部

2009 年 3 月 23 日

54 卫生部办公厅关于进一步加强职业病防治工作的通知

卫办监督发〔2008〕135号

各省、自治区、直辖市卫生厅局，新疆生产建设兵团卫生局，中国疾病预防控制中心、卫生部卫生监督中心：

加强职业病防治工作，保护劳动者健康是落实科学发展观、构建和谐社会的必然要求，是促进经济社会可持续发展的重要保障。近几年来，各地卫生部门认真贯彻落实《职业病防治法》，依据职责分工做了大量工作，取得了明显成效。但是，我国职业病防治工作面临的形势依然严峻，一些严重职业病危害仍没有得到有效控制，部分地方对职业病防治工作重视不够、工作保障措施落实不到位，基层职业卫生监管和技术服务网络建设亟待加强。

为构建职业卫生监管的长效机制，切实维护劳动者健康权益，现就进一步加强职业病防治工作通知如下。

一、提高认识，切实加强对职业病防治工作的领导

党中央、国务院高度重视职业病防治工作，多次强调要采取治本之策，加大执法力度，严格劳动保护措施，切实加强职业病防治工作。各级卫生行政部门要充分认识做好职业病防治工作的重要性和紧迫性，将职业病防治工作作为一项民生工程列入重要议事日程，精心部署，狠抓落实。要及时向当地政府汇报职业病防治工作，加快制定本地区职业病防治规划，加强与相关部门的沟通协调，积极争取支持。要建立和完善工作机制，全面落实职业病防治责任制和责任追究制，采取有效措施，将法律规定的各项职业病防治措施抓紧、抓实、抓出成效，切实保护劳动者健康权益。

二、预防为主，加强建设项目职业病危害前期预防工作

各地在加快资源节约型和环境友好型社会建设、实现经济又好又快发展的进程中，要把建设项目职业病危害前期预防作为一项重点工作来抓，严把职业病危害源头控制关。加强对新建、改建、扩建建设项目和技术改造、技术引进项目的管理，特别是在西部开发过程中，对于工艺落后、严重危害劳动者健康的项目要严格把关，防止职业病危害的转移。对可能存在职业病危害的建设项目，必须进行职业病危害预评价及卫生审核；职业病危害严重的建设项目的防护设施设计，应当经卫生行政部门进行卫生审查，符合国家卫生职业标准和卫生要求的，方可施工；未通过职业病危害控制效果评价及卫生验收的建设项目，不得正式投入生产使用，已经生产的要重新进行职业病危害控制效果评价，不合格的要限期整改，危害严重或整改仍不合格的要坚决关闭，杜绝新的职业病危害隐患发生。

三、加强职业卫生服务机构建设，提高服务能力和水平

要加快职业卫生技术服务网络建设，为用人单位和劳动者提供方便、快捷的职业卫生技术服务。要确保职业健康检查覆盖到每个县（区），并逐步实现职业健康检查下乡镇、进社区，目前尚无职业健康检查机构的县（区），要尽快明确1家水平较高的医疗卫生机构承担职业健康检查工作。要加强职业病诊断机构的建设和规范化管理，使职业病诊断机构尽快覆盖到每个地市，不断提高职业病诊断技术水平。要进一步完善职业卫生专家库建设，加强技术支持和指导。

各地要按照属地化管理原则，加强职业卫生服务机构建设和监督管理。要建立职业卫生服务机构工作考核评估和奖惩制度，规范服务行为，不断提高依法执业意识和技术水平；要加强对职业卫生服务机构的监督检查，对违反法律法规规定的行为要严肃查处，并及时向社会通报。

四、突出重点，加大职业卫生监督执法力度

要进一步调整、充实职业卫生、放射卫生监督管理力量，加强职业卫生、放射卫生监督队伍建设。地市级以上卫生监督机构要成立专门的职业卫生和放射卫生监督科室，县级卫生监督机构应有适当比例的监督人员专门负责职业卫生、放射卫生监督工作。同时，要不断改善工作条件，配备必要的现场快速检测设备、执法取证工具、通信及交通工具，保障其工作经费，加强专业知识和技能培训。要不断完善卫生监督管理模式，夯实工作基础，落实监管责任，不断提高职业卫生、放射卫生监督能力和水平。

根据2008年国家职业卫生重点监督检查计划，各地要结合当地重点职业病危害、重点行业企业、重点人群，加强对存在粉尘、有机溶剂和放射性职业危害企业的监督检查工作，不断提高职业健康监护和建设项目职业卫生审查覆盖率。要严肃查处危害劳动者健康的违法行为，积极做好职业病危害案件投诉举报受理工作，对于重大案件线索，各地要高度重视，认真组织查处，并及时向社会通报。

五、加强宣传，营造全社会关爱劳动者健康的良好氛围

各地要充分发挥工会组织、行业协会、新闻媒体和社会团体的作用，大力宣传《职业病防治法》，普及职业病防治法律法规和职业卫生知识，不断强化用人单位职业病防治责任意识，督促用人单位履行社会责任，提高劳动者维护健康权益意识和自我保护意识，形成全社会关心和保护劳动者健康的良好氛围。

卫生部

2008年7月8日

55　卫生部关于印发《建设项目职业卫生审查规定》的通知

卫监督发〔2006〕375号

各省、自治区、直辖市卫生厅局，新疆生产建设兵团卫生局，卫生部卫生监督中心，中国疾病预防控制中心：

为贯彻执行《职业病防治法》和《建设项目职业病危害分类管理办法》（卫生部令第49号），进一步加强建设项目职业卫生审查，规范卫生行政许可工作，我部组织制定了

《建设项目职业卫生审查规定》，现印发给你们，请遵照执行，并就有关问题通知如下：

一、卫生部委托卫生部卫生监督中心负责承担卫生部负责备案、审核、审查和竣工验收的建设项目的审查、受理工作，包括：建设项目职业病危害预评价、防护设施设计和竣工验收的受理，组织有关人员进行职业病防护设施的设计审查和竣工验收。

二、考虑到建设项目职业卫生评价审查周期长，在《建设项目职业病危害分类管理办法》施行前已完成评价、进入审查程序的，有关文件资料要求可适当放宽到9月30日。

三、卫生部卫生监督中心咨询电话：64047878转2211，地址：北京市东城区交道口北三条32号，邮编：100007。

附件：建设项目职业卫生审查规定

卫生部

2006年9月18日

附件

建设项目职业卫生审查规定

第一章 总 则

第一条 为规范建设项目职业卫生审查工作，保证职业卫生审查工作公开、公平、公正，根据《建设项目职业病危害分类管理办法》，制定本规定。

第二条 建设项目职业卫生审查工作包括职业病危害预评价审核或备案、职业病防护设施设计审查、职业病防护设施竣工验收或备案。

第三条 建设项目职业病危害预评价报告、建设项目职业病危害控制效果评价报告应当由取得相应资质的机构按照建设项目职业病危害评价规范编制。

第二章 职业病危害预评价审核

第四条 在建设项目可行性论证阶段，建设单位应当根据《职业病危害因素分类目录》确定建设项目的职业病危害因素，并委托具有相应资质的职业卫生技术服务机构开展职业病危害预评价工作。

第五条 职业病危害预评价完成后，建设单位应当根据《建设项目职业病危害分类管理办法》的规定向卫生行政部门申请审核或备案，并提交下列材料：

（一）申请建设项目职业病危害预评价审核或备案的公函（2份）；

（二）建设项目职业病危害预评价审核（备案）申请书（2份）；

（三）属于卫生部建设项目职业卫生审查范围的证明文件（复印件）（2 份）；

（四）建设项目职业病危害预评价报告（1 份）；

（五）职业病危害预评价机构的资质证明（影印件）（1 份）；

（六）建设项目职业病危害预评价报告专家评审意见（含复核意见、专家签名）（1 份）；

（七）职业病危害预评价报告修改说明（1 份）；

（八）职业病危害预评价工作委托书（复印件）（1 份）；

（九）委托申报的，应提供委托申报证明（1 份）。

第六条　卫生行政部门对建设项目职业病危害预评价报告审核的主要内容包括：申请资料完整性和规范性、职业卫生技术服务机构资质、服务范围，评价报告的规范性，技术审查专家组成及审查意见处理情况等。

第七条　卫生行政部门对预评价报告结论为职业病危害轻微的建设项目进行备案。符合要求的予以备案，并出具备案通知书（凭证）；不符合要求的不予备案。

第八条　卫生行政部门对预评价报告结论为职业病危害一般或严重的建设项目进行审核。审核同意的，应当予以批复；不同意的，应当书面通知建设单位并说明理由。

第九条　职业病危害预评价报告修改说明应加盖评价单位公章，标明修改日期。

第十条　建设项目职业病危害预评价报告专家评审意见应有专家组组长的签字，签发日期，并附参加评审专家的名单及签名，签名应使用签字笔或钢笔。对建设项目有修改意见的，应有专家组组长的复核意见。

第三章　职业病防护设施设计审查

第十一条　经职业病危害预评价确定为可能产生严重职业病危害的建设项目，建设单位应当向原审批职业病危害预评价报告的卫生行政部门提出建设项目职业病防护设施设计审查申请，并提交下列材料：

（一）申请建设项目职业病防护设施设计审查的公函（2 份）；

（二）建设项目职业病防护设施设计审查申请书（2 份）；

（三）建设项目职业病防护设施设计职业卫生专篇（1 份）；

（四）建设项目职业病防护设施设计单位的资质证明（影印件）（1 份）；

（五）建设项目职业病危害预评价报告的批复（复印件）（1 份）；

（六）委托申报的，应提供委托申报证明（1 份）。

中、高能加速器、进口放射治疗装置、γ 辐照加工装置等大型辐射装置建设项目还应当提交卫生部指定的放射防护技术机构出具的职业病防护设施设计技术审查意见。

第十二条　卫生行政部门在接到职业病防护设施设计审查申请后，可以指定机构或组织专家对建设项目职业病防护设施设计进行技术审查，并根据技术审查结论进行行政审查。审查同意的，应当予以批复；不予同意的，应当书面通知建设单位并说明理由。

第四章 职业病防护设施竣工验收（备案）

第十三条 建设单位在竣工验收前，应当委托具有资质的职业卫生技术服务机构进行职业病危害控制效果评价，评价结论为轻微的建设项目实行备案，评价结论为一般或严重的建设项目，需要进行竣工验收。职业病危害控制效果评价应当尽可能由原编制职业病危害预评价报告的技术机构承担。

第十四条 职业病危害控制效果评价完成后，由建设单位向原审批职业病危害预评价报告的卫生行政部门提出竣工验收申请或备案申请，并提交下列材料：

（一）申请建设项目职业病防护设施竣工验收或备案的公函（2份）；

（二）建设项目职业病防护设施竣工验收（备案）申请书（2份）；

（三）建设项目职业病危害控制效果评价报告（1份）；

（四）建设项目职业病危害控制效果评价机构资质证明（影印件）（1份）；

（五）建设项目职业病危害预评价报告的批复或备案通知书（复印件）（1份）；

（六）建设项目职业病防护设施设计的批复（复印件）（1份）；

（七）职业病危害控制效果评价工作委托书（复印件）（1份）；

（八）委托申报的，应提供委托申报证明（1份）。

中、高能加速器、进口放射治疗装置、γ辐照加工装置等大型辐射装置建设项目还应当提交卫生部指定的放射防护技术机构出具的职业病危害控制效果评价报告技术审查意见。

第十五条 卫生行政部门接到竣工验收申请后，应当组织对建设项目的审查验收。验收合格的，应当予以批复；不合格的，书面通知建设单位并说明理由。

第五章 申 报 受 理

第十六条 申报材料的一般要求：

（一）申报内容应完整、清楚，不得涂改，不得缺项，同一项目的填写应当前后一致；

（二）申请材料一般应使用A4规格纸张打印；

（三）所有申请材料原件应加盖申请单位公章，复印件应清晰并与原件完全一致；

（四）申报材料除注明外，均为原件。

第十七条 申请建设项目职业病危害预评价审核或备案、职业病防护设施设计审查、职业病防护设施竣工验收或备案的公函格式应按照《国家行政机关公文格式》（GB/T 9704）要求，由建设单位上级主管部门出具；建设单位没有上级主管部门的，应做出书面说明。

第十八条 委托申报证明应载明委托事项、受委托单位名称和委托日期，并盖有委托单位公章。

第十九条 受理机构在接收申请材料时，应当向建设单位出具“行政许可申请材料接收凭证”，对申请事项是否需要许可、申请材料是否符合法定形式、申请材料是否齐全等进行核对，并根据下列情况分别做出处理：

（一）申请事项依法不需要取得卫生行政许可的，应当即时告知建设单位不受理；

（二）申请事项依法不属于卫生行政部门职权范围的，应当即时做出不予受理的决定，并告知建设单位向有关行政机关申请；

（三）申请材料存在可以当场更正的错误，应当允许建设单位当场更正，但申请材料中涉及技术性的实质内容除外。建设单位应当对更正内容予以书面确认；

（四）申请材料不符合卫生部相关规定的，应当当场或者在5个工作日内出具“申请材料补正通知书”，一次告知建设单位需要补正的全部内容，逾期不告知的，自收到申请材料之日起即为受理；补正的申请材料仍然不符合有关要求的，受理机构可以要求继续补正；

（五）申请材料齐全、符合法定形式或者建设单位按照要求提交全部补正申请材料并符合要求的，应当受理其卫生行政许可申请，出具“行政许可申请受理通知书”。

第二十条　受理机构出具的“行政许可申请受理通知书”“申请材料补正通知书”“行政许可申请不予受理决定书”，均应注明日期和加盖卫生行政许可专用章。通知书一式两份，一份交建设单位，一份归入档案备查。

第二十一条　建设单位应凭“行政许可申请接收凭证”领取“行政许可申请受理通知书”，并在受理机构发放登记表上签字。

第六章　审查批准

第二十二条　专家审查结论分为：建议同意（建议通过）、建议修改后同意（建议整改后通过）、建议不予同意（建议不予通过）。

修改、整改后的报告需要经过专家组组长认可并签名。

第二十三条　自受理之日起20个工作日内完成行政审查，并依法做出是否批准的卫生行政许可决定；20个工作日内不能做出卫生行政许可决定的，可以延长10个工作日，并出具“行政许可决定延期通知书”，将延期理由告知建设单位。

专家审查所需时间不计算在卫生行政许可期限内。

第二十四条　受理机构应当自卫生部做出行政许可决定之日起10个工作日内通知建设单位。

第二十五条　建设单位凭“行政许可申请受理通知书”原件、领取人身份证领取批复文件。受理机构收回“行政许可申请受理通知书”，领取人应在批复文件领取单上签字。

第七章　附　　则

第二十六条　对已备案或审核批准的建设项目发生变更的，应当提供备案或审核批准的证明文件（复印件）和变更后的职业病危害评价等资料。

第二十七条　省级卫生行政部门负责的建设项目职业卫生审查，由省级卫生行政部门依照本规定制定具体实施办法。

第二十八条 本规定自发布之日起施行，2003年6月3日发布的《卫生部关于开展建设项目职业卫生审查有关问题的通知》（卫法监发〔2003〕135号）同时废止。

56 卫生部关于发布《深海石油作业职业卫生管理办法》的通知

卫监督发〔2005〕40号

各省、自治区、直辖市卫生厅局，中国海洋石油总公司：

根据《职业病防治法》的有关规定，为了加强海洋石油作业用人单位的职业病防治工作，有效地预防、控制海洋石油作业职业病危害，现将《深海石油作业职业卫生管理办法》印发你们，请遵照执行。

卫生部

2005年1月31日

深海石油作业职业卫生管理办法

第一条 为了预防、控制和消除深海石油作业职业病危害，保护劳动者健康，依据《中华人民共和国职业病防治法》（以下简称职业病防治法），结合深海石油作业职业卫生管理的特殊情况，制定本办法。

第二条 本办法适用于中华人民共和国领域内深海石油、天然气的勘探、开发、生产等上游项目及石油、天然气的加工利用等中下游项目的职业病防治活动。

第三条 本办法所称上游项目，是指海深5米以上海底石油、天然气的勘探、开发、生产等作业；

本办法所称中下游项目，是指对深海开采的石油、天然气陆地后续加工等作业。

第四条 卫生部是深海石油作业职业卫生监督管理的主管部门。

中国海洋石油总公司负责本公司所属用人单位的职业病防治的监督管理，设立海洋石油作业职业卫生监督管理办公室（以下简称海卫办）。

第五条 深海石油作业用人单位（以下简称用人单位）应当建立健全职业病防治责任制，加强职业病防治管理，为劳动者创造符合国家职业卫生标准和卫生要求的工作环境和条件，对本单位产生的职业病危害承担责任。

第六条 深海石油作业的新建、改建、扩建、技术改造、技术引进项目（以下统称建设项目）应当执行职业病危害预评价、控制效果评价的制度和职业病危害防护设施的“三同时”制度。

第七条　对上游建设项目，在项目的总体开发方案阶段，建设单位应当委托具有相应资质的职业卫生技术服务机构对建设项目进行职业病危害预评价。

对中下游建设项目，在项目的可行性论证阶段，建设单位应当委托具有相应资质的职业卫生技术服务机构对建设项目进行职业病危害预评价。

第八条　核准建设项目的审查要求。

（一）报国务院投资主管部门核准的建设项目。

在基本设计前，建设单位应当向海卫办提交职业病危害预评价报告书，其报告书应当经海卫办初审合格后，报卫生部审核。

预评价报告确定为严重职业病危害的建设项目，在基本设计阶段，建设单位应当将职业病防护设施设计报海卫办初审合格后，报卫生部审查，符合国家职业卫生标准和卫生要求的，方可施工。

（二）非国务院投资主管部门核准的建设项目。

按规定不需要报国务院投资主管部门核准的上游建设项目，建设单位应当将预评价报告书报海卫办审查。预评价报告确定为严重职业病危害的建设项目，在基本设计阶段，建设单位应当将职业病防护设施设计报海卫办审查，符合国家职业卫生标准和卫生要求的，方可施工。海卫办将审查结果报卫生部备案。

按规定不需要报国务院投资主管部门核准的中下游建设项目，建设项目的职业病危害预评价应当按所在地省级卫生行政部门的规定执行。

第九条　基本设计阶段，建设单位应编写建设项目的职业卫生专篇，并落实经审核同意的预评价报告所提出的职业病防护措施。

第十条　设计阶段，建设项目的设计单位应当依据《工业企业设计卫生标准》，并根据深海石油、天然气作业环境的特殊性，结合国际通行的规范标准，对建设项目卫生辅助用室及建筑物的采光、通风等内容进行设计。

第十一条　建设项目在施工过程中，职业病防护设施要与主体工程同时设计、同时施工、同时投入生产和使用。

第十二条　建设项目试投产后六个月内，建设单位应当委托具有相应资质的职业卫生技术服务机构进行职业病危害控制效果评价，并按照本办法第八条的分类规定进行验收，合格后，方可投入正式生产和使用。

第十三条　用人单位应当按照职业病防治法的规定，采取职业病防治管理措施，并建立健全职业健康监护、职业病危害告知等规章制度。

用人单位应当在可能发生职业病危害的作业场所配备专职的职业卫生医师或者专职、兼职职业卫生管理人员，负责作业场所职业病防治管理和现场监护。

用人单位应当在可能发生职业病危害的作业场所配备急救设施和药品。

第十四条　用人单位的负责人应当接受海卫办组织的深海石油作业职业卫生培训，并按照《职业病防治法》及本办法，负责本单位的职业病防治工作。

用人单位应当组织员工进行上岗前、在岗期间的深海石油健康检查及职业病防护作业培训，培训内容和考核结果应当存入用人单位职业卫生档案。

从事作业场所职业病防治的职业卫生医师和卫生管理人员应当参加经海卫办组织或认可的职业病防治知识培训，经考核合格后，方可上岗。

第十五条 用人单位应当根据职业病危害预评价报告对作业过程中存在或者潜在的职业病危害因素进行识别、告知和控制。

对患有职业禁忌征的员工不得安排其从事所禁忌的作业；对在职业健康检查中发现有与所从事的作业相关的健康损害的员工，应当及时调离原工作岗位。

第十六条 用人单位应当建立健全深海石油作业的操作规程，保护员工的职业健康。对有可能接触职业病危害因素的员工应配备相应的个人防护用品；个人防护用品必须符合职业病防治的要求。

第十七条 用人单位应当对存在硫化氢、放射性同位素危害等特殊作业场所安装报警装置，并设置中、英文警示标识。

第十八条 当作业场所发生职业病危害事故时，专职医生或者专职、兼职职业卫生管理人员应当及时对受害员工进行现场抢救并采取控制措施，组织同一作业场所的员工进行应急性健康检查；情况紧急时，所在地的监督管理机构应当迅速启动应急救援预案。

用人单位应当将职业病危害事故情况及时报告监督管理机构和海卫办，海卫办接到报告后，应当及时会同有关部门组织调查处理，必要时，可以采取临时控制措施。

第十九条 用人单位应当委托具有相应资质的职业卫生技术服务机构对作业场所的职业病危害因素进行检测，每年至少一次，检测结果存入用人单位职业卫生档案，并及时将检测结果向员工公布。

用人单位应当将检测结果定期向海卫办报告。中下游项目的用人单位应当按规定同时向所在地行政主管部门报告。

第二十条 用人单位应当保证作业场所的职业病危害因素的浓度（或强度）符合国家职业卫生标准和卫生要求。对于职业病危害因素超过国家卫生标准的工作场所，应当配备有效的职业病防护设备，并加强对职业病防护设施的管理和维护，保证其处于正常运行状态。

第二十一条 用人单位的职业病危害项目应当按照卫生部《职业病危害项目申报管理办法》的规定向海卫办申报，由海卫办负责向国家行政主管部门申报；中下游项目的用人单位应当同时按规定向所在地行政主管部门申报。

第二十二条 用人单位发现有职业病病人或者疑似职业病人，应当按照卫生部《职业病诊断与鉴定管理办法》的规定报告和妥善处理，保障职业病病人依法享有国家规定的职业病待遇。

第二十三条 凡具备下列条件的职业卫生技术服务机构，可以向海卫办提出申请，经海卫办审核合格后，可为深海石油作业提供职业卫生技术服务。包括建设项目职业病危害评价、职业病危害因素的检测与评价、职业健康检查。

（一）取得卫生部建设项目职业病危害评价甲级资质的；取得省级卫生行政部门批准的职业健康检查资质的；

（二）熟悉深海石油作业特点，并具备相应的专业技术人员和工作经验的；

（三）制定有出海开展职业卫生技术服务的防范意外事故方案、应急措施、海上安全管理规章与服务行为规范；

（四）出海从事职业卫生技术服务的人员必须持有相应的健康证和接受过海上求救培训并取得相应证书；

（五）作业场所应当使用经鉴定合格的防爆型设备。

海卫办应当定期向用人单位公布符合条件的职业卫生技术服务机构的名册，供建设单位或用人单位选择。

第二十四条　职业卫生服务机构出具的建设项目职业病危害预评价报告书，应当符合深海石油作业的特点，评价建设项目的职业病危害程度时，应当符合以下要求：

（一）建设项目职业病危害程度的确定，应当符合卫生部《建设项目职业病危害分类管理办法》的规定，并评估建设项目职业病危害发生的可能性及后果，确定建设项目属一般或严重职业病危害项目；

（二）预评价报告中必须对硫化氢、放射性危害做出风险评价，并充分考虑噪音、化学危险品、高温等对作业人员的危害。

第二十五条　职业卫生技术服务机构出具的建设项目职业病危害控制效果评价报告书，应当针对深海石油作业的特点，提出符合职业卫生法律法规、标准和技术规范的要求和建议，并写明下列事项：

（一）建设项目的职业病危害程度，职业病防护设施的运行情况及效果；

（二）职业病危害及其事故的防范原则、防范措施以及安全操作程序和人员培训；

（三）建设项目投入使用后的日常监督和检测实施方案。

第二十六条　海卫办监督管理深海石油作业职业病防治活动，履行下列职责：

（一）负责组织起草深海石油作业职业卫生管理规定及相关标准，报卫生部审查同意后，纳入国家职业卫生立法及标准体系；

（二）负责对深海石油作业用人单位职业病防治的监督管理；

（三）负责对深海石油作业新建、改建、扩建项目的职业病危害预评价报告、控制效果评价报告和严重职业病危害项目的防护设施设计的初步审查，经审查后，报卫生部审批；

（四）负责接受深海石油作业用人单位的职业病危害项目申报及管理工作，并按规定向国家行政主管部门报告；

（五）负责组织深海石油作业用人单位职业卫生法规、规范及标准的宣传培训工作；

（六）负责深海石油作业用人单位职业病病人或疑似职业病病人的报告及统计工作，并按规定向卫生部报告；

（七）完成卫生部交办的其他工作。

第二十七条　根据工作需要海卫办可设立地区职业卫生监督管理机构，监督管理机构履行下列职责：

（一）用人单位职业病防治各项规章制度建立情况的监督检查；

（二）用人单位职业卫生培训情况的监督检查；

（三）职业病危害防护设施使用和维护情况的监督检查；

（四）职业病危害检测和职业健康监护工作情况的监督检查；

（五）建设项目职业病危害预评价、控制效果评价及职业病防护设施“三同时”执行情况的监督检查；

（六）用人单位职业禁忌和职业病患者的处理情况的监督检查；

（七）每季度向海卫办报告职业卫生监督检查的情况；

（八）当所在辖区用人单位发生职业病危害事故时，应当立即采取应急救援和控制措施，并及时向海卫办报告，协助海卫办进行调查处理；

（九）完成海卫办交办的其他工作。

第二十八条 海卫办及所属的监督管理机构在执行任务时，有权采取下列措施：

（一）进入被检查单位和职业病危害现场，了解情况，调查取证，要求派人协助工作；

（二）对违反职业病防治法律、法规的用人单位提出整改要求；

（三）发现危及劳动者健康的重大职业病危害，有权通知现场负责人立即采取防护措施或暂停作业；

（四）控制职业病危害事故的现场，封存造成职业病危害事故或者可能导致职业病危害事故发生的材料和设备。

第二十九条 用人单位违反《职业病防治法》及有关法规、规章及本办法规定的，由海卫办按照有关规定予以处罚。

第三十条 本办法自2005年4月1日起施行。

57 关于职业卫生监督管理职责分工意见的通知

卫监督发〔2005〕31号

各省、自治区、直辖市、计划单列市及新疆生产建设兵团卫生厅局、安全生产监督管理部门，各省级煤矿安全监察机构，卫生部卫生监督中心，中国疾病预防控制中心：

为了更好地贯彻实施《职业病防治法》《安全生产法》《使用有毒物品作业场所劳动保护条例》《放射性同位素与射线装置放射防护条例》《尘肺病防治条例》《危险化学品安全管理条例》以及落实中央编办发〔2003〕15号文件的规定，卫生部、国家安全生产监督管理局就职业卫生监督管理职能分工与协作进行了认真研究，现将两部门的分工意见通知如下：

一、卫生部门职责

（一）拟订职业卫生法律、法规和标准。

（二）负责对用人单位职业健康监护情况进行监督检查，规范职业病的预防、保健，并查处违法行为。

（三）负责职业卫生技术服务机构资质认定和监督管理；审批承担职业健康检查、职业病诊断的医疗卫生机构并进行监督管理，规范职业病的检查和救治；负责化学品毒性鉴定管理工作。

（四）负责对建设项目进行职业病危害预评价审核、职业病防护设施设计卫生审查和竣工验收。

二、安全监管部门职责

（一）负责制定作业场所职业卫生监督检查、职业危害事故调查和有关违法、违规行为处罚的法规、标准，并监督实施。

（二）负责作业场所职业卫生的监督检查，依照《使用有毒物品作业场所劳动保护条例》发放职业卫生安全许可证；负责职业危害申报，依法监督生产经营单位贯彻执行国家有关职业卫生法律、法规、规定和标准情况。

（三）组织查处职业危害事故和有关违法、违规行为。

（四）组织指导、监督检查生产经营单位职业安全培训工作。

各级煤矿安全监察机构依据上述内容负责煤矿企业作业场所的职业卫生监督管理工作。

三、建立部门间的协调工作机制

（一）卫生部制定或发布涉及作业场所的法规应与国家安全生产监督管理局共同研究、协商。

（二）两个部门每年召开一次协调会，通报有关情况，协调有关工作。卫生部门对健康监护监督检查工作中发现的重要问题要及时向安全监管部门通报，安全监管部门要将作业场所职业危害申报情况、职业卫生安全许可证发放情况及监督检查中发现的重要问题及时向卫生部门通报。

（三）卫生部门认定的职业卫生技术服务机构承担作业场所的检测、出证和评价等技术工作时，应及时就有关情况向当地安全监管部门汇报，安全监管部门如发现违法行为应及时通报卫生部门予以查处。

（四）各地应尽快理顺工作关系，切实履行职责。卫生部门和安全监管部门在职能划转期间，要做好协调工作，防止出现工作上的缺位和越位。

2005年1月17日

58 卫生部关于进一步加强职业病诊断鉴定管理工作的通知

卫法监发〔2003〕350号

各省、自治区、直辖市卫生厅局，新疆生产建设兵团卫生局，中国疾病预防控制中心、卫生部卫生监督中心：

为贯彻实施《中华人民共和国职业病防治法》和《职业病诊断与鉴定管理办法》，进一步加强职业病诊断鉴定工作的管理，现将有关要求通知如下：

一、加强职业病诊断机构的审批和管理

（一）要按照法律法规要求，切实加强对职业病诊断机构的审批和管理。在职业病诊断机构审批工作中，要根据职业病诊断工作需要，严格执行我部规定的审批条件，遵循统筹考虑、合理布局、充分利用现有医疗卫生资源的原则，尽快完成审批工作并及时向社会公布。

（二）对于已经获得批准证书的职业病诊断机构，各省级卫生行政部门要依照有关规定加强监督检查。对日常监督检查或者年度考核不合格的，要责令限期改正；对逾期不改正或者经检查仍不合格的，要注销其资格。

二、关于职业病诊断鉴定有关问题的规定

（一）职业病诊断机构在职业病诊断过程中应当严格执行职业病诊断的相关规定，按照职业病目录和职业病诊断标准进行。凡违反规定做出的诊断结论，视为无效诊断，卫生行政部门应当按照《职业病防治法》第七十二条、第七十三条的规定进行处理。

（二）职业病诊断机构出具的《职业病诊断证明书》应当明确是否患有职业病；患有职业病的，应当载明职业病的名称、程度、处理意见和复查时间。

《职业病诊断证明书》应当由参与职业病诊断的医师共同签署，并经承担职业病诊断的医疗卫生机构审核盖章。

依法批准的各职业病诊断机构出具的《职业病诊断证明书》，具有同等效力。

（三）职业病诊断机构可以根据需要，聘请其他单位取得职业病诊断医师资格的职业病诊断医师参加诊断工作。

（四）职业病诊断与鉴定需要用人单位提供有关职业卫生和健康监护等资料时，用人单位应当如实提供，用人单位不提供或者不如实提供的，卫生行政部门可视其为未按照规定建立健全职业卫生档案和劳动者健康监护档案或者未按照规定安排职业病人、疑似职业病人进行诊治，依据《职业病防治法》第六十三条第（二）项、第六十四条第（四）项、第六十五条第（六）项规定情形处理。

（五）用人单位不提供或者不如实提供诊断所需资料的，职业病诊断与鉴定机构应当根据当事人提供的自述材料、相关人员证明材料，卫生监督机构或取得资质的职业卫生技术服务机构提供的有关材料，按照《职业病防治法》第四十二条的规定做出诊断或鉴定结论。

（六）《职业病防治法》实施前已经诊断为职业病的，应当按照职业病诊断与鉴定管理办法和职业病诊断标准的要求定期进行复查，不再进行鉴定。

《职业病防治法》实施前已经鉴定过的病例不再重新鉴定。

（七）劳动者可以选择用人单位所在地或本人居住地的职业病诊断机构申请职业病诊断，在申请职业病诊断时应当如实提供既往诊断活动的资料。

（八）当事人对职业病诊断结论有异议时，应当按照职业病诊断鉴定的有关规定申请鉴定。在没有新的证据资料时，不应重新申请诊断。

职业病诊断机构对其他诊断机构按规定已经做出职业病诊断的病例，在没有新的证据资料时，不得进行重复诊断。

尘肺病的复查，原则上应当在原诊断机构进行。

（九）职业病诊断医师应当进行专业培训，经培训考核合格后，方可向省级卫生行政部门申请职业病诊断医师资格。

职业病诊断鉴定医师实行分级培训制度。国家负责省级职业病诊断鉴定医师的培训，各省负责辖区内的职业病诊断鉴定医师的培训。

根据全国职业病诊断鉴定工作的实际情况，尘肺病诊断医师的培训，由中国疾病预防控制中心职业卫生与中毒控制所统一负责组织。

卫生部

2003 年 12 月 23 日

59 卫生部关于印发《高毒物品目录》的通知

卫法监发〔2003〕142 号

各省、自治区、直辖市卫生厅局，新疆生产建设兵团卫生局，各集团公司、行业协会：

根据《中华人民共和国职业病防治法》和《使用有毒物品作业场所劳动保护条例》的规定，我部组织制定了《高毒物品目录》。现将该目录印发给你们，请遵照执行

卫生部

2003 年 6 月 10 日

高毒物品目录（2003 年版）

序号	毒物名称 CAS No.	别名	英文名称	MAC （mg/m^3）	PC-TWA （mg/m^3）	PC-STEL （mg/m^3）
1	N-甲基苯胺 100-61-8		N-Methyl aniline	—	2	5
2	N-异丙基苯胺 768-52-5		N-Isopropylaniline	—	10	25
3	氨 7664-41-7	阿摩尼亚	Ammonia	—	20	30

续表

序号	毒物名称 CAS No.	别名	英文名称	MAC (mg/m^3)	PC-TWA (mg/m^3)	PC-STEL (mg/m^3)
4	苯 71-43-2		Benzene	—	6	10
5	苯胺 62-53-3		Aniline	—	3	7.5
6	丙烯酰胺 79-06-1		Acrylamide	—	0.3	0.9
7	丙烯腈 107-13-1		Acrylonitrile	—	1	2
8	对硝基苯胺 100-01-6		p-Nitroaniline	—	3	7.5
9	对硝基氯苯/二硝基氯苯 100-00-5/25567-67-3		p-Nitrochlorobenzene/Dinitrochlorobenzene	—	0.6	1.8
10	二苯胺 122-39-4		Diphenylamine	—	10	25
11	二甲基苯胺 121-69-7		Dimethylanilne	—	5	10
12	二硫化碳 75-15-0		Carbon disulfide	—	5	10
13	二氯代乙炔 7572-29-4		Dichloroacetylene	0.4	—	—
14	二硝基苯（全部异构体） 582-29-0/ 99-65-0/100-25-4		Dinitrobenzene (all isomers)	—	1	2.5

续表

序号	毒物名称 CAS No.	别名	英文名称	MAC (mg/m³)	PC-TWA (mg/m³)	PC-STEL (mg/m³)
15	二硝基（甲）苯 25321-14-6		Dinitrotoluene	—	0.2	0.6
16	二氧化（一）氮 10102-44-0		Nitrogen dioxide	—	5	10
17	甲苯-2，4-二异氰酸酯（TDI）584-84-9		Toluene-2，4-diisocyanate（TDI）	—	0.1	0.2
18	氟化氢 7664-39-3	氢氟酸	Hydrogen fluoride	2	—	—
19	氟及其化合物（不含氟化氢）		Fluorides（except HF），as F	—	2	5
20	镉及其化合物 7440-43-9		Cadmium and compounds	—	0.01	0.02
21	铬及其化合物 305-03-3		Chromic and compounds	0.05	0.15	—
22	汞 7439-97-6	水银	Mercury	—	0.02	0.04
23	碳酰氯 75-44-5	光气	Phosgene	0.5	—	—
24	黄磷 7723-14-0		Yellow phosphorus	—	0.05	0.1
25	甲（基）肼 60-34-4		Methyl hydrazine	0.08	—	—
26	甲醛 50-00-0	福尔马林	Formaldehyde	0.5	—	—

续表

序号	毒物名称 CAS No.	别名	英文名称	MAC（mg/m³）	PC-TWA（mg/m³）	PC-STEL（mg/m³）
27	焦炉逸散物		Coke oven emissions	—	0.1	0.3
28	肼；联氨 302-01-2		Hydrazine	—	0.06	0.13
29	可溶性镍化物 7440-02-0		Nickel soluble compounds	—	0.5	1.5
30	磷化氢；膦 7803-51-2		Phosphine	0.3	—	—
31	硫化氢 7783-06-4		Hydrogen sulfide	10	—	—
32	硫酸二甲酯 77-78-1		Dimethyl sulfate	—	0.5	1.5
33	氯化汞 7487-94-7	升汞	Mercuric chloride	—	0.025	0.025
34	氯化萘 90-13-1		Chlorinated naphthalene	—	0.5	1.5
35	氯甲基醚 107-30-2		Chloromethyl methyl ether	0.005	—	—
36	氯；氯气 7782-50-5		Chlorine	1	—	—
37	氯乙烯；乙烯基氯 75-01-4		Vinyl chloride		10	25
38	锰化合物（锰尘、锰烟） 7439-96-5		Manganese and compounds	—	0.15	0.45

续表

序号	毒物名称 CAS No.	别名	英文名称	MAC (mg/m³)	PC-TWA (mg/m³)	PC-STEL (mg/m³)
39	镍与难溶性镍化物 7440-02-0		Nichel and insoluble compounds	—	1	2.5
40	铍及其化合物 7440-41-7		Beryllium and compounds	—	0.0005	0.001
41	偏二甲基肼 57-14-7		Unsymmetric dimethylhydrazine	—	0.5	1.5
42	铅：尘／烟 7439-92-1/7439-92-1		Lead dust	0.05	—	—
			Lead fume	0.03	—	—
43	氰化氢（按 CN 计） 460-19-5		Hydrogen cyanide, as CN	1	—	—
44	氰化物（按 CN 计） 143-33-9		Cyanides, as CN	1	—	—
45	三硝基甲苯 118-96-7	TNT	Trinitrotoluene	—	0.2	0.5
46	砷化（三）氢；胂 7784-42-1		Arsine	0.03	—	—
47	砷及其无机化合物 7440-38-2		Arenic and inorganic compounds	—	0.01	0.02
48	石棉总尘/纤维 1332-21-4		Asbestos		0.8 0.8f/ml	1.5 1.5f/ml
49	铊及其可溶化合物 7440-28-0		Thallium and soluble compounds	—	0.05	0.1

续表

序号	毒物名称 CAS No.	别名	英文名称	MAC (mg/m³)	PC-TWA (mg/m³)	PC-STEL (mg/m³)
50	(四) 羰基镍 13463-39-3		Nickel carbonyl	0.002	—	—
51	锑及其化合物 7440-36-0		Antimony and compounds	—	0.5	1.5
52	五氧化二钒烟尘 7440-62-6		Vanadium pentoside fume and dust	—	0.05	0.15
53	硝基苯 98-95-3		Nitrobenzene (skin)	—	2	5
54	一氧化碳（非高原） 630-08-0		Carbon monoxide not in high altitude area	—	20	30

备注：
CAS 为化学文摘号。
MAC 为工作场所空气中有毒物质最高容许浓度。
PC-TWA 为工作场所空气中有毒物质时间加权平均容许浓度。
PC-STEL 为工作场所空气中有毒物质短时间接触容许浓度。